# A Regra e o Modelo

Coleção Estudos
Dirigida por J. Guinsburg

Equipe de realização – Tradução: Geraldo Gerson de Souza; Revisão: Plínio Martins Filho; Produção: Ricardo W. Neves, Sergio Kon, Lia N. Marques e Juliana Sergio.

# Françoise Choay

# A REGRA E O MODELO

## SOBRE A TEORIA DA ARQUITETURA E DO URBANISMO

 PERSPECTIVA

Título do original em francês
*La règle et le modèle – Sur la théorie de l'architecture et l'urbanisme*

Dados Internacionais de Catalogação na Publicação (CIP)
(Câmara Brasileira do Livro, SP, Brasil)

C473r
2 ed.

Choay, Françoise, 1925-.
  A regra e o modelo : sobre a teoria da arquitetura e
urbanismo / Françoise Choay ; [tradução Geraldo
Gerson de Souza]. - 2 ed. – São Paulo : Perspectiva,
2010. (Estudos ; 88)

  Tradução de La règle et le modèle : sur la théorie de
l'archutecture et d'urbanisme.
  Inclui Bibliografia.
  ISBN 978-85-273-0632-4

  1. Alberti, Leon Battista, 1404-1472. 2. More, Thomas,
Sir, Santo, 1478-1535. 3. Arquitetura – Filosofia. 4.
Urbanismo – Filosofia. I. Título. II. Série.

10-5543                                              CDD-720.1
                                                     CDU-72.01

26.10.10   10.11.10                                  022484

2ª edição
[PPD]

Direitos reservados em língua portuguesa à
EDITORA PERSPECTIVA LTDA.
Av. Brigadeiro Luís Antônio, 3025
01401-000 São Paulo SP Brasil
Telefax: (011) 3885-8388
www.editoraperspectiva.com.br

2018

# Sumário

O PRECONCEITO DAS PALAVRAS ............................ 1

1. OS TEXTOS SOBRE A ARQUITETURA E SOBRE A CI-
DADE ................................................................. 15
  1. Os Textos Realizadores ..................................... 16
    1.1. O *De re aedificatoria*, Texto Inaugural ............ 16
    1.2. Os Editos Comunais e o Destino de sua Argumen-
tação .............................................................. 26
    1.3. Os Falsos Tratados da Renascença e da Era Clás-
sica ................................................................. 32
  2. Verdadeiras e Falsas Utopias .............................. 35
    2.1. A *Utopia* de Tomás Morus, Texto Inaugural ........ 37
    2.2. Depois da *Utopia* ........................................ 44
    2.3. De Thélème a Clarens .................................... 45
    2.4. Da *Nova Atlantis* à Antecipação Científica Con-
temporânea ..................................................... 48
    2.5. Utopias Retóricas .......................................... 50
  3. Os Textos Comentadores .................................... 52
    3.1. A Objetivação do Espaço Urbano ..................... 54
    3.2. Comentários Pró e Contra a Cidade ................. 68

2. *DE RE AEDIFICATORIA*: ALBERTI OU O DESEJO E O
TEMPO ............................................................... 75
  1. A Arquitetura do *De re aedificatoria* .................. 77
  2. Uma Teoria da Edificação .................................. 118

3. Alberti e Vitrúvio: Empréstimos Superestruturais........ 127
4. Alberti e Vitrúvio: Relato e Histórias no *De re aedificatoria* ................ 136
5. O Arquiteto-Herói.............. 146

3. *UTOPIA* OU A TRAVESSIA DO ESPELHO.............. 151
   1. Espaço-Modelo, Modelo de Espaço: Abordagem Fenomenológica ............. 152
      1.1. Espaço-Retrato e Espaço-Modelo.............. 153
      1.2. Um Dispositivo Universalizável.............. 156
      1.3. Modelo e Eternidade.............. 161
      1.4. O *Pharmakon*.............. 163
   2. Estágio do Espelho e Estágio da Utopia ............. 165
   3. A Construção Mítica.............. 170
   4. Morus e Platão.............. 179
   5. Morus e as Problemáticas do Renascimento.............. 186

4. A POSTERIDADE DOS DOIS PARADIGMAS.............. 191
   1. O Destino dos Tratados de Arquitetura ............. 191
      1.1. A Primeira Geração ............. 191
      1.2. A Regressão Vitruvizante.............. 202
      1.3. Duas Exceções: Os Tratados de Perrault e de Scamozzi.............. 216
   2. A Resistência da Figura Utópica ............. 229
      2.1. A Utopia Reduzida de Morelly ............. 229
      2.2. A Utopia Canônica: Sinapia e a Superespacialização. 231

5. UMA NOVA FIGURA EM PREPARAÇÃO: DERIVAS E DESCONSTRUÇÃO.............. 241
   1. A Ciência e a Utopia Contra o Tratado de Arquitetura: o Tratado em Estilhaços de Patte.............. 242
   2. O Pré-Urbanismo ................ 252

6. A TEORIA DO URBANISMO.............. 265
   1. A *Teoria* como Paradigma.............. 266
      1.1. O Discurso Cientificista e Científico ............. 269
      1.2. Medicalização e Utopia.............. 277
      1.3. Dinâmica da Figura de Morus: Os Falsos Traços Albertianos.............. 282
      1.4. O Trabalho do Eu Tratadista.............. 288
   2. Outras Teorias: de Sitte a Alexander.............. 290
      2.1. O Discurso Científico: Simulações e Realidades... 291
      2.2. Predominância das Marcas da Utopia.............. 296
      2.3. De Falsos Traços Albertianos ............. 300
      2.4. Variantes do Eu Tratadista ............. 304

ABERTURA: DAS PALAVRAS ÀS COISAS.............. 307
BIBLIOGRAFIA ................ 321

*Para Jean Choay*

A Regra e o Modelo *tem como ponto de partida minha tese de doutoramento defendida em março de 1978. Devo especial reconhecimento a André Chastel, professor do Collège de France, presidente da banca examinadora, que me convenceu a aprofundar o trabalho inicial e deu-me os conselhos da ciência e da erudição. Também me foram preciosas as observações e as críticas dos demais membros da banca, Jean-Toussaint Desanti, Mikel Dufrenne, Pierre Kaufmann e Pierre Merlin. A todos agradeço aqui, bem como a Jean Choay, auxiliar constante, e a François Wahl, que leu o livro na qualidade de editor e de amigo.*

F.C.

# O Preconceito das Palavras

Este livro é consagrado ao espaço construído e à cidade. Mas não se refere ao mundo concreto do urbano. Deixa de lado os edifícios efetivamente construídos e trata apenas do espaço e da cidade como coisa escrita. Seu objeto pertence, pois, à ordem do texto.

Paradoxo, sem dúvida, se evocarmos a urgência dos problemas atualmente suscitados por uma urbanização sem precedentes do planeta. Necessidade, se nos lembrarmos do volume da literatura que contribui diretamente para essa urbanização, pretendendo fundamentá-la na razão.

Trataremos, portanto, de textos, chamados teoria, que, no quadro de um campo disciplinar próprio, buscam determinar as modalidades para a concepção de edifícios ou cidades futuras.

Digam respeito à arquitetura dos edifícios ou às relações que eles mantêm entre si e com seu ambiente, tais escritos estão hoje submetidos à hegemonia da disciplina denominada urbanismo. Aparentemente, tornaram-se banais e translúcidos. Integram esses discursos científicos, ou pouco científicos, que as disciplinas constituídas produzem. Considerados inofensivos e dependentes da competência dos especialistas, não têm quase interesse e inquietam menos ainda. Sua eficácia está escondida. Paradoxalmente, seus efeitos apenas causam alarme e provocam um questionamento em nome da higiene mental, das tradições culturais, da estética. Apenas são discutidos os conjuntos habitacionais e as cidades, pudica-

2  A REGRA E O MODELO

mente designados pelo mesmo adjetivo "novo", que eles contribuem para multiplicar pelo mundo.

Na realidade, como seria de pressentir por seu formidável poder de impacto e de erro, tais escritos não são banais. Este livro pretende mostrar, pela primeira vez, a estranheza de seu projeto e a singularidade de suas *démarches*. A crise da arquitetura e do urbanismo ganhará com isso uma dimensão insuspeitada.

Em trabalho anterior[1], vinte anos atrás, já me propusera assinalar uma anomalia dos textos produzidos pelo urbanismo. Mostrava eu, então, que eles se atribuem um estatuto científico a que não têm direito, que suas proposições são ditadas, na verdade, por ideologias inconfessas e não assumidas. O lance de minha demonstração era, na época, polêmico: denunciar a impostura de uma disciplina que, num período de construção febril, impunha sua autoridade incondicional. Depois, essa prevenção trouxe alguns frutos, pelo menos no plano da reflexão. Daremos aqui por pacífico que, a despeito de suas pretensões, o discurso do urbanismo continua normativo e só em caráter mediato compete a uma prática científica qualquer: seu recurso lícito e justificado às ciências da natureza e do "homem" se subordina a escolhas éticas e políticas, a finalidades que não pertencem somente à ordem do saber[2].

Neste momento, são outros os meus objetivos. Já não é o caso de indagar o que não são os escritos do urbanismo, determinando seus desvios e suas derivas com relação a um tipo discursivo conhecido, o discurso científico. Cabe descobrir o que eles são, as intenções secretas que camuflam tanto suas pretensões explícitas quanto suas ideologias tácitas, e definir seu verdadeiro estatuto. Este novo trabalho não nasceu, como o anterior, de uma indignação, mas de um espanto refletido.

Para poder captar a estranheza dos escritos do urbanismo, é preciso desde logo querer e saber reconhecer o caráter insólito e improvável de seu projeto perante os procedimentos que, no conjunto das diversas culturas e ao longo da história, permitiram aos homens organizar e construir seu estabelecimento. Atribuir à edificação do espaço uma disciplina específica e autônoma é uma empresa cuja singularidade e audácia nos são mascaradas pela difusão planetária e banalidade atuais.

Esquecemos que o sagrado e a religião foram, tradicionalmente, os grandes ordenadores do espaço humano, através do jogo da palavra ou da escrita que, nos tempos arcaicos, expunha sobre os monumentos as prescrições dos deuses. Esquecemos que, nas sociedades sem

---

1. *L'Urbanisme, utopies et réalités*, Paris, Seuil, 1165. [Trad. bras. *O Urbanismo, Utopias e Realidades*, São Paulo, Editora Perspectiva, 1979, Estudos 67.]

2. Idem, p. 74.

escrita, a organização do espaço construído era competência ao mesmo tempo do conjunto das práticas e das representações sociais, sem que ao menos uma palavra designe à reflexão a ideia de arranjo espacial. Esquecemos ainda que a cultura árabe nunca dispôs de um único texto especializado para estruturar seus espaços urbanos, cuja complexidade ainda hoje deixa maravilhados arquitetos e urbanistas ocidentais. Em outras palavras, ignoramos ou conhecemos mal o fato de que a constituição e a autorização de um discurso fundador de espaço é de origem recente e ocidental. Sua disseminação era inevitável desde que, mercê da revolução industrial, o padrão cultural do ocidente se impunha, de bom ou mau grado. Pois, somente a partir da segunda metade do século XIX é que o discurso fundador de espaço enunciou suas pretensões científicas e designou seu campo de aplicação com o termo urbanismo; este termo, na verdade, foi criado, e definida a vocação da "nova ciência urbanizadora", em 1867, por I. Cerdà[3].

No entanto, não se trata de um verdadeiro começo. Para captar a força de transgressão e de ruptura que anima os escritos teóricos do urbanismo, é preciso tentar apreender seu projeto fundador antes das datas convencionadas, em seu aparecimento verdadeiro e ignorado, no alvorecer da primeira Renascença italiana. Nesse caso, como em muitos outros, uma formação discursiva e uma prática cuja paternidade se atribui ao século XIX, e que se localiza numa configuração epistêmica que teria começado a definir-se na virada dos séculos XVIII e XIX, apenas consagram rupturas já operadas e organizam domínios já definidos no *Quattrocento*.

Foi então, com efeito, que os tratados de arquitetura italianos estabeleceram com o espaço edificado uma relação inaugural. A certidão de nascimento dessa nova relação é datada precisamente pelo primeiro e mais magistral deles, o *De re aedificatoria*, que Leon Battista Alberti apresentou ao Papa Nicolau V em 1452[4] e cujo manuscrito, publicado pela primeira vez por Policiano em 1485, em Florença, ele não cessou de refazer até sua morte (1472)[5]. Esta obra tem como objetivo exclusivamente a concepção, com o auxílio de um conjunto de princípios e regras, do domínio construído em sua totalidade, da casa à cidade e aos estabelecimentos rurais. Ao mesmo tempo que um gênero discursivo original, o *tratado de arquitetura* que, da Itália, se espalhará por toda a Europa para encontrar na França, nos séculos XVII e XVIII, sua terra de eleição e de

---

3. Em sua *Teoria General de la Urbanisación*. Cf., infra, Cap. 6, p. 265 e s.

4. E esta a data que F. Borsi acolhe em sua monografia, *Leon Battista Alberti*, Milão, Electra Editrice, 1975, à qual remetemos no que tange ao estado atual das questões albertianas.

5. Para as diversas edições e traduções sucessivas do *De re aedificatoria*, *et.* infra, p. 4, n. 6* e Bibliografia, p. 322.

4 A REGRA E O MODELO

perdição, o *De re aedificatoria* cria seu próprio campo teórico e prático. Impõe ao arquiteto uma tarefa que vai mudar seu estatuto social: implica a formação de uma nova categoria profissional[6] irredutível à dos antigos construtores.

O tratado de Alberti utiliza as conquistas da matemática, da teoria da perspectiva e da "física" contemporâneas. Leva em consideração e tem como referência o conjunto das atividades e condutas sociais. Entretanto, não se deixa reduzir ou subordinar a nenhum saber exterior, a nenhuma prática política, econômica, jurídica ou técnica. Para firmar sua autoridade, não recorre às apresentações e aos ritos religiosos, aos valores transcendentes da cidade. Fornecendo um método racional para conceber e realizar edifícios e cidades, ele se dá por tarefa, e chega a estabelecer com o mundo construído uma relação que a Antiguidade e a Idade Média ignoram e somente a cultura europeia terá doravante a temeridade de promover.

O acontecimento merece tanto mais ser salientado quanto foi ocultado pelos historiadores, em proveito de outras rupturas e outras emergências da mesma época. O papel criador dos Bruni, Poggio, Guarino, Ghiberti, Valla, é reconhecido: já foi analisado como a nova relação dos documentos e monumentos do passado, com as obras e instituições do presente, fê-los constituir os campos da filologia, da arqueologia, da história e da filosofia políticas, bem como da história da arte. Semelhantemente, o *De pictura*, do mesmo Alberti é considerado, como já o era na época, a crermos no testemunho de Filareto ou de Ghiberti, o portador de uma inovação radical e constitutiva da primeira teoria do espaço icônico. Mas, a despeito da convicção de seu autor, o *De re aedificatoria* que introduziu, a respeito do espaço tridimensional, uma inovação análoga, de alcance sem precedentes, nunca foi reconhecido como tal e continua a ser visto como uma versão melhorada do livro de Vitrúvio.

A difusão deste erro não deixa de ter relação com o hábito de traduzir inexatamente o título da obra de Alberti por *Da Arquite-*

---

6. Alberti especifica-lhe os privilégios já no Prólogo do *De re aedificatoria*: "isto porque não convocarei um carpinteiro para compará-lo aos maiores mestres das outras disciplinas: a mão do operário não passa de uma ferramenta" (p. 7*). Tanto no que concerne ao *status* social do arquiteto quanto ao estatuto discursivo do construído, não se poderia negar o que sua elaboração pelo Renascimento deve à Antiguidade. O quadro desse trabalho não permite abordar a história complexa dos conceitos de arquitetura e arquiteto, muito menos a de seu referente profissional. Todavia, poder-se-á medir o alcance inovador do *De re aedificatoria* graças à comparação que o contraporá adiante (Cap. 2, p. 127 e) ao célebre tratado de Vitrúvio onde Alberti buscou inspiração.

* Todas as nossas citações remetem à edição crítica mais recente do *De re aedificatoria*, *L'Architettura* [*De re aedificatoria*] (texto latino e tradução italiana em paralelo, estabelecidos por G. Orlandi, introdução e notas de P. Portoghesi), Milão, Il Polifilo, 1966. A versão francesa é a da tradução de P. Bourgain, nas Éditions du Seuil.

# O PRECONCEITO DAS PALAVRAS

*tura.* Com efeito, se o excelente latinista que era Alberti escolheu dar a seu tratado o título de *Da Edificação*[7] foi realmente para se afastar de Vitrúvio e sublinhar a extensão de seu domínio do qual a arquitetura enquanto arte é apenas uma parte.

Se é o caso, portanto, de restituir ao *De re aedificatoria* seu valor pioneiro, este valor só assume significado no âmbito da configuração epistêmica a que pertence o tratado de Alberti. Em que pese a sua especificidade, esse livro não constitui um fenômeno isolado. Somente podemos avaliá-lo se o recolocarmos, desde logo, entre as pesquisas sobre o espaço conduzidas pelos arquitetos, pintores e escultores da época, reinserindo-o em seguida, com os trabalhos de Brunelleschi, Donatello, Piero delia Francesca, na "revolução cultural"[8] no fim da qual se impôs um novo ideal de ascendência sobre o mundo e se transformaram as relações que o homem europeu mantinha com suas produções.

À medida que se enfraquece o teocentrismo medieval, os comportamentos sociais, discursivos ou não, assumem aos olhos dos cientistas uma dignidade e um interesse novos. Serão doravante conotados pelo conceito de criação, que se pôde apontar com justiça como a palavra-chave da Renascença[9]. Contudo, cessam também de ser vividos na imediaticidade, adquirindo a dimensão da alteridade e do enigma, sendo colocados à distância, criticados e feitos objeto de saber por formações discursivas que prefiguram uma parte das chamadas ciências "humanas" e formam constelação. Para empregar uma terminologia em vigor, diremos que, com respeito aos textos anteriores, essas formações introduzem um *corte*.

Qualquer que seja seu débito para com a tradição de saber herdada de Vitrúvio ou a tradição edilitária definida pelas comunas italianas durante os séculos XIII e XIV, foi desse mesmo "deslocamento de atenção"[10] e desse corte que provieram os primeiros tratados de arquitetura italianos. O Alberti teórico da construção compartilha o mesmo processo reflexivo que o Alberti teórico da vida civil e política no *Momus*[11] ou no *De iciarchia*[12]. O projeto do

---

7. A última (e a melhor) tradução italiana publicada até hoje (cf. nota 6, p. 4) conserva o título *Da Arquitetura*. Ao que saibamos, Quatremère de Quincy é o único autor (e não é por acaso) que reconhece a originalidade do título de Alberti e, tanto em seu *Dictionnaire* como em sua *Biographie des plus célebres architectes*, o traduz por *Tratado da Arte do Construir.*

8. Termo devido a E. Garin.

9. E. Garin, *Moyen Age et Renaissance*, Paris, Gallimard, 1969, p. 76.

10. Idem, p. 75.

11. Escrito depois de 1450. Cf. *Momus o Del Principe*, edição crítica com texto, tradução italiana e notas de G. Martini, Bolonha, 1942. Para um paralelismo entre o *De re aedificatoria* e o *Momus*, cf. E. Garin, "Il pensiero di L. B. Alberti nella cultura del Rinascimento", in *Convegno Internasionale indetto nel V Centenário di Leon Battista Alberti*, Roma. Accademia Nazionale dei Lincei, 1974.

12. 1468. Cf. *Opere volgari*, edição crítica por C. Grayson, t. II, Bari, Laterza, 1966.

6    A REGRA E O MODELO

*De re aedificatoria* é o homólogo daquele que leva os grandes humanistas do século XV a perspectivar e sistematizar os trabalhos e os atos dos homens.

Assim como os escritos destes abriram o campo de disciplinas que começaram a elaborar seus fundamentos teóricos no fim do século XVIII, o livro de Alberti abre o campo da disciplina que os teóricos do século XIX chamaram urbanismo e da qual quiseram e acreditaram fazer uma ciência. Do século XV dos tratados ao século XX dos escritos urbanísticos, novos problemas foram sendo colocados em diferentes termos. Eles permanecem, entretanto, circunscritos e definidos no quadro de uma mesma abordagem, nascida no *Quattrocento*, sem equivalente anterior em nenhuma outra cultura[13], e que consiste em atribuir à organização do espaço edificado uma formação discursiva autônoma. Essa autonomização, a ideia de que a estrutura de uma construção ou de uma cidade possa depender de um conjunto de considerações racionais dotadas de lógica própria, marca o corte decisivo que impõe ao estudo dos escritos do urbanismo contemporâneo a passagem pelos tratados de arquitetura, e a consideração dessas duas categorias de textos como parte de um mesmo conjunto com uma denominação comum.

Proponho chamar de instauradores esses escritos que têm por objetivo explícito a constituição de um aparelho conceptual autônomo que permita conceber e realizar espaços novos e não aproveitados. Essa designação, entretanto, não deve dar margem a confusão com o uso que faz a epistemologia do conceito de instauração. Não se trata, no caso, de determinar a fundação de um campo científico. Recorrendo à etimologia e ao valor concreto original do termo (*stauros*, em grego, significa primeiramente a estaca de fundação e o alicerce), pretendi, de um lado, que ele sublinhasse, por metáfora, a posição dos textos instauradores que se propõem escorar e firmar como teoria os espaços construídos e a construir, que se constituísse como seu fundamento ou seu alicerce, e de outro lado evocasse, por metonímia, a relação entre esses textos e os ritos de fundação de cidades.

Consideraremos, então, que o conjunto dos textos instauradores do espaço é formado exclusivamente pelos tratados de arquitetura e pelas teorias do urbanismo? Parece necessário incluir aí uma outra categoria de escritos, as utopias. À primeira vista, tal decisão soa chocante e contestável. A utopia pertence ao universo da ficção, parece aquartelada no imaginário, longe de todo alcance prático e, com maior razão ainda, de todo contexto profissional. Pode-se arguir que nem por isso e privada de eficácia: a multiplicação de Icárias na América do século XIX prova-o à saciedade. Como quer que

13. Cf. Cap. l.

O PRECONCEITO DAS PALAVRAS

seja, a edificação do mundo construído não é a vocação da utopia, que se propõe, por meio de uma reflexão crítica sobre a sociedade, a elaboração imaginária de uma contra sociedade. Contudo, se considero que a utopia, como gênero literário, é um texto inteiramente instaurador, é que ela constitui parte integrante das teorias de urbanismo que ela antecede e cuja forma marcou com um selo indelével. Tal afirmação já está implícita em meu trabalho[14] sobre as relações do urbanismo com as utopias, desde que se observem estas últimas sob uma perspectiva diversa da que era então a minha. Limitando-me às utopias do século XIX, eu as classificava, com base em seus sistemas de valores, em dois grupos, que chamava de progressista (Fourier, Owen) e de culturalista (Morris) e alinhava sob a denominação comum de pré-urbanismo: com seus valores e seus modelos, elas prefiguravam os dois grupos homólogos descobertos nos escritos do urbanismo. Desse modo é que fui levada a definir o urbanismo progressista, ilustrado por Le Corbusier, e o urbanismo culturalista, cujo representante mais destacado é Sitte. Minha demonstração baseava-se, então, numa análise de conteúdo. Tratava-se de precisar a especificidade dos valores e das figuras de espaços que cada uma das duas correntes antagonistas propunha. A *démarche* utópica, enquanto suporte e veículo de valores bem datados (aqui, progresso e racionalidade; ali, organicidade cultural) promovidos no quadro de um processo histórico, dizia respeito à revolução industrial.

Em vez de nos limitarmos à influência *das* utopias particulares, podemos nos interessar pelo impacto eventual *da* utopia em geral sobre os escritos urbanísticos. Podemos considerá-la não mais do ponto de vista de seu conteúdo, mas de sua forma, deslocar a questão do plano da história próxima para o da longa duração. Percebe-se então que a utopia, enquanto categoria literária criada por Tomás Morus, inclui dois traços comuns a todos os escritos do urbanismo: a abordagem crítica de uma realidade presente e a modelização espacial de uma realidade futura. Ela elabora, numa perspectiva não prática, em termos quase lúdicos, um instrumento que poderia servir efetivamente para a concepção de espaços reais.

Quando os escritos urbanísticos deixam de ser interrogados de um ponto de vista epistemológico que questiona sua validade, quando não mais se trata de avaliar a legitimidade de suas pretensões científicas, mas de analisar sua organização enquanto textos instauradores de espaços[15], chama a atenção sua relação com a

14. Op. cit., Cf. Também *City Planning in the XIXth Century*, New York, Braziller, 1970.

15. Propósito já formulado, mas desenvolvido de maneira esquemática, in "Figures d'un discours méconnu", *Critique*, abril de 1973.

forma literária da utopia. Em outras palavras, se, ao invés de nos interessarmos pelas opções axiológicas opostas e não reconhecidas, subjacentes aos livros de Le Corbusier e Howard, nos debruçarmos sobre os procedimentos comuns que fundamentam e condicionam a enunciação de seus respectivos projetos, a Utopia surge como uma forma inerente a seu processo, que ela estrutura e programa, independentemente de qualquer conteúdo histórico. Em tais condições, a utopia não pode ser alijada do conjunto dos textos instauradores. Deve ser incorporada a ele, já que preexiste às teorias do urbanismo, isto é, na totalidade de suas manifestações, a partir da inaugural *Utopia* de Tomás Morus, homóloga ao *De re aedificatoria*, meio século posterior.

Admitiremos, pois, que o conjunto dos textos instauradores é formado pelas três categorias dos tratados de arquitetura, das utopias e dos escritos do urbanismo, solidarizados por seu projeto fundador de espaço. Para ir além dessa declaração de singularidade, para abrir caminho na densidade de suas intenções não formuladas e dar um sentido à sua estranheza, meu trabalho foi guiado por várias hipóteses.

A primeira, metodológica, deu prioridade não somente ao estudo dos textos mas também ao de sua forma.

A segunda centralizou o trabalho no tratado e na utopia: estariam em ação dois procedimentos típicos de criação do espaço edificado desde a emergência do projeto instaurador. Um, elaborado pelos tratados de arquitetura, consiste na aplicação dos princípios e das regras. O outro, fruto da utopia, consiste na reprodução de modelos. Esses dois procedimentos, a regra e o modelo, corresponderiam a duas atitudes fundamentalmente diferentes em face do projeto construtor e do mundo edificado.

Conforme a terceira hipótese, os textos instauradores não constituiriam apenas um conjunto lógico, construtível com o auxílio de um denominador teleológico comum. Ao longo do tempo, eles apresentariam, em sua enunciação e na relação de seus componentes semânticos, regularidades formais e uma estabilidade que os transformariam numa categoria discursiva específica. Em outras palavras, sob a cambiante diversidade que o curso dos séculos lhes impõe, utopias e tratados seriam organizados por figuras ou configurações textuais invariáveis, dependentes de um estatuto original que seus autores não assumiram, nem seus leitores decifraram.

Nem por isso resulta daí que essas duas organizações estruturais permaneçam intactas e bem legíveis, de ponta a ponta de duas cadeias textuais independentes. Admito, ao contrário – e é minha

O PRECONCEITO DAS PALAVRAS 9

quarta hipótese –, que elas possam interferir: os escritos urbanísticos dariam a prova disso. Mas, através de derivações, transformações e sincretismos, tais figuras manifestariam uma resistência insólita à anulação. Triunfantes ou envergonhadas, íntegras ou mutiladas, quais construções de pedra que a ruína não impede de testemunhar e que sobrevivem às instituições e formas de saber de que foram contemporâneas, as duas arquiteturas discursivas imporiam uma presença irrevogável, que, atravessando os tempos, continua a manifestar-se: figuras cuja pregnância resistiria ao desgaste dos acontecimentos, à sedimentação das mentalidades, às reestruturações do saber, e cuja significância transcenderia a de seus conteúdos.

Provar essas hipóteses exige que se estabeleçam genealogias, se localizem rupturas, se indiquem e se definam constantes estruturais. Semelhante tarefa pressupõe a utilização de uma estratégia metodológica que permita fugir ao engodo dos conteúdos de superfície para penetrar com segurança na profundidade do texto.

De início, procurando elucidar a natureza de um conjunto de escritos e descobrir fatos que pertençam à ordem da escrita, a exploração deverá ser conduzida entre quatro paredes. Encerrar-nos-emos unicamente no espaço dos textos instauradores, fazendo abstração do contexto em que foram elaborados. Em outros termos, qualquer que seja, por outro lado, seu interesse, evitaremos interpretar tratados de arquitetura, utopias e escritos do urbanismo através das condições culturais, econômicas e políticas de sua produção. *A fortiori*, não nos interessaremos nem pelas pessoas que os escreveram, nem pelos edifícios concretos que estas construíram. Que Alberti tenha sido uma das personalidades mais sedutoras da Renascença, é coisa que não nos dirá respeito aqui. O indivíduo que, no *De re aedificatoria*, fala *eu* e refaz sua aventura intelectual será considerado apenas enquanto locutor abstrato, na medida em que impõe ao texto uma forma de enunciação e utiliza para construí-lo as sequências de sua biografia, conforme o mesmo procedimento seguido mais tarde por todos os tratadistas até o século XIX, a despeito da diversidade dos tempos, dos lugares e das pessoas.

Do mesmo modo, ao contrário dos historiadores da arquitetura e do urbanismo, não nos preocuparemos com as relações suscetíveis de ligar os escritos instauradores a espaços de fato realizados. Qualquer que seja o impacto efetivo do texto sobre o mundo construído, isso foge ao nosso propósito. Não nos cabe determinar a influência eventual do *De re aedificatoria* sobre o Palazzo Rucellai, ou sobre os edifícios religiosos (Santa Maria Novella, o Templo dos Malatesta, Sant'Andrea de Mântua...) reformados ou construídos

10 A REGRA E O MODELO

sob a direção de Alberti, nem a influência dos escritos teóricos de Cerdà ou de Le Corbusier sobre seus projetos respectivos para Barcelona ou para Pessac e Chandigarh. Tomei especial cuidado em excluir esse tipo de referências e explicações, sabedora dos perigos aos quais elas expõem os historiadores nos casos em que seu uso é legítimo. Uma atenção demasiadamente centrada sobre a obra construída de Alberti levou um dos melhores especialistas da arquitetura renascentista a fazer uma leitura limitadora do *De re aedificatoria*[16]. Eu mesma evidenciei a dissociação existente entre a obra construída e a obra escrita de Le Corbusier[17].

Uma vez feita a escolha de permanecer no espaço dos tratados instauradores e fazer sua leitura em diferentes níveis, cumpre ainda buscar os meios para alcançar tal objetivo. Meu método se inspira muito livremente em procedimentos definidos por ocasião de questionamentos semelhantes. Tem um débito particular para com os trabalhos de V. Propp e de C. Lévi-Strauss sobre o conto e o mito, a semiologia textual de R. Barthes e as pesquisas preparatórias para uma semiolinguística, iniciadas por E. Benvéniste e continuadas por seus discípulos. De um lado, esforcei-me por descobrir as unidades que permitem uma *découpage* semiótica dos textos. Procurei desmontar o funcionamento dos tratados, das utopias e dos escritos urbanísticos, definindo o jogo das unidades semânticas fixas e limitadas que servem respectivamente para produzir suas regras generativas e seus modelos. De outro lado, tentei descobrir os modelos de enunciação singulares, inventariar-lhes as marcas linguísticas e ressaltar-lhes a coerência.

Limitado a operações elementares de segmentação e de discriminação, este trabalho não pretende se situar no mesmo plano metodológico que as obras nas quais se inspirou. Não procurei transpor globalmente os procedimentos destas para um material ao qual não estão adaptadas: os textos instauradores não pertencem ao universo oral e anônimo do mito e do conto fantástico, nem integram as categorias literárias do romance ou da narrativa. De fato, sem procurar elaborar uma verdadeira semiótica dos textos instauradores, fui buscar junto aos autores citados os meios de uma abordagem semiológica, que não permitiu definir a identidade dessas formas textuais[18], provar a estabilidade de sua organização, conferir-lhes uma dimensão semântica ausente numa leitura convencional.

16. R. Wittkower, *Architectural Principles in the Age of Humanism*, Londres, Tiranti, 1962. Aludimos, em particular, à sua interpretação da Igreja Sant'Andrea de Mântua.

17. Cf. o verbete "Le Corbusier", *Encyclopaedia Britannica*.

18. Cf. infra, Cap. 1, p. 16 e 37, e sobretudo Cap. 2, p. 137 e s. e Cap. 6, p. 276-277.

O *De re aedificatoria* e a *Utopia*, os dois textos inaugurais, cuja emergência define o quadro desse trabalho, foram utilizados somente para estabelecer as figuras do tratado de arquitetura e da utopia de que são os paradigmas[19] e para determinar o conjunto de traços sobre cuja base fixar o corpo dos textos instauradores.

Mas sabe-se que a constituição de um *corpus* se faz no interior de um círculo lógico. No caso, para poder definir os dois tipos de textos instauradores, é preciso começar postulando-lhes a existência e dando-lhes duas definições iniciais, pragmáticas e provisórias. Num primeiro capítulo, comparativo, essas definições servirão para provar que o *De re aedificatoria* e a *Utopia* são de fato inaugurais. Além disso, permitirão, sem que se trate disso a esse nível, descrever o funcionamento do tratado e da utopia, delinear sua especificidade com relação aos textos com os quais se poderia confundi-los. Essas duas formas discursivas serão, pois, caracterizadas por um conjunto de traços provisórios que todo texto pertencente a seu *corpus* deverá apresentar. Inversamente, a ausência de um único desses traços será tomada como um indicador de diferença, um critério, necessário o suficiente, que permitirá eliminar todo texto ambíguo da categoria instauradora.

É, portanto, somente depois do primeiro capítulo que terá início a leitura semiótica do *De re aedificatoria* e da *Utopia*. A importância que atribuo a esses dois textos será medida pelo espaço que lhes dedico, quase metade do livro. Depois, não seria o caso de testar a validade dos paradigmas através de uma análise exaustiva de cada uma das obras integrantes do *corpus*. Tivemos que nos contentar com sondagens, em um número limitado de escritos. A escolha deles, que conserva uma margem de arbitrariedade, foi ditada pelo duplo cuidado em utilizar um material canônico e significativo e associar numa justa proporção obras célebres, desconhecidas ou mal conhecidas. Assim se explica que tenham sido escolhidas a *Idea dell'architettura universale* de Scamozzi, tratado ao mesmo tempo superestimado e mal conhecido pela era clássica, bem como erroneamente negligenciado pelos historiadores de nossa época, e *Sinapia*, utopia inédita do século XVIII, recentemente publicada na Espanha. Por essas razões pude deixar de lado a *Cidade do Sol*, que faria pender a balança em favor das obras famosas, e um texto atí-

---

19. Precisemos a terminologia que utilizaremos daqui por diante: o tratado de arquitetura e a utopia serão considerados *categorias* discursivas, cuja estrutura será chamada *figura*, organização ou arquitetura textuais. Esta figura, tal como podemos construir a partir do *De re eadificatoria* e da *Utopia*, se chama então *paradigma*. Este termo não é [pois] utilizado no sentido que lhe dá T.S. KUHN in *La Structure des révolutions scientifiques*, Paris, Flammarion, 1972. [Trad. bras. *A Estrutura das Revoluções Científicas*, São Paulo, Editora Perspectiva, 1982, Debates 115.]

pico como *L'architecture considérée sous le rapport de l'art des moeurs et de la législation*, de Ledoux, que não poderia ser decifrado segundo o método proposto sem novas pesquisas de arquivo.

Últimas observações metodológicas: a decisão ascética de nos limitarmos ao espaço dos textos instauradores não foi seguida com rigor absoluto. Decerto, ele é essencial e simboliza a importância concedida à organização própria dos textos do *corpus*. Mas somente assume seu sentido se for transgredido, particularmente ao sabor de escapadas esporádicas para espaços escriturários mais vastos. Assim, como acabo de dizê-lo, o primeiro capítulo é amplamente dedicado a outros tipos de texto, na medida em que seu objeto é situar tratados de arquitetura e utopias na densa e complexa rede dos escritos sobre a cidade. Mais: visando esclarecer os liames que as unem a tais escritos e assinalar o corte[20] que autoriza a constituir os textos instauradores em categoria discursiva autônoma, não hesitei em apelar para a história das ideias e das mentalidades, bem como para a de seu suporte cultural e social.

A mesma referência aos contextos, discursivos e não discursivos, também serviu para confirmar e esclarecer, embora de maneira esporádica e somente sob o aspecto das análises formais, as interpretações a que conduzia uma leitura semiótica dos textos instauradores de espaço. Dessa forma, as referências às grandes descobertas, à teoria da perspectiva e ao pensamento político do século XVI vêm afiançar minha decifração da *Utopia*.

Enfim, em certos casos excepcionais, pode suceder que a leitura faça apelo à análise de conteúdo. Esta sempre está subordinada à análise funcional do texto. Presta-se apenas para determinar a identidade ou o funcionamento de operadores ou de unidades semânticas, e não suas origens ou significação. Destarte, no que concerne ainda uma vez ao *De re aedificatoria*, em nenhum momento foi preciso questionar a significação, embora discutida pelos historiadores, de termos como *proportio, mediocritas, collocatio, finitio*... Também não cuidamos do sentido exato da oposição entre os domínios do público e do privado, do sagrado e do profano. Essas noções funcionam sem dificuldade no tratado de Alberti. Em contrapartida, a unidade que denominei "axioma do edifício-corpo", assim como o conceito de *concinnitas*, pareciam cumprir funções ambíguas e não raro múltiplas, cujo jogo pôde ser esclarecido graças a referências exteriores. Sua significação própria, entretanto, só foi abordada dentro dessa perspectiva funcional e formal. Não me

---

20. Adoto esta noção na esteira de historiadores como E. Garin e E. Panofsky. Nem por isso seu notável valor heurístico me fez ignorar algumas das dificuldades que ela acarreta, desde que se esqueça seu *status* instrumental.

O PRECONCEITO DAS PALAVRAS

interroguei nem sobre o aristotelismo de Alberti, posto em causa pela noção de *concinnitas*, nem sobre a perenidade, desde a mais longínqua Antiguidade até hoje, da comparação dos edifícios com os seres vivos e seus corpos. Tais questões não tinham para mim qualquer utilidade. Pertencem a uma história, local ou geral, das ideias. Aqui não me dizem respeito mais que as levantadas, também elas essenciais, pelas relações da *Utopia* com a Reforma ou pelos laços do tratado de J.-F. Blondel com o cartesianismo.

Essas considerações metodológicas deveriam bastar para esclarecer meu propósito. Delas resulta, em primeiro lugar, que este livro engajado na história não é, entretanto, um livro de história. Sua problemática 6, seguramente, determinada pela colocação cm perspectiva histórica que, para começar, permitiu datar e assinalar um corte e atribuir seu valor inaugural aos textos instauradores. Ademais, quando se tratou de controlar o valor paradigmático das figuras estabelecidas pela leitura do *De re aedificatoria* e da *Utopia*, abordei o *corpus* dos textos instauradores segundo a ordem cronológica de sua sucessão. Aconteceu-me ainda confirmar a sua interpretação pela história das ideias e das instituições sincrônicas. O objeto de minha pesquisa não era, apesar disso, nem essa sucessão enquanto tal, nem as relações diacrônicas suscetíveis de unir os diferentes textos, mas sim as regularidades que eles sempre apresentaram ao longo dos séculos. Não proponho aqui uma história das teorias da arquitetura ou do urbanismo, cujas relações também não me preocupei em elucidar. Descubro, descrevo e tento compreender figuras discursivas cujo valor semântico reside precisamente na sua resistência à ação do tempo.

O estabelecimento dessas figuras não deve ser tomado por uma tipologia. Só o primeiro capítulo apresenta alguns elementos tipológicos. À medida que seus traços se delineiam e se afirmam ao correr dos capítulos, o tratado de arquitetura e a utopia remontam a uma arqueologia[21] da teoria da edificação. Escavando sob os estratos dos vocábulos e dos tempos, pretendi trazer à luz as grandes formas discursivas que desafiam uns e outros e que, pondo-nos em confronto com uma nova importância e uma outra presença do mundo edificado, trazem matéria para uma reflexão sobre a identidade cultural do Ocidente e podem contribuir para a constituição de uma antropologia geral.

---

21. Adoto este termo a partir de Michel Foucault a quem devo também, entre outras, a noção de *formação discursiva*.

# 1. Os Textos sobre a Arquitetura e sobre a Cidade

Para nos orientarmos por entre a imensidade e a diversidade dos escritos que falam do espaço e da cidade, podemos, muito simplesmente, começar por dividi-los em duas categorias: os que veem no estabelecimento humano um projeto a realizar e os que se contentam em transformá-lo em tema de especulação. Os primeiros contribuem para produzir o mundo construído, para edificar novos espaços: chamá-los-ei realizadores. Os segundos, quer privilegiem a imaginação, quer a paixão ou a reflexão, não intentam escapar ao universo do escrito; por isso, chamá-los-ei comentadores.

É claro que os textos instauradores devem integrar a primeira categoria. Ora, entre todos os escritos, mandamentos divinos, editos dos príncipes, regras edilitárias, manuais de construção ... que, desde a origem das cidades – elas mesmas na origem da escrita –, serviram para organizar o espaço dos homens, os tratados de arquitetura e as teorias do urbanismo constituem apenas um pequeno subconjunto, enquanto as utopias, mercê de sua relação com o imaginário, representam uma categoria heterogênea. Este capítulo comparativo, destinado a provar o caráter inaugural do *De re aedificatoria* e da *Utopia* e a circunscrever a especificidade do *corpus* dos tratados e das utopias, deverá então localizá-los e determinar-lhes a diferença numa dupla topografia: a dos textos realizadores, passíveis de confusão com os (ralados de arquitetura e cuja escolha, necessariamente limitada, mostrará, todavia, tanto o papel do sagrado quanto o trabalho de racionalização que aos poucos lhe deu início (primeira parte do capítulo), e a dos escritos de ficção suscetíveis de passar por utopias (segunda parte). Mas os textos comentadores não deixam de trazer sua ajuda à elaboração do mundo edificado. Não apenas têm o poder de moldar a percepção do espaço e de lhe deslocar ou ocultar o sentido, mas exercem uma ação incitadora e, mais ainda, alimentam com sua substância os textos instauradores. É por isso que, reduzidos a alguns exemplos ocidentais, eles não foram excluídos deste panorama esquemático, cuja terceira parte irão ocupar.

## 1. OS TEXTOS REALIZADORES

O tratado de arquitetura, do gênero criado por Alberti, será definido provisoriamente por cinco traços[1]. [1] É um livro, apresentado como uma totalidade organizada. [2] Este livro é assinado por um autor que lhe reivindica a paternidade e escreve na primeira pessoa[2]. [3] Seu desenvolvimento e autônomo. Não pretende subordinar-se a nenhuma disciplina ou tradição. [4] Tem por objeto um método de concepção, a elaboração de princípios universais e de regras generativas que permitam a criação, não a transmissão de preceitos ou de receitas. [5] Esses princípios e essas regras se destinam a engendrar e a cobrir o campo total do construir, desde a casa à cidade, da construção à arquitetura.

### 1.1. O De re aedificatoria, *Texto Inaugural*

Que o empreendimento de Alberti tenha sido inaugural parece à primeira vista inverossímil. De imediato oferece-se ao espírito o contraexemplo: a antiguidade greco-latina, que os humanistas do Renascimento tomavam por modelo em geral, e em particular no que toca à arquitetura e à organização urbana. Os próprios historiadores do século XX não hesitam em falar de "urbanismo" grego[3] e romano[4], quando querem designar ordenamentos urbanos cuja racionalidade testemunha claramente uma reflexão específica.

1. Para a sua justificação, cf. Cap. 2. Nas páginas seguintes, esses traços são designados pelo seu número de ordem colocado entre colchetes e precedido ou não do substantivo "traço". Os sinais - ou + indicam a presença ou ausência dos traços aos quais são apostos.

2. A primeira pessoa, já anunciada no primeiro parágrafo do *De re aedificatoria* por um adjetivo possessivo (op. cit., p. 2), se impõe já no segundo parágrafo, no qual, em seguida, Alberti explica a gênese I a originalidade de seu projeto (Idem, p. 15).

3. R. Martin, *L'Urbanisme dans la Grèce antique*, Paris, Picard,1956.

4. L. Homo, *Rome impériale et l'Urbanisme dans l'antiquité*, Paris, Albin Michel, 1951.

## OS TEXTOS SOBRE A ARQUITETURA E SOBRE A CIDADE

Esses ordenamentos trazem, com efeito, a marca das especulações de legisladores, filósofos e médicos; dependem igualmente de uma lógica edilitária bastante elaborada e de um conjunto de procedimentos técnicos baseados em conhecimentos de geometria e de física.

A epigrafia nos legou as disposições complexas que, sobretudo a partir do século IV a.c., regulavam, nas cidades gregas, a partilha do solo entre os domínios público e privado graças a verdadeiros planos de *zoning*, permitiam organizar os traçados viários e a canalização das águas potáveis, asseguravam a manutenção das construções, vias e fontes, resolviam os problemas de demarcação. Todavia, qualquer que seja a precisão das inscrições [– 1] [– 2] de Colofão ou de Pérgamo[5], por exemplo, elas se baseiam numa legislação de caráter prático e particular, não em princípios abstratos e universais [– 4]. Do mesmo modo, os esquemas e as plantas utilizados na criação de Alexandria pelos arquitetos de Alexandre, antes que a dominação de Roma lhes generalizasse o uso, não refletem qualquer teoria do espaço construído, em que pese à sua natureza abstrata; são instrumentos práticos.

Quanto aos manuais de agrimensura dos *agrimensores* romanos [+ 1], se acatam a geometria de Euclides (que, aliás, transmitiram à Idade Média[6]), é uma vez mais para fins exclusivamente técnicos, e não, como mais tarde os tratados de arquitetura ocidentais, para colocá-la na base de uma disciplina específica e autônoma. Outro exemplo: o saber dos engenheiros hidráulicos de Roma, cuja suma Frontin nos conservou em forma de livro[7] [+ 1], [+ 2], permanece um *savoir-faire* setorial e utilitário.

Os políticos responsáveis pela organização coerente do espaço urbano na Grécia não se preocuparam cm elaborar uma teoria sobre o assunto. Somente nos historiadores do século V é que encontramos um eco das preocupações neste particular, as de tiranos como Pisístrato e Polícrates. Clístenes não deixou qualquer testemunho da transformação das estruturas espaciais da *polis* que acompanhou sua reforma das instituições atenienses; os historiadores atuais estão reduzidos a hipóteses no que concerne à sua eventual abordagem teórica do espaço construído[8]. Os milésios, que inventaram a planta em reticulado, nada escreveram a respeito.

---

5. Cf. R. Martin, op. cit., Cap. III, p. 48 e s.

6. P. Riche, *Éducation et Culture dans l'Occident barbare, Ve-VIIIe siècles*, Paris, Seuil, 1962, p. 109, 110, 118.

7. *Sur les aqueducs de la ville de Rome*, P. Grimal (ed.), Paris, Les Belles Lettres, 1944.

8. Cf. P. Léveêque e P. Vidal-Naquet, *Clisthène l'Athénien*, Paris, Les Belles Lettres, 1964.

18 A REGRA E O MODELO

O próprio Hipódamo, que, segundo Aristóteles, "inventou o traçado geométrico das cidades e cortou o Pireu em reticulados"[9], deixou apenas escritos políticos [– 3], referentes a um projeto de constituição[10] e a respeito dos quais se salientou, com razão, "o divórcio que [os] separa de [sua] obra de construtor e urbanista"[11]. A literatura que os gregos dedicaram a uma reflexão sobre a produção do espaço edificado é limitada, ocasional é sempre subordinada a um campo especulativo estranho ao do construído. Essa subordinação e essa dispersão se devem, por certo, ao fato de que, tradicionalmente, a *polis* é primeiramente uma comunidade de indivíduos antes de ser um espaço[12]. O testemunho de Heródoto, Tucídides, Pausânias, é convincente a este respeito. E se, por outro lado, esses historiadores, como os "geógrafos"[13] a partir do século IV, nos legaram descrições maravilhadas das grandes obras urbanas empreendidas pelas Cidades-Estado da Grécia, não nos forneceram mais que um comentário.

O esboço de um discurso instaurador deve ser buscado alhures. Em primeiro lugar, junto aos médicos. Entre os tratados hipocráticos, *Do Ar, da Água e dos Lugares*[14] elabora uma verdadeira teoria da escolha dos sítios que racionaliza um conjunto de observações sobre o regime das águas e dos ventos, a natureza dos solos, a exposição ao sol. Mas não passa de uma parte preliminar da edificação [– 5]. E esta é tratada no quadro de uma disciplina – a Medicina – à qual está subordinado o tratamento do espaço [– 3]. Uma geração depois, Aristóteles parece enfrentar o problema da organização urbana de maneira mais global e independente. Mas as regras que propõe são parte integrante da reflexão sobre as constituições, tema de suas *Políticas*. Não podemos considerar como um tratado de edificação o breve Cap. VIII do Livro II, que representa a vigésima-quinta parte dessa obra consagrada a uma teoria do Estado[15] [– 3]. Nela o Estagirita patenteia seu gênio da síntese

9. *Política*, texto estabelecido e traduzido por J. Aubonnet, Paris, Les Belles Lettres, 1960. Livro II, Can. VIII, p. 73. Na esteira de Aristóteles, o papel de Hipódamo na concepção e na difusão da planta milesiana parece ter sido muito exagerado. Cf. R. MARTIN, op. cit., p. 103 e s.

10. Que Aristóteles resume e critica, *Pol.*, Livro II, Cap. VIII.

11. R. Martin op. cit., p. 15.

12. Cf. E. Benveniste, *Vocabulaire des institutions indo-européennes*, Paris, Ed. de Minuit, 1969.

13. Cf. Dicearco, *Das Cidades da Grécia*, citado por R. MARTIN, op. cit., p. 25.

14. *Oeuvres complètes d'Hippocrate, traduction avec texte grec en regard*, por E. Littré, Paris, 1839-1861, vol. I. Esse texto, verossimilmente , [...] próprio moderates, parece datar dos anos 430 a.C. Cf. P. Heini-Mann, *Nomos und Physis*, Basileia, P. Reinhardt, 1945, p. 209.

15. No sentido antigo do termo.

e do concreto, em considerações sucessivas sobre a dimensão ótima da *polis*, a escolha dos sítios (retomando os trabalhos de Hipócrates), a utilidade das muralhas (contra Platão) e a localização desejável dos diversos edifícios públicos ligados ao funcionamento da cidade grega. Contudo, as regras que enuncia são subordinadas a uma filosofia política, referem-se apenas a um campo limitado da edificação [– 5] e apresentam, pelo menos algumas, somente um alcance particular [–4], restrito ao mundo helênico.

Nutrido pelas obras de Hipócrates e Aristóteles, informado das pesquisas estéticas dos arquitetos gregos, no entanto único em toda a Antiguidade, sem antecedente formal direto nem posteridade, o *De architectura* de Vitrúvio é o único livro que parece participar da mesma *vocação-função* instauradora do *De re aedificatoria* e pode, pois, pretender uma anterioridade sobre este. Além disso, Alberti o leu e nele se inspirou. Mas impôs-lhe uma mutação que lhe alterou a forma e o significado. Para evitar repetições, remetemos o leitor ao Cap. 2[16], onde mostraremos que o *De architectura* só pode passar por um tratado Instaurador se nos fiarmos nas reiteradas afirmações do autor quanto à natureza de seu empreendimento.

Com efeito, os dez livros do "tratado" de Vitrúvio não constituem uma totalidade, pois cada um dos quatro últimos pode ser dissociado dos demais, de um lado, e dos seis primeiros, de outro [– 1]. Vitrúvio se orgulha legitimamente de uma empresa que é, de fato, a primeira no mundo greco-latino e na qual, entretanto, ele não desempenha o papel soberano do criador [– 2], mas o de coligidor e transmissor de saber. Sua iniciativa visa a organização e a classificação de um tesouro preexistente. Ademais, a especificidade e a autonomia de sua trajetória [+3] estão comprometidas não só por incessantes digressões, mas sobretudo pela autoridade sem reserva atribuída a uma tradição parcialmente fundada numa prática religiosa. O projeto teórico [4] proclamado com a desesperada obstinação da insatisfação, limita-se a enumerar conceitos que ele não chega a constituir em sistema, nem fazer funcionar como algo mais que um quadro taxionômico; cede o passo a preocupação pratica e técnica que se exprime especialmente nos Livros VII a X, sobre os revestimentos, a água, a gnomônica e a mecânica. Enfim, se o *De architectura* trata o campo da construção em sua totalidade, da casa à cidade, dos edifícios privados aos públicos e às vias de circulação [5], todavia o equilíbrio do conjunto é rompido em proveito dos edifícios sagrados, dos templos, tal como a tradição os elaborou, e cujo tratamento goza de prioridade absoluta.

---

16. P. 127 e s.

20 A REGRA E O MODELO

O *De architectura* não é um manual técnico, apesar da estrutura dos Livros VIII a X, nem um tratado ligado a rituais religiosos, a despeito da composição dos Livros III e IV, nem um tratado instaurador, apesar da vontade expressa por Vitrúvio de autonomizar a construção como disciplina unitária. A obra do arquiteto romano deve ser situada fora dessas categorias. É uma tentativa premonitória, mas prematura, que não logrou seus fins nem o poderia, numa época não motivada para a abordagem do espaço em perspectiva e do espaço construído com o sistematismo e o desprendimento que, quinze séculos mais tarde, ensejaram o aparecimento do tratado de Alberti.

Sem lograr autonomizar a organização do espaço construído a fim de constituí-lo objeto de uma disciplina independente, a Antiguidade havia aos poucos rompido as relações de dependência que ligavam essa organização à religião.

Esse desengajamento, iniciado já no século V a. C. por políticos como Péricles, foi seguido, graças a um diálogo apaixonado com seus arquitetos, primeiro por Alexandre e, depois, a partir de César, pelos imperadores romanos empenhados na transformação de sua Cidade. Mas esses não teorizaram sua obra construída, sobre a qual continuaram a apor inscrições que demonstram a fidelidade de Roma aos deuses. E, enquanto Augusto prosseguia na obra de construtor de César, a marca de pertença ao sagrado continuava inscrita em filigrana no *De architectura* de seu contemporâneo, Vitrúvio.

A aparente laicização da atividade construtora da Roma imperial não deve ocultar esses sinais nem fazer esquecer aquilo cuja memória a Roma republicana conservava ritualmente: a origem religiosa das cidades das quais se pode afirmar, parafraseando S. Giedion, que "não podem ser estudadas senão em função do plano de fundo religioso que lhes deu origem"[17].

Chamarei prescritivos os textos realizadores nascidos imediatamente dessa relação original com o sagrado: eles enunciam, para a organização do espaço edificado, regras incondicionais dependentes de uma ordem transcendente.

Se os documentos epigráficos deixados pelas mais remotas culturas urbanas geralmente fornecem apenas fragmentos prescritivos, em alguns casos, raros é verdade, como os da China e da Índia arcaicas, conservamos contudo a memória, o vestígio ou mesmo a reprodução de verdadeiros livros prescritivos. Arqueólogos e histo-

---

17. Para S. Giedion, trata-se da arquitetura. *Naissance de l'architecture*, Bruxelas, La Connaissance, 1966.

OS TEXTOS SOBRE A ARQUITETURA E SOBRE A CIDADE    21

riadores costumam designá-los pelo nome de "tratados de arquitetura" ou de "urbanismo"[18]. Impõe-se dissipar a confusão que semelhante terminologia pode gerar, bem como assinalar a diferença que separa, sem qualquer ambiguidade possível, dos tratados de arquitetura renascentistas, essas obras que apresentam ou parecem de fato apresentar traços deles ([+ 1], [+ 2], [+ 4 em parte], [+ 5]),

Não querendo evocar os dois principais "tratados" hindus, o *Arthasastra*[19] e o *Manasara*[20], contentar-me-ei aqui em tomar como exemplo de texto prescritivo um livro chinês, o *Khao Kung Chi*, que data somente da segunda metade do século I a.c. Todavia, essa obra constitui na realidade o derradeiro marco de uma tradição antiga. Substitui o *Chu Li*[21] de Liu Hsiang, ele próprio uma réplica Chu de um original Shang, que contém as mais antigas prescrições chinesas relativas ao espaço construído e constitui o *"locus classicus* do ordenamento urbano das capitais chinesas"[22]. De fato, tais prescrições visam à transcrição para o solo, em três dimensões, de uma cosmologia que, como os trabalhos dos sinólogos demonstraram, impõe sua estrutura ao em junto das práticas sociais, do religioso ao político, e cujo poder ela teme[23]. As regras dos "tratados" chineses asseguram, pois, a reprodução de uma ordem transcendente, preestabelecida [-

---

18. Cf. P. W. Yetts, "A Chinese Treatise of Architecture", *Bulletin of School of Oriental Studies*, vol. IV, 3ª parte, Londres, 1928; ou ainda P. Acharya, *The Architecture of Manasara*, Allahabad, 1933. Os "tratados" chineses ou indianos devem ser distinguidos ao mesmo tempo, e nos dois casos, dos manuais práticos da época de uma abundantíssima literatura de comentários e descrições da cidade. Para a China, cf. J. Needham, n. 21, *infra*; para a Índia védica, P. Acharya, *Indian Architecture*, Allahabad, 1927.

19. Coletânea de preceitos relativos à organização espacial da cidade-modelo, contemporânea e homóloga do *Khao Kung Chi*, texto chinês ao qual são dedicadas as páginas seguintes.

20. Comparado por P. Acharya ao *De architectura*, data aproximadamente da mesma época, bebe nas mesmas fontes helênicas, difere dele por sua inserção na tradição búdica, mas não pode ter pretensões à qualidade de texto instaurador.

21. Em *Science and Civilisation in China*, Cambridge, 1971, vol. IV, Cap. XXVIII, "Building Science in Chinese Literature", J. Needham propõe a seguinte classificação dos diferentes textos da literatura chinesa que tratam da edificação: 1) um dicionário (*Erh Ya*); 2) fragmentos rituais do *San Li Thu*; 3) manuais técnicos profissionais entre os quais o *Ying Tsao Fa Shih* de Li Chieh, impresso em 1103 e a propósito do qual o autor evoca, não sem pertinência, os nomes de Villard de Honnecourt e Mathurin Jousse; 4) odes rapsódicas sobre as diferentes capitais antigas, constituindo um gênero literário que se poderá comparar aos elogios de cidades medievais, embora deles difiram consideravelmente; 5) livros dedicados aos títulos e poderes dos funcionários, entre os quais o *Chu Li*.

22. P. Wheatly, *The Pivot of the Four Quarters*, Edimburgh University Press, 1971, p. 411.

23. Cf. M. Granet, *La Pensée chinoise*, Paris, Albin Michel, 1934: em especial o capítulo sobre o tempo e o espaço, onde afirma que "as técnicas da divisão e ordenamento do espaço (agrimensura, urbanismo, arquitetura, geografia política) e as especulações geométricas que elas pressupõem se vinculam aparentemente às práticas do culto público" (p. 91). Cf. também P. Wheatly, op. cit., Cap. V.

22 A REGRA E O MODELO

3]. Longe de permitir uma invenção permanente da cidade [– 4], elas estão a serviço de um processo de duplicação, imune às tentativas de perturbação dos indivíduos.

Certamente, M. Granet e J. Needham insistiram, tanto um como o outro, sobre o fato de não ser preciso tomar ao pé da letra o testemunho dos textos literários, e que *in concreto* as cidades chinesas clássicas foram organizadas com maior liberdade e imprevisibilidade do que eles deixam supor. Mas a maneira como os usuários do espaço e seus arquitetos souberam limitar e modular o impacto dos escritos prescritivos chineses sobre a organização de suas construções não pode nos interessar aqui, já que tal iniciativa permaneceu empírica, sem se traduzir em texto.

Quanto à tradição literária chinesa, é forçoso constatar que ela não perfaz um empreendimento comparável ao dos tratados instauradores. O trabalho específico dos redatores de "tratados" chineses não consiste numa reflexão pessoal e/ou original, mas numa pesquisa de arquivistas. Se o autor assina seu livro, é por orgulho de erudito. O que ele reivindica não é a paternidade de uma conquista intelectual, mas o zelo e a fidelidade com que soube volver às fontes e reconstituir as regras simbólicas de um ritual. A cidade construída ou a construir, a arquitetura, os princípios de sua organização não têm, para o erudito chinês, qualquer interesse em si e merecem consideração apenas na medida em que remetem a uma ordem transcendente, onde funcionam como suporte de ritos e de liturgias[24].

A ideia de Alberti, segundo a qual "a construção foi inventada para o serviço da humanidade e deve obedecer à conveniência e ao prazer tanto quanto à necessidade"[25], os conceitos de necessidade, de satisfação, consubstanciais aos tratados instauradores ocidentais, não têm curso nos textos chineses. Estes ordenam incondicionalmente, em nome de uma prática religiosa dominante[26]. Embora diretamente realizadores, o *Chu Li* e o *Khao Kung Chi* não introduzem a uma disciplina autônoma. Estão subordinados a representações, crenças e ritos e fazem referência a uma literatura mais vasta, que, pelo caminho oblíquo da religião, podemos considerar

24. J. Needham, op. cit.

25. Op. cit., Livro VI, Cap. I, p. 445.

26. P. Wheatly viu bem este aspecto. Em sua obra consagrada à China arcaica, contrariamente à maioria dos autores, ele pesquisa não o próprio e o irredutível da civilização chinesa, mas o que pode representar nela uma base comum com as outras grandes culturas arcaicas. Nesse sentido é que analisa o caráter essencialmente religioso das primeiras cidades chinesas na época Shang e as aproxima das cidades do Egito, da Mesopotâmia... estabelecimentos para os quais "indeed the past was normative and conformity with its precepts *required no justification*" (op. cit., p. 444). [*O grifo é nosso.*]

OS TEXTOS SOBRE A ARQUITETURA E SOBRE A CIDADE 23

como partícipe, embora indiretamente, da realização do mundo edificado.

Nos países islâmicos, do século X de Ibn Hawqal, de Muhallabi e de Mugaddasi ao século XIV de Yâqut e Abu-l-Fida, uma escola de geógrafos, então única no mundo, dedicou ao espaço e à cidade uma rica literatura de comentários, à qual cumpre acrescentar as obras de historiadores como Ibn Khaldun[27]. Porém a cultura urbana do Islã não produziu qualquer texto realizador de espaço. Mais precisamente, a despeito da coloração religiosa que tinge o conjunto de suas práticas, dá-lhe unidade e permite falar de uma cultura islâmica, esta não elaborou nesse campo qualquer texto prescritivo. Esse duplo paradoxo merece reflexão e convida a interrogar sobre o processo de produção das cidades islâmicas e sobre a maneira oblíqua como a religião consegue impor-lhes sua marca. Nossas observações serão necessariamente limitadas e esquemáticas, dada a carência quase completa de trabalhos científicos a respeito de tais questões[28].

Essa carência deve-se, em parte, às próprias razões que podem explicar a ausência de textos realizadores na cultura islâmica: tal como entre os antigos gregos, e de conformidade com uma tradição fundada pelo *Corão*, nessa cultura a cidade é, primeira e fundamentalmente, uma comunidade, antes de ser um espaço localizado, circunscrito e construído[29]. Segundo e secundário perante as relações humanas que enquadra, o espaço edificado requer uma elaboração cuidadosa na prática, mas não merece ser teorizado.

Como em todas as civilizações urbanas, algumas cidades do Islã são criações deliberadas, nascidas da vontade do príncipe. A planta circular de Bagdá, com seus fossos, muralhas e muitos concêntricos, seu tecido urbano anular, dividido e isolável em quatro seções, e o imenso espaço vazio que o separa do núcleo reservado ao califa e sua corte, oferece uma das imagens mais impressionantes do totalitarismo político e religioso. Isento de toda investidura teórica, essa planta revela as motivações do califa abássida Al Man-

27. Cf. suas tomadas de posições na *Mugaddimah*, tradução de E. Rosenthal, Londres, Routledge and Kegan Paul, 1958.

28. Esta situação está mudando. Cf. *L'Espace social de la ville arabe*, atas do colóquio de novembro de 1977 sobre "Espaços Sócio culturais e Crescimento Urbano no Mundo Árabe", publicadas sob a direção de D. Chevallier, Paris, Maisonneuve e Larose, 1979.

29. Cf. infra, p. 38. Cf. também os trabalhos empreendidos sob a direção dos Professores S. Anderson, O. Grabar e J. Habracken no quadro do *Aga Khan Program for Islamic Architecture*, MIT-Harvard.

24 A REGRA E O MODELO

sur e opõe sua própria particularidade à das criações de outros califas construtores.

Com essas peculiaridades da organização espacial concertada, contrasta a identidade dos tecidos urbanos "espontâneos", produzidos sem regulamentação específica, no seio da mesma cultura, das margens do Atlântico às do Indico. Tais formações consistem na agregação de verdadeiras unidades de vizinhança. Sua organização parece segregada, ao mesmo tempo, diretamente pelo jogo de práticas institucionais não escritas, econômicas, jurídicas culturais ligadas à estrutura familial ampliada, e indiretamente pela aplicação de textos jurídicos[30]. O imenso poder exercido por tais escritos, tanto sobre a criação quanto sobre a conservação do tecido urbano, autoriza a classificá-los como indiretamente realizadores.

Mas o direito muçulmano é essencialmente sagrado. "O *Corão* deu leis à comunidade islâmica, mesmo em matéria de guerra e em questões gerais"[31]. Essa comunidade não conhece valores "puramente políticos ou jurídicos (tal como o entenderia o Ocidente moderno", mas tão somente valores "políticos-religiosos [...] que corporificam, a seus olhos, a própria doutrina revelada", e estão literalmente "inviscerados nos textos alcorânicos e na *sunna* do profeta"[32]. Assim, os artigos e os anais registrados do *Fiqh* (direito muçulmano) remetem, em última instância, a um livro, ele também indiretamente realizador de espaço, o *Corão*.

Nesse livro deparamos com juízos de valor (comentários) sobre a cidade e apenas algumas prescrições sub-reptícias que influenciaram a organização urbana, fixando a orientação obrigatória dos locais de oração e exigindo que seja criado um bairro distinto para "as pessoas do livro". Finalmente, nele se descobrirá a disposição espiritual que contribui para o funcionamento untuoso, replicativo e no entanto variado, das diversas práticas sociais, e cujo papel preponderante pode explicar que o tratado instaurador não tenha seu lugar no espaço literário dedicado pelo Islã à cidade e ao mundo edificado.

---

30. R. Brunschvicg, "Urbanisme médiéval et droit musulman", *Revue des études islamiques*, 1947, p. 127.

31. Rachid Rida, citado por L. Gardet, *La Cité musulmane, vie sociale et politique*, Paris, Vrin, 1954, p. 109.

32. L. Gardet, op. cit., p 8. O mesmo autor indica que "ao *Corão* somente pertence o magistério legislativo propriamente dito, e toda lei ou antes toda regulamentação particular sempre tende a ser apenas uma explicitação das leis corânicas" (idem, p. 109). Remetemos igualmente, para sua discussão, às análises de R. Brunschvicg, op. cit., na qual evoca os textos e procedimentos que intervém na ausência de indicações positivas do *Corão* (idem, p. 248). Cf., igualmente, L. Massignon, *La Passion d'al-Hallàj*, Paris, Geuthner, 1922.

OS TEXTOS SOBRE A ARQUITETURA E SOBRE A CIDADE

A Idade Média também oferece texto suscetível de comparação com um tratado de arquitetura do Renascimento. Os doutores enciclopedistas da Igreja se limitaram a retomar, sob uma forma muitas vezes truncada e fragmentária, o conteúdo dos textos realizadores da Antiguidade. De Isidoro de Sevilha a Hugo de São Vítor, e depois Vicente de Beauvais e Tomás de Aquino[33], eles não apenas colheram uma informação técnica e prática junto aos práticos, aos pedagogos ou aos compiladores (Plínio e Varrão, em particular), da antiguidade grega e romana. No quadro e sob o aval de uma pesquisa dominada pela ideia teológica [– 3], os doutores do século XIII também esboçaram um arremedo teórico dos princípios do construir (*armatura*) que responde, aliás, sobretudo a uma vontade de classificação das atividades ligadas à edificação[34]. Suas "sumas" buscavam assim diretamente, e sem discuti-los [–4], elementos parciais nos autores da Antiguidade. Aristóteles era aproveitado, mas sobretudo Vitrúvio, cuja redescoberta e edição crítica por Le Pogge no Renascimento não devem fazer esquecer que ele foi conhecido, recopiado e utilizado desde a Alta Idade Média[35]. Ora, na medida em que nos recusamos a considerar o *De architectura* como um texto instaurador de espaço, com maior razão o faremos com fragmentos e citações tirados de manuscritos incompletos e de difícil interpretação, tanto por causa de sua formação quanto devido à perda das referências que os teriam tornado inteligíveis e à ausência de distanciamento dos autores medievais com relação à cultura antiga[36].

Fora dessa literatura apologética, apenas o célebre *Album* de Villard de Honnecourt[37] poderia aspirar ao título de texto instau-

33. G. Beaujouan, "L'interdependence entre la science scolastique et les techniques utilitaires (XIIe, XIIIe, XIVe siècle)", *Conférences du palais de la Découverte*, nº 40, janeiro de 1957.

34. Cf. a definição de *armatura* e sua divisão em *architectura, coementaria, venustatoria* no *Didascalion* de Hudo de São Vitor (retomada no *Speculum* de Vicente de Beauvais), E. De Bruyne, *Études d'esthétique médiévale*, Bruges, "De tempel", 1946, t. II, p. 382.

35. Cf., por exemplo, a influência da obra de Vitrúvio sobre Eginhard, considerado na época como seu intérprete mais competente (E. De Bruyne, op. cit., t. I, p. 243-247).

36. Sobre esses problemas, cf., entre uma literatura muito numerosa e a título simplesmente de sugestão. P. Peeters, "Le *Codex bruxelensis* 5253 (b) de Vitruve et la tradition manuscrite du *De architectura*", *Mélanges Félix Gral*, t. II, Paris, 1949 p. 119-143; C. H. Krinsky, "Seventy-eight Vitruvius Manuscripts", *Jahrbuch für Wirtschaftsgeschichte*, Berlim, 1967, introdução, p. 36-70. Acontecia igualmente ser citado Vitrúvio sem menção do nome. W. A. Éden assinala a presença, no *De regimine principum* (Livro II, Caps. I a IV) de São Tomás, de três citações anônimas tiradas de Vitrúvio e oriundas de um autor desconhecido *en* "Saint Thomas Aquinas and Vitruvius", *Mediaeval and Renaissance Studies*, Warburg Institute, University of London, vol. I, 1950.

37. *Algum de Villard de Honnecourt, arcritecte du XIIIe siècle, manuscrit publié en fac-similé*, anotado [...] por J.B.A. Lassus, Paris, Laget, 1868.

26 A REGRA E O MODELO

rador. Nele o autor exprime, com efeito, na primeira pessoa [+ 2], o orgulho de criador, notável por suas invenções técnicas, sua cultura matemática[38], sua maturidade crítica[39]. Mas não procura dar unidade e coerência a uma matéria e a observações disparatadas, emprestadas de campos e fontes heterogêneos. Se sua preocupação dominante é de ordem prática e técnica, como o testemunham as páginas sobre a construção do madeiramento, parece bastante exagerado qualificar de "enciclopédia prática"[40] essas notas [– 1] ilustradas, que abrem grande espaço ao comentário de construções existentes e terminam com uma última receita para a cura de ferimentos sofridos nos canteiros de obras[41].

### 1.2. Os Editos Comunais e o Destino de sua Argumentação

Na Europa medieval, paralelamente ao direito consuetudinário que assegurava a perpetuação de uma ordem urbana tradicional, os textos elaborados no seio das comunas contribuíram, ao contrário, para uma edificação racional do quadro urbano e para a produção de soluções arquitetônicas inéditas. Parece que esses editos e deliberações, de vocação criadora, devem ser classificados entre os escritos instauradores. Determinaremos seu estatuto com o auxílio de alguns exemplos tomados aos conselhos comunais da Itália, que foram os primeiros, já no século XII, a produzir este tipo de textos, e não cessaram de ampliar sua diversidade e riqueza até o século XV.

Mesmo que não sejam tão completos como os do *Consiglio générale* de Siena, do qual possuímos os livros de 3 de dezembro de 1248 a 1º de março de 1801[42], conservamos ainda grande número dos registros onde eram consignadas as decisões edilitárias dos conselhos comunais e seus considerandos[43]. Emanem de Flo-

38. Op. cit., pl. 38 e 39. A geometria de Euclides (traduzida por Boécio) fazia parte da formação dos arquitetos já na Alta Idade Média. Cf. E. De Bruyne, *Études d'esthétique médiévale*, op. cit., t. I, p. 245.

39. Ver suas análises das catedrais de Laon e de Reims (op. cit., pl. 17 e 59 s.).

40. J.B.A. Lassus, op. cit., Introdução, p. 52.

41. Op. cit., pl. 64.

42. Cf. *Rerum italicarum scriptores*, Milão, L.A. Muratori, 1723-1751, t. XV, 6ª parte. Para a bibliografia (arquivos, textos editados e críticas) dos conselhos sieneses, cf. D. Balestracci e G. Piccini, *Siena nel Trecento, assetto urbano e struttura edilizie*, Siena, CLUSP, 1977, que dá, além disso, uma descrição sugestiva da extensão e da natureza da competência dos membros do Conselho Geral de Siena.

43. Cf., entre outros, N. Ottokar, verbete "Comuni" in *Encyclopedia Italiana*, vol. XI, e sobretudo o *Rerum italicarum scriptores*, citado *supra*, cujo material riquíssimo parece não ter sido explorado sistematicamente, salvo por autores como D. Waley in *Studi communali e fiorentini*, Florença, 1948; *Mediaeval Orvieto*, Cambridge, Cambridge University Press, 1952. Cf. também *Les Republiques médiévales italiennes*, Paris, Hachette, 1969.

OS TEXTOS SOBRE A ARQUITETURA E SOBRE A CIDADE 27

rença, Pisa, Parma ou Brescia, tais decisões argumentadas se destacam pela participação pessoal nominal [+ 2] daqueles que as tomaram e pela preocupação de eficácia que os orienta e os incita a inventar respostas novas [+ 4][44] para os problemas urbanos que lhes são submetidos. A área de competência dos responsáveis se estende do mais trivial ao mais sublime [+ 5], da higiene e da defesa à criação artística[45].

Consultando os registros sienenses, constatamos que os membros do Conselho se debruçam sobre o conjunto dos ordenamentos que respondem às necessidades dos habitantes, favorecem a realização e desenvolvimento das atividades urbanas, contribuem para o embelezamento da cidade. Vemo-los conceberem redes de adução e distribuição de água, lutarem por melhores condições sanitárias ao alargar as ruas existentes, proibindo a altura exagerada das casas e a aglomeração de suas fachadas por construções geminadas[46], criando um jardim público, hospitais; elaborarem um conjunto específico de edifícios para abrigar as diversas instâncias do poder municipal[47]; organizarem o espetáculo urbano pela normalização e regularização do tecido da cidade[48] e pela edificação de monumentos. Face ao desenvolvimento demográfico e econômico, quer se trate da criação de novos bairros habitacionais[49] ou da melhoria da rede viária, suas decisões são prospectivas, inscrevem-se num programa de intervenção[50] a longo prazo, testemunham uma vontade de racionalização e uma estratégia de otimização que visam à escolha dos equipamentos e dos locais de implantação. Os edis não debatem apenas a melhor localização dos edifícios de prestígio, como o Palácio Comunal (1288). Estudam também a repartição racional das fontes pelos diversos bairros[51], a distribuição dos albergues e dos hospitais pelos

44. No caso existe coincidência com a segunda parte do trago [4], mas não com a primeira, que diz respeito à elaboração de um método universal.

45. Cf. G. Milanesi, *Documenti per la Storia dell'arte senese*, I, p. 180, Siena, 1854, citado por Waley, *Rep. Ital.*, op. cit., p. 151.

46. Cf. D. Balestracci e G. Piccini, op. cit., p. 45 e s., onde são citados os textos da *Constituição da comuna de Siena* de 1262 e do Conselho Geral (deliberações de 6 de agosto de 1366) regulamentando o avanço das aberturas para as ruas em função das dimensões destas Para medidas análogas adotadas em Parma e em Brescia, cf. Waley, op. cit., p. 100.

47. A construção e a implantação pertinente de edifícios exclusivamente consagrados aos "serviços administrativos" das comunas foi uma das realizações da edilidade italiana durante os séculos XIII e XIV. Cf. D. Balestracci e G. Piccini, op. cit., p. 103.

48. Idem, p. 45-48, 60-62.

49. Idem, p. 30 e s.

50. Idem, p. 17.

51. Idem, p. 145.

28 A REGRA E O MODELO

setores[52], a preservação dos jardins *intramuros* e de uma justa proporção de espaços verdes dentro do tecido urbano[53]. Termina aí a semelhança entre os tratados instauradores e os editos comunais. A demarcação de suas diferenças será visível com as relações diferentes que mantêm respectivamente com o poder de concepção e o poder político.

As decisões realizadoras enunciadas e argumentadas nos editos comunais não se estribam num pensamento teórico [– 4]. Não são aplicáveis fora do quadro espaciotemporal em que foram formuladas. A despeito de seu alcance prospectivo, elas são parciais e, de ano para ano, são completadas e modificadas retroativamente, levando em conta a evolução dos dados[54]. Respondem às situações particulares, encontradas *hic et nunc* por homens que não são especialistas, mas cuja condição de cidadão qualifica-os, sem distinção de classe social ou profissional, a lidar com todos os problemas da cidade. Para eles, ocupar-se da edificação da cidade é parte integrante de uma gestão onde entram em jogo determinantes religiosas, sociais, econômicas e técnicas que contribuem, tácita ou explicitamente, para a produção do espaço urbano. Não se trata, pois, de uma autonomia dos editos e decretos comunais [– 3]. Ao contrário dos tratados de arquitetura, eles não postulam uma disciplina específica independente.

Por isso, é conveniente renunciar à tentação de atribuir a esses textos o qualificativo *instaurador*. Todavia, na medida em que designam o edificado como seu campo próprio de aplicação e lhes reservam um tratamento reflexivo, será possível marcar sua especificidade e seu parentesco com os tratados instauradores, chamando-os *argumentadores*.

Da maneira como no-los transmitiram as exposições de motivos que acompanham os editos dos conselhos comunais italianos e as atas das sessões onde eram preparados, os textos argumentadores do apogeu do século XIV e início do XV nos põem frente a um modo discursivo de produção do espaço urbano excepcionalmente interessante. Estes escritos se situam num lugar improvável e precário, entre o procedimento autoritário dos textos prescritivos ou consuetudinários e o processo racional dos tratados instauradores. Aqueles que tomam as decisões estão suficientemente distanciados da vida e do espaço urbano para poderem traduzir os problemas

---

52. Cf. o debate de 27 de janeiro de 1357 sobre a implantação de um hospital fora da Porta de Ovile, num bairro que carecia completamente (idem, p. 150-154).

53. Idem, p. 38.

54. Cf. as modificações introduzidas nos grandes projetos sieneses em seguida a queda demográfica provocada pela peste negra de 1348 autores, esta situação cria "entre cada igreja individual e a comuna

OS TEXTOS SOBRE A ARQUITETURA E SOBRE A CIDADE     29

que colocam em termos de razão e eficácia. Mas, ao mesmo tempo, a rede institucional que os liga à cidade impede-os de considerá-la como objeto independente. De um lado, seu discurso somente se enuncia em várias vozes, é tomado numa estrutura de diálogo. De outro lado, sem estar subordinado a nenhuma, é ordenado por todas as práticas sociais. Por exemplo, embora a instituição cristã marque o espaço urbano pelo número de igreja e conventos que seu poderio lhe permite implantar, todavia ela não lhe dita sua lei. São os magistrados leigos que dispõem das construções religiosas para integrá-las à ordem civil da cidade, enquanto edifícios a serviço do cidadão e das exigências da sua vida religiosa[55]. Assim, entre o início do *Trecento* e a segunda metade do *Quattrocento*, o texto argumentador realiza um equilíbrio, jamais reencontrado depois[56], entre a cidade como realidade material e como conjunto de instituições, entre as forças da tradição e o poder da inovação, entre a iniciativa dos indivíduos e o consenso da coletividade.

Não foi por acaso que esse avatar discursivo encontrou sua realização nas cidades medievais da Itália, no mesmo solo precocemente urbano que foi depois o berço do tratado instaurador. A semelhança das duas categorias de textos sofre uma relação de parentesco. A emergência do tratado instaurador, em meados do século XV, foi preparada por uma pré-objetivação do espaço urbano e uma racionalização a que os escritos argumentadores o submeteram num corpo-a-corpo quotidiano.

Dessa relação, temos uma confirmação paradoxal numa época em que o texto argumentador desapareceu e em que o alcance teórico do tratado instaurador parece opô-lo irremediavelmente à casualidade dos editos reais que tomaram o lugar dos editos comunais. Com efeito, quando, pela primeira vez, em 1705, Lamare intenta reunir os decretos publicados desde Filipe, o Belo, em matéria de "polícia urbana" em Paris, em lugar de uma compilação, ele os apresenta sob a forma de um *Tratado*[57], organizado como o de Alberti; não hesita em descobrir uma ordem e princípios[58] na sucessão des-

55. D. Balestracci e G. Piccini, idem, p. 106. Segundo esses uma relação de dependência na qual "o elemento civil parece ficar com a parte do leão".

56. O exemplo e a análise dos textos argumentadores poderiam contribuir para esclarecer o problema atualmente muito evocado e quase sempre mal colocado da *participação* no ordenamento urbano.

57. E. N. De Lamare, *Traité de la Police*. Ele próprio termina apenas os três primeiros volumes, publicados respectivamente em 1705, 1710, 1719.

58. "Nesses regulamentos que tive de percorrer descobri tanta sabedoria, tão grande ordem e uma ligação tão perfeita entre todas as partes da Polícia, que acreditei poder reduzir em Arte ou em Prática o estudo dessa Ciência, remontando até seus

30 A REGRA E O MODELO

ses textos fragmentários e, com a autoridade de sua própria assinatura, em revelar a lógica da decisão que os engendrou. Contudo, tal lógica é enganosa. Com o tempo, os considerandos citados por Lamare perdem a dimensão dialética e a polissemia próprias dos editos argumentadores que aliás, numa França mais rural e precocemente centralizada, nunca foram tão numerosos e não apresentaram a mesma elaboração que na Itália. Permanecem os traços comuns com o tratado instaurador, mas muda a relação com o poder de decisão. Os textos empíricos, que organizam o espaço urbano *hic et nunc*, racionalizando-o, tornam-se o apanágio de grupos especializados, delegados pelo poder real e político, sob o nome primeiramente de Polícia[59] e, mais tarde, de Administração. Decisões arbitrárias, justificativas ideológicas e propaganda podem, doravante, usar a máscara da argumentação.

Por mais rapidamente que o evoquemos, esse encaminhamento, esse progressivo desvio em relação aos textos argumentadores, permite compreender a ambivalência[60] da obra escrita de Haussmann, que, em sua expressão e em seu funcionamento, constitui o arquétipo da administração moderna. Em suas *Memórias*, que se pode ler como um comentário de seus discursos e decretos, tanto quanto nesses últimos, ele justifica e racionaliza todas as suas decisões. Será que essas dizem respeito ao ordenamento particular de um lugar particular, a cidade de Paris, e que não foi por seus escritos, mas por seu resultado, a transformação de Paris, que Haussmann influenciou toda a urbanização do final do século XIX, e forneceu um modelo estrutural que se impôs até nos Estados Unidos e fascinou igualmente o Imperador Francisco José, o enge-

princípios" (op. cit. prefácio verso). Aliás caberia aproximar esse prefácio, na totalidade, do Prólogo aos dez livros do *De re aedificatoria*.

59. "Fica reservado à Polícia vigiar a regularidade e a forma das construções; prescrever o alinhamento, a construção e a altura das casas; conservar a largura e a liberdade da via pública..." (N. De Lamare, *Traité de la Police*, t. IV, Cap. II, "Título 3", publicado por Le Cler du Brillet em 1738, p. 10).

60. Essa ambivalência não caracteriza, aliás, somente os escritos, mas também os ordenamentos urbanos realizados por Haussmann, cuja obra, contudo, sempre dá margem a leituras monossêmicas. Para uns ele não passa do instrumento do poder capitalista: assim, as análises de H. Lefebvre, tão prototípicas que se poderia acreditar caricaturais, pretendem mostrar que "o Barão Haussmann, homem desse Estado bonapartista que se erige acima da sociedade para tratá-la cinicamente como o espólio [...] das lutas pelo poder [...], substitui por longas avenidas as ruas tortuosas mas vivazes [...ei fura bulevares, ordena espaços vazios [...não] para a beleza das perspectivas [...mas] para pentear Paris com metralhadoras". *Le Droit à la ville*, Paris, Anthropos, 1968. Para outros, como Le Corbusier, em *La Ville radieuse*, por exemplo, ele é unicamente o precursor inspirado do urbanismo progressista, cf. infra n. 171, p. 305. Paris, Vincent-Fréal, 1933, p. 120; S. Giedion, Space, *Time, Architecture*, Cambridge, Mas., Harvard University Press, 3ª ed., 1959, em particular, p. 646-679.

OS TEXTOS SOBRE A ARQUITETURA E SOBRE A CIDADE        31

nheiro Cerdà e o arquiteto Burnham?[61] Não deixa de ser verdade que, sob sua coerência e sua lógica superficial, nesses decretos podemos descobrir princípios, uma atitude generalizável, uma postura teórica latente[62] que, em sua relação direta com o espaço construído, assemelha-se aos tratados instauradores.

Mas Haussmann é solidário de uma aventura histórica, a de Napoleão III. Sem questionar, ele coloca seu poder de racionalização a serviço do poder executivo cuja arbitrariedade ele está sempre disposto a justificar, pela adesão tácita à lógica das práticas sociais dominantes.

A dupla pertinência dos escritos de Haussmann a uma racionalidade universal de superfície e a uma lógica oculta, que é essencialmente a de uma economia, prefigura e esclarece a duplicidade dos textos administrativos atuais. Nesses textos, podemos ler ao mesmo tempo um discurso racional, cunhado nas teorias urbanísticas[63], que a administração não teme citar, e a expressão, que esse discurso mascara, seja de decisões políticas, seja do livre jogo de instituições e processos sociais não discursivos. Assim, posteridade longínqua e desviada dos editos argumentadores, uma parte dos decretos urbanísticos atuais ignora tanto mais tranquilamente o espírito desses primeiros textos quanto lhes conservam a forma e fingem mesmo, no plano do conteúdo, referir-se à legislação de uma disciplina científica.

Não é possível precisar aqui a posição desses textos no conjunto do direito urbanístico a que pertencem e em relação ao direito consuetudinário do construído cujo estudo, na era clássica, fazia parte da formação do arquiteto[64]. Já nos basta ter chamado a atenção para esses textos jurídicos. Escritos não instauradores, porém, embora leigos, constituem, na moderna sociedade ocidental, a mais importante massa escrita com vistas à produção direta do quadro cons-

61. Cf. a transformação de Viena nos anos de 1880; a transformação do Barcelona e a *Teoria General* citada *supra*; a planta de Chicago de 1909.

62. Tentamos formular sua síntese sob o conceito de "regularização" in *City Planning in the XIXth Century*, New York, Braziller, 1970. Cf. também nossos artigos "Urbanisme, théories et réalisations", *Encyclopaedia universalis*, Paris, 1973, e "Haussmann et le système des espaces verts parisiens", *La Revue de l'Art*, nº 29, Paris, Ed. du CNES, 1975.

63. O caráter teórico dos decretos e "planos" atuais de ordenamento urbano foi bem analisado por L. Sfez em sua obra, *Critique de la décision*, Paris, Bibliothèque de l'Institut des Sciences Politiques, 1973. Cf. igualmente C. Alexander, J. Boulet, P. Choay, T. Gresset, *Logement social et Modélisation de la politique des modèles à la participation*, 1975, relatório de pesquisa, publicado por Ardu, Université de Paris VIII, Paris, 1978.

64. Cf. *Lois des bâtiments suivant la Coutume de Paris* [...] *enseignées par M. Desgodets, architecte du Roi dans l'École de l'Académie d'Architecture*, Paris, 1748. O prefaciador, Goupy, observa que "um arquiteto não pode cuidar com segurança da conduta de algumas construções se não for instruído das leis do costume". As atas da Academia de Arquitetura se fazem eco dessa preocupação.

32 A REGRA E O MODELO

truído e pesam consideravelmente na problemática atual da arquitetura e do urbano.

### 1.3. *Os Falsos Tratados da Renascença e da Era Clássica*

*O De re aedificatoria* foi o único tratado de arquitetura publicado no século XV[65]. Mas, a partir do século XVI, o gênero se multiplicou e tornou-se rapidamente o ornamento obrigatório da biblioteca do *honnête homme*. A própria denominação tratado de arquitetura encobre, então, uma realidade textual bastante diferente.

A atração formal do tratado teórico se fez sentir sobre certos manuais técnicos e práticos: transmitindo habilidades (*savoir-faire*), já constituídas ou inovadoras, mas não as condições de um poder--conceber [– 4], sua coerência e o cuidado com que foram compostos, o papel principal que nele desempenha o indivíduo, falando na primeira pessoa [+2], bem como sua vontade de invenção e de progresso, podem facilmente iludir o leitor atual. No entanto, na França clássica, a *Manière de bâtir pour toutes sortes de personnes* de Le Muet (1623), a *Architecture pratique* de P. Bullet (1691), a *Architecture moderne* de Briseux (1728) são, para os práticos, instrumentos cujo propósito Mathurin Jousse, em seu *Secret d'architecture* (1642), que ele próprio chama de "Tratado de arquitetura"[66], situa com muita propriedade, opondo-o ao dos tratados teóricos que não se dirigem ao mesmo público e não são limitados por um nível de saber demasiado trivial aos olhos de seus autores:

> Como [...] se vê todos os dias grandes e ricos Edifícios caírem em ruínas... devido às más junções das partes, devido às más relações das pedras entre si [...]. No caso de Arquitetura, é necessário saber tudo o que diga respeito ao corte das pedras & aos traçados geométricos que lhe dão a regra, pois que da ignorância desse ponto procede a perda dos Edifícios. Ora [...] não se encontra nada sobre isso nos melhores Autores de todos os antigos Arquitetos[67].

No campo da literatura científica e teórica, as obras consagradas exclusivamente às ordens de arquitetura[68] acabaram por repre-

---

65. O tratado, ligeiramente posterior, de Pilareto como os de Francesco di Giorgio Martini, um pouco mais tardios, permaneceram inéditos até o século XIX. Cf. *infra*, Cap. 1, p. 40 e Cap. 4, p. 191 e s.

66. Op. cit., Prefácio, p. 5.

67. Depois de haver enumerado as obras dos melhores autores de tratados desde Vitrúvio, inclusive, ele conclui que, com exceção de Philibert de l'Orme, "todos esses grandes homens não nos disseram palavra sobre a maneira de delinear os traços geométricos necessários ao corte das pedras" (idem, p. 4).

68. Cf., no caso da França, entre outros, P. Freárt de Chambray, *Parallèle de l'architecture ancienne et de la moderne*, Paris, 1650; C. Perrault, *Ordonnance des cinq espèces de colonnes*, Paris, 1683; Sébastien Leclerc, *Traité d'architecture*, Paris, 1714;

OS TEXTOS SOBRE A ARQUITETURA E SOBRE A CIDADE 33

sentar, durante os séculos XVII e XVIII, a maior parte dos "tratados". Porém, nem por isso são instauradores. Ciosos somente do valor expressivo da coisa construída [– 5], limitam ao domínio da estética arquitetônica o campo da edificação definido por Alberti[69]. Além disso, na maioria das vezes estão submetidos à autoridade dos modelos antigos [– 4] e, embora ostensivamente escritos na primeira pessoa do singular, geralmente reduzem o papel e a iniciativa do indivíduo à definição de técnicas de mensuração, reconstituição, representação, e ao aperfeiçoamento de um sistema de proporções legado pela tradição [– 3]. A essas obras chamarei *tratados das ordens* e, na medida em que sua legislação abarca apenas um setor da edificação, eu as qualificarei de setoriais.

As *Regole delle cinque ordini d'architettura*[70], de G. Barrozio da Vignola, oferecem a forma mais despojada do tratado das ordens, protótipo indefinidamente retomado, simplificado ou corrigido[71] até o século XIX, paradigma e padrão da literatura arquitetônica durante o período clássico, quando o conceito de arquitetura se viu reduzido ao de estilo, por vezes mesmo ao de escrita[72]. Abramos "o Vignola": depois de duas páginas de teoria, dirigidas como introdução "*Ai lettori*", o texto é subordinado e integrado à sucessão de pranchas que descrevem e explicam com imagens os elementos respectivos das diferentes ordens, e indicam como e quando utilizá-las.

Entre esse tipo canônico e o *De re aedificatoria*, encontra-se, embora em número pouco significativo, uma série de formas intermediárias cuja classificação às vezes é problemática. Enquanto

---

Charles Dupuis, *Nouveau Traité d'architecture*, Paris, 1762. Para uma interpretação da literatura das ordens, cf. *infra*, Cap. 4.

69. Redução que S. Leclerc define bem quando, no prólogo "Ao Leitor" de seu *Traité...* (op. cit.), indica: "Meu desígnio não é tratar aqui de todas as Partes que pertencem à Arquitetura, aqui não falo de nenhum modo da maneira mecânica de construir um Edifício como de preparar lhe os alicerces, de erigir-lhe as paredes [...]: esses conhecimentos [...] se encontram suficientemente em Vitrúvio, Palladio [...] e vários outros tratados de arquitetura".

"Não me apego nesta obra senão ao que tange à beleza, ao bom gosto e à elegância das Partes principais que entram na composição de um belo e nobre Edifício. Nela apresento as ordens das Colunas [...]"

70. Veneza, 1562.

71. Cf. Le Muet, *Règles des cinq ordres d'architecture de Vignole, revues, augmentées et réduites de grand en petit*, Paris, 1632; P. Nativelle, *Traité d'architecture contenant les cinq ordres suivant les quatre auteurs les plus approuvés, Vignole, Palladio, Philibert De L'Orme et Scamozzi* [...], Paris, 1729. Apesar do título, esta última obra faz a parte do leão em Vignola, cujo texto ele reproduz integralmente, provendo-o de um comentário. Em compensação, o *Cours d'architecture qui comprend les ordres de Vignole, avec des commentaires* [...] de Daviler (Paris, 1641) representa uma forma intermediária entre o "tratado" das ordens e o manual prático de construção.

72. No século XVIII é que a metáfora da escrita foi aplicada à utilização arquitetônica das ordens, particularmente por J.-P. Blondel. Cf. *infra*, Cap. 4.

34 A REGRA E O MODELO

que, a despeito de suas referências a Alberti e das "citações" que faz do *De re aedificatoria*, a *Reigle generalle d'architecture des cinq manières de colonnes* [...] de J. Bullant[73] aparece claramente como um tratado das ordens, da mesma forma que o *Livre d'architectures concernant les príncipes généraux de cet art*[74] de G. Boffrand, *Le Génie et les grands secrets de l'architecture historique* de Saint-Valéry Seheult se situa, por seu lado, num nível teórico a que raramente se alça a literatura das ordens, e apresenta todos os traços do tratado albertiano, exceto [5]; e, embora centralizado no problema das ordens, o *Nouveau Traité de toute l'Architecture*[75] de J.-L. de Cordemoy, sem dúvida, deve integrar-se ao corpo dos tratados instauradores.

São igualmente setoriais os "tratados" de fortificação cujo aparecimento se seguiu imediatamente ao do *De re aedificatoria* e que se multiplicaram até o século XVIII. Aqui também, existem uma série de intermediários[76] entre a obra na qual a cidade fortificada representa a totalidade do campo da edificação [- 5] mas é objeto todavia de regras e deduções teóricas semelhantes às dos tratados instauradores[77], e formas que tendem para o manual prático [- 4][78].


Ao lado das obras setoriais, um último tipo – excepcional – de falso tratado de arquitetura merece citação. Já vimos que, a despeito de seu teocentrismo e apesar do fervor da fé que o levou a erigir suas catedrais, o Ocidente medieval jamais produziu qualquer tratado prescrito comparável aos da China arcaica. Ora, tardiamente, com a Contrarreforma, apareceu um gênero muito próximo, sob o aspecto de tratados nos quais a religião desempenha um papel, senão análogo, pelo menos dominante, pois a arte de organizar o espaço lhe é subordinada.

Uma obra volumosa em três tomos, o *In Ezechielem explanationes et appartus urbis ac Templi Hierosolymitani*, foi publicada em

73. Paris, 1564.

74. Ou *De architectura, liber*, Paris, 1745.

75. Paris, 1706.

76. Por exemplo, *De l'attaque et de la défense des places* de VAUBAN, Haia, 1727-1742.

77. Por exemplo, P. Di Giorgio Martini. *Trattati di architettura ingegneria e militare*, editados por C. e L. Maltese, Milão, Il Polifilo, 1967, do qual podemos aproximar, mais de dois séculos mais tarde, o *Somaire d'un cours d'architecture militaire, civile, hydraulique* [...], Paris, 1720, de B. Forest De Bélidor.

78. Cf., a título de sugestão, G. De Zanchi, *Del Modo di Fortificar le città*, Veneza, 1554; G. Lanteri, *Due dialoghi del modo di designare le piante delle Forterezze secondo Euclide*, Veneza, 1557. Para a célebre Obra de A. Durer, cf. *supra*, p. 42.

OS TEXTOS SOBRE A ARQUITETURA E SOBRE A CIDADE     35

Roma entre 1596 e 1604, pelo jesuíta espanhol J.B. Villalpanda[79]. Apresentando traços ao mesmo tempo de comentário bíblico e de tratado de arquitetura, essa obra propõe, a crermos no autor, a primeira exegese correta da visão da Ezequiel[80] e paralelamente à primeira reconstituição exata e ilustrada do Templo de Jerusalém. Villalpanda situa neste santuário a origem da arquitetura e de toda a teoria vitruviana das ordens, fundada nas relações e nas proporções de seus elementos. Com efeito, para ele a única arquitetura racional e verdadeira é a de Vitrúvio, mas esta só pode receber a sua consagração dos textos sagrados, cujo testemunho ele próprio remete a desenhos traçados pela própria mão de Deus. Essa preocupação em fundamentar nas Escrituras, e com tal luxo de precisões, uma disciplina que o trabalho de Alberti, depois dos primeiros arquitetos-teóricos, consistira em autonomizá-la, laicizá--la, libertá-la de toda tutela, não foi obra de um indivíduo isolado. Fazendo eco às preocupações militantes da Igreja, o *In Ezechielem* encontrou numerosa audiência[81] e um prolongamento cm outras obras como a *Architectura civil* de Juan Caramuel[82].

No entanto, essas obras permanecem marginais em relação ao conjunto dos tratados instauradores. Com suas preocupações essencialmente genealogistas, pendem mais para a pura especulação do que para a vontade de moldar o mundo, unindo os escritos diretamente realizadores e justificando a abordagem teórica dos tratados de arquitetura.

## 2. VERDADEIRAS E FALSAS UTOPIAS

Para elaborar uma definição esquemática na utopia, utilizaremos o livro de Tomás Morus, da mesma forma que nos valemos do *De re aedificatoria* para definir o tratado de arquitetura. Atitude mais provocadora, porquanto redutora em ralação ao uso que, à força de desvios deliberados e derivas espontâneas, dá a esse termo uma denotação cada vez mais vaga e termina por incluir, numa compreensão cada vez mais vasta[83], o exato oposto de seu signifi-

79. Em colaboração com J, Prado, que morreu antes de terminar a redação da obra.

80. *Ezequiel*, 40 e s.

81. Sobre o livro de Villalpanda, o contexto no qual foi descrito e sua recepção, cf. J. Rykvert La *Maison d'Adam au Paradis*, Paris, Seuil, 1976, p. 143-158.

82. J. Caramuel de Lobkowitz, *Architectura civil recta y obliqua considerada y dibuxada en el Templo de Jerusalem* [...], Vigevano, 1678.

83. Cf. esta indicação de G. Lapouge em introdução à sua bibliografia, in *Utopies et Civilisation*, Paris, Weber, 1973: "A literatura utópica é infinita. De Platão aos romances de ficção científica, compreende centenas de textos". Nossa definição exclui, entre outros textos, tanto os diálogos de Platão como os romances de ficção científica.

36  A REGRA E O MODELO

cado original. Sabe-se que K. Mannheim preferiu designar por "utopia", não uma categoria de livros e/ou seu conteúdo específico, mas um tipo de mentalidade[84]. Retomando implicitamente essa acepção, pôde um politólogo americano afirmar assim que "uma utopia é um objetivo realizável" e que os escritos de Morus não revelam "qualquer fé política, qualquer utopia"[85].

Por paradoxal que pareça com relação à acepção original de Morus, não se pode contestar o uso que fizeram da palavra utopia K. Mannheim e, antes dele, E. Bloch: uso legítimo desde que esses autores forneciam antes de tudo uma definição convencional coerente, permitindo-lhes, no caso, nomear e interpretar certas formas históricas e certos movimentos da consciência de classe. Depois, esse uso passou para a linguagem comum e aumentou ainda mais a polissemia de um termo que tenderíamos, por isso mesmo, a excluir da linguagem científica.

Para nós, em se tratando de uma categoria textual que postulamos ter sido criada por Morus, que inventou um neologismo para designá-la, era impossível recusar o termo utopia. Evitamos atribuir-lhe uma acepção original e tentar circunscrevê-la com a maior precisão possível, insurgindo-nos, assim, não contra as definições convencionais ulteriores da utopia que não nos interessam aqui, mas contra o emprego indeterminado e polivalente do termo.

Sete traços discriminatórios[86] nos servirão provisoriamente para definir a utopia: [1] uma utopia é um livro assinado; [2] nela um indivíduo se exprime na primeira pessoa do singular, o próprio autor e/ou seu porta-voz, visitante ou testemunha da utopia; [3] apresenta-se sob a forma de uma narrativa na qual se insere, no presente do indicativo, a descrição de uma sociedade-modelo; [4] essa sociedade-modelo opõe-se a uma sociedade histórica real, cuja crítica é indissociável da descrição-elaboração da primeira; [5] a sociedade-modelo tem como suporte *um espaço-modelo que é sua parte integrante e necessária*; [6] a sociedade-modelo está situada

84. Para ele são utópicas "todas as ideias situacionalmente transcendentes [...] que, de uma maneira qualquer têm um efeito de transformação sobre a ordem histórico-social existente", embora as ideologias também "situacionalmente transcendentes" estejam de acordo com essa ordem e "jamais conseguem, *de facto*, realizar seu conteúdo" (*Idéologie et Utopie*, trad. fr. de P. Bollet, Paris, Marcel Rivière, 1956, p. 145 e 129).

85. H.B. White, *Peace among the Willows, the Political Philosophy of F. Bacon*, Haia, Martinus Nighoff, 1968, p. 97, 98.

86. Eles permitem distinguir aqui os textos que serão considerados como a verdadeira posteridade moreana, da abundante literatura que, por abuso de linguagem, é chamada de utópica. Cf. o inventário, no entanto mais discriminativo que muitos outros, de R. Falke, "Versuch einer Bibliographie der Utopien", *Romanistisches Jahrbuch*, VI (1953-1954), no qual, entre os cento e setenta títulos que enumera para o período anterior a 1910, apenas onze correspondem à nossa definição de utopia.

fora do nosso sistema de coordenadas espaciotemporal, *alhures*; [7] ela escapa à influência do tempo e das mudanças.

## 2.1. *A Utopia de Tomás Morus, Texto Inaugural*

O critério de ocorrência simultânea desses sete traços permite verificar que, tal como o tratado de arquitetura, a utopia é uma produção especificamente ocidental, ligada às perturbações epistêmicas do Renascimento. Regularmente se invoca a Antiguidade como berço da utopia e fonte de inspiração de Morus. Ora, se Morus leu atentamente Platão, Luciano e mesmo Aristóteles, nem por isso encontrou em qualquer desses autores, assim como Alberti também não encontrou em Vitrúvio, o paradigma de seu livro.

Os créditos da *Utopia* para com a obra de Platão serão analisados no Cap. 3[87], cabendo lembrar agora apenas que o filósofo grego não escreveu utopia: na *República*, a cidade-modelo de Platão pertence ao mundo das Ideias e não pode, pois, ser descrita em termos de espaço [– 5][88], enquanto que nas *Leis*, onde ela ocupa um lugar e reúne construções, não só deixa de responder a uma crítica sistemática da *polis* contemporânea [– 4], mas sobretudo, longe de ser apresentada no presente do indicativo, como uma realidade, é colocada no condicional, a título de hipótese, na lógica de um "cenário" [–3, – 6].

Luciano, que Morus traduziu e cuja veia satírica exerceu sobre ele a mesma sedução que sobre Erasmo, não dotou sua crítica de qualquer contraposição [– 41. Quanto a Aristóteles mesmo que tenha abordado o problema das constituições e dos Estados ideais, o capítulo "moderno" e o realismo de sua *Política* lembram mais a atitude dos autores de tratados de arquitetura do que o processo da *Utopia*. O Estagirita se interessa pela teoria do poder e das instituições políticas, sem se prender a uma crítica sistemática *hic et nunc*, e sem se preocupar absolutamente com a modelização do espaço [– 5].

E, em primeiro lugar, a ausência de referência ao espaço que deve também prescrever o termo utopia a propósito da *Cidade de Deus* de Santo Agostinho, como da posteridade medieval tanto desta obra como dessa noção. Para o Bispo de Hipona, que se inspira na dupla tradição das Escrituras e do platonismo, a cidade de

---

87. Cf. p. 151 e s.

88. Nas páginas seguintes, para remissão aos sete traços da utopia, adotamos a mesma convenção que havíamos seguido no caso dos tratados.

38 A REGRA E O MODELO

Deus é uma sociedade mística, tanto quanto a cidade do Diabo que se lhe opõe. Os membros da primeira comungam "no gozo de Deus e no gozo em Deus"[89], e é seu comum amor a Deus que define sua pertinência comum; ao passo que os membros da segunda "estão ligados pelo amor exclusivo e preponderante às coisas terrenas"[90]. Em qualquer um dos dois casos, não se trata de organização sócio-política, muito menos de organização espacial.

A concepção agostiniana da cidade como comunidade das almas permanece subjacente a uma obra célebre da cultura islâmica, a *Idée des hommes de la cité vertueuse*, de Alfarabi[91]. Diferentemente de Santo Agostinho, Alfarabi não opõe à cidade virtuosa uma, mas várias cidades más, cuja ligação com o mundo terrestre ele assinala com maior vigor. Mas o fato de que a cidade virtuosa deva realizar-se neste mundo não desmente sua natureza teocrática[92] e a predominância absoluta de sua dimensão espiritual: totalmente construída sobre um sistema de oposições binárias [+ 4], a obra não contém, entretanto, uma única indicação espacial.

Sem falar dos outros traços [3], [6] e [7], essa mesma ausência de referência ao espaço [−5] caracteriza também as especulações que, na Europa cristã, a partir do século XIII, alteram o conceito original[93] da cidade de Deus, fazendo-a designar uma cidade terrestre, de início a Igreja (Roger Bacon), depois, com a *Monarchia* de Dante, um Estado que seria exemplar[94]. Mesmo em Lúlio, a propósito de quem foi invocada mais de uma vez[95] a palavra utopia e que, em seu *Libre de Blanquerna*[96], adota a forma do romance [+ 3, + 6],

89. *La até de Dieu*, t. XIX, Cap. XIII, *Oeuvres de saint Augustin*, trad. G. Combes, Paris, Desclée de Brouwer, 1960, t. XXXVII, p. 111. Cf. idem, Livro XVI, Cap. I, t. XXXVI, p. 35.

90. E. Gilson, *Les Métamorphoses de la Cité de Dieu*, Paris, Imprimerie universitaire, Louvain, Vrin, 1952, p. 55. O Cap. II dessa obra fornece um comentário esclarecedor do projeto agostiniano.

91. Trad. R. P. Jaussen, J. Karam, J. Chlala, Cairo, Institut français d'archéologie, 1959.

92. Cf. a formula de L. Massignon para quem o Islã constitui "uma teocracia laica".

93. Ver a magistral análise de E. Gilson in *Les Métamorphoses de la até de Dieu*, op. cit.

94. Dante "evidenciou, pela primeira vez, ao que parece, a noção de um temporal autônomo e suficiente em sua ordem, dotado de sua natureza própria, de seu fim último próprio, e dos meios de atingi-lo [...]" (E. GILSON, Op. cit., p. 148-149). Entretanto, nota o autor, algumas linhas adiante, que Dante continua impreciso no que diz respeito a esses meios.

95. Para R. Palke (op. cit.), *Blanquerna* representa "a única utopia da Idade Média". A. Llinares (*Raymond Lulle, philosophe de l'action*, Paris, PUF, 1963) considera-o, com mais justeza, um "romance pedagógico" único em seu gênero.

96. *Obras originals del Illuminat Doctor Mestre Ramon Lull*, t. IX, Palma de Mallorca, Comissión editora lulliana, 1914.

OS TEXTOS SOBRE A ARQUITETURA E SOBRE A CIDADE

para apresentar um projeto de sociedade internacional[97], unida por uma mesma fé e por uma língua única, a modelização permanece difusa, a crítica não tem papel construtivo [–4]. Enfim e sobretudo, está ausente [– 5] o modelo espacial[98]. Nem uma certa forma de imaginação, nem um senso afirmado do concreto fazem com que Lúlio, mais do que Bacon ou Dante, possua o distanciamento crítico e a noção de *dispositivo espacial* sem os quais inexiste utopia.

Teremos de esperar o Renascimento e que uma tríplice investigação do espaço geométrico, icônico e arquitetônico, permita constituir o mundo construído em objeto, para que esse, sob a pena de Tomás Morus possa aparecer, pela primeira vez, como um meio de conversão. Contudo, subsiste uma ilusão tenaz, nutrida pelas teses e sobretudo pela terminologia de M. Bakhtin[99] e D. Norton[100], que consideram a literatura popular "carnavalesca"[101] dos "mundos às avessas" e a Pasárgada como a forma medieval da utopia.

Certamente, são mundos radicalmente diferentes [+6] que subvertem a ordem da quotidianidade. Mas, num mesmo movimento, Pasárgada subverte ao mesmo tempo a ordem social e o curso da natureza. "Sempre o dia, nunca a noite. Nada de querelas, nem de lutas [...]. Tudo é comum aos jovens e velhos, aos fortes e fracos [...]"[102]. A sociedade e suas instituições são antes abolidas que contestadas. O mundo subvertido ou invertido não constitui uma alternativa para o mundo quotidiano, nem um modelo [– 4 e – 5], pois não se estriba na mesma lógica. Pertence ao maravilhoso. Não precede de uma crítica [–4], mas de uma ruptura. Ruptura sem projeto, abrindo caminho a um desregramento absoluto, a uma liberação virgem de toda contra organização, e que não é promovida por qualquer vontade individual deliberada. Além disso, de um ponto de vista mais formal, a literatura de Pasárgada só apresenta em parte os traços [1] e [2]. Comporta apenas escritos fragmentários [– 1], onde Pasárgada jamais pode ser apresentada como a invenção própria de um autor [– 2], e que contrastam com a organização científica do texto de Morus por seu caráter não refletixo e não sistemático.

97. Cf. Livro VI, onde assistimos à convocação anual das potências do mundo inteiro para uma assembleia presidida pelo papa.

98. Mas não toda indicação espacial: Lúlio se preocupa particularmente com a segurança dos viajantes que se dirigem às assembleias internacionais, e nessa perspectiva menciona a necessidade de vigiar os caminhos, os hospitais, as pontes, as quintas...

99. *L'Oeuvre de François Rabelais et la Culture populaire, au Moyen Age et sous la Renaissance*, trad. fr., Paris, Gallimard, 1970.

100. *L'Utopie anglaise*, trad. fr., Paris, Maspero, 1964.

101. Termo utilizado por Bakhtin in op. cit.

102. Poema inglês do século XIV, citado por D. Morton, op. cit.

40 A REGRA E O MODELO

Sem pretender negar a quota de força revolucionária que os escritos carnavalescos possam ter tido, parece-nos que sua dimensão tradicional foi subestimada. Embora reconhecendo seu caráter ritual e sua ligação com a festa, M. Bakhtin ignora a dimensão funcional que estes dois aspectos revelam: o carnaval é uma ruptura institucionalizada e faz parte integrante do funcionamento social[103]. Herança de uma tradição oral que realiza, por ocasião de um desrecalcamento ritual verbal, mais abstrato, a mesma transgressão simbólica que o carnaval, a literatura dos mundos às avessas resolve, simbolicamente, tensões sociais e se inscreve, entre o mito e o conto popular, numa situação discursiva estranha ao domínio da utopia.

Uma vez admitido que a Antiguidade e a Idade Média não produziram, nem podiam produzir, utopia no sentido em que a definimos acima, continua Morus sendo o iniciador do gênero? Não deteria o *Quattrocento* italiano a anterioridade, aqui também, como em outros setores, onde antecipou as descobertas e as criações dos humanistas do Norte?

De fato, tal procedência foi atribuída especialmente a Filareto[104]. Esse teria albergado, não sem paradoxo, uma utopia no tratado de arquitetura que, ao longo dos anos 1450, ele escreveu para o Duque de Milão. Nos dois terços desse autêntico tratado, concebido de maneira bastante original como uma simulação no curso da qual um arquiteto[105] e seu príncipe formulam, explicam e aplicam as regras da edificação, sobrevém, com efeito, um episódio curioso. Nos locais onde se apronta para construir um porto, é descoberto, num cofre enterrado, um livro de ouro onde um rei desaparecido lega à posteridade a planta e o modo de organização da cidade de Gallisforma, que outrora ocupava o sítio e fora concebida de maneira exemplar. Os dois protagonistas, até então propensos a aplicar as regras de Alberti, doravante vão tomar como modelo Gallisforma, sua planta e suas instituições. "Eu a quero doravante exatamente como está descrita no livro de ouro [...] e da mesma maneira no caso de todas as outras construções de que trata o livro. Não devem ser de outra forma", diz o príncipe, falando da cidade

---

103. Quer seja interpretado classicamente como A. Van Gennep, ou em termos de religião como, mais recentemente, C. Gaignebet (Le *Carnaval*, Paris, Payot, 1974). Cf. igualmente La *Mort des pays de Cocagne*, obra coletiva publicada sob a direção de J. Delumeatj, Paris, Publications de la Sorbonne, 1976.

104. Cf., particularmente, L. Firpo, "La città idéale del Filarete", in *Studii in memória de Gioele Solari*, Turim, 1954, e R. Klein, *La Forme et l'Intelligible*, Paris, Gallimard, 1970, Cap. XIII: "L'urbanisme utopioue de Fillarète à Valentin Andreae".

105. Cf. infra, Cap. 4.

OS TEXTOS SOBRE A ARQUITETURA E SOBRE A CIDADE

portuária que encomenda a seu arquiteto[106]. Encontramo-nos, pois, aqui frente a essa modelização espacial [+5] buscada em vão nos textos da Antiguidade e da Idade Média, e da qual Morus não seria então o inventor.

Entretanto, impõe-se aqui duas observações. De um lado, o modelo de Gallisforma não é nem exclusivo nem obrigatório. Subjuga, por sua beleza, aqueles que o descobriram, mas seu valor é puramente incitativo. Mal o príncipe decidiu adotá-lo, ele acrescenta que desejaria vê-lo "melhorado se possível"[107]. Longe de ser definitivo como na utopia [– 7], o modelo é, portanto, modificável: o construir acontece no tempo e, como todas as coisas humanas, está votado à morte[108], que para Filareto é também fonte de vida e de renovação. Por outro lado, o espaço de Gallisforma não é o suporte de uma construção social elaborada. Não se pode contestar que, por intermédio do livro de ouro, Filareto enuncia uma série de leis relativas às relações entre o judiciário e o executivo, à arrecadação de impostos e taxas, às despesas dos cidadãos, à manutenção do território... Prevê igualmente um sistema penal onde as torturas são regulamentadas com a maior minúcia por um dispositivo espacial sofisticado[109] e, três séculos antes de Ledoux, imagina uma casa do vício e da virtude. Contudo, são proposições sociais fragmentárias, sem coerência global, destinadas a estimular o interesse de um mecenas, cujas escolhas políticas em momento algum se pensa em contestar[110], e muito menos infligir-lhe a correção de um modelo.

A ficção de Filareto não contém, pois, nem crítica generativa [–4], nem verdadeiro modelo espacial: os edifícios fantásticos de Gallisforma são soluções transformáveis, cujo valor exemplar, longe de situar-se em sua morfologia e sua função social, reside muito mais no procedimento e na imaginação criadora de seu(s) conceptor(es). É por isso que, apesar dos traços utópicos certos[111],

---

106. *Trattato d'architectura*, t. I, p. 216 (cf. infra, p. 191 n. 1).

107. Idem. O próprio arquiteto não receia as adições e invenções de sua lavra (idem, p. 192).

108. Aliás, é por isso que o rei defunto transmite através de uma planta a lembrança de uma obra morta e que ele sabia estar fadada à destruição (idem, p. 184).

109. Idem, p. 282-285. Essa descrição da prisão é que levou, sem dúvida, R. KLEIN a atribuir a Filareto uma "irrupção de fantasmas esquizoides e sádicos" (op. cit., p. 312). Entretanto, a esquizoidia de Filareto nos parece discutível.

110. Não há, em todo o texto, qualquer crítica, mas duas modestas reservas, formuladas na linguagem da denegação, p. 286 e 287. Não podemos concordar com a afirmação de Klein, para quem "o arquiteto se torna legislador" (op. cit., p. 312).

111. No plano da forma, nota-se uma curiosa mudança de tempo (op. cit., p. 248) quando o arquiteto, que, na explicação que fornece da maneira como se servirá dos desenhos do livro de ouro, usou até então o futuro, passa de repente a empregar o

42 A REGRA E O MODELO

o episódio do livro de ouro não pode ser classificado entre as utopias. Ver-se-á mais adiante[112] a função que lhe cabe no tratado de Filareto.

Ademais, e com boa razão, pode-se descobrir aí a origem de um gênero que prosperou durante o século XVI e que a linguagem dos historiadores converte, erroneamente, em sinônimo de utopia[113]: a "cidade ideal" do arquiteto, assim chamada, desde o século XVI, por alguns de seus promotores. Trata-se então de proposições mais ou menos bem concatenadas, nas quais o aparato teórico e mesmo textual desaparece diante de uma descrição icônica cujo valor é, explicitamente, incitativo e não normativo. Igualmente desprovidas de subversividade e de espírito crítico, essas cidades ideais apresentam variantes onde a referência das imagens às instituições e pessoas é mais ou menos frouxa, e onde o texto ocupa, em relação à figuração, um lugar mais ou menos limitado, podendo mesmo reduzir-se a simples lendas.

Sem sentir qualquer necessidade de explicar-se, Albert Dürer inseriu, assim, no meio de seu manual de fortificação[114] (que frequentemente passa por tratado), o plano comentado de uma cidade ideal fortificada. Que o quadro construído constitui um dispositivo inigualável para o estabelecimento e ordenação das instituições e dos homens é visível imediatamente a partir da grande projeção geométrica de elementos quadrados e retangulares, modulados, que Dürer encheu de letras e algarismos. Esse postulado básico da utopia é expresso com a força de uma profissão-de-fé na distribuição espacial das condições e dos ofícios[115]. Mais, embora a praça-forte não nomeada de Dürer não esteja integrada a qualquer narrativa [– 2] e o autor comece, como nos tratados, por explicar como lhe escolher o sítio, dispor-lhe as muralhas, que atitudes programáticas e metodológicas adotar para a sua realização, ela não deixa entretanto de ser ao mesmo tempo descrita como um objeto real [+ 3][116]. Mas semelhantes analogias

presente do indicativo, e se põe a descrever a cidade projetada como se ela estivesse efetivamente realizada e se oferecesse a sua contemplação.

112. P. 191 e s.

113. Cf. L. Firpo, op. cit., e R. Klein, op. cit., p. 313, "a cidade ideal ou utópica".

114. *Etliche underricht zu Befestigung der Stett, Schloss und Flecker*, Nuremberg, 1527; trad. fr.: *Instruction sur la fortification des villes, bourgs et châteaux, avec Introduction historique et critique* por A. Ratheatj, Paris, Tanera, 1870.

115. "Palácio dos senhores" em torno dos paços do conselho, casas "das pessoas cujos negócios levam a uma vida tranquila" em volta da igreja, casas dos ferreiros, soldadores, torneiros e operários em metais em torno da fundição etc. (op. cit., p. 51).

116. "É preciso escolher uma planície fértil [...] O local do castelo deve ser designado [...] É conveniente situar em primeiro lugar a igreja [...] Depois da igreja ocupamo-nos das funções"; a que se contrapõe: "o castelo *é* inteiramente construído

OS TEXTOS SOBRE A ARQUITETURA E SOBRE A CIDADE

não devem dissimular, que, na cidade düreriana, a relação entre os espaços e as instituições não é nova nem contestatória. A crítica está ausente de uma representação que, em lugar de utopia, propõe o tipo ideal da cidade medieval.

Na Itália, e particularmente no final desse século, a ordem ideal não pode mais ser outra senão a clássica, mas a imagem da cidade que apresentam as sequências de desenhos de Vasari, o Jovem[117], e de Ammanati[118] não é mais crítica ou subversiva[119] que a de Dürer, e apresenta muito menos traços utópicos. No máximo, nota-se em Vasari, o Jovem, a ideia de que a cidade é um objeto total e a atenção dada ao tipo de espaço cuja emergência a utopia contribuirá para preparar e que, bem mais tarde, terá o nome de alojamento social.

Ao conformismo dessas "cidades ideais", que na verdade não passam de tipos ideais, síntese de uma ordem tradicional ou em curso de constituição, opõe-se ainda o anticonformismo da visão urbana de Leonardo da Vinci. Uma dúzia de desenhos magistrais, recheados de comentários lapidares, e algumas observações esparsas dos *Quaderni* deram origem a abundantes comentários[120] e a interpretação que não hesitaram em transformar esses fragmentos em cidade ideal[121]. De nossa parte, levando em conta o rigor que lhes confere o engenheiro e o anti-humanismo[122] que lhes empresta o filósofo, veríamos aí, de bom grado, a primeira "visão" de uma futurologia urbana.

num quadrado [...] Do outro lado *fica* a cura [...] A ilhota situada em frente do paço do conselho *é* partilhada por oito casas iguais [...]" (op. cit., p. 40-51). [*O grifo é nosso.*]

117. *La Città ideale di Giorgio Vasari il giovane*, Roma, Oíficina Edizioni, 1970. V. Stefanelli foi o primeiro a publicar esse conjunto de setenta desenhos comentados e antecedidos de um índice e de um curto prefácio, desenhos que o autor reunira sob o título de "*Città ideale del Cav.re Giorgio Vasari, inventata e disegnata l'anno 1598*". Na dedicatória de seu livro, Vasari indica que apresenta "plantas e altos-relevos que mostram, parte por parte, as coisas que são necessárias fazer numa cidade ao mesmo tempo bela e bem ordenada".

118. *La Città, appunti per un trattato*, de Bartolomeo Ammanati, Roma, Officina Edizioni, 1970. No caso de Ammanati, o título de *Città* que reúne um conjunto heterogêneo de fragmentos textuais e de desenhos, executados em Florença no último terço do século XVI, não deve induzir a crer numa visão sistemática, organizada. O responsável por essa edição crítica, M. Possi, reconhece que nela não se encontra qualquer discurso político ou filosófico e que "a obra teórica de Ammanati se revela afinal muito tênue" (op. cit., Introdução, p. 20).

119. Esse ponto é visto muito bem por V. Stefanelli, op. cit., p. 39.

120. Encontraremos as referências mais interessantes in E. Garin, "La città in Leonardo", *Leitura Vinciana XI*, Florença, G. Barbera, 1973; cf. a nota seguinte.

121. E. Garin mostra muito bem o caráter falacioso dessa designação ("La città...", p. 13). Além disso, ele se insurge contra qualquer assimilação da obra "urbanística" de Leonardo à utopia (idem, p. 15).

122. Para o desenvolvimento desse conceito, cf. E. Garin, idem, p. 17-18.

44 A REGRA E O MODELO

## 2.2. *Depois da* Utopia

Morus é, portanto, o inovador: antes dele nenhum autor escreveu um texto que apresente os sete traços discriminativos da categoria de que é o criador. E somente depois da publicação de *Utopia* é que se coloca, em sua amplitude, o problema da discriminação entre utopias verdadeiras e falsas: o atrativo exercido por esse arquétipo, no plano de sua forma como de seu conteúdo, vai suscitar grande número de variantes e de demarcações que dissociam os sete traços e os recombinam de todas as maneiras possíveis.

Não iremos nos deter nos tipos extremos, caracterizados uns pela riqueza, outros pela pobreza de seus traços utópicos: viagens fantásticas[123] que retêm apenas as marcas formais da utopia [+ 1, + 2, + 3, + 6], para aplicá-las em outra substância; críticas sociais não acompanhadas de modelos [−3, − 4 em parte, − 5,-6, − 7][124]; modelos sem crítica [− 4] que podem ser não especializados[125], ou especializados, com [+ 5] ou sem [− 5][126] modelo espacial; crítica e modelo sem espaço [- 5][127].

Não nos estenderemos muito sobre as "simulações" onde o condicional substitui o indicativo [− 3] e que, tão logo se integre nelas o traço [4], se aproximam muito mais da utopia do que a simulação platônica. É o caso da *Republica Immaginaria* de L. Agostini, que seu mais recente editor considera "a primeira utopia pós-tridentina"[128]. É o caso, mais tarde, do *Andrographe*[129] onde N.

123. S. Godwin, *The Man in the Moone, or a Discourse of a Voyage thither*, Londres, 1648; Cyrano de Bergerac, *Histoire comique des États et Empires de la lune et du soleil*, Paris, 1657.

124. J. Hall, *Mundus alter*, Hanover, 1607.

125. P. Patrizi, *La città felice*, Veneza, 1553.

126. J. Harrington, *The Commonwealth of Oceana*, Londres, 1656. (Entretanto, esta obra contém poucas indicações espaciais.)

127. M. De Listonai, *Le Voyageur philosophe*, Amsterdam, 1761; L. Holberg, *Nicolai Klimii iter subterraneum* [...], Copenhague, 1741.

128. L. Agostini escreveu, entre 1583 e 1590, um diálogo que ele intitulou *L'Infinito*, cujas três primeiras partes permaneceram inéditas, mas cuja quarta parte foi divulgada, de maneira incompleta, pela primeira vez por C. Curcio in *Utopisti e riformatori sociali del Cinquecento: A.F. Doni, U. Foglietta, F. Patrizi*, Bolonha, Zanichelli, 1941, p. 145-202, sob o título de *Republica Immaginaria*. O mesmo título foi retomado por L. Firpo em sua edição crítica completa dessa 4ª parte, Turim, Ramella, 1957. Entre uma série de "remédios" propostos para a correção das diversas perversões sociais, Agostini concede lugar importante a dispositivos espaciais relativos, em particular, à morada dos desfavorecidos (op. cit., p. 84-85).

129. Rétif, geralmente, é classificado entre os utopistas por haver escrito *La Découverte australe par un homme volant*, 1781 (sem nome de autor nem de editora), que constitui um livro embaciado, a meio caminho entre a ficção científica e a viagem fantástica, de modo algum uma utopia, *L'Andrographe ou les idées d'un honnête-homme sur un projet de règlement proposé à toutes les nations de l'Europe pour opérer une réforme générale des moeurs et par elle le bonheur du genre humain* [...], Haia, Paris,

OS TEXTOS SOBRE A ARQUITETURA E SOBRE A CIDADE

E. Rétif de la Bretonne desenvolve um projeto a que Fourier recorrerá para seu Falanstério.

## 2.3. *De Thélème a Clarens*

Em contrapartida, nossa atenção se voltará para dois tipos de textos cujo distanciamento, às vezes ligeiro, mas sempre irredutível, em relação à utopia, dará ocasião de avaliar o sentido e a importância que têm, respectivamente, primeiro o traço [5], depois o traço [7].

Do primeiro tipo, o exemplo sem dúvida mais antigo é dado pelo capítulo de *Gargantua* consagrado a Thélème, e que há pouco foi tomado como paradigma da utopia[130]. É bem verdade que Rebelais leu Morus, que ele situa nominalmente em Utopia a pátria de Pantagruel[131], e que o vento da crítica social sopra em toda a sua obra. Também é verdade que a abadia fundada por Frei Jean graças à generosidade de Gargantua é uma *sociedade e um espaço* cuja criação resulta de uma crítica da sociedade contemporânea. Mas nem por isso Thélème constitui um *modelo*. Ela difere da utopia de Morus por duas razões opostas: por enraizar-se numa mentalidade mais arcaica e por inspirar-se em ideias mais modernas.

De um lado, a abadia pertence à tradição dos "mundos às avessas". Já não é o caso de o dia substituir a noite, mas "foi decretado que lá não haveria relógios nem quadrantes..."[132]. Da mesma forma, é o escárnio que faz limpar com cuidado os locais que religiosos ocuparam em Thélème. Quanto ao refinamento do vestuário dos thelemitas, evoca muito bem "as vestimentas em profusão" do velho poema citado mais adiante. Em formas mais sofisticadas que em Pasárgada, o absurdo substituindo o fantástico[133], Thélème permite ainda uma transgressão esporádica da ordem estabelecida: ela não

1782, inspirado, como mais tarde o projeto de Fourier, pela ideia de oferecer um modelo completo que permita tentar uma "experiência crucial" (op. cit., p. 13), contém apenas três páginas dedicadas ao modelo espacial (p. 107-109), mas algumas disposições serão retomadas por Fourier: segregação das gerações de acordo com o andar dos alojamentos, jovens em cima e velhos embaixo, segregação profissional.

130. Por A. Glucksmann em *Les Maitres penseurs*, Paris, Grasset, 1977.

131. *Pantagruel*, Caps. II, VIII, IX. Todavia, cabe notar que, na sequência de sua obra, Rabelais não mais leva em conta essa localização. V. L. Saulnier ("L'utopie en France, Morus et Rabelais", in *Les Utopies à la Renaissance*, Coll. Internationale de l'Université libre de Bruxelles, 1961, Paris, PUF, 1963) observa com pertinência que a carta de Gargantua a Pantagruel do *Quarto Livro*, Cap. III, não é mais datada de Utopia, mas "de tua casa paterna".

132. Rabelais, *Oeuvres complètes*, Paris, Seuil, 1973, p. 191.

133. A. Glucksmann, baseado na experiência de Panurge, carece da dimensão humorística e derrisória que caracteriza a obra telemita quando invoca suas "contra-regras tão minuciosas simetricamente quanto as que elas levantam" (op. cit., p. 20).

está situada num alhures misterioso, mas aqui mesmo, às margens do Loire[134] longe de serem seus prisioneiros, seus habitantes apenas passam por lá: é uma parada [- 6, - 7].

Por outro lado, a liberdade que reina em Thélème anuncia a que será definida por Rousseau e Kant no século XVIII, e que a utopia recusa para sempre[135]. A subversão thelemiana não se faz em proveito de novas (boas) instituições, mas da ausência de instituições. Os empregos do tempo são negativos. Ao contrário dos espaços utópicos que encerram, fixam e padronizam, o palácio que tem o nome de abadia suprime as muralhas e acolhe a diferença. O famoso "faze o que quiseres" não dissimula mais o olho onividente de Gargantua do que são totalitários os imperativos "bebamos", "gozemos", "vamos farrear no campo". Pressupõem um verdadeiro contrato social, e que entre os thelemitas a única lei reinante é a do coração. Na comunidade de Tours, o consenso se realiza assim diretamente, sem coerção institucional externa, em desprezo de todo regulador espacial.

A arquitetura de Thélème também não nos deve enganar. "Cem vezes mais magnífica" que Chambord e Chantilly[136], com suas goteiras douradas, suas escadas de pórfiro e mármore serpentino, suas galerias pintadas de afrescos maravilhosos e seus 9.332 apartamentos de luxo refinado, o castelo dos thelemitas só se presta ao prazer e ao deleite dos habitantes, não exerce qualquer controle sobre seu comportamento, em nada participa do funcionamento específico da abadia[137] que repousa unicamente na conversão das mentalidades.

Dois séculos mais tarde, no quadro do aparato formal da utopia [+ 1] [+ 2] [+ 3] e no campo temático das "luzes", a *Relation du Monde de Mercure*[138] descreve a mesma relação de uma sociedade "diferente" com um espaço que lhe serve igualmente para experimentar sua liberdade. Legitimado pela Constituição que subordina sua expressão ao respeito unicamente das liberdades co-

---

134. *Gargantua*, ed. cit., p. 190.

135. Idem, p. 202, 203. "Toda a sua vida é empregada não por leis [...] mas segundo seu querer ou livre-arbítrio [...] bebem, trabalham, dormem quando lhes vem o *desejo*." Trata-se aqui de um "desejo" controlado pela razão e um implícito contrato social. [O *grifo é nosso*.]

136. Idem, p. 194 e s.

137. Mais uma vez nossa análise se afasta da de A. Glucksmann, que descreve Thélème como uma "arquitetura anônima" (op. cit., p. 23) que condiciona seus pensionistas. Thélème, uma das mais belas arquiteturas imaginárias da literatura, é totalmente o oposto.

138. Genebra, 1750. Publicado sem o nome do autor, que é o cavaleiro de Béthune.

OS TEXTOS SOBRE A ARQUITETURA E SOBRE A CIDADE

letivas[139], o desejo individual não é, no Mundo de Mercúrio, legitimado por qualquer instituição social: não existe casamento[140], não há circulação de dinheiro, nenhum código rege o vestuário e a alimentação. E a arquitetura, longe de ser um instrumento ou dispositivo de controle, é apenas o modo mais exaltante de expressão pessoal, incessantemente renovado por uma destruição voluntária: "A grande facilidade de construir essas casas, cujo material está à disposição de todos, faz com que os habitantes frequentemente construam novas, para ter o prazer da variedade. Eles pedem a uma salamandra de seus amigos que lhes faça o favor de destruir sua casa"[141].

A exuberância arquitetônica de Thélème e do Mundo de Mercúrio pode ser decifrada como o meio, positivo, de exaltar e corroborar a liberdade individual. Podemos ver aí também o meio, negativo, de recusar a coerção institucional através do espaço; assume então o mesmo significado que a ausência de arquitetura e de todo o quadro construído na Bética de Fénelon[142]. Não mais utopia que a abadia de Frei Jean, a Bética propõe apenas uma politologia negativa. Nela não se encontra *nem* poder político, *nem* propriedade privada, *nem* dinheiro. Elimina, ela também, toda instituição positiva. E, já que o ascetismo substitui na Bética o hedonismo rabelaisiano, é no desnudamento total, e não no frenesi das formas, que se manifesta a recusa de um condicionamento pelo espaço.

Na base da utopia, instituições e espaços-modelo e modeladores. Na base de Thélème, como da Bética, o trabalho interior das almas. Por sua recusa da coerção externa, Thélème antecipa Clarens[143]. Reportar-se à pequena comunidade imaginada por Rousseau não deixa de lançar luzes sobre a que Rabelais concebeu.

---

139. O monarca de Mercúrio só promulga as leis depois de permitir a seus súditos que "representem suas necessidades ou expliquem seus desejos", e a mais fundamental é estabelecida sob a forma de juramento: "Juro deixar às pessoas [...] o gozo total de sua liberdade, de seus bens, de seus gostos, de seus discursos e de suas ações: contanto que com isso não sofra o bem geral" (op. cit., p. 26 e 27).

140. Os casamentos não são duradouros, nem indissociáveis. Devem satisfazer "nosso gosto insuperável pela diversidade: esse desejo de tudo conhecer e de gozar incessantemente de novos objetos" (idem, p. 108).

141. Idem, p. 144. O material em questão é uma pedra preciosa mole, que endurece após haver recebido forma. Esta indicação, bem como o detalhe da salamandra, mostram o papel que desempenha o fantástico numa obra que, como Thélème, mas deliberadamente e sem ingenuidade, assume o caminho do mundo às avessas".

142. "Todas as artes que concernem à arquitetura são inúteis [para os habitantes da Bética!; porque eles nunca constroem casas [...]" (*Télémaque*, liv. VII, Paris, Garnier-Plammarion, edição apresentada por J.-L. Gore, 1968, p. 206-207).

143. Residência de Julie e Wolmar, *in* 3.-3. Rousseau, *La Nouvelle. Héloise*. Paris, 1761.

48 A REGRA E O MODELO

Isolada, afastada das sociedades que a poderiam contaminar, desprovida de regras, a tebaida fundada por Wolmar é um lugar onde o trabalho não é conquista da natureza, mas autorrecuperação interior[144], onde pode assim imperar a lei do coração que se chama liberdade, onde se estabelece o consenso graças a uma comunicação direta e viva, pela voz e, melhor ainda, pelo contato silencioso[145]. Certamente, o silêncio não reina em Thélème, nem a transferência dos espaços[146]. No entanto, expresso pelos meios conceptuais de que dispunha Rabelais, o objetivo é o mesmo de Clarens: a instauração, à custa de um contrato tácito das consciências, de uma liberdade estranha às instituições e às construções da utopia. Liberdade cujo caráter ilusório e precário tanto Rabelais como Rousseau percebem e temem, e cuja realização é condicionada não por espaços, mas por tempos. Clarens é uma estada temporária cuja destinação só se realiza de todo na festa (aldeã)[147]; Thélème é um local de passagem e sua arquitetura de festa, que toca ao mesmo tempo o absurdo dos mundos às avessas e a razão dos castelos principescos de sua época, é uma antinomia da arquitetura utópica, modelar e maníaca ilustradas pelo Falanstério.

### 2.4. Da Nova Atlantis à Antecipação Científica Contemporânea

Paralelamente a essas falsas utopias que demonstram em negativo, e a importância do modelo espacial na verdade, e como este é parte operante de um sistema que exclui a liberdade individual, um segundo tipo de texto esclarece, também em negativo, a recusa utópica da temporalidade. Ilustrá-lo-emos com a *Nova Atlantis*[148] de Francis Bacon, que foi tomada por modelo de utopia tantas vezes quanto Thélème e a Bética.

Os traços [1], [2], [3], [4], [6] estão presentes na descrição dessa república dos sábios. Mas percebe-se que, a despeito das intenções de seu fundador, Salomona, a Nova Atlântida está presa à corrente da história e não para de se transformar na medida dos progressos da ciência e graças às relações secretas que os sábios da

144. "O mal é o exterior e é a paixão do exterior [...] É entre as mãos do homem e não em seu coração que tudo degenera" (J. Staro-Binski, *La Transparence et l'Obstacle*, Paris, Plon, 1967, p. 23).

145. Idem, p. 188.

146. Voltaremos uma vez mais ao notável comentário de J. Starobinski sobre o ideal de "um espaço totalmente livre e vazio em Rousseau" (idem, p. 119).

147. Cf. a 5ª parte de *La Nouvelle Héloise*, liv. VII, com a descrição do "comum estado de festa" em que se encontram Wolmar, seus hóspedes e os camponeses de Clarens. Cf. também *Confessions*, Paris, Garnier-Flammarion, 1967, t. I, p. 457.

148. Publicação póstuma, em 1627.

## OS TEXTOS SOBRE A ARQUITETURA E SOBRE A CIDADE

"casa de Salomão" mantêm no exterior da ilha, com o mundo inteiro[149]. O que descobrem aí os visitantes postos em cena por Bacon não representa, pois, senão um estado ótimo, temporário, tomado num instante preciso, e não um modelo. A ausência do traço [7] é, na ficção baconiana, o indicador determinante da falta de uma verdadeira modelização [– 4]; desempenha o mesmo papel que a ausência de [5] nos textos precedentes.

O espaço construído não tem, para Bacon, a mesma carga semântica que para Rabelais, Fénelon ou Béthune. Ele não o mostra. Contenta-se em mencionar a suntuosidade da arquitetura doméstica em Bensalem, a capital da ilha, e em enumerar novas categorias tipológicas de construção: "câmaras de saúde", "casas de descobertas", "casas de perfumes", "casas de máquinas", "torres de insolação e refrigeração", donde se conclui que elas não têm maiores razões de ser modelos que as atividades que abrigam. Urbana, mas, para empregar a terminologia de R. Klein, desprovida de urbanismo[150], a *Nova Atlantis* não é uma utopia mas uma visão otimista de antecipação. Prefigura as felizes antecipações urbanas[151] que a euforia científica do final do século XIX e começo do século XX multiplicará, antes de chegar o tempo da distopia e de suas cidades de apocalipse.

A ficção científica[152], da qual os especialistas não conseguem precisar nem as origens no tempo, nem as fronteiras no espaço textual, conta algumas verdadeiras utopias. Porém, à medida que o século XX avança, ela parece invadida pela *distopia*, na qual a outra sociedade, atingida por outro espaço-tempo, não é mais um modelo e um duplo às avessas da sociedade a que pertence o autor, mas a caricatura desta, uma imagem exasperada que invoca a to-

---

149. A cada doze anos, partem dois barcos tendo a bordo três confrades da casa de Salomão, encarregados "de observar principalmente tudo o que diz respeito às ciências, às artes, às manufaturas e às invenções de todo o universo" e de trazer "os livros, instrumentos e amostras suscetíveis de interessar" aos habitantes da ilha. Segundo a edição latina de 1627, in *Sylva Sylvarum*, Londres.

150. Op. cit., p. 323, n. 2. Para R. Klein, urbanismo é sinônimo de utopia em todo o capítulo citado.

151. Cf., por exemplo, P. Mantegaza, *L'anno 3000*, Milão, Fratelli Treves, 1897. Esta antecipação é particularmente notável no que concerne ao papel da informação e dos *media*, e à organização da medicina social. Como na de Bacon, o saber e a ciência ocupam aqui o primeiro lugar e não se encontra mais modelização. A arquitetura da capital, Andropoli, é "*bizarra e svariatissima*" (op. cit., p. 86). Em matéria de alojamento, soluções muito diversas e de todos os preços são realizáveis quase instantaneamente graças a um material líquido, análogo ao cimento armado, que se corta no local (idem, p. 87).

152. Para a bibliografia, reportar-nos-emos a Y. Rio, *Science-fiction et Urbanisme, Structure spatiale et modèle de ville dans la littérature conjecturale moderne*, tese de doutoramento de terceiro ciclo, Ephe, 1978 (inédito), onde se encontrarão indicações interessantes, mas onde, infelizmente, não se faz distinção entre utopia e distopia.

50 A REGRA E O MODELO

mada de consciência crítica, e não veicula qualquer intenção modelizadora. Da matinal e maravilhosa *Erewhon*[153] de S. Butler aos desertos urbanos de R. Bradbury ou à cidade em reticulado[154] de J. Brunner, passando pelo *Admirável Mundo Novo* de Huxley, seria interessante estudar a parte que toca, na gênese de tais visões, à observação dos processos reais de urbanização e, indiretamente, às utopias e às teorias de urbanismo. A distopia, até mesmo em suas origens, poderia muito bem, revelar-se uma antiutopia[155].

### 2.5. *Utopias Retóricas*

Se o critério dos sete traços pertinentes permitiu situar sem dificuldade Thélème, a Bética, o Mundo de Mercúrio e Bensalem numa zona fronteiriça, mas fora do campo da utopia, outros textos opõem certa resistência à análise discriminativa. Propomos chamar de utopias *retóricas* um conjunto de escritos que apresentam os sete traços requeridos, mas são concebidos à maneira de um jogo. Em seu caso, trata-se de vestir à maneira utópica, para torná-la mais agradável, uma reflexão social e política desprovida de verdadeira finalidade modelizadora. Falta que se trai geralmente pelo caráter não sistemático da relação entre a sociedade criticada e a outra sociedade, e por um certo tom nebuloso na evocação do espaço-modelo.

*La Terre australe*[156] de G. de Foigny é, sem dúvida, a mais insólita das utopias retóricas. Embora ornando-a de invenções picantes, ela parece seguir rigorosamente o esquema de Morus. Mesma relação do autor com a testemunha viajante, mesma *mise en scène*, mesmo papel gerador de uma crítica acerba[157], mesma insistência na padronização das instituições[158] e dos espaços, idêntica prioridade na descrição do quadro construído com relação à das instituições-modelo, cujo funcionamento e permanência ele condiciona. Entretanto, as casas coletivas da terra austral também possuem uma

---

153. Londres, Trübner, 1872.

154. *La ville est un échiquier* (*The Squares of the City*, 1964), Paris, Calmann--Lévy, 1973.

155. Londres, Chatto and Windus, 1923.

156. *La Terre australe connue, c'est-à-dire la description de ce pays inconnu jusqu'ici, de ses moeurs et de ses coutumes, par Monsieur Sadeur* [...] *réduites et mises en lumière par les soins et la conduite de G. de F.*, Vannes, 1976.

157. O herói é "forçado a contínuas comparações daquilo que éramos em relação àquilo [que ele via!" (op. cit., p. 110).

158. O porta-voz do autor observa a "admirável uniformidade de línguas, de costumes, de construções e de cultura da terra que se encontra neste grande país. *É suficiente conhecer um bairro para fazer um juízo de todos os outros*" (idem, p. 63). [*O grifo é nosso*.] Para Morus, "quem conhece uma cidade, conhece a todas".

OS TEXTOS SOBRE A ARQUITETURA E SOBRE A CIDADE       51

dimensão maravilhosa. São construídas de pedras preciosas cujo valor é simbólico[159]. E esse apelo ao fantástico se deve ao fato de que o modelo societário da Terra Austral é inapropriável. Com efeito, a base da diferença entre seus habitantes e os europeus não é cultural, mas biológica: os australenses são hermafroditas[160]. Essa particularidade é que explica a ausência; entre eles, de toda paixão destrutiva. A ordem da Terra Austral é totalmente determinada por uma condição biológica mítica. Quando o herói do livro acaba por ser expulso por aqueles mesmos que o acolheram, ele não traz para a Europa um modelo realizável. Meio neurótica[161], meio filosófica[162], a construção de Foigny se inspira no fantasma de um estado biológico perdido. A crítica social e a reflexão política são secundárias numa obra que assumiu a forma da utopia para abordar poeticamente os problemas suscitados pelo tema arcaico do hermafroditismo original.

Mas, no caso, trata-se de uma exceção e, no mais das vezes, é a uma simples reflexão sobre as instituições sociais que se restringe o conteúdo das utopias retóricas cuja acolhida a moda do exotismo

159. O bairro é composto de três tipos hierarquizados de casas coletivas. O *Hab* ("casa de elevação") é construído "de pedras diáfanas e transparentes que poderíamos comparar ao nosso mais fino cristal de rocha desde que lhe acrescentássemos algumas figuras naturais inestimáveis de azul, vermelho, verde e amarelo-dourado que ele contém com uma mistura que forma ora pessoas humanas, ora paisagens [...]". O *Heb* ("casa de educação") é construído "inteiramente de um material comparável ao jaspe que forma a ornamentação do *Hab*". Somente seu teto é translúcido e fornece uma iluminação zenital. O *Hieb* será de mármore branco com janelas de cristal (op. cit., p. 65 e s.).

160. "Todos os australenses têm os dois sexos: e se acontece de uma criança nascer com um só, eles a sufocam como a um monstro" (idem, p. 78). O hermafrodita realiza a natureza humana "racional, bonachona e sem paixão" (idem, p. 97). Uma das consequências mais interessantes dessa condição é que a noção de pai é desconhecida aos australenses. "Eu, me via forçado a acreditar, prossegue o viajante, que esse grande poder quê o macho usurpara sobre a fêmea era mais uma espécie de tirania dó que conduta de justiça" (idem, p. 95).

161. Dotado de um material obsessional próprio ao autor: seu porta-voz, o viajante que diz "eu" no texto, revela tardiamente, quase no fim de seu relato, que ele próprio é hermafrodita e só foi admitido na Terra Austral devido a essa condição: o hermafroditismo permite que os australenses reduzam ao extremo suas funções de nutrição, excreção, procriação, julgadas igualmente indecentes (os impulsos de morte dos australenses são combatidos pela obrigação de viver até os cem anos e de procriar uma vez na vida); enfim, pássaros gigantes, inteligentes, ferozes mas domáveis, povoam a ilha, com os quais o herói mantém uma relação ambivalente e verdadeiramente sexual.

162. A condição dos australenses permite que Sadeur coloque os problemas da origem da vida (e de sua fabricação artificial), da agressividade, do impacto exercido sobre o psiquismo e o comportamento pelas estruturas familiais, do papel da mulher na sociedade. Este questionamento, que se afasta nitidamente da forma de Morus, antecipa em muitos aspectos o de S. Butler. Aliás, Erewhon não é mais completamente distópico do que é perfeitamente eutópica a Terra Austral.

52                         A REGRA E O MODELO

consagrou ao longo do século XVIII, desde a *Histoire de Calevaja*[163] até a *République des Philosophes*[164] de Fontenelle, passando pelo *Royaume de Dumocala*[165] de Stanislas Lecsinsky.

A evocação de ensaios filosóficos tão bem disfarçados em utopias terá mostrado as dificuldades que o esquematismo de nossa definição provisória pode provocar, mas terá também ilustrado o extraordinário poder de atração do paradigma de Morus.

## 3. OS TEXTOS COMENTADORES

O mundo construído é um objeto estranho. Tão logo é edificado, parece animar-se de uma vida independente, e, reflexo enigmático de todos os seus poderes, ele exerce sobre os homens um fascínio que provoca um comentário interminável.

Sem dispor de lugar próprio, esse comentário se instalou, de há muito, por toda parte, em todas as categorias de escritos, religiosos e profanos, científicos e ingênuos, verídicos e fantásticos. Vamos encontrá-lo já nos textos sagrados, ou nos anais que narram os mitos de fundação das cidades. Incansavelmente, esse comentário descreve, deforma, reconstrói a obra edificada dos homens. Mas também moraliza, apaixona-se, toma partido pró ou contra a cidade, ou mesmo pró e contra, como na Bíblia onde, maravilhosa e fatal, Babel se ergue no horizonte da ambivalência; onde Babilônia representa o local de todas as iniquidades e Jerusalém aparece como o símbolo da cidade de Deus. E ainda, o texto comentador pode recorrer aos caminhos da hermenêutica, tentar pensar o sentido da edificação: o questionamento do construir por Heidegger é aqui exemplar, bem como – para citar apenas dois nomes – a análise que faz Hegel, na Estética, da função simbólica da arquitetura[166].

Nas páginas seguintes, reduzimos drasticamente a diversidade dos textos comentadores. Estes só nos podiam dizer respeito por meio das relações que mantêm com os textos instauradores. Foi por isso que tivemos de nos limitar a obras ocidentais, mas também consideramos apenas duas categorias. Uma reúne os escritos que entendem ou procuram entender a cidade e os edifícios de maneira objetiva. A outra congrega, inversamente, os que julgam e apreciam o mundo edificado.

---

163. C. Gilbert, 1700 (sem local de publicação).

164. *Ou Histoire des Ajaoiens* (obra póstuma), Genebra, 1778.

165. *Entretien d'un European [sic] avec un insulaire du Royaume de Dumocala*, 1754 (sem local de publicação).

166. *Esthétique*, trad. fr., Paris, Aubier, 1944, t. II e t. III, 1ª parte.

Alguns exemplos permitiram evocar sucessivamente essas duas categorias e suas funções *objetivante* e *valorizante*. No primeiro caso, quisemos mostrar como o processo objetivante serve ao projeto instaurador, contribuindo para fazer do espaço construído um objeto conceptual e para aumentar o peso de suas denotações. Limitamo-nos, então, a esboçar uma arqueologia, tentando surpreender o trabalho do texto comentador quando ele vem não de sua fundação e consolidar suas bases. No segundo caso, quisemos mostrar como os comentários avaliativos contribuem para inserir a cidade e o construído em redes de interrogações que eles atribuem aos textos instauradores.

A divisão dos textos comentadores nessas duas categorias foi ditada por conveniências metodológicas. De fato, as duas funções, objetivante e valorizante, estão quase sempre associadas, mas em proveito de uma ou da outra. Ficaremos convencidos do caráter artificial[167] dessa taxionomia se nos reportarmos, por exemplo, aos testemunhos que nos deixaram Balzac e Engels sobre a cidade do século XIX.

"Muitíssimas vezes me espantei por ver que Balzac goza da grande glória de observador. Sempre me pareceu que seu mérito principal era ser um visionário e visionário *apaixonado*"[168]. Cabe responder a Baudelaire que, para Balzac, a cidade é *ao mesmo tempo* um objeto de observação científica e de paixão. Preso aos valores do Antigo Regime, ele defende a *obra* urbana da cultura tradicional que é o primeiro a opor ao *produto*[169] da sociedade industrial e é o primeiro[170] a colocar ao técnico o problema da conservação dos bairros antigos. Mas essa tomada de posição não o impediu de deixar descrições das cidades de sua época que antecipam as da sociologia urbana.

As pesquisas de Engels sobre Manchester e as cidades industriais da Inglaterra vitoriana não são menos precisas, já que inspiradas pela ideologia inversa, que leva seu autor a romper

---

167. Cf. *The Country and the City*, Londres, Chatto and Windus, 1973, no qual R. Williams analisa os textos da literatura inglesa relativos à cidade e ao campo e mostra que, a cada vez, as descrições aparentemente mais "objetivas" são a expressão de uma ideologia que fecha ao autor certos ângulos do campo e/ou o focaliza em excesso sobre outros.

168. C. Baudelaire, citado por R. Caillois in "Introdução" ao *Père Goriot*, Paris, Club français du livre, 1962.

169. Essa oposição é desenvolvida por ocasião da descrição da cidade de Guérande (*Beatrix*, in *Oeuvres complètes*, Paris, La Pleiade, 1962, t. II, p. 320).

170. É um dos inventores da noção de patrimônio. Diante das depredações que sua época exercia sobre todo o sistema urbano (que, na sua compreensão, desaparece ao mesmo tempo que uma forma de sociedade), ele se arroga a missão de ser o "arqueólogo" de um tesouro urbano em fase de desaparecimento (cf. *Un début dans la vie*, t. I, p. 600).

# 54 A REGRA E O MODELO

definitivamente com o mundo pacífico e "vegetativo" da sociedade pré-industrial e a militar em favor da revolução comunista, e que o leva a colocar a questão da moradia social, até então ignorada pelos meios profissionais.

Hoje, entretanto, parece operar-se um certa dissociação entre os textos comentadores do mundo edificado. Aos poucos se constitui um conhecimento científico do objeto urbano e do espaço construído. Depois da ciência da arte cujos prolegômenos Hegel estabeleceu[171], com a geografia e a sociologia urbana a "nova história urbana"[172] se interessa enfim pelos espaços do passado e para seu estudo desenvolve o arsenal dos métodos quantitativos. O computador e os recursos da estatística são postos a serviço da análise de dados, enquanto a teoria da informação, os modelos econômicos e mesmo a termodinâmica contribuem para a elaboração de uma teoria do desenvolvimento das aglomerações humanas[173]. Paralelamente, o mundo construído é investido da sensibilidade e do imaginário contemporâneos. A cidade é o pano de fundo de nossa literatura, e a organização do espaço, um dos pivôs da reflexão política e social de nossa época.

Já que razões de método nos obrigaram a escolher textos em sua maioria ligados às origens dos escritos instauradores, e todos anteriores à época atual, não se fará caso aqui nem desse conhecimento científico nem das ideologias hoje suscitadas pelo espaço construído e pelo urbano. Entretanto, não se pode minimizar a contribuição que esses processos continuam a dar às teorias do urbanismo.

## 3.1. *A Objetivação do Espaço Urbano*

Parafraseando o que Michel Foucault[174] escrevia a propósito das concepções de vida ou de trabalho anteriores ao século XVIII, podemos dizer que o conceito de cidade enquanto objeto construído não existe antes do século XV. E teríamos de esperar o século

---

171. Não seria demais sublinhar a dívida que têm para com ele os fundadores dessa disciplina, particularmente A. Riegl, E. Panofsky. Cf. infra Cap. 6, p. 294 e n. 131.

172. Ela é designada no título do livro de L. F. Schnore (org.), *The New Urban History. Quantitative Explorations by American historians*, Princeton, 1975. Todavia, evitaremos reduzi-la às dimensões exclusivamente quantitativas que o subtítulo implica, e insistiremos também na contribuição que novas técnicas possibilitam atualmente à arqueologia. No caso da França, na impossibilidade de escolher entre os trabalhos da nova história urbana, remeteremos aos artigos e bibliografias dos dez últimos anos dos *Annales*, Paris, A. Colin.

173. Sobre a construção dos modelos de desenvolvimento, cf. em particular P. MERLIN, *Méthodes quantitatives et Espace urbain*, Paris, Masson, 1973.

174. *Les Mots et les Choses*, Paris, Gallimard, 1966.

XVIII para utilizá-lo e difundi-lo fora dos círculos eruditos. A definição da palavra "cidade" na *Grande Encyclopédie*[175] testemunha essa gênese difícil. Poder-se-ia datar a entrada do termo no domínio público a partir do momento em que, na segunda metade do século XVIII, o plano geométrico, até então o único utilizado na figuração prática das fortificações militares, elimina definitivamente o plano em perspectiva, e fornece da cidade uma representação sem exagero, reduzida à objetividade da medida e da grandeza em superfície.

A cidade concreta, como objeto de comentários escritos ou icônicos, começa por ser uma pessoa. O autor mantém com ela uma relação afetiva que implica seu ser físico e sua extensão apenas no plano secundário, em termos mais simbólicos que objetivos. O *Liber bergaminus*, poema escrito no início do século XIII por Moisés de Brolo para glorificar a cidade de Bergamo, inaugura[176] a linhagem desses *elogios de cidades* surgidos muito cedo na Itália do Norte e que se inserem no processo de constituição das comunas, servindo ao mesmo tempo para formar e para formular o liame específico que une o habitante à comunidade urbana.

"Elogio" diz bem da finalidade passional desses escritos e da personalização de suas descrições, destinadas a expressar um apego por meio das razões que o motivam. A exemplo de Brolo, Bonvicino da Riva escreve o *De magnalibus urbis Mediolani* (1288), "para que todos os apaixonados por sua cidade [Milão] glorifiquem a Deus" e "todos os estrangeiros conheçam sua nobreza e dignidade"[177]. E Villani exalta "o poder de nossa comuna [Florença]" (1336-1338). Muito antes que o espaço construído em que se aloja, a querida comuna é, em todos esses textos, a comunidade de seus habitantes, sua pessoa coletiva, física e moral, apreendida através de suas realizações passadas e presentes, intelectuais e materiais. Sua história, ou melhor, sua genealogia mítica e histórica – em outras palavras, a sucessão de seus fundadores, santos ou heróis, de seus bispos e de seus príncipes e a relação de seus altos feitos – assegura um fundamento à sua identidade. Ancorada assim no tempo e dotada de

175. O autor, J.-P. Blondel, se se encerra em determinações espaciais, hesita entre as da cidade existente e as da cidade ideal, e consagra a metade de seu artigo aos preceitos de "Vitrúvio.

176. Segundo D. Waley, *Les Republiques italiennes*, op. cit., p. 145, Não se pode considerar *elogios*, no sentido de uma categoria textual, os louvores de cidades episcopais, fragmentários, por vezes providos de breves e fugidias notações topográficas, que observamos nas *Vies des saints* do século X e nos cartulários da mesma época.

177. Idem, p. 146; Milão "não tem igual no mundo […] ela é um mundo por si mesma" (idem, p. 148).

56 A REGRA E O MODELO

uma memória, ela é uma entidade demográfica[178] definida por sua pertença a um território[179], mas também pelo valor, pela sobriedade ou pela fé, como pela saúde e pela beleza[180] de seus habitantes. Ela é ainda o conjunto de suas realizações atuais, ou seja, produção[181], consumo[182], saber[183] e, é lógico, quadro construído.

Brolo descreve os muros e as portas de Bérgamo. Bonvicino consagra um volume à "celebração de Milão por suas habitações", evocando suas "12.500 casas que não são superpovoadas", a largura das ruas, as "residências nobremente adornadas [... que] formam uma linha majestosa e contínua"[184]. Villani se extasia com as casas dos florentinos: "A maioria dos estrangeiros que chegavam a Florença e viam todas essas ricas moradias e os belos palácios construídos até a mais de três milhas em volta da cidade, pensavam que esses edifícios, como em Roma, faziam parte do centro da cidade"[185]. Mas em todos esses elogios, como naqueles que, com uma defasagem temporal mais ou menos importante, encontramos em outros países da Europa[186], o espaço construído permanece o adereço de

178. Bonvicino, grande amante dos números, "porque os números falam" (WALEY, op. cit., p. 140), avalia em 200 000 almas a população de Milão, que lhe "parece superar a de todas as outras cidades do mundo".

179. Cada um gaba o seu torrão, claramente distinto de suas construções. Cf. Bonvicino, que dedica um volume à situação de Milão onde não faz muito calor, nem muito frio, onde os alimentos produzidos por um solo fértil são abundantes, a rede das águas vivas admirável (idem, p. 147).

180. Para todas essas qualidades, cf. Waley, op. cit., p. 145

181. Produtos agrícolas (vinho e cereais), vestuários, artesanato (joias), fábrica de armas (cem ferreiros em Milão). O mesmo Bonvicino também passa em revista as atividades das diversas profissões.

182. Segundo Bonvicino, Milão possui trezentas padarias, setenta bois são mortos na cidade a cada dia, e a população inteira de algumas outras cidades da Itália consome menos alimento que os cães de Milão.

183. As universidades não causam menos orgulho. Cf. elogio dos juristas de Pádua e da Escola de Direito de Milão (idem, p. 146).

184. Idem, p. 147.

185. Idem, p. 146.

186. Para Paris, o primeiro elogio não fragmentário, concebido como uma totalidade autônoma, é o *Tractatus de laudibus parisius*, de Jean Saudum (1323). Exceto em certos casos (menção do nome das ruas onde se localizam as atividades que ele elogia), a obra concentra suas breves anotações espaciais exclusivamente nos três primeiros capítulos de sua segunda parte. Tais anotações dizem respeito, primeiramente, às igrejas ("Em Paris, santuário privilegiado da religião cristã, belos edifícios consagrados a Deus foram fundados em número tão grande que provavelmente não existem muitas cidades, entre as mais poderosas da cristandade, que possam orgulhar-se de contar tantas casas de Deus. Entre esses palácios, a imponente igreja da gloriosíssima Virgem Maria, mãe de Deus, brilha na primeira fila e com justiça, como o sol em meio aos outros astros..."). Em seguida, surge o "esplêndido palácio [do rei] de muralhas inexpugnáveis". Depois são as casas, de forma que quem quisesse contá-las "trabalharia provavelmente em vão, mais ou menos como aquele que tentasse contar os fios de cabelos de várias cabeças que os tivessem abundantes [...] ou as folhas de uma grande floresta". Citado segundo *Paris et ses Historiens au XIVe et XVe siècle, documents écrits*

## OS TEXTOS SOBRE A ARQUITETURA E SOBRE A CIDADE

uma pessoa, um traço exterior que depende da ordem, ainda secundária, do visual. Signo ou símbolo do poder, sem ser um valor em si, evoca a nomenclatura da hipérbole, mais que a descrição realista: os predicados dos edifícios citados são quase sempre gerais, estéticos ou morais, raramente dependem de uma análise visual "objetiva".

Somente no começo do *Quattrocento* é que se introduz alguma distância entre o louvador e sua cidade. Quando o Chanceler Bruni, inspirando-se num texto grego, a *Panathenaica* de Aristides, que ele de imediato supera[187], redige o *Panegírico de Florença*[188], torna-se sem dúvida o primeiro a descrever sua cidade inicialmente como um espaço. Começa por situá-la em seu quadro geográfico, depois, com base nas aldeias e castelos periféricos, apresenta metodicamente seu espaço construído, das muralhas às ruas, praças, pontes, edifícios públicos e privados. As instituições políticas que deram motivo ao empreendimento são abordadas em segundo plano.

Entretanto, a despeito dessa inversão, ainda se trata de um elogio. A objetivação nascente não elimina os superlativos (nunca menos de dois e até seis por página) e as fórmulas hiperbólicas. "Esta cidade [Florença] localizada na situação geográfica mais sensata, ultrapassa a todas as outras cidades pelo esplendor, pelo ornamento e pela limpeza"; ela é "singular, a única do mundo onde nada de desagradável ofende a vista ou as narinas, ou impede a caminhada"; "de ponta a ponta, ela goza de todas as coisas que podem fazer a ventura de uma cidade"[189].

---

*et originaux, recueillis et commentés* por Le Roux de Lincy, Paris, 1867, p. 45 e 53. O próprio título du coletânea de L.R. de Lincy acusa o privilégio de que gozam o tempo e a história em relação ao espaço nesses elogios. O testemunho visual muda de natureza, torna-se preciso e muitas vezes cifrado, quando, no início do século XV (1407), Guillebert de Metz enceta a segunda parte de sua crônica: o plano de sua descrição de Paris se divide em quatro partes correspondentes à estrutura topográfica da cidade; concebidas à maneira de um guia, elas antecedem a quinta parte que é propriamente um elogio.

187. H. Baron, em sou comentário (*op. cit, infra*, n. 188), sublinha a imprecisão da descrição de Aristides e indica como essa, todavia, permitiu que Bruni operasse uma mudança em sua abordagem do espaço. Cf. infra, notas 227-231 e 232 do Cap. 2.

188. *A Laudatio florentinae urbis* (1403) foi editada pela, primeira vez por H. BARON em sua obra *From Petrarch to Leonardo Bruni, Studies in Humanistic and Political Literature*, University of Chicago Pres. 1968; uma nova edição foi publicada (com tradução italiana justalinear da época) por G. de Toffol, Florença, Nuova Italia Editrice, 1974

189. Op. cit., Toffol, ed., p. 12, 16, 18. Conviria fazer o levantamento das vezes em que aparecem os adjetivos *splendidus, magnificens, pulcher, magnus, egregius, praestants* e os substantivos correspondentes: *splendor, magnificentia, pulcheritudo, magnitudo*. O texto de Guillebert de Metz, citado supra (n. 186), se não tem a mesma qualidade nem o mesmo alcance do Chanceler Bruni, contudo testemunha, no quadro de um outro propósito, uma relação mais realista e mais "moderna" com o espaço construído.

58  A REGRA E O MODELO

Se o visual adquire, através da espacialidade urbana, nova dignidade sob a pena do chanceler florentine o mundo edificado continua sendo entendido afetivamente. A descrição de Bruni alia ambas as dimensões, a subjetiva (interpretativa e laudatória) – durante muito tempo a única considerada nos retratos de cidades elaborados pelas grandes crônicas e cosmografias impressas a partir do final do século XV –, e a objetiva, que será desenvolvida pelo trabalho dos arqueólogos e dos viajantes-humanistas.

As gravuras que, com maior ou menor fantasia, ilustram esses "retratos" não devem nos enganar. Não ferem o privilégio do tempo e da memória em crônicas onde as diversas cidades da Europa são, antes de tudo, individualizadas pelas genealogias dos santos, reis ou homens ilustres que contribuíram para a sua fundação e sua reputação, como também pelas batalhas que souberam ganhar, pelos sítios que tiveram de enfrentar. Quando, em seu *Liber chronicarum* (1498), Schedel representa, em elevação, "vistas" por trás de suas muralhas, as cidades mais célebres do mundo, utilizando a mesma prancha, para figurar até sete ou oito cidades diferentes, não é por incapacidade técnica (alguns retratos são fiéis, executados *in loco*), mas pela desenvoltura inspirada por uma organização espacial, sem interesse em si, e cujo valor reside apenas no referente sócio histórico do qual ela constitui o signo. O cuidado de uma informação exata e o crescente interesse testemunhado ao espaço construído, de Schedel a Sebastian Münster[190], se chocam com a mentalidade arcaica das comunas, que sofrem para ultrapassar o estádio discursivo do elogio. Quando relata os obstáculos encontrados em sua pesquisa sobre as cidades[191], Sebastian Münster revela pertencer ao mesmo tempo a duas tradições, a dos cronistas retratistas, autores de elogios, e a dos arqueólogos-viajantes-humanistas, aberta por Bruni, na qual ele se insere resolutamente a partir da segunda edição de sita *Cosmografia*[192].

Estudando o funcionamento da democracia ateniense é que Bruni foi levado a contemplar em termos novos o funcionamento

190. *Cosmographia universalis*, 1544.

191. "Não é possível que um homem só possa atravessar e ver todos os lugares do mundo." Münster indica, pois, que terá de recorrer a múltiplos testemunhos cuja crítica será preciso fazer. Evocando as dificuldades que encontrou nessa investigação, observa que os "prelados da Igreja nisso nos ajudaram mais que os outros príncipes" (o mundo científico está realmente mais bem preparado para entender semelhante tarefa); "aa cidades também me ajudaram, umas mais, outras menos, como veremos suficientemente no livro [...] Da França, nada pude tirar a não ser o que se encontra em histórias comuns ainda que eu tivesse concebido alguma esperança de vários grandes personagens que estiveram aqui na Basileia" (*Cosmographie universelle*, "Salut au lecteur" da segunda edição, trad. fr. de 1556).

192. 1550. Cf. F. Bachmann, *Die alten Städtebilder*, Leipzig, K. W. Hiersemann, 1939.

OS TEXTOS SOBRE A ARQUITETURA E SOBRE A CIDADE

de sua própria cidade e a considerá-la como um objeto, segundo um procedimento que inicia o processo de distanciamento desenvolvido e sistematizado a seguir no *Quattrocento*. De fato, para que se possa estabelecer um recuo e desligar a relação afetiva para com a cidade, é preciso que o comentador não mais se confine a lugares familiares, mas, sobretudo, que se liberte suficientemente de um etnocentrismo que o faz sistematicamente reencontrar suas próprias estruturas culturais na diversidade dos lugares e dos tempos para poder realizar a experiência do *dépaysement*[193]:

Desde que possa atentar para o insólito sem negá-lo, sem reduzi-lo à experiência quotidiana ou duplicar-lhe as categorias do maravilhoso, a estranheza dos espaços que ele depara ao cruzar os mares ou os séculos remete o viajante à sua própria e relativa estranheza. O comentário de si passa desde então pelo comentário do outro. O jogo do eu e do outro, o choque da diferença exigem as comparações, a observação precisa e a medida, portanto a despersonalização do quadro construído e sua transformação em objeto.

Dois tipos de escritos desempenharam papel pioneiro nessa objetivação: as primeiras descrições arqueológicas de sítios antigos, que são também os primeiros guias urbanos, de um lado, e, de outro lado, os primeiros relatos de viagem ligados às grandes descobertas, que constituem a primeira literatura geográfica dos Tempos Modernos.

A história da Antiguidade é, pois, um dos dois eixos em torno dos quais se organizam o *dépaysement* e a conceitualização correlativa do quadro construído. A leitura dos clássicos permite que os humanistas da primeira Renascença italiana, já que estão intelectualmente preparados para tanto, reconstituam uma sociedade desaparecida, com suas instituições e seu espaço. Os textos os auxiliam a descobrir-lhes os vestígios espaciais; mas, inversamente, o testemunho desses vestígios atualiza o passado e confirma a fidelidade do textos. O percurso da cidade atual, como dupla rede de marcas sucessivamente impostas por duas culturas, conduz à sua delimitação, sua decupagem, sua mensuração.

Roma, símbolo da Antiguidade, é o terreno privilegiado dessa investigação arqueológica e da objetivação correlativa do espaço urbano que ela promove num jogo de retroação com os textos clás-

---

193. E. Garin e E. Panofsky analisaram nos mesmos termos a nova relação dos homens da Renascença com. a Antiguidade. A paixão por essa não procede mais de uma "confusão" bárbara, mas exprime o "recuo do crítico que frequenta a escola dos clássicos não para confundir-se com eles, mas para se definir em relação a eles" (E. Garin, *Moyen Age et Renaissance*, op. cit., p. 86, 87). Para E. Panofsky, cf. por exemplo, *La Renaissance et ses Avant-courriers*, trad. fr., Paris, Flammarion, 1976, p. 94.

60 A REGRA E O MODELO

sicos. Desde 1430, Poggio tem condições de dar um primeiro inventário sistemático dos vestígios de Roma, "outrora a mais bela e mais magnífica das cidades", cujo esplendor se lhe tornou familiar por meio da leitura de Virgílio e Tito Lívio, e que, "hoje, despojada de todo o seu ornamento, jaz qual gigantesco cadáver em putrefação, mutilado de todos os lados"[194]. Tal desastre é a ocasião para meditar sobre a fragilidade das sociedades. Quase nada sobreviveu de Roma: "Poucos vestígios desta cidade antiga, e ainda assim meio roídos ou arruinados pelo tempo, quase nada intacto"[195]. Significativamente, Poggio começa por levantar as inscrições: essa memória da cidade conserva a prioridade sobre as próprias construções[196]. A seguir, numa descrição permeada de reminiscências literárias que mostra ao leitor de hoje o que foi a dialética do texto e do monumento construído no trabalho de constituição da arqueologia, da história e da teoria da edificação, ele passa em revista, por categorias, os monumentos em si. Dá prioridade aos templos[197], dos quais às vezes nada resta, quando edifícios cristãos os substituíram. Depois, vêm as termas, despojadas de seus primitivos ornamentos, mas ainda trazendo os nomes de seus fundadores e provocando a estupefação de que semelhante suntuosidade tenha sido consagrada a um uso tão vil; seguem-se os arcos de triunfo, os aquedutos, os teatros de que a cidade estava cheia para os jogos populares, o imenso Coliseu, "reduzido em sua maior parte à situação de pedreira pela ignorância dos romanos", e as sepulturas.

É a mesma experiência que realiza o jovem humanista Leon Battista Alberti, quando em 1432 o Papa Eugênio IV o chama a Roma pela primeira vez. Mas ele não continuará historiador-arqueólogo. Numa mesma escavação, descobre o espaço antigo e prepara sua vocação de arquiteto. Sua exploração curiosa e suas pacientes mensurações de um corpo urbano defunto e mutilado,

194. *Ruinarum Romae descriptio, de fortunae varietate urbis Romae et de ruina ejusdem descriptio*, que traduzimos, segundo *Poggi Florentini oratoris clarissimi ac sedis apo secretarii operum*, 1513, fol. 50 e 52. A obra se apresenta como um diálogo entre Poggio e um amigo que por ocasião de uma doença do papa, visitam a cidade abandonada. Lembremos, por outro lado, que se deve a Poggio Bracciolini a descoberta, em 1416, de um manuscrito de Vitrúvio, na abadia de Saint-Gall.

195. Ibidem.

196. As inscrições conservarão durante muito tempo esse estatuto referencial privilegiado, como o prova o lugar que ocupam ainda nos guias de cidades dos séculos XVII e XVIII e o cuidado com que estes as retranscrevem. Cf., por exemplo, Piganiol de la Force, op. cit., infra, p. 62.

197. Cf. op. cit.: *"Castoris insuper et Pollucis aedes contiguae loco aedito in via sacra, altera oreintem altera occidentem versus, hodie Mariam novam appellant. Inclytus quondam cogendi senatus locus, majori ex parte collapsae parvis vestigiis. In quas me saepissime confere, révoquons stupore quodam oppressun animum ad ea tempora, cum ibi oratoriae sententiae dicebantur et aut L. Crassum mini, aut Hortensium, aut Ciceronem orantem proponens"*.

OS TEXTOS SOBRE A ARQUITETURA E SOBRE A CIDADE

cuja aparência original ele se esforça por reconstituir através da imaginação, levá-lo-ão a colocar o espaço urbano como problema e como projeto. Sua *Descriptio urbis Romae*[198] é antes de tudo um método para a transcrição gráfica da topografia romana com seus monumentos, em outras palavras o instrumento necessário ao projeto de conservação e renovação de Nicolau V. Essa obra, a primeira a considerar o organismo urbano como uma totalidade[199], precede o *De re aedificatoria*, de que constitui os prolegômenos, ilustrando de maneira privilegiada, num único e mesmo autor, a relação que, graças à exploração arqueológica e à objetivação do espaço por ela ensejada, une o texto comentador ao texto instaurador.

A análise arqueológica das ruínas antigas, sobretudo as *da* Cidade, Roma, fará parte, durante muito tempo, da formação dos teóricos ulteriores da arquitetura, que ela levará a uma mesma abordagem da cidade e dos monumentos modernos. Desde suas primeiras aparições, a descrição arqueológica responde a duas destinações, conforme focalize o objeto arquitetônico ou urbano, ou os percursos a que este se presta.

É para melhor compreender Vitrúvio, para verificar suas afirmações e dominar diretamente as regras de produção da arquitetura antiga que Palladio mede "em suas menores partes"[200] os monumentos de Roma. Mas esse estudo serve apenas para nutrir o texto e as ilustrações dos *Quatro Livros*. Leva também o arquiteto a escrever as *Antiguidades de Roma*[201]. Curiosamente, esta obra, que foi sem dúvida até o século XVIII o guia mais popular da Cidade, é totalmente desprovida de ilustrações. Os itinerários palladianos subordinam a descrição dos sítios e vestígios monumentais à história, à exposição das instituições e ao relato dos acontecimentos de que estes foram o suporte na Antiguidade. Por mais consciente que seja de seu poder sobre o espaço, Palladio conserva, na *Antichità*, sua precedência ao tempo. Apesar do deslocamento a que submete a história e as ideologias, que não são mais as de uma individualidade viva, o guia palladiano ainda pertence à linhagem dos elogios das cidades.

Ao mesmo tempo em que, práticos e profanos, os autores de "descrições" e guias objetivam a cidade, conservam viva essa relação com o urbano que passa por sua memória. Contemporâneo

198. Escrita entre 1432 e 1434. Publicada em *Opera inédita* por H. Mancini, Florença, Sansoni, 1890.

199. Sobre a "inovação operatória maior" que constitui a *Descriptio*, cf. L. Vagnetti, "Lo Studio di Roma negli Scritti Albertiani", in *Convegno...*, op. cit., *supra*.

200. *L'Architecture de Palladio divisée en quatre livres*, com notas de Inigo Jones, trad. fr., 2 v., Haia, 1726, Prefácio, A.

201. *L'Antichità di Roma*, Roma, 1575.

62 A REGRA E O MODELO

das *Antiguidades de Roma*, o primeiro grande guia de Paris se intitula, semelhantemente, *Les Antiquités, histories et singularités de la ville de Paris*[202]; não contém também ilustrações e dá prioridade, em vez do inventário dos monumentos e inscrições, aos "gestos ocorridos nesta [cidade] desde seu começo até nossos dias"[203]. Bem mais tarde, em meados do século XVIII, e depois de Brice, Le Maire e Sauval[204], Piganiol de la Force, a despeito das intimeras ilustrações (plantas, elevações, perspectivas) com que acompanha sua *Description de Paris*[205], começa-a à maneira de um elogio e em nenhum momento dissocia-se de uma história.

É, sem dúvida, a noção ambivalente de percurso que articula as duas abordagens, objetivante e memorizante, do guia urbano. Retomando a experiência tradicional da comunidade urbana que, no quotidiano, *percorre* o corpo da cidade e explora-a como o bebê à sua mãe, o guia desnatura essa experiência. Suprime sua imediaticidade ancestral, recorrendo, para lhe dar sentido, à cultura histórica e literária. Assim distanciado, o percurso se torna simulacro, jogo urbano que reifica os lugares percorridos. Seria preciso estudar como o guia impõe progressivamente a ordem do olhar[206], como relega os espaços sem valor ao olhar ou à memória cultivada, circunscreve e organiza os locais privilegiados ao sabor das aquisições da história e da história da arte, das anexações da moda[207]. Seria preciso mostrar como, depois de haver explorado e em certa medida devolvido a vida às cidades mortas, os guias urbanos contribuíram para elaborar a noção de patrimônio, mas mortificando a cidade viva, para alertar os práticos, mas enganando-os, como finalmente insuflaram[208] nos autores das teorias do urbanismo as noções ambivalentes de monumento, de centro da cidade, de pitoresco e de paisagem urbana.

202. Por Gilles Corrozet, 1ª ed., Paris, 1532; 2ª ed., 1550.

203. Op. cit., dedicatória.

204. Para a bibliografia desses livros sobre Paris, cf. o prefácio de PIGANIOL (op. cit.), na qual ele passa em revista a contribuição do conjunto de seus predecessores.

205. *Description de Paris, de Versailles, de Marly*, nova ed., Paris, 1742 (num pequeno formato que será o de todas as reedições seguintes).

206. O descritor de cidade tomará o hábito de subir ao cimo da catedral, do campanário ou de uma torre central, a fim de apreender, de um relance, a totalidade do espaço urbano que ele quer descrever. Cf. a descrição das cidades de Flandres, particularmente Bruges e Gand, por Monetarius in *Voyage aux Pays-Bas*, 1495, trad. fr. por M. Oiselet e M. Delcourt.

207. As últimas em data se devem à arqueologia industrial.

208. Karl Baedecker morre (1859) no momento em que o urbanismo nasce como disciplina autônoma, trinta anos antes que, em Viena, o arquiteto urbanista Camille Sitte, o primeiro entre os teóricos-práticos do urbanismo, analise o funcionamento dos espaços urbanos medievais e, depois de Balzac, mas com mais de um século de avanço em relação aos profissionais, proponha a ideia de bairro a salvaguardar.

OS TEXTOS SOBRE A ARQUITETURA E SOBRE A CIDADE 63

O comentário dos humanistas-geógrafos vem, por sua vez, a partir dos últimos anos do século XV, confirmar e acelerar o processo de objetivação do espaço urbano. Com efeito, depois das primeiras viagens arqueológicas no tempo, as grandes viagens marítimas da época foram motivo de um *dépaysement* mais radical, de uma descoberta mais fulgurante. Levavam a lugares desconhecidos, defrontavam com sociedades vivas, de carne e osso, e não mais com vestígios. Quando, em sua célebre carta a Lorenzo di Pier Francesco de Medici (1503), que foi, com sua carta ulterior a Soderini (1504)[209], um dos maiores êxitos de livraria do século XVI, Américo Vespúcio, com insistência deliberada, qualifica de *novo*[210] o mundo que acabara de descobrir, dá a esse qualificativo sua mais plena acepção e assinala a diferença que confere a seu relato sua sonoridade pioneira: trata-se ao mesmo tempo de terras jamais pisadas pelos europeus, de um mundo desconhecido, não penetrado pelo conhecimento, e.de uma nova abordagem que abre caminho a uma nova literatura[211].

O olhar que Vespúcio lança sobre o novo continente é, ou pretende ser, o olhar da ciência. Formado junto aos humanistas florentinos[212], Américo rompe com abundante literatura de viagens anteriores[213] cujos autores ou cediam sem crítica ao apelo do maravilhoso, ou projetavam sobre as sociedades visitadas suas estruturas culturais. Ele quer ser, segundo suas próprias palavras, "uma

209. A primeira, chamada *Novus Mundus*, e a segunda, que contém o relato das quatro viagens de Vespúcio, foram traduzidas, do italiano tingido de hispanismo em que foram escritas, para o latim e para todas as línguas europeias. Foram igualmente adaptadas e falsificadas. Da imensa literatura atribuída a Vespúcio, restam apenas três cartas autênticas.

210. O termo é utilizado três vezes já no primeiro parágrafo onde, lembrando a "descrição de todas as partes do *Novo Mundo*" feita numa carta anterior, ele prossegue: "Veremos, com efeito, se bem refletirmos, que essa região é realmente um *novo mundo*. Não foi por acaso que nos servimos dessas expressões *'novo mundo'* porque [...] jamais os antigos dele tiveram conhecimento [...]". Segundo o fac-símile reproduzido *in* L. Firpo, *Prime relationi di navigatori italiani sulla scoperta dell'America, Colombo, Vespucci, Verazano*, Unione typografico éditrice torinese, 1966. [O grifo é nosso.] Contra a opinião de Humboldt, que por outro lado reabilitou Vespúcio (*Examen critique de la histoire et de la géographie du nouveau continent*, Paris, de Gide 1839), G. Arciniegas mostrou a amplitude da significação do termo *novo* que, sob a pena de Vespúcio, não mais tem relação com o *allé oikhoumene* ( @@@@@@ ) da Antiguidade, in *Amerigo and the New World*, trad. americana por H. de Onis, New York, Knopf, 1955.

211. F. Arciniegas, op. cit., p. 167.

212. Estamos pensando na formação de Vespúcio por seu tio Giorgio Antonio, em sua cultura literária e "científica" e também no interesse dos humanistas florentinos pela geografia (Policiano e as viagens de Diaz).

213. Cujas características ainda se manterão durante muito tempo nas obras de parte dos viajantes leigos. A originalidade de Vespúcio ressalta muito particularmente, ao opor-se suas cartas à carta de Colombo (Roma, 1493), que aliás não teve repercussão, ou aos diversos relatos de viagens repertoriados por G. Atkinson in *Littérature géographique française de la Renaissance*, repertório bibliográfico, Paris, Picard, 1927.

64 A REGRA E O MODELO

testemunha fiel" e um observador crítico[214]. Em sua indagação, ele não descreve, como geógrafo, apenas a configuração, dos céus noturnos do hemisfério austral[215], o clima, a posição das costas (o erro de Colombo), as floras e as faunas exóticas, mas também os povos que encontrou e suas práticas. Revela assim aos leitores letrados da época, e a Morus entre eles, sociedades onde o ouro é ao mesmo tempo abundante e inútil, onde, sem que se tenha de exercer o poder arbitrário de um príncipe, reina a comunidade dos bens[216]. A descrição de costumes diferentes não está dissociada da do espaço construído que é seu quadro, desde a grande casa de seiscentas pessoas que os índios de Honduras abandonam em períodos fixos para reconstruí-la detalhe por detalhe, até a pequena Veneza de quarenta e quatro casas descoberta além do Yucatán, perto do Golfo do México[217].

Assim como os elogios não focalizavam jamais suas descrições de cidades sobre o espaço construído delas, assim também a literatura de viagens medieval era pobre em indicações espaciais, que serviam essencialmente de referentes práticos[218]. A partir de Vespúcio, a tendência se inverteu; o quadro construído das sociedades exóticas é objetivado por uma literatura científica cujos promotores serão as ordens evangelizadas, as quais a difundirão com um êxito notável.

F. de Dainville[219] mostrou como, do século XVI à segunda metade do século XVII, os missionários foram os criadores de uma geografia mais humana que física, devido mesmo às preocupações normativas e religiosas de que ela devia ser o instrumento. Era como se, para melhor evangelizar os selvagens, fosse preciso conhecer com exatidão suas práticas, acumular sobre eles informações que permitissem, por *comparação*[220] com sua sorte, melhor agradecer a Deus a sorte dos cristãos. O desapego e a formação científica[221] eram, pois, exigidos desses primeiros "geógrafos-

214. Início da carta *Novus Mundus*.

215. Sobre a contribuição de Vespúcio para a observação astronômica, cf. Arciniegas, op. cit., p. 193, n. 2.

216. L. Firpo, op. cit., fac-símile *Novus Mundus*, p. 88.

217. Carta a Soderini, cf. trad. ingl. in *The Cosmographiae Introductio of Martin Waldseemüller, in fac simile, followed by the Four Voyages of Amerigo Vespuce with their Translation into English*, C.G. Habermann (org.), New York, the United States Catholic Historical Society, 1907, p. 97 e 103.

218. Cf. P. Lavedan, *Qu'est-ce que l'urbanisme*, Paris, Laurens, 1926. Cap. III.

219. *La Géographie des humanistes*, Paris, Beauchesne e filhos, 1940.

220. Cf., por exemplo, Pe. J. Acosta, Advertência da *Histoire naturelle et monde des Indes*, trad. fr., Paris, 1598 (*Historia natural de las Indias*. 1590).

221. O Pe. Ricci exige para a missão da China (1584) letrados que hajam "rompido com as ciências e sejam conhecedores da prática dos instrumentos de observação" (citado por Dainville, op. cit., p. 109).

OS TEXTOS SOBRE A ARQUITETURA E SOBRE A CIDADE 65

-etnógrafos"[222]. É com a mesma preocupação de objetividade e de objetivação que os vemos estudar, nas sociedades exóticas com que se deparam, as instituições sociais e o quadro espacial de seu funcionamento. Suntuosos ou miseráveis, quer se trate das cidades do Peru ou do México ou do relato de J. Acosta[223], ou da tenda iroquesa de que o Padre Lejeune descreve a "estrutura[224], a fabricação e a montagem[225], esses estabelecimentos são descritos pelos investigadores com idêntica precisão: respeitando os dados que contribuem para abrir as primeiras brechas[226] naquilo que denominamos hoje o etnocentrismo ocidental.

O olho do etnógrafo revela ao pesquisador que a obra construída não é uma produção inerte, mas ancora e fixa o conjunto das práticas sociais[227]. Tantas sociedades, quantos espaços. O proselitismo do missionário leva-o a privilegiar o quadro construído como garantia do funcionamento do modelo social. Esse quadro se torna para ele a pedra angular do processo de evangelização. É preciso destruir a organização espacial que aloja e corrobora os comportamentos a erradicar, e substituí-la por um modelo tomado à – ou concebido pela – sociedade cristã, ou ainda impor-lhe um *ex nihilo*, nos casos de miséria quando se tem contato com povos em estado natural. Para o Padre Lejeune, por exemplo, as pequenas sociedades naturais que ele conheceu intimamente no Canadá, ig-

222. Inácio de Loiola pede a seus missionários verdadeiras pesquisas etnográficas. Em 1553, ordena ao Pe. Nóbrega que escreva "com maiores detalhes e maior exatidão", que fale "da região, do clima, dos graus, dos costumes dos habitantes, de suas vestimentas, de suas moradias [...]" (Dainville, op. cit., p. 113).

223. Op. cit., p. 308, 292 e s.

224. "Para conceber a beleza desse edifício, é preciso descrever-lhe a estrutura; dela falarei com ciência: porque muitas vezes eu ajudei a erguê-la", *Relation de ce qui s'est passé en la Nouvelle France en l'année 1634, envoyée au Père provincial de la Compagnie de Jésus en la Province de France*, Paris, 1635, Cap.: "Do que é Preciso Sofrer Hibernando com os Selvagens", p. 186.

225. Lejeune nota a divisão do trabalho entre as mulheres que cortam a madeira de carpintaria, os homens que talham a planta na neve, com que fazem em seguida um muro; descreve as varas estruturais sobre as quais estendem cascas, as peles que servem de portas, op. cit., mesmo capítulo.

226. Tarefa penosa: cf. as dificuldades que encontrou Acosta para elaborar uma taxionomia do conjunto dos estabelecimentos descobertos no mundo não cristão, in *De procurando Indorum conversione* (citado por F. de Dainville, op. cit.).

227. Acosta desmonta sistematicamente a relação que une a organização territorial dos Incas a suas instituições políticas e econômicas e a suas crenças. "Quando [o íngua] conquistava algumas cidades, ele dividia todas as suas terras em três partes. A primeira delas era para a religião, e cerimônias, de tal forma que o Pachayachaqui, que é o criador e o Sol, o Chuuilla, que é o Trovão, o Pachamama e os mortos, e os outros guacas e santuários, tivessem cada um suas próprias terras [...] sendo que o santuário universal e geral se achava em Cuzco e servia de modelo a mais de cem cidades e algumas distantes duzentas léguas de Cuzco [...] A segunda parte das terras era para o íngua [...] A terceira [...] era dada pelo íngua para a comunidade" (*Histoire naturelle*, p. 294).

66        A REGRA E O MODELO

norantes do mundo ético e guiadas apenas pelo instinto e pela intuição[228], não possuem leis positivas e não podem aspirar a um *habitat* institucionalizado. A tenda, que ele descreve tão bem, não tem direito a esse título, e os hurões só serão culturalizáveis e cristianizáveis se adotarem um estabelecimento fixo, elaborado para essa finalidade[229].

Entretanto, na medida em que a comparação[230] lhe é inerente e em que se refere necessariamente, à sociedade dos próprios descritores, que esses tendem a considerar como outra e como objeto[231], a descrição etnográfica dos missionários pode também transformar-se em lição de modéstia e inverter o processo de modelização que acabamos de descrever. A Europa e sua sociedade cristã estão longe de serem sempre julgadas exemplares. Missionários encontraram entre os incas a sofisticação e o refinamento das sociedades antigas[232] e, na simplicidade dos hurões, ora a austeridade da Roma clássica[233], ora a inocência anterior à queda, descrita no *Gênesis*[234]. Fortuitamente, chegam a ver na ausência de um qua-

228. "Eu não ousaria garantir que tenha querido exercer qualquer ato de verdadeira virtude moral a um selvagem: eles só têm seu prazer em vista [...] Só pensam em viver, comem para não morrer, se cobrem para expulsar o frio, não para aparecerem" (op. cit., p. 109 e 166). Para qualificar esse estado de imediaticidade, Lejeune recorreu ao conceito aristotélico de necessidade (estádio inferior do desenvolvimento da humanidade).

229. Idem, Cap. Ill: "Sobre os Meios de Converter os Selvagens": "Não se deve esperar grandes coisas dos selvagens enquanto forem errantes". Ensinar-lhes os rudimentos da agricultura é realmente impossível porque "não têm lugar em suas cabanas para [estocar] a ervilha e o trigo" (p. 37 e 39).

230. Cf., por exemplo, R. P. Lafitau, *Moeurs des sauvages américains comparées aux moeurs de notre temps*, Paris, 1724.

231. Cf. Lévi-Strauss, *Anthropologie structurale II*, Paris, Pion, 1973, Cap. II. O processo foi descrito já no século XVIII, como testemunha, por exemplo, o "discurso preliminar" do *Voyageur philosophe* [...] citado supra: "Quando se percorrem os países afastados, tudo é tão diferente daquilo que se está acostumado a ver no seu, que as primeiras observações de um viajante sobre os povos que ele considera, versam naturalmente sobre o grande número de costumes bizarros [...] *Os segundos nos reconduzem aos nossos*, donde resultam paralelos dos quais um espírito sábio e esclarecido tira tanto maior proveito quanto menos vantagem tem para si" (op. cit., p. 44). [O *grito e nosso*.]

232. "Se as Repúblicas dos Mexicanos e ínguas tivessem sido conhecidas nesse tempo dos Romanos e dos Gregos, suas leis e governos teriam sido muito apreciadas por eles. Mas nós outros agora não consideramos nada disso, e entramos lá pela espada, sem os ouvirmos" (Acosta, op. cit., p. 274.)

233. Cf. R.P. Lafitau, *Moeurs des sauvages américains*, especialmente p. 105 e 456; embora reconhecendo a diferença com o Peru e o México, "que podem passar por [nações] policiadas", Lafitau descobre entre os iroqueses e os hurões do Pe. Lejeune instituições complexas que compara a instituições antigas (Senado, associação de guerreiros, ginecocracia dos estudantes de liceus...).

234. "Eles encantam uns aos outros e concordam admiravelmente entre si [...], não são vingativos entre si [...] dão mostras de nada amarem, de não se ligarem aos bens terrenos a fim de não se entristecerem se os perderem". Mais, "não existem pobres nem mendigos entre eles. São ricos na medida em que todos trabalham [...] mas cá

OS TEXTOS SOBRE A ARQUITETURA E SOBRE A CIDADE          67

dro construído fixo e institucionalizado a condição suprema da virtude. Quando o Padre Buffier faz a apologia do desenraizamento e da errância ("que liberdade [...] não ter morada, habitação; e ser sempre errantes como animais ferozes"[235]), ele envereda, ao contrário da modelização e do controle pelo espaço construído, pelo caminho aberto por Fénelon para a conversão interior dos corações. Os padres chegam assim a contestar a sociedade cristã em seus costumes, suas instituições políticas, jurídicas e econômicas. Abrem o caminho a um pensamento leigo cuja crítica erige em modelos as sociedades exóticas e seu espaço.

Vemos a relação generativa que liga os primeiros relatos científicos de viagens, a primeira literatura geográfica, à utopia como gênero textual[236]. Esses relatos permitiram, em primeiro lugar, a criação dessa última por Tomás Morus. Com o tempo, contribuíram para assegurar-lhe o desenvolvimento, no vaivém crítico entre duas experiências igualmente induzidas por um procedimento etnográfico que no ponto de partida tinha como objeto a sociedade selvagem[237]. Paradoxalmente, os primeiros relatos científicos de viagens contribuíram, com efeito, num mesmo movimento, para promover o construir eficiente de uma forma de colonização e para elaborar uma nova forma discursiva, aparentemente a mais desprovida de eficácia, a utopia. Mas esse duplo impacto revela, na realidade, o parentesco estrutural dessa prática espacial e desse gênero textual, ao mesmo tempo que o poder latente do texto utópico.

Os dois conjuntos de textos, o instaurador e o comentador, se comunicam entre si. Mas, como vimos, sua interação toma vias específicas. Enquanto os tratados de arquitetura sofrem a influência direta do discurso dos primeiros arqueólogos-histo-

---

entre nós, ocorre de outro modo, porque existe mais da metade que vive do labor de outrem" (Lejeune, op. cit., p. 104-107 e 33-34).

235. Buffier continua: "Nada contraria ao mais digno do homem que percorrer diversos lugares da terra; ela é toda dele, ele a deve habitar toda, tanto quanto lhe for possível [...] Um iroquês com sua casa e mesmo sua nação inteira se vê além de setecentas ou oitocentas léguas sem haver deixado sua pátria [...]" (*Cours de sciences sur des principes nouveaux et simples pour former le langage, l'esprit et le coeur, dans l'usage ordinaire de la vie*, Paris 1732, p. 984).

236. Essa relação já foi sublinhada por G. Chinard. Cf. *L'Amérique et le rêve exotique dans la littérature française*, Paris, Hachette, 1914 e *L'Exotisme américain dans la littérature du XVIe siècle*, Paris. Hachette, 1911. Sem dúvida, Chinard entende "utopia" numa acepção mais ampla que a nossa. Cf. também, nota 234, acima, a citação de Leieune.

237. As pesquisas de Acosta ou de Garcilaso de la Vega alimentaram as utopias barrocas do século XVIII. *Os Comentários reais*, publicados em Madrid em 1608, traduzidos para o francês em 1633, particularmente, inspiraram Morelly, primeiramente na *Basiliade* (1753), depois em *Le Code de la nature* (1755).

68 A REGRA E O MODELO

riadores, as utopias são articuladas sobre o dos primeiros geó-
grafos-etnógrafos.

### 3.2. Comentários Pró e Contra a Cidade

A relação dos textos comentadores com os textos instauradores parece menos evidente quando se considera sua função axiológica e a forma como tomam partido pró ou contra a cidade e o
espaço construído. No entanto, a análise descobre uma dimensão
ética oculta, porém inerente aos textos instauradores. Ademais, ela
revela que o tratado de arquitetura e a utopia fazem respectivamente, desde o início, mas sem dar-lhes formulação explícita, escolhas de valores, que são escolhas antagônicas.

À medida que a cultura ocidental aprofunda sua tomada de
consciência de si através de uma reflexão sobre suas próprias realizações, a cidade tende a tornar-se seu símbolo por excelência, e o
comentário sobre a cidade um lugar privilegiado para a expressão
de uma visão do mundo e de uma ideia de natureza humana. Ilus-
traremos as duas atitudes, positiva e negativa, adotadas para com
o mundo construído pelos escritos comentadores, e mostraremos
os laços que os prendem ao tratado de arquitetura e à utopia, tomando como tipos exemplares e antitéticos (apesar de algumas
aparências) trechos de Rousseau e de Marx.

Suas tomadas de posição diante do urbano e da urbanização
não são epifenomenais. Comprometem sua filosofia e sua concepção do homem. Que Rousseau estigmatiza a cidade não é anedótico,
não traduz uma contingência biográfica[238] que o inclinaria para a
ruralidade ou a natureza selvagem. A atitude que o leva a denunciar
"as grandes cidades onde reina uma horrível corrupção"[239] e a edu-
car Émile longe dos "negros costumes das cidades"[240] radica-se no
centro mesmo de seu pensamento. Com efeito, o que é a cidade
para ele senão o local por excelência da sociedade, isto é, de um
estado, certamente inscrito na natureza do homem, mas que não
cessa também de ameaçá-la? "A sociedade deprava e perverte os

---

238. Mesmo que, como insiste E. CASSIRER, a chegada de Rousseau a Paris
tenha constituído para ele um traumatismo decisivo, particularmente em sua relação
com a temporalidade. *The Question of Jean-Jacques Rousseau*, trad. ingl. de *Das Problem Jean-Jacques Rousseau*, Indiana University Press, 1963.

239. *Émile*, E. e P. Richard (ed.), Garnier, Livro V, p. 601.

240. Idem, p. 85. Cf. também, no mesmo Livro V: "Adeus pois, Paris, cidade célebre, cidade do barulho, da fumaça e da lama, onde as mulheres não acreditam mais
na honra nem os homens na virtude" (p. 444); ou ainda: "Nas grandes cidades, a de-
pravação se inicia com a vida" (p. 492).

OS TEXTOS SOBRE A ARQUITETURA E SOBRE A CIDADE

homens"[241] porque os expõe à desnaturação, em outras palavras, à perda de sua liberdade individual, da independência natural que lhes é própria, para aliená-los pela submissão à vontade alheia. A cidade é o lugar das relações arbitrárias, o local da máscara, do parecer, da falsidade.

Bem entendido, trata-se aí de um risco e não de um destino. O contrato social torna possível uma cidade onde reinaria a liberdade na submissão à lei unanimemente aceita. As artes e as ciências que se desenvolvem nas cidades podem ser vivenciadas como progressos, desde que não se desviem de fins universalizáveis: a perfectibilidade está na natureza dos homens, ao contrário da dos outros seres vivos. "A natureza humana não retrocede"[242]. Mas essa perfectibilidade é o mais ambíguo dos bens; e entre os diferentes tipos de estabelecimentos, a cidade é o que comporta mais riscos, porque impõe a seus habitantes as coerções e o obstáculo da distância. Sua dimensão os isola, os separa, os torna estranhos entre si, impedindo-os de se conhecerem e se comunicarem, aliena-os de si mesmos num tempo fracionado pelos percursos espaciais: "Passa-se metade da vida indo de Paris a Versailles [...] e de um bairro a outro"[243]. Mais grave ainda, quando a grande cidade tenta paliar os inconvenientes da distância física multiplicando os intermediários da comunicação (hoje se diria os *media*) cujo paradigma, na época, continua sendo a escrita, só consegue impedir o contato vivo e direto das pessoas, portanto das consciências.

Por isso, quando Rousseau tempera suas nostalgias e cessa de sonhar com uma sociedade que evoca tebaidas ideais e *espaços vazios*[244], apela ao modelo fechado da *cidade antiga*[245]. Se é necessário um espaço institucionalizado, pelo menos impeçamo-lo de proliferar. Como vimos[246], Rousseau se situa no extremo oposto do pensamento espacializante da utopia. No entanto, desde o instante em que o mundo construído é apreendido como obstáculo e a exteriorização como queda e perdição, está bem perto de surgir a ideia de um modelo espacial, graças ao qual seja possível deter ou frear o desenvolvimento do espaço construído mediante seu controle. Não está longe a utopia.

241. Idem, p. 281.

242. *Discours sur l'origine et les fondements de l'inégalité*, citado por CASSIRER, op. cit., p. 105.

243. *Émile*, ed. cit., p. 521.

244. Cf. supra, p. 48, n. 146.

245. Cf. *Émile*, ed. cit., p. 9. Não sem inconsequência, ele assimila os dois casos da pequena cidade grega (Esparta) e da gigantesca Roma.

246. Cf. supra, p. 48.

70 A REGRA E O MODELO

Marx que, embora reconhecendo-lhe um valor crítico, condenou a dimensão modelizadora da utopia, ilustra a posição inversa diante do projeto construtor. Que ele denuncie as taras da metrópole industrial e retome por sua conta as conclusões das comissões de pesquisa do Parlamento inglês[247] sobre as condições de vida nas grandes cidades não significa condenação ou desconfiança diante do construir, nem recuo com relação ao espaço edificado. Certamente, ele faz o balanço da miséria e do sofrimento, físicos e morais, engendrados pelos centros urbanos contemporâneos: barracos infectos que reduzem o homem ao estado de animal[248], mas também distâncias esgotantes entre o "barraco" do operário e seu local de trabalho, isolamento e anonimato sem recursos num formigueiro humano onde não existe comunicação com o semelhante[249]. Entretanto, para Marx, a distância e a não comunicação não são, como em Rousseau, propriedades da cidade em si. Elas apenas a caracterizam, tal como os barracos da classe operária, em dado momento da história. São taras temporárias, positivas na medida em que exigem sua própria superação[250].

Como já o era a cidade da Idade Média, a cidade da era industrial é o local por excelência da luta de classes e, portanto, da realização da história. Berço respectivo da burguesia e do proletariado, da luta contra o feudalismo e contra o capital, a cidade medieval e a metrópole do século XIX são criações benéficas, cuja face negativa faz parte integrante e necessária da dialética da história. Mas, no duplo processo de desnaturação de si e da terra inerente à história dos homens, a "grande[s] cidade[s] industrial[is] moderna[s] surge[m] de um dia para o outro" representa um pro-

---

247. Cf. anexos do *Capital*, particularmente o Anexo X, Paris, Gallimard, "Bibl. de la Pleiade", 1963, p. 1348 e s. A cotejar com Engels, *La Situation de la classe laborieuse en Angleterre*, Paris, Ed. sociales, 1960.

248. Cf. *Économie politique et Philosophie*, Paris, Alfred Costes, 1937, onde o cortiço do proletariado é contraposto à "residência luminosa de Prometeu", p. 51-52.

249. Cf. também Engels que, já em 1844, indica: "Essa gente se cruza correndo como se não tivesse nada em comum [...] não vem ao espírito de ninguém conceder a outrem mesmo que seja um único olhar. Essa indiferença brutal, esse isolamento insensível de cada indivíduo no seio de seus interesses particulares são tanto mais repugnantes e injuriosos quanto é maior o número desses indivíduos confinados neste espaço reduzido. E mesmo que saibamos que esse isolamento do indivíduo, esse egoísmo tacanho são em toda a parte o princípio fundamental da sociedade atual, em nenhuma parte se manifestam com uma imprudência, uma segurança tão totais quanto aqui, precisamente, na balbúrdia da grande cidade" (*Situation* ..., ed. cit., p. 60).

250. Para que se possa realizar uma verdadeira comunidade, "é preciso que os meios necessários, isto é, as grandes cidades industriais e as comunicações dispendiosas e rápidas, sejam estabelecidas em primeiro lugar pela grande indústria" (*Idéologie allemande*, ed. Alfred Costes, Paris, 1937, p. 221).

OS TEXTOS SOBRE A ARQUITETURA E SOBRE A CIDADE 71

gresso e uma etapa superior em relação à cidade ainda "natural"[251] que a precedeu. De um lado, graças à variedade e ao número das populações que reúne e graças à sua exploração das técnicas de comunicação, ela anuncia a universalização das culturas. De outro lado, através da errância do proletariado, desprovido de toda tradição, incerto a cada dia da moradia e do emprego, prepara o grande desenraizamento, a grande ruptura desalienadora dos homens com os lugares, a libertação dos laços naturais gabados pelo "reacionário Proudhon" e que, prendendo-o ao mundo animal, impedem que o homem se realize[252]. Finalmente, enquanto *artefato*, a grande cidade da era industrial, por seu aperfeiçoamento e sua eficácia, não pode ser comparada a todo espaço construído jamais produzido pelos homens: muitas passagens do *Capital* o atestam e é esta também a conclusão etnocêntrica do *Manifesto*, que relega a um comum desprezo todos os outros tipos de aglomerações, antigas e contemporâneas[253].

O privilégio concedido ao modo de urbanização do homem ocidental, que, pela previsão de Marx, se difundirá pela terra inteira, radica-se em que, para ele, o homem somente se realiza ao sair de si mesmo, para a exterioridade, por meio de uma *praxis*[254] que o força a violentar a terra e transformá-la em mundo construído. A *Bildung* dos homens e de suas sociedades passa por ser a de seu espaço. Em outras palavras, quando mediante o trabalho o homem atua "sobre a natureza exterior" e a modifica, ele modifica sua própria natureza e desenvolve as faculdades que "nela estavam adormecidas" e "a terra [...] fornece ao trabalho o *locus standi*, sua base fundamental, e à sua atividade o campo onde ela pode se desenvolver"[255]. Tomadas da abertura da terceira seção do Livro I do *Capital*, onde Marx opõe o trabalho da arquitetura humana ao do inseto arquiteto, tais fórmulas[256] soam como as dos tratados de arquitetura. Mais precisamente, pela maneira como

---

251. *Idéologie allemande*, ed. cit., p. 218. Em *La Guerre civile en France*, Marx toma cuidado em prevenir o contrassenso que seria assimilar a comuna nova à sua rudimentar forma medieval (Paris, Éditions sociales, 1968, p. 65). Cf. também as páginas onde Engels descreve a vida dos operários antes da revolução industrial, as "relações patriarcais que aí dominam", e fala do desprezo que deve inspirar essa "simplicidade idílica [...] essa pacata existência vegetativa (*La Situation de la classe laborieuse en Angleterre*, ed. cit., p. 37-38).

252. Cf. também P. Engels, *La question du logement, ed. cit.*, p. 28.

253. K. Marx e P. Engels, *Manifeste, du parti communiste*, Paris, Ed. sociales, 1947, p. 14-15. Bem vista por R. Williams, op. cit., p. 303.

254. Cf. K. Axelos, *Marx penseur de la technique*, Paris, Ed. Minuit, 1961.

255. *Le Capital*, Liv. I, 3.- seção, Cap. VII, ed. cit., p. 727-735.

256. A comparar com aquelas, bem anteriores, de *Économie politique et Philosophie* (ed. cit., p. 34-40), da *Idéologie allemande* (ed. cit., p. 222) e do *Manifeste* (ed. cit., p. 13-15).

recorre a um relato de origem para fundar e reduzir a um denominador comum todas as atividades de transformação, por sua apologia da desnaturação e pela escolha das marcas mais significativas que lhe atribui, "ateliês, canteiros, canais, estradas"... a passagem inteira donde são tiradas essas citações poderia alinhar-se entre os "elogios da arquitetura" que constituem uma sequência quase obrigatória dos tratados.

A aproximação não é fortuita. Deixa entrever pressupostos antropológicos comuns, silenciados nos tratados e revelados pelo texto comentador. Para Marx, a cidade não tem valor enquanto modelo de urbanização – nunca encontramos nele a nostalgia de um tipo urbano qualquer –, mas como símbolo de confiança a atribuir ao espaço para informar o projeto, *sempre novo* e inovador, com cujo desdobramento o homem se constrói enquanto arruína a natureza. A grande cidade industrial é superior a todas as formas de aglomerações que a precederam no tempo e no espaço. Mas ela marca um momento da história e desaparecerá em proveito de uma forma superior, consagrando a "supressão da diferença entre a cidade e o campo". Que as cidades ultrapassem seus limites e que os campos se urbanizem. É o processo de urbanização em si e por si, que Marx exalta, como Alberti celebrava a edificação. A confiança que um e outro demonstram pelo *Homo artifex* não deixa lugar à dúvida: Marx não prevê nem a escala nem a força destruidora da urbanização anunciada por sua famosa "supressão". Essa adesão irrestrita à invasão da terra pelo construir opõe-se à desconfiança que a utopia devota a todas as formas de exteriorização.

Os exemplos anteriores deverão ter mostrado os limites da convenção que faz dos textos instauradores uma categoria autônoma e exclui de nosso *corpus* os textos comentadores[257], além dos outros textos realizadores: uns e outros não cessaram de interferir com os tratados e as utopias, participando seja de sua gênese, seja de sua evolução.

Por necessidade, os exemplos foram em número limitado; são, portanto, esporádicos e arbitrários. No que tange aos textos realizadores, foi possível não lhes impor a fronteira do século XVIII e apelar para os séculos XIX e XX. Em compensação, o comentário axiológico poderia ter sido buscado na idade clássica. E é igual-

---

257. Sobre a eficácia do texto comentador, cf. R. Caillous, que observa que "o mito de Paris [em *La Comédie humaine*] anuncia *estranhos poderes da literatura*" e que o romance "não tem pretensões a uma beleza intemporal [...] Pretende traduzir uma realidade efêmera e cambiante, que ele procura modificar" (introdução ao *Père Goriot* e às *Illusions perdues*, p. 7). [*O grifo é nossa.*]

mente discutível o ter colocado entre parênteses a contribuição incomparável das literaturas romanesca e dramática que, a partir do século XIX, superpõe à objetivação da cidade um movimento inverso, de repersonalização.

Mas pouco importam, em definitivo, os casos tratados, desde que tenham permitido localizar a posição dos textos instauradores na rede e no jogo dos escritos relativos à cidade, e facultado a percepção de sua escandalosa estranheza. Era esse o objeto de um capítulo que talvez tenha contribuído também para precisar a categoria taxionômica em que se inscreve este livro: texto sobre textos concernentes ao espaço edificado e à cidade, ele é comentador, mas em segundo grau.

# 2. "De re aedificatoria": Alberti ou o Desejo e o Tempo

O livro ao qual atribuí um caráter pioneiro e que, segundo penso, rompeu com a tradição abre-se, paradoxalmente, já na primeira frase, com uma invocação aos antepassados (*majores nostri*) e com um elogio a suas realizações[1]. É esse o sinal liminar de uma referência ao passado que, em seguida, percorre todo o texto, na forma de citações de autores antigos[2] e de numerosos relatos que se abeberam tanto nas fontes da mitologia[3] quanto nas da história antiga[4], sem por isso eliminar as "histórias" mais ou menos fanta-

---

1. *"Multas et varias artes, quae ad vitam bene beateque agendam faciant, summa industria et diligentia conquisitas nobis majores nostri tradidere"* (op. cit., Prólogo, p. 7).

2. De Platão a Aristóteles, de Hesíodo a Pitágoras, de Ptolomeu a Sêneca, de Cícero a Plínio, o Moço. Para as fontes literárias de Alberti, cf. A.V. ZUBOV, "Loon Baptista Alberti et les auteurs du Moyen Age", *Mediaeval and Renaissance Studies*, vol. IV, Warburg Institute, London University, 1958. Mostra o autor que dos nomes de autores que Alberti cita não se pode inferir as suas verdadeiras leituras. Esses autores, de conformidade com uma vontade "humanista" de ruptura com o passado próximo, são buscados exclusivamente na Antiguidade, mesmo quando Alberti os conheceu através das fontes medievais que ele se abstém de citar. A conclusão de Zubov se confunde, contudo, com a que desenvolvemos essencialmente em torno do caso de Vitrúvio (cf. *infra*): as leituras de Alberti não ferem em nada a originalidade de seu caminho.

3. Cf. o incêndio do templo de Éfeso pelas Amazonas (Livro VII, Cap. XI).

4. Cf. a importância do autores como Heródoto (treze citações). Tucídides (sete citações), César, Tito Lívio, Flávio Josefo (oito citações cada um).

76 A REGRA E O MODELO

siosas que a tradição literária antiga[5] transmite, nem proibir as reconstituições históricas do autor. Mais bizarro ainda, esta obra dedicada às regras da edificação está permeada de considerações sobre assuntos heteróclitos e, aparentemente, estranhos a seu propósito. Explica a formação dos ventos, estuda as diversas constituições políticas, analisa a instituição da família mononucléica, medita sobre as diferenças que contrapõem proprietário rural e mercador urbano. Enfim, parece confundir regras teóricas e receitas práticas: enuncia com o mesmo cuidado as regras universais para a escolha do sítio de uma cidade ou o estabelecimento das fundações de um muro e aquelas cujo emprego evitará rachaduras no cimento, explica em detalhe como calcular as proporções das colunas segundo as "leis" da beleza, mas também como misturar cal e urina humana para executar o piso de um columbário que atrairá imperiosamente os pombos.

Destarte, duas tarefas passam a nos ocupar. Primeiro, cabe mostrar que o *De re aedificatoria* não apresenta uma paisagem errática senão ao viajante apressado que queima as etapas e não respeita a ordem do encaminhamento concebida e imposta pelo autor: quando o detalhamos ao acaso, a riqueza do edifício albertiano esconde-lhe a estrutura. Deveremos provar a realidade de uma organização textual sem falha cujo rigor Alberti reivindica, e mostrar que as exposições sobre os ventos, as constituições ou a família se acham em seu lugar, previsto, lógico e legítimo, tanto quanto algumas receitas práticas. Do mesmo modo, mostraremos que a importância atribuída por Alberti à história e ao passado não é a marca de um tradicionalismo, mas parte integrante de uma visão prospectiva e de um procedimento inovador. Trata-se, pois, nesse primeiro tempo, de uma análise da estrutura e do funcionamento manifesto do texto. A extensão e a linearidade dessa análise se fizeram necessárias devido à ausência de uma versão moderna e crítica do *De re aedificatoria* em língua inglesa, pois a única tradução disponível continua sendo a que Leoni publicou em Londres em 1726[6], a partir da tradução italiana (1550) de Cosimo Bartoli.

Nossa segunda tarefa será interpretativa e recorrerá deliberadamente a instrumentos conceituais elaborados pela epistemologia,

---

5. Relativas, por exemplo, às sepulturas faustosas encomendadas pela cortesã Rodope de Trácia (Livro II, Cap. II), à formiga sacrificada ao Sol pelas gentes de Moreia (Livro VII, Cap. II), à proposta feita pelo arquiteto Dinocrates a Alexandre.

6. Essa foi objeto de um *reprint* hoje esgotado, por Joseph Rykwert, Londres, Tiranti, 1953. Em francês a situação é pior, pois a única tradução é a de Jean Martin (1550) que acumula os contrassensos e a dificuldade de uma língua que se tornara arcaica. De nossa longa análise retiramos, é claro, tudo o que não interessava diretamente à arquitetura lógica do texto. As citações, em latim como em francês, remetem às páginas do texto latino da edição Orlandi.

DE RE AEDIFICATORIA: ALBERTI OU O DESEJO E O TEMPO 77

pela antropologia e pela semiologia atuais. De um lado, proporá uma leitura do *De re aedificatoria* como teoria da edificação. De outro, tentará desvendar uma significação latente do texto em geral e alguns relatos mitológicos em particular. Com efeito, longe de constituírem um divertimento anódino, esses últimos parecem trabalhar em dois níveis: superficialmente segundo a escolha de Alberti, e em profundidade à sua revelia. Finalmente, uma comparação estrutural entre o *De re aedificatoria* e o *De architectura* será chamada a confirmar minhas hipóteses e a ressaltar claramente, por contraste, a singularidade da obra albertina.

## 1. A ARQUITETURA DO *DE RE AEDIFICATORIA*

Os dez livros do *De re aedificatoria* são introduzidos por um Prólogo de quatro páginas[7] que expõe o espírito da obra e sua economia. Embora comece, modestamente, por reconhecer as realizações dos antepassados, ainda evocadas por várias vezes no curso do livro, seu verdadeiro tom lhe é dado já na nona linha, quando de repente Alberti toma a palavra na primeira pessoa: *eu* imperioso em que se encarna a *razão*, eu entretanto inseparável de um *tu* anônimo, interlocutor mudo (alterego, leitor, pouco importa) que o acompanhará ao longo da obra. Veremos o papel essencial que representa, tanto no texto quanto na teoria, essa dupla relação dialógica com a obra dos predecessores e com a outra, dupla escuta das vozes silenciosas do passado e da voz vibrante do presente.

O Prólogo compreende três partes, de importância desigual. A primeira e principal é dedicada ao elogio da edificação, enquanto as duas seguintes revelam, respectivamente, primeiro as motivações que levaram Alberti a escrever seu tratado, depois o seu plano. Mas, muito além desses conteúdos, o Prólogo expõe o próprio funcionamento do *De re aedificatoria*.

O elogio da edificação tem início com uma rápida passagem que revela seu valor de paradigma: para Alberti, mais do que qualquer outra atividade, a edificação prova o poder criador dos homens, pois, melhor do que todas as outras, ela satisfaz ao mesmo tempo as exigências dos três níveis em que opera o fazer dos humanos, a necessidade[8], a comodidade[9] e o prazer estético. Assim

---

7. Na edição Orlandi.

8. O conceito de necessidade permite englobar ao mesmo tempo os requisitos impostos pela construção (solidez) e os que dizem respeito à natureza humana (necessidades). Dada a importância dos primeiros, Alberti por vezes substitui, por metonímia, o conceito de *necessitas* pelos conceitos vitruvianos de *soliditas* ou de *firmitas*.

9. Às vezes Alberti substitui esse termo pelo de *utilitas* que vai buscar em Vitrúvio, mas que explica muito menos a diversidade das aspirações próprias a esse

78 A REGRA E O MODELO

introduzida, essa tríade reaparecerá cinco vezes no Prólogo que, em seu desenvolvimento, especifica seu sentido e começa a fazê-la atuar, antecipando o papel que é chamada a desempenhar no próprio corpo da obra.

Reconhecido o valor paradigmático da edificação, Alberti convoca o edificador para uma apresentação rápida mas cheia de sentido. Com efeito, trata-se de autêntica certidão de reconhecimento e de nascimento quando Alberti contrapõe ao artesão e confere o estatuto de arquiteto (*Architectum ego ... constituam*) àquele que, pela força da razão e pelo poder de espírito, saberá corresponder às exigências da necessidade, da comodidade e do prazer estético.

A sequência do elogio da edificação é, então, diferida por mais um instante, em proveito de um curioso relato que, inferindo de sua feliz relação com necessidade, comodidade e prazer, faz da edificação a origem da reunião dos homens em sociedade. Alberti não teme inverter aqui a ordem de consecução transmitida pela tradição e retomada por seus sucessores, segundo a qual o estado de sociedade é condição prévia que permite o nascimento e o desenvolvimento da arquitetura. A caução desse primeiro começo legitima seu empreendimento e o autoriza a arrolar as contribuições da arte de edificar aos três planos sucessivos da tríade que começa aqui seu trabalho ordenador.

O nível da necessidade, onde a construção constitui garantia contra os agentes naturais e resposta às necessidades de base, é tratado rapidamente. Em compensação, Alberti detalha longamente as maravilhas realizadas graças à comodidade. Respondendo às demandas que os humanos são levados a formular no duplo campo de suas atividades públicas e particulares, a edificação transforma a natureza e inventa sem cessar novos artefatos. Colocado sob a invocação tutelar de Dédalo (patrono dos arquitetos), o balanço albertiano parte da captação das águas selvagens e da abertura das montanhas e chega à ereção dos monumentos comemorativos, passando pela invenção das máquinas de guerra, pela criação das estradas e das cidades, e mostrando como o ato de edificar pode evitar a desintegração das famílias tanto quanto a das cidades.

Embora o prazer, esse prazer mais elevado (*summa voluptas*[10]) que é o deleite que a beleza proporciona, seja o fim último da edifi-

---

segundo nível, igualmente denotado pelo substantivo *commodum* (objeto de comodidade) e pelo adjetivo *commodus*. *Commoditas* é também, ocasionalmente, substituído por *usus*.

10. Op. cit., p. 13. Se o substantivo *delectatio* não aparece no *De re aedificatoria*, *em* compensação contam-se vinte ocorrências do verbo *delectare* unicamente nos livros dedicados às regras da estética. Enfim, o prazer é igualmente representado pelo termo mais fraco de *amoenitas* (diversão) que aparece dez vezes nesses mesmos livros. Cf. H. K. LÜCKE, *Alberti Index*, Munique, Prestei Verlag, t, 1.

DE RE AEDIFICATORIA: ALBERTI OU O DESEJO E O TEMPO     79

cação, Alberti quase não se detém nesse nível, a não ser para enunciar duas proposições que serão retomadas e aplicadas em todo o correr do livro. De um lado, uma bela construção traz glória a seu autor, não só permitindo fixar a memória das gerações futuras, mas também porque atrai o comentário, esse louvor (*laus*) cuja necessidade está tão profundamente ancorada na alma do espectador quanto a paixão de construir na do construtor. De outro lado, maior será o louvor, quanto mais rigorosa for a conformidade da obra ao que podemos chamar, de antemão, o "princípio de economia", segundo o qual nada pode ser-lhe acrescentado ou retirado impunemente.

O elogio da edificação termina com uma última volta à tríade, que dá a Alberti a oportunidade de abordar o segundo momento, biográfico, de seu Prólogo. O *De re aedificatória* é fruto de um maravilhamento (diante das realizações da edificação) e de um questionamento (quanto a seus caminhos). O reconhecimento da edificação como atividade fundamental levou Alberti a indagar "de que princípios ela derivava" e como se podia definir-lhe os elementos[11], sem se deixar arrastar pela complexidade dos problemas que levanta a infinita diversidade das atividades humanas, classificáveis segundo uma série de oposições binárias: universal/particular, público/privado, sagrado/profano. Assim, com um mesmo movimento e paralelamente, Alberti narra o itinerário intelectual que o fez empreender e conceber seu livro e precisa a organização desse. A lógica da gênese arquitetônica escande as etapas cronológicas da reflexão albertiana que, seguindo a ordem sequencial da tríade, se desenvolveu em três fases.

No início da primeira fase, uma constatação, apresentada como um dado imediato: "Todo edifício é um corpo" (*aedificium quidem corpus quoddam esse animadvertimus*[12]). Doravante nós nos referiremos a ele como o *axioma* do edifício-corpo. A sequência do livro irá mostrar que Alberti entende aí um corpo *vivo*. Não que um animismo ingênuo o leve a assimilar artefatos a seres animados. Todavia, identificando os dois termos – edifício e corpo – Alberti vai mais longe que Aristóteles em quem sem dúvida se inspirou[13]: sua fórmula não reflete apenas uma identidade de organização, designa o edifício como um verdadeiro substituto do corpo, e por isso mesmo ela contém em germe, como veremos, uma teoria estética.

---

11. "*Coepimus* [...] *de ejus arte et rebus accuratius perserutari, quibusnam principiis diducerentur quibusve partibus haberentur atque finirentur*" (p. 15).

12. Op. cit., p. 15.

13. Cf. *Poética*, 1450 b 35. A. Chastel mostrou como a mesma ideia foi retomada pelos neoplatônicos florentinos e particularmente por Picino, em sua *Théologie platonicienne*, *Art et Humanisme à Florence, au temps de Laurent le Magnifique*, 2ª ed., Paris, PUP, 1959, 1961, p. 301.

80 A REGRA E O MODELO

Desse axioma decorre imediatamente um primeiro corolário, pouco importando à nossa análise – essencialmente limitada pela dinâmica e pelo funcionamento textual dos conceitos utilizados por Alberti – que ele ainda traga a marca do aristotelismo: a exemplo de todo corpo, um edifício consiste em forma (*lineamentis*[14]), dependente do espírito (*ab ingenio*), e em matéria, dependente da natureza (*a natura*). Alberti indica que esse enunciado lhe permitiu construir a sequência das regras da edificação ao nível da necessidade: sucessivamente, teve de abordar aquelas que dizem respeito à forma, à matéria (artificialmente dissociadas pelas necessidades da análise), depois sua união no ato de construir.

No princípio da segunda fase de sua pesquisa, Alberti se viu novamente diante de uma evidência: a infinita variedade dos usos humanos que repercute sobre os edifícios e exige, para que não nos percamos nesse universo de diferenças, o estabelecimento de uma classificação. Quanto à terceira fase, Alberti evoca a seu propósito apenas a pesquisa a que teve de proceder sobre a natureza da beleza e de seus fatores (*ex quo praecipua pulchritudinis effectio emanerit*). Mas o questionamento não se detém aí. Porque é preciso, para terminar, considerar o problema das reparações, procurar o modo de remediar os erros do arquiteto tanto quanto os acidentes da natureza. Dessa forma, esse segundo tempo de um Prólogo que começava como canto de triunfo termina com a evocação da negatividade. Alberti não define o horizonte do construir em termos puramente positivos, no quadro de uma progressão linear. Desde o início, ele situa a atividade do construtor no campo do desamparo, entre o erro e a obsolescência.

Se o segundo momento do Prólogo consiste em superpor duas cronológicas, a de uma aventura intelectual e a da atividade construtora, o terceiro momento introduz uma nova superposição que, desta vez, faz corresponder termo a termo a cronológica da construção e a dos livros do *De re aedificatoria*. Assim, esse sistema de reduplicação sublinha o duplo propósito gerador e genealógico do tratado e indica que o espaço (livro) onde se realiza metaforicamente a gênese do mundo construído e da arquitetura é, ele também metaforicamente, uma arquitetura.

Poderá o edifício textual de múltiplos desígnios conservar o rigor e a firmeza desse desígnio preparatório? Previamente a toda investigação, convém observar que o Prólogo não é somente um esboço e uma introdução: faz parte integrante da construção alber-

---

14. Segundo parece, o termo *lineamenta*, que fez correr muita tinta (ver, em particular, S. Lang, "De lineamentis", *Journal of the Warburg Institute*, t. XXVIII, 1965), pode ser considerado legitimamente como a especificação arquitetônica da *forma* aristotélica.

tiana, cujos fundamentos ele coloca. Segundo o "princípio de economia", que vimos surgir no elogio da edificação, e que atuará ao longo de todo o *De re aedificatoria*, é num mínimo de espaço e com um mínimo de meios terminológicos e conceituais que Alberti, graças a esse Prólogo, ao mesmo tempo expõe seu propósito generativo e consegue os meios de realizá-lo. Meios enunciativos de um lado, que comparam o *eu* do teórico ao *tu* do leitor-espectador- -cliente-colega e ao *ele* da história que subsume construtores do passado. Meios lógicos de outro lado, que servem para gerar as regras da edificação e a ordem do livro. Chamá-los-emos operadores[15]. Sob a denominação de *principia*, *partes* ou *rationes*, uns são explicitamente reconhecidos por Alberti. Designá-los-emos doravante como o *axioma da tríade* (que gera o plano geral do livro), *o axioma do edifício-corpo*, *o axioma da classificação dos usos*. Veremos, com o tempo, que atuam dois outros tipos de operadores que Alberti não reconhece formalmente como tais. Veremos, também, que, para gerar o conjunto do texto, serão suficientes apenas dois operadores além dos contidos no Prólogo.

Um esquema permitirá apreender a arquitetura geral do *De re aedificatoria* tal como o Prólogo a projeta. Demos-lhe a forma de um triângulo equilátero repousando sobre seu vértice. O triângulo representa o desenvolvimento da edificação no tempo e no espaço. Vê-se assim que o mundo edificado ocupa cada vez mais espaço (eixo das abscissas) à medida que sua elaboração prossegue no tempo (eixo das ordenadas). O Prólogo é representado por um pequeno retângulo em cuja base repousa o vértice do primeiro triângulo: sua posição indica seu caráter gerador, e sua dimensão a forma condensada sob a qual ele contém a maioria dos operadores do *De re aedificatoria*. Sua forma, enfim, assinala a homologia de seu desenvolvimento e do desenvolvimento do texto que o segue. Os dois operadores não incluídos no Prólogo são representados nos locais de seu aparecimento (Livro I e Livro IX). O esquema mostra igualmente que a obra de Alberti, cujo espaço textual (a sequência de suas páginas) aparece em ordenada no mesmo eixo que o tempo da construção, comporta quatro partes sucessivas. A primeira compreende os Livros I, II e III e oferece uma teoria geral da construção. Situa-se no nível da necessidade cujas regras são sucessivamente consideradas do ponto de vista da forma (concepção), da matéria e do emprego desta. A segunda parte corresponde aos Livros IV e V e diz respeito ao nível da comodidade, definida

---

15. Operador é tomado aqui no sentido de indicador de transformação, de signo que permite definir a lei de uma operação, conforme a definição de N. Dunford e de J. B. Scwartz, in *Linear operators*.

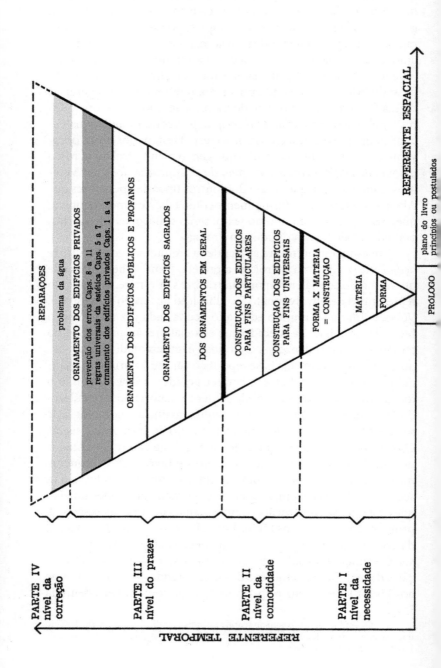

pelo conjunto dos usos (*usus*) que o desejo dos homens, estimulado pela vida social, pode inventar. Os Livros VI, VII, VIII e IX, dedicados à beleza e aos ornamentos, dão acesso ao nível do prazer e constituem a terceira parte que se pode considerar como a estética arquitetônica de Alberti. A quarta parte, destinada aos erros e reparações, e constituída unicamente pelo Livro X, vem coroar o resto do edifício: sua posição última traduz sua função recapitulativa e o fato de remeter ao conjunto dos espaços então gerados; mas a vocação corretiva e não criadora das regras de reparação é expressa pelo pontilhado e pela seta descendente em oposição ao movimento ascendente do livro. Enfim, figuramos em cinza as partes em que Alberti não seguiu o plano do Prólogo. Assim, no Livro IX, que devia ser consagrado às regras dos ornamentos dos edifícios privados, os Caps. V, VI e VII tratam das leis "filosóficas" da beleza e os Caps. VIII a XI da prevenção dos erros. Da mesma forma, em vez de ocupar-se somente das regras de reparação, o Livro X dedica onze de seus dezessete capítulos a questões de hidrologia.

No limiar do Livro I, Alberti dedica o primeiro parágrafo do primeiro capítulo a uma exposição de método. No plano da forma, ele tomará por regra a clareza e a simplicidade: gesto de solicitude para com o leitor ou, melhor ainda, para com o interlocutor mudo, esse *tu* já presente no Prólogo e que Alberti não cessará, no curso da obra, de interpelar e tomar por testemunha. No plano da matéria, Alberti distingue e classifica as três fontes de seu trabalho. São, por ordem de importância crescente, o patrimônio dos escritos sobre o domínio construído, o próprio patrimônio construído, e finalmente seu próprio espírito. Com efeito, para extrair e fundar as regras que se impôs como tarefa formular, a reflexão de Alberti se exercerá com maior segurança sobre os edifícios do que sobre os textos por vezes demasiado enganosos, e, melhor ainda, sobre sua própria atividade mental, ou mais precisamente sobre as operações intelectuais a que procede no cumprimento de seu ofício de arquiteto.

Já na abertura desse primeiro capítulo consagrado à forma do ato construtivo (*De lineamentis aedificiorum*), àquilo que, em si, apresenta um valor universal (*quae ad universu opus pertinere videbantur*) e pode ser separado de toda materialização, em outras palavras, àquilo que hoje denominamos concepção[16], são pois apontados tanto a importância da reflexão pessoal (*nostro ingenio*) – apreendida em termos surpreendentemente modernos de traba-

---

16. É de concepção que se trata realmente, na medida mesma em que as formas são consideradas *"animo et mente, seclusa omni materia"* (Cap. I, p. 21).

lho (*labore*)[17], a palavra *labor* reaparecendo em seguida a cada evocação da aventura intelectual e da pesquisa pessoal do autor – como o valor generativo da autoanalise do arquiteto para a busca das regras do construir.

Alberti descobre, assim (Cap. II), que o processo de concepção pode-se decompor em seis *partes* (*partes*) ou *princípios* (*principia*), sendo os dois termos empregados alternativamente. Estes são deduzidos de um relato de origem, que narra, em seis sequências, a gênese do primeiro estabelecimento humano. A secura de seu relato mostra bastante que Alberti se interessa apenas pela lógica desse episódio mítico. Pouco lhe importam o detalhe e as circunstâncias. Pouco importa, diz ele ironicamente, que seja preciso imputá-lo a Vesta, seus irmãos Henriade e Hiperbo, a Gelião, Trasão ou ao Ciclope Tifínquio. Às lendas da tradição ele contrapõe o *sic puto*[18] peremptório de sua própria versão; e, enquanto inventor ou construtor desse novo relato, se coloca no lugar dos inventores presumidos da primeira habitação, relegados em bloco ao domínio da fantasia.

Os seis "princípios" da concepção – hoje falaríamos de *operações* e ficaremos com esse termo para designá-los – dizem respeito, respectivamente, à região (*regia*), à área (*area*), à divisão ou planta (*partitio*), à parede (*paries*), à cobertura (*tectum*) e às aberturas (*apertiones*). Seu conjunto é constituído por Alberti como um dos operadores-chave do livro. Doravante, nós nos referiremos a ele como "o axioma da concepção". Desde o relato de origem do Cap. II, esse axioma é associado ao axioma da tríade que, por sua vez, designa os três campos de aplicação da necessidade, da comodidade e do prazer.

Após a dedução lógico-mítica que serve para fundamentá-las, as seis operações básicas são rapidamente definidas, depois, na ordem de seu aparecimento inicial examinadas uma a uma, e respectivamente cruzadas com cada um dos três níveis da tríade que as fazem engendrar a cada vez regras específicas.

Desta forma, no curso dos capítulos, o leitor aprende sucessivamente como escolher uma região sadia e agradável, levando em conta os ventos e o regime das águas, e praticando uma semiologia cujos signos são levantados tanto na antropologia física quanto na botânica; como adotar para as construções uma área que satisfaça as exigências da topografia (inclinação, solo) e da geometria; como organizar a planta e articular a divisão, com o auxílio de uma regra de coerência que integra o programa ao mesmo tempo que as con-

---

17. Os dois termos aparecem já na quinta linha do capitulo, p. 19.

18. "... *tandem sic puto hos fuisse condendorum aedificiorum primos ortus primosque ordines*" (p. 33).

dições naturais e mesmo os costumes locais, cuja "relatividade Alberti sublinha de passagem. Em seguida, vêm as regras que permitem determinar a espessura das paredes, desde a base, distribuir os esforços no madeiramento dos tetos, dispor as janelas para atender à higiene (ar e sol), fixar a distribuição das portas em função das ligações que elas escoram e da economia geral do edifício de que fazem parte. A divisão ocupa lugar privilegiado entre as seis operações. No relato de origem, é a única que não é designada pelo nome, mas por uma longa perífrase. Em seguida, no Cap. IX, que lhe é dedicado, sublinha-se que ela exige toda a força de espírito e resume a arte de construir[19]. A cobertura, ao contrário das outras operações, é objeto igualmente de um juízo de valor: a cobertura é a parte "mais útil"[20] do edifício. Entenda-se: é ela que, embora protegendo as outras partes da construção (*mirifice omne tuetur aedificium*), corresponde às necessidades básicas dos humanos, *abrigando-os* contra a noite, o sol, a chuva e seus diversos inimigos, ao passo que a divisão, que não está mais ligada às leis impiedosas da necessidade, mas às determinações do uso, consagra o jogo das diferenças humanas.

Não entraremos no detalhe das regras geradas com o auxílio das seis operações do axioma da concepção. Seu número e sua variedade repousam no espírito de sistema que Alberti desenvolve a fim de tentar cobrir a totalidade dos casos a considerar. A diversidade do conjunto é, todavia, unificada por uma grande temática estrutural. Com efeito, o axioma do edifício-corpo continua a trabalhar por meio de novos corolários segundo os quais como nos seres vivos, as partes (membros) do edifício devem ser subordinadas ao todo e solidárias entre si (*veluti in animante membra membris, ita in aedificio partes partibus respondeant condecet*[21]), na medida em que cumprem funções específicas e diferentes. Essa abordagem estrutural permite que Alberti simplifique os problemas, ressaltando conjuntos que a prática corrente da linguagem mascara. Assim, de chofre, a coluna é assimilada à parede[22] em seu papel de suporte e o conceito de abertura engloba igualmente todas as passagens, isto é, as portas e as janelas, como também as escadarias e todas as ca-

---

19. *"Tota vis ingenii omnisque rerum aedificandarum ars et peritia una in partitione consumitur"*, p. 65. Afirmação retomada no começo do Livro II.

20. Cap. XI, p. 75 (*"Tectorum utilitas omnium est prima et maxima"*). Juízo confirmado no Livro II (Cap. I, p. 99).

21. Livro I, Cap. IX, p. 65. *Animante* remete ao corpo dos vertebrados em geral. Em Alberti não se encontra o antropomorfismo de Pilareto ou de Francesco di Giorgio, para os quais o corpo referencial para o arquiteto só pode ser o do homem. De fato, o cavalo é o ser vivo cuja organização Alberti compara de bom grado à do edifício, notadamente a propósito da adaptação a suas funções, na segunda parte do *De re aedificatoria*.

22. Cap. X.

86        A REGRA E O MODELO

nalizações de adução ou evacuação, tais como as chaminés e os esgotos[23]. Sobretudo a divisão é colocada como uma única e mesma operação, qualquer que seja a escala em que é aplicada, trate-se da cidade ou da casa. É, pois, eliminada ao nível dessa operação toda diferença entre a arte urbana e a arquitetura: "a cidade é uma grande casa e inversamente a casa é uma cidade pequena"[24].

O Livro II parece ultrapassar o objeto que o plano do Prólogo lhe atribuía, isto é, o enunciado das regras próprias aos materiais que irão intervir na construção. Alberti começa, com efeito, por consagrar os três primeiros capítulos a regras metodológicas sem relação imediata com os materiais. Entretanto, no processo concreto da construção elas se situam realmente entre a concepção geral e a realização. O quadro cronológico é, pois, muito bem respeitado. Seu conteúdo é ampliado apenas em proveito de uma série de procedimentos que não dependem nem da concepção propriamente dita, e muito menos da execução. Esses procedimentos têm a função comum de diferir[25] o momento de iniciar a obra, em proveito de uma espécie de amadurecimento geral do projeto. O tempo, fautor de desgaste e de decrepitude, comporta também efeitos positivos, pode tornar-se uma garantia contra o erro. Para Alberti, construir é um ato tão fundamental que não pode ser tomado irrefletidamente e sem o recuo que lhe dá sua solenidade. No entremeio da concepção e da execução do edifício, ocorre um suplemento de reflexão sobre o projeto e as condições de realização. O arquiteto deve repensar longamente todas as decisões[26], reexaminar o projeto não só por meio de desenhos e pinturas, como também de *maquettes*[27], as únicas que permitem verdadeira experimentação. Deve questionar a viabilidade e o valor do programa[28], testar a competência dos operários[29], experimentar suas próprias forças[30] e, *sursis* e prova derradeira comparar suas ideias com o julgamento dos peritos[31] (*peritorum*).

23. Caps. XII e XIII.

24. "*Civitas* [...] *maxima quaedam est domus et contra domus minima quaedam est civitas*" (Cap. IX, p. 65). Da mesma forma, cada parte da casa pode, por seu turno, ser considerada uma pequena casa. Essa ideia só será retomada, de maneira tão sistemática, muito mis tarde, por CERDÀ (cf. infra, Cap. 6, p. 265).

25. "'*Supersedebis tempus aliquod*" (Livro II, Cap. I, p. 10)

26. "*Bene* quidem *consulti est omnia praecogitasse et praefinisse animo ac mente*" (Cap. I, p. 95), ou ainda "*iterum pensetimus atque examinentur*", "*Itaque módulos* [...] *iterum atque iterum recognovisse*" (p. 97 e 99).

27. "*Non perscriptione modo et pictura, verum etiam modulis exemplariisque*" (p. 97).

28. Cap. II, p. 103 e 105.

29. Início do Cap. IV.

30. Cap. II, p. 103 e 104. O arquiteto deve interrogar-se sobre sua própria personalidade, "*officii erit ea spectasse* [...] *qui sis qui id agas*".

31. Cap. III, p. 107.

Só então poderá tratar, eficazmente, da escolha dos materiais cujas regras de emprego estão ligadas a suas respectivas propriedades, elas mesmas determinadas pelas leis da natureza. Alberti trata cada um dos materiais suscetíveis de uso na construção na mesma ordem lógica de sucessão que ele supõe ter sido a de seu primeiro emprego pelos homens. Para cada material sucessivo, madeira, pedra, terra, areia, ele especifica as diferentes espécies, qualidades e regras de uso.

O que lhe permite abordar no Livro III a construção propriamente dita, síntese das regras da concepção (Livro I) e das da matéria (Livro II), para apresentar as regras universais da construção em geral, segundo uma ordem que reproduz a das seis operações. O objeto que Alberti estuda agora não é mais, portanto, um caminho intelectual como no Livro I. Trata-se da relação concreta com a materialidade da edificação. Mas, na medida em que esta se inscreve no registro da necessidade, ela reveste ainda um certo caráter de abstração. As regras em questão dizem respeito ao construir, independentemente de sua destinação, isto é, edifícios particulares e contingentes a erigir. Suas regras se destinam *"ad universorum aedificiorum opus"*[32].

Percorrendo rapidamente os capítulos do Livro III, parece que essas regras comuns à totalidade dos edifícios dizem respeito unicamente à parede e ao teto. Estaria errada aqui a lógica de Alberti? O autor, ao cruzar materiais e axiomas, teria omitido quatro operações? Um exame atento demonstra que somente a divisão foi omitida, excluída realmente do Livro III, ao passo que as operações relativas à região, à área e às aberturas estão bem integradas, mas indiretamente. Com efeito, os problemas da região e da área não podem ser dissociados dos colocados pelas fundações da parede[33]. As aberturas participam do tratamento da parede propriamente dita[34] em que são praticadas. A Localização do texto sobre os "princípios" concernentes à parede e ao teto marca, pois, a preponderância desses sobre os outros três. A ausência da divisão sublinha, por outro lado, a especificidade dessa operação e seu estatuto *diferente*. Em nenhum lugar Alberti comenta essa diferença que reflete uma articulação delicada de seu sistema. Limita-se a designá-la por um

---

32. Livro III, Cap. V, p. 193.

33. Cf. Livro III, Caps. I e II, p. 173, 175, 177 e o fim do Cap. II, p. 181. O Cap. III, que se abre significativamente com a regra *"Diversa igitur tibi erit fundationis ratio pro locorum diversitate exequenda"*, é totalmente dedicado à repercussão da diversidade dos solos sobre as técnicas de fundação. Os termos *area* e *regio* são empregados por várias vezes no decurso dos três primeiros capítulos.

34. Cf. (Cap. VI, p. 195) a assimilação das partes laterais das aberturas aos elementos portadores da parede.

88 A REGRA E O MODELO

silêncio cuja anomalia é ressaltada pelo elogio da divisão no Livro I. Excluída do registro da necessidade no momento da construção efetiva, a divisão permanece inscrita nele enquanto princípio de estruturação do espaço humano. Ela designa, então, uma operação mental específica. Mas, em sua aplicação concreta, a operação da divisão pertence a outro registro, o da comodidade: seu papel é abrir e sujeitar o espaço construído à expressão contingente dos usos.

Se Alberti não se explica sobre a rejeição da divisão fora do Livro III, no entanto essa exclusão parece concordar com a lógica do *De re aedificatoria*. Veremos adiante que, nos Livros IV e V, o mundo da divisão, em outras palavras os edifícios considerados sob o ângulo das diferenças e das particularidades de suas plantas, não deixa de comportar regras universais, relativas à cidade e à casa[35]. Trata-se, porém, de uma universalidade abstrata, extraída pela análise dos casos concretos, e diferente da necessidade de que dependem as regras do teto e da parede. Estas são enformadas ao mesmo tempo pela necessidade que rege o mundo natural e por aquela que subentende o mundo humano; elas integram simultaneamente os imperativos incondicionais da estática, da física dos materiais, da estrutura do espírito humano e das necessidades de base, representadas no caso pela carência de abrigo[36].

Quanto às regras relativas à construção dos diferentes tipos de paredes e de tetos, bem como de suas respectivas partes, se sua formalização resulta do cruzamento das cinco outras operações com as regras do emprego dos materiais, seu conteúdo ora é deduzido pela análise do patrimônio construído[37], ora é induzido por nova aplicação do axioma do edifício-corpo. Este se apresenta, no Livro III, sob uma nova figura, opondo o esqueleto (*ossia*) portador e os elementos de ligação, nervos e ligamentos (*nervi, ligamenti*), à matéria de enchimento (*complementa*), isto é, à carne e à pele[38].

---

35. Mais precisamente, trata-se de regras geradas pelo desejo universal dos cidadãos, incidindo sobre *"quid una universis [...] conveniat"* (p. 271). Esses termos são retomados no Cap. I do Livro V: *"civium cetui universo"* ou *"universorum gratia"* (p. 333). São as regras universais (mas não necessárias) da cidade, paralelamente às quais existem *"universorum civium gratia"* (Livro V, Cap. II, p. 339), as regras universais da casa individual.

36. Cf. a segunda frase do Cap. I do Livro IV: *"Nam principio quidem [...] facere opus homines coepere, quo se suaque ab adversis tempestatibus tuerentus"*. Alberti acrescenta aliás logo em seguida: *"Proxime [...] prosecuti sunt non modo velle quae ad salutem essent necessária [...]"* (p. 265). [O grifo é nosso.]

37. Para Alberti, a tradição se revela particularmente importante nos casos em que as regras devem levar em conta fatores escondidos e muitas vezes mal apreciáveis, como a natureza do solo. Em compensação, no caso da parede, por exemplo, é tradição que vale mais proceder por si mesmo segundo os princípios básicos. Cf., nesse sentido: *"Verum alibi ex peritissimorum, veterum amplissimis operibus adverti varium illis fuisse modum atque institutum complendis fundamentis"* (p. 191, Cap. V).

38. A imagem diretriz do corpo enquanto ossatura e ligamentos estruturante dos enchimentos (*cortices* e *infarcinamenta*) é desenvolvida em primeiro lugar nas

DESSE modo serão deduzidas as regras relativas a cada elemento da parede ou do teto, esgotando os casos possíveis segundo os materiais empregados.

Nenhum princípio novo é, pois, introduzido no Livro III, gerado pela combinação das regras formuladas pelos dois livros anteriores com o axioma do edifício-corpo. Aplicando na construção do livro o princípio de economia que é preconizado ao longo do *De re aedificatoria* para o domínio construído[39], é reduzido ao mínimo o aparelho conceitual e lógico. Essa economia de meios discursivos se obtém graças à subordinação das diversas operações às do teto e da parede, e graças ao papel que desempenha o axioma do edifício--corpo. Longe de ser apresentado como uma comparação aproximada, este constitui um instrumento lógico, que permite reduzir ao mesmo denominador todos os tipos de paredes e todos os tipos de tetos[40], depois estabelecer uma relação de transformação entre o teto e a parede[41], e consequentemente enunciar numa única fórmula uma lei estrutural geral, aplicável, no nível da necessidade, ao conjunto do domínio construído: a inter-relação dos ossos, dos ligamentos e dos enchimentos desenha a figura fundamental da qual paredes, aberturas, tetos e pisos são apenas a figura superficial.

A situação muda completamente quando, no Livro IV, Alberti introduz o leitor no registro da comodidade, que é também aquele em que se desenvolve a faculdade que possuem os homens de sempre formular novas demandas, propor fins sempre novos a seu desejo. Utilizo de bom grado esse termo que Alberti emprega pouco,

duas passagens que introduzem respectivamente às regras da parede propriamente dita (Cap. VI) e às do teto (Cap. XII). No primeiro caso, acentuam-se os elementos portadores, que não são *comparados* a um esqueleto, mas *designados* como ossos, assim chamados sem ambiguidades (*"quae omnia ossium appellatione veniunt"*, p. 195). Esses ossos representam funções diferentes: as colunas que suportam o teto, a de uma espinha dorsal, os ângulos das paredes *"quo parietes in officio contineantur"*, a de braços (*"quasi brachia"*, Cap. VII, p. 203). No segundo caso, o papel dos nervos é desenvolvido mais longamente, depois que as designações foram identificadas com às do caso anterior: *"Teto cuivis et ossa et nervos et complementa et cortices et crustulas inesse aeque in muro interpretemur"* (idem, p. 227). Na sequência do Livro III, Alberti cessa de assimilar diretamente o edifício a um corpo vivo e apresenta o corpo como um paradigma. Insiste, em particular, sobre a superioridade de sua organização com relação à imagem com que a arte o reproduz (cf. p. 239 e 247). Observe-se, por outro lado, que Alberti não se interessa apenas pelos elementos sustentadores da construção e que, a despeito de seu papel subordinado, os enchimentos e as epidermes retêm longamente sua atenção.

39. Cf., nesse mesmo livro, Cap. XII, p. 227: *"Sed parsimoniae prospicimus, superfluum putantes, quicquiá servata operis firmitate possit detrahi"*.

40. Cap. XIII, p. 233: *"Quae ontem de arboreis tectis diximus, eadem et in lapideis trabibus observabuntur"*. Da mesma forma, p. 235, o teto curvo é reduzido a um caso particular do teto chato: *"arcum esse trabem inflexam"*.

41. Cf. *"trabes esse in transversum positas columnas"* (p. 227) e *"Testitudinum astruendarum ratio eadèm, quae in muris, asservabitur"* (p. 243)

90 A REGRA E O MODELO

porque ele explica duas dimensões importantes de seu pensamento. Em primeiro lugar, indica a abertura indefinida do nível da comodidade que se desenvolve numa relação dialética com o outro. Em seguida, numa acepção mais sexualizada, ao nível da estética, o desejo (*cupiditas*) leva realmente ao prazer (*voluptas*) que, tal como um belo corpo, o edifício belo proporciona ao espectador. As regras em questão agora não mais dizem respeito à construção em geral, mas aos próprios edifícios, em sua diversidade, e em particular ao mais nobre deles, a cidade.

Desde logo, Alberti constata que, uma vez satisfeita a *necessidade* original do abrigo, a *demanda* dos homens desenvolve e organiza o mundo construído ao sabor de suas invenções e de sua fantasia, num horizonte ilimitado que, por definição, foge às regras da necessidade. Melhor, denuncia a falsa necessidade na qual deixa crer o processo de naturalização das demandas que o hábito transforma em carências e adorna falaciosamente com o qualificativo "necessário"[42]. É por isso que, no momento em que ele pretende apesar de tudo, e mesmo que elas sejam de uma natureza diferente das da necessidade, estabelecer regras que integrem a comodidade, ele constata a insuficiência dos operadores usados no campo da necessidade. É claro, ele dispõe dos pares de categorias (universal/particular, público/privado, sagrado/profano), evocados no Prólogo em relação com a inesgotável diversidade dos usos. Mas essas são importantes diante da instabilidade do desejo gerador de espaços, e dos critérios demasiado relativos e demasiado frouxos da comodidade. Elas exigem um complemento, a intervenção de um novo operador.

Esse novo operador não poderá ser outro senão a taxionomia dos humanos, cujo princípio o Prólogo colocava e que teremos agora de tentar construir a partir das várias motivações que levam os homens a construir: "quando se observa a abundância e a variedade dos edifícios, cabe admitir que se devem, não à variedade dos usos e dos prazeres, mas essencialmente à diversidade dos homens"[43]. Esta observação, bem como o conjunto do desenvolvimento onde ela se insere, constituiria hoje uma crítica pertinente ao universalismo arquitetônico e urbanístico elaborado na década 1920-1930 pelos CIAM, e cujas repercussões ainda não acabamos

42. O problema colocado no Cap. I do Livro IV é retomado e esclarecido pelo Cap. I do Livro V, quando Alberti, depois de haver tratado das regras universais da cidade, se apresta para considerar as da casa. Duas passagens sublinham claramente a dificuldade que pode haver em distinguir entre necessidade e comodidade: "*Insunt tamen partes aliquae, alioquin commodae*, quas usus et consuetudo ita vivendi efficit, ut putentur penitus necessariae, ut est porticus [...]" (p. 337) e "*Et nos, quando sic aedificationis ratio suadeat, non ita distinguemus ut commoda* ab ipsis necessariis segregemus" (p. 339). [O grifo é nosso.]

43. Livro IV, Cap. I, p. 265.

DE RE AEDIFICATORIA: ALBERTI OU O DESEJO E O TEMPO    91

de sofrer. Leva Alberti a uma pesquisa tanto mais árdua quanto ele trabalha em terreno virgem e sem qualquer dos apoios que, atualmente, ofereceriam na matéria a caracterologia ou a sociologia.

Alberti começa indagando-se se, ocasionalmente, a tradição não poderia fornecer-lhe a taxionomia procurada, sob a forma das classificações sociais legadas pela Antiguidade, desde os tempos mitológicos de Teseu até a época de Platão ou de Aristóteles. Uma exame crítico o convence de que elas são determinadas totalmente por uma finalidade política não pertinente a seu campo de preocupações. Por isso, decide proceder à sua maneira e por seus próprios meios, de acordo com uma lógica apropriada ao domínio construído, que constitui seu horizonte específico[44].

Essa opção metodológica não o leva somente a estabelecer uma classificação baseada na análise dos usos e, portanto, dos usuários do mundo construído, que funcionará no Livro V, mas a atribuir à oposição categorial universal/particular[45] um papel essencial na geração do Livro IV e de suas regras.

Dessa maneira, Alberti começa sua investigação pessoal colocando imediatamente (*"principio veniet in mentem"*[46]) uma alternativa que lhe permite distinguir duas categorias de leis aplicáveis ao construir no registro da comodidade. O observador, nota ele, pode estudar os homens quer enquanto membros da comunidade, quer enquanto indivíduos particulares[47]. Da mesma forma, os objetos que produzem, e notadamente os das construções, podem ser apreendidos seja como portadores de diferenças, seja como partes de um conjunto[48]. No primeiro caso, as construções obedecem a regras *particulares*, no segundo a regras *universais*. Em outros termos, todo objeto construído, pode ser encarado sob o duplo ponto de vista do particular e do universal. A classificação, por sua vez, somente pode funcionar no campo do particular, na medida em que reflete as diferenças intrínsecas de comportamentos exclusivos uns dos outros. O mesmo acontece com a oposição público/privado que cuidaremos de não confundir com a oposição universal/particular da qual às vezes se aproxima bastante.

44. P. 269. Segundo um procedimento que lhe é familiar, Alberti opõe *veteres* e *nos.*

45. Os textos essenciais são: Livro IV, Cap. I; 1º § do Cap. II; último § do Cap. VIII. Cf. também Livro V, início e final do Cap. I, 1º § do Cap. II, Cap. VI.

46. Livro IV, Cap. I, p. 269.

47. De um lado: *"una loci alicujus incolas universos consideres"*, do outro: *"partibus separatos distinctosque recenseas"*; ou ainda: *"in qua potissimum re alter ab altero differat"* (ibid.).

48. A terminologia de Alberti não tem ambiguidade. A *"quid una universis"* (p. 271), *"alia cetui universo"* (p. 272), *"universis urbe"* (p. 273), *"alia civium cetui universo"* (p. 222), *"alia universorum"*, ele opõe *"alia singulorum"* (p. 339).

92 A REGRA E O MODELO

Em termos concretos, tomemos o caso de uma determinada cidade, que poderá simbolizar a construção pública, ou o de uma certa casa, que será símbolo da construção privada; uma e outra podem ser alternativamente consideradas do ponto de vista da universalidade ou do ponto de vista da particularidade. No primeiro caso, estaremos diante de regras relativas a todas as cidades e todas as casas, ou, para seguir de mais perto o raciocínio de Alberti, diante da face comum a todas as cidades que concerne identicamente a vida pública de todos os cidadãos e da face comum a todas as casas que diz respeito identicamente à vida privada de todos os cidadãos; no segundo caso, estaremos tratando de regras relativas às diferenças impostas às casas e às cidades particulares pela diversidade dos contextos e das circunstâncias. Quatro gêneros de regras se apresentam, pois, segundo tenham relação com o público universal, o público particular, o privado universal e o privado particular.

A escolha de Alberti ao optar pela oposição binaria particular/ universal como primeiro operador do Livro IV equivale, pois, a adotar a hipótese segundo a qual os edifícios, necessariamente diferenciados pelas condições de sua realização, não deixam de obedecer a regras universais. A universalidade qualifica, então, uma forma de organização que, no mundo do uso e da diferença, desempenha o mesmo papel que a necessidade no mundo dos objetos inertes e no das necessidades humanas.

É conveniente tratar as regras universais antes das regras do particular. Consequentemente, e tão logo resolvidos os problemas teóricos gerais que ocupam o primeiro capítulo, o Livro IV é, em sua totalidade, consagrado às regras do universal público, isto é, às regras de construção da cidade sob seu aspecto universal.

Para Alberti, a cidade é o edifício público que supera em dignidade a todos os outros[49]. Contrariamente a seu método habitual, e ele o observa muito bem, não começa por pesquisar-lhe as origens históricas ou por decompô-la em seus elementos. Para ele, a cidade é uma totalidade irredutível, da mesma forma que a casa que é seu *analogon* (privado) e não a célula de base. É pois construtível por meio das seis operações enunciadas no Livro I, cujas regras são deduzidas diretamente. Sucessivamente, na ordem inicial do Livro I, Alberti enuncia assim as regras universais relativas à localização ou situação (Cap. II), à área (Cap. III), às paredes (Caps. III e IV), aos tetos (Cap. IV) e finalmente às "aberturas" da cidade. Este último item, o mais rico e mais desenvolvido (do Cap. V ao Cap. VIII inclusive), trata não só da diversidade das vias de circulação intra e extra-urbanas, mas das praças, das pontes, dos portos: essas pa-

---

49. *"Placet tamen a dignoribus orderi"* (p. 273).

DE RE AEDIFICATORIA: ALBERTI OU O DESEJO E O TEMPO        93

ragens, esses meios de comunicação, constituem a dimensão-chave da cidade, ao mesmo tempo que seu modo de divisão.

Detalhando essas regras de base, Alberti evita toda modelização. Refere-se apenas e tão somente a um sistema de operações aplicáveis identicamente a todas as cidades. E se ocorre que, no curso da exposição, sejam mencionados alguns edifícios públicos (templos, basílicas ou outros), é unicamente de um ponto de vista topológico, para indicar como fixar sua *posição* no espaço global. Quanto aos traços individuais e à forma desses edifícios, sua determinação depende de outras regras, ligadas à particularidade de suas funções que, por sua vez, se devem ao *status* social de seus ocupantes e só serão enunciadas mais tarde, no Livro V.

Será preciso, pois, esperar três livros inteiros para que, finalmente, se trate da cidade. Nesse local privilegiado, disposto no próprio coração do *De re aedificatoria*, ela é então apresentada como a mais perfeita das realizações humanas. Não se deve, no entanto, enganar-se com o alcance desse superlativo. Ele justifica a prioridade concedida à cidade no segundo nível do livro, mas não lhe confere um estatuto diferente do dos outros edifícios quanto à aplicação das regras do construir. Essa paridade diante da regra implica, de um lado, que para Alberti não existe diferença entre o procedimento do construtor de edifícios e o do construtor de cidades, ou, em termos atuais, entre a arquitetura e o urbanismo. Explica, de outro lado, que a cidade não conserve necessariamente sua posição privilegiada no curso do tratado e que, no terceiro nível, cujas regras lhe são igualmente aplicáveis, ela possa obscurecer-se diante dos monumentos e não mais constituir senão o pano de fundo sobre o qual eles se recortam. O fato de Alberti se impor como objetivo essencial a construção de um sistema articulado de regras explica, ao mesmo tempo, a posição central dos capítulos dedicados à cidade e sua relativa brevidade. Ao contrário do que se observa nos tratadistas da era clássica, que enfocam a arquitetura individual dos edifícios e esquecem a cidade, essa para Alberti faz parte integrante da edificação. Mas não tem o valor exemplar que assume em Filareto[50], para quem a cidade é o fim da edificação e a entidade a que estão subordinados todos os outros edifícios. É por isso que Alberti, no *De re aedificatoria*, pode abrir diretamente para a cidade apenas uma única janela.

De acordo com o plano do Prólogo, o Livro V deveria dedicar-se aos edifícios particulares, isto é, segundo a terminologia alber-

---

50. Cf. infra, Cap. 4, p. 194 e s.

94 A REGRA E O MODELO

tiana, às regras particulares dos edifícios considerados sob o ângulo de sua inscrição concreta no registro da comodidade. No entanto, é dada uma torcida nesse programa, pois uma parte do primeiro capítulo e todo o segundo capítulo tratam das regras universais da construção da casa[51], estabelecidas, embora muito sumariamente, da mesma maneira que as da cidade. Essa passagem do *De re aedificatoria* apresenta algumas dificuldades às quais voltaremos mais adiante. Todavia, é bom salientar que ela não deixa de respeitar a arquitetura conceptual da obra ao estabelecer a homologia da cidade e da casa no plano das regras universais. Em seguida, o resto do Livro V pode ser consagrado às regras dos edifícios particulares[52].

Estas últimas são expostas na ordem que a taxionomia elaborada por Alberti fornece no primeiro capítulo do Livro IV. Essa classificação, destinada a ordenar o mundo das diferenças humanas, a particularidade dos usos e dos edifícios, é laboriosa e, ainda que pretenda o autor, permanece fortemente marcada pela tradição antiga, quando não é a sua simples demarcação. Alberti começa propondo uma classificação que dividiria os humanos em três categorias hierarquizadas, correspondentes a três tipos de dons, ou seja, por ordem decrescente, o poder da razão, a habilidade nas artes, a aptidão para acumular riquezas. Todavia, tendo observado que são pouco numerosos os que se sobressaem em cada uma dessas categorias, ele transforma sua tripartição inicial numa oposição binaria entre "a elite pouco numerosa das personagens de primeiro plano e a multidão dos pequenos". A partir daí, é essencialmente sobre a primeira que focaliza seu interesse. Mas, em lugar de continuar a dividir os membros da elite de acordo com seus dons, isto é, conforme critérios psicológicos, Alberti é levado, através de uma série de desvios, a classificá-los em função dos critérios políticos e sociais: são as funções que ocupam que diferenciam os cidadãos privilegiados da taxionomia albertiana. Essa contrapõe em primeiro lugar os que exercem o poder sozinhos (reis e tiranos) e os que partilham com outros. Estes últimos, por seu turno, se dividem em sacerdotes, senadores (que exercem o poder legislativo), juízes, chefes militares e administradores diversos.

Mas essas são categorias vazias durante tanto tempo que, para cada uma delas, não se determina com precisão sua extensão, bem como o conjunto das condutas, tarefas e objetivos que a caracterizam e que deverão satisfazer as construções cujas regras de produ-

51. Referem-se essencialmente aos pórticos, vestíbulos e passagens diversas (p. 337 e s.).

52. Livro IV, Cap. I, p. 271, *"paucioribus primariis civibus"* e *"minorum multitudini"*.

ção se vão formular. O sentido e o interesse da taxionomia de Alberti é fornecer um quadro à expressão daquilo que hoje chamaríamos programas. Esse termo, que não se encontra no *De re aedificatoria*, é empregado aqui, ao mesmo título que "programação" e "programático", para facilitar a tarefa do leitor atual. Naturalmente, deve ser despojado de toda conotação cibernética e, com essa condição, designa adequadamente a articulação da demanda de espaços construídos. Essa demanda deve ser estabelecida minuciosamente, com o máximo de exaustividade, cruzando os agentes sociais com os dois pares de operadores, privado-público e sagrado-profano, já introduzidos no Prólogo. Uma vez realizado esse trabalho, a dedução das regras particulares do construir, aquelas que no registro da comodidade dizem respeito aos edifícios singulares, não suscita maiores dificuldades. Basta cruzar cada categoria de demanda sucessivamente com as seis operações do axioma da concepção, sempre enunciadas na mesma ordem.

Mediremos o alcance e o sentido da programação se nos reportarmos à passagem onde Alberti detalha sucessivamente, com o mesmo cuidado e igual serenidade, os programas respectivos da cidade do bom príncipe e da do tirano[53]: à diferença das exigências corresponderá a diferença dos espaços. A tarefa do arquiteto consiste precisamente em realizar a adequação entre uma demanda e uma construção. É evidente que Alberti, enquanto indivíduo moral, prefere o bom rei ao tirano, e aliás, quando, no final do *De re aedificatoria*, evoca os problemas da deontologia arquitetônica, ele assinala que ao arquiteto cabe escolher seus clientes e seus programas[54]. Mas tais questões se colocam num registro diferente do contexto da geração das regras da edificação. A ordem da gênese dos espaços construídos nada tem a ver com a ordem da ética, ela só tem que responder ao programa, unicamente à demanda dos destinatários. Quando Alberti se arroga a tarefa de determinar as regras que permitam produzir o quadro construído capaz de satisfazer as diferentes demandas dos humanos, não lhe cabe preocupar-se com o interesse ou com o valor dessas demandas tanto quanto, tomando uma comparação atual, não cabe ao linguista julgar o conteúdo das mensagens que lhe servem para estabelecer as leis da produção do discurso. Se o prático pode, e deve mesmo, tomar posição com respeito ao programa que é chamado a realizar *hic et nunc*, essa atitude é proibida ao teórico. A questão que este coloca é um *como* e não um *por quê*. Esse *como* resume numa palavra o propósito do *De re aedificatoria*.

53. Livro V, Cap. VI, p. 357 e 359.
54. Livro IX, Cap. XI.

96      A REGRA E O MODELO

Longe de querer privilegiar tal programa, urbano ou monumental, Alberti visa, ao contrário, sugerir a infinita diversidade daqueles que podem ser propostos ao arquiteto e que, qualquer que seja seu conteúdo, ele realizará servindo-se do mesmo conjunto limitado de regras universais. No entanto, essa vontade de tratar a edificação em si e para si, como um domínio autônomo, não deixou de ser mais ou menos desprezada pelos críticos. O próprio E. Garin não evitou a ambiguidade sobre esse ponto[55]. A "cidade ideal" que ele atribui a Alberti se acha realmente proposta em obras como o *Della Famiglia* e o *Teogenio*. Mas falar de "cidade albertiana" a propósito do *De re aedificatoria* equivale a ignorar a "neutralidade" que confere a essa obra uma ressonância única e assinala sua determinação de tratar as regras da edificação no quadro estrito de uma disciplina autônoma, independentemente das posições próprias ao teórico que as enuncia. Causa surpresa que um dos mais profundos analistas do Renascimento italiano, ao mesmo tempo um dos mais atentos a assinalar os cortes e deslocamentos que os humanistas impunham aos textos da Antiguidade, tenha sido levado, provavelmente atribuindo demasiada importância aos empréstimos feitos por Alberti a Platão[56] em sua taxionomia social, a considerar adventícia a passagem-manifesto sobre a morada do bom príncipe e do tirano, e a negligenciá-la em proveito do lugar concedido em seguida a certos edifícios como a casa suburbana, os quais, segundo o arquiteto tem o cuidado de indicar, correspondem a uma inclinação pessoal e têm unicamente um valor ilustrativo[57].

O mesmo desconhecimento leva P.-H. Michel a atribuir um valor absoluto à classificação de Alberti e aos edifícios que ela permite construir, quando representam apenas a ilustração do método

---

55. *Scienza e vita civile nel rinascimento italiano*, Bari, Laterza, 1955. Nessa obra, a concepção da cidade atribuída a Alberti é essencialmente a de um conjunto de humanistas preocupados com política, tal como o Chanceler Bruni: *"Imitare le città antiche* [...] *significa obbedire alla ragione e alla natura* [...] *La città idéale nelle piètre e negli instituti è la città razionale, quale i Graeci delinearono* [...] *secundo un tipo che le città-stato italiane si avviano a riprodurre"* top. cit., p. 46). A mesma tendência se operou de maneira ainda mais acentuada por J. C. Argan em "Il Trattato de re aedificatoria" in *Convegno Internazionale indetto nel centenario di Leon Battista Alberti*, Roma, Academia Nazionale del Lincei, 1974. Segundo Argan, a natureza desse tratado é essencialmente política e chega mesmo a afirmar que o objetivo de Alberti é "la città come forma espressiva di un contenuto storico che assume, per i moderni, valore di ideologia".

56. *"La stessa città deli'Alberti, più ancore que medievale o preromantica come – è stata detta – è piena dette preoccupazioni di una giustizia platonica, con le sue divisioni di classi, solidificate in mura* [...] *la città albertiana è costruita per scandire le differenze di classe, per adeguare nette mura e negli edifici in una strutura politica precisa* [...]" (op. cit., p. 48, 49).

57. Cf. infra, p. 98 (a *villa*, escolhida porque particularmente livre de coerções em sua programação) e p. III (a casa suburbana, avaliada pelo indivíduo Alberti).

DE RE AEDIFICATORIA: ALBERTI OU O DESEJO E O TEMPO      97

e do funcionamento das regras albertianas[58]. Esse autor chega, assim, a detectar uma dimensão utópica no *De re aedificatoria*. No entanto, sem temer a contradição, algumas páginas adiante, censura Alberti por não ter tomado partido politicamente[59] e observa a propósito da mesma passagem sobre os dois príncipes, que "há [em Alberti] uma espécie de oportunismo que [...] parece depender da política de Aristóteles, bem mais do que dos escritos de Platão". De fato, não se trata de oportunismo. O *De re aedificatoria* está situado fora do campo político, no interior de um domínio independente que ele ambiciona basear na razão.

Assim entendido, a aproximação com Aristóteles é inexata. Contudo, essa inexatidão permite que P.-H. Michel descubra um autêntico parentesco: o interesse atribuído por Alberti ao mundo sublunar e à extensão física se relaciona com as mesmas opções que o aristotelismo e, a despeito de todas as anexações tentadas por Landino e pelo círculo de Careggi[60], opõe Alberti ao platonisme

É realmente esse interesse teórico apaixonado pela *techné* aristotélica, ou, na terminologia latina, pelas *artes* das quais a mais nobre é a arquitetura, que lhe permite colocar entre parênteses as considerações axiológicas e tentar determinar de maneira exaustiva os quadros da demanda do construído, em outros termos, elaborar uma teoria do programa. O par de operadores privado-público permite, desde logo, dividir esta em dois setores: cada ator social tem ao mesmo tempo uma vida pública que exige edifícios profissionais, e uma vida privada que se desenvolve em residências pessoais[61]. Três exemplos irão permitir-nos acompanhar o trabalho analítico da programação albertiana, e vê-lo traduzir-se em regras de construção.

Para começar, consideremos o grupo dos sacerdotes, em face das exigências de sua vida pública. Esta pode decompor-se em várias atividades: culto a Deus, que se realiza no *templo*; exercício da piedade, aquisição dos conhecimentos divinos e humanos, que tem por quadro o *mosteiro*; realização de tarefas sociais que têm por locais a *escola* e o *hospital*. Não detalharemos aqui os diferentes

---

58. Em sua monografia, que durante muito tempo serviu de regra, *La Pensée de L. B. Alberti*, Paris, Les Belles Lettres, 1930, p. 265 e s., p. 286. "Eis, segundo a *Architecture*, o que constitui propriamente a República" (idem, p. 288).

59. "Entre a monarquia e a democracia, ele não se define mais do que entre a cidade e o império" (idem, p. 280).

60. Cf. A. Chastel, *Marsile Ficin et l'Art*, Genebra, Droz, 1954, p. 75 e s. Cf., sobretudo, a melhor refutação do platonismo albertiano in Panofsky, *Idea*, Leipzig, 1924, e particularmente nota 32 do Cap. 4, p. 208, da tradução em inglês (New York, Harper and Row, 1968).

61. Livro V, Cap. VI: "Cada um [daqueles que exercem o poder] precisa de dois gêneros de domicílios [*duo genera domicilii*], dos quais um pertença a suas ocupações [*ad suum pertineat officium*] e o outro possa recebê-lo com sua família [*quo se familiamque suam recipiat*]" (p. 357).

98 A REGRA E O MODELO

tipos de templos ou igrejas. Limitar-nos-emos a assinalar a importância atribuída, na formulação do programa, à impressão que esses edifícios devem causar sobre os que a eles acorrem, e o papel que desempenham, consequentemente, as operações relativas respectivamente à localização e às aberturas que permitirão, através da escolha de uma posição urbana apropriada e da abertura judiciosa das janelas, assegurar uma vista e jogo de luz próprios para emocionar. Não nos demoraremos também nos diversos tipos de mosteiros cuja localização, por exemplo, diferirá segundo o nível de reclusão desejado e o sexo dos religiosos. Quanto aos hospitais[62], sua tipologia corresponderá à das doenças. Com efeito, é preciso distinguir, diz Alberti, entre os contagiosos, a eliminar da cidade, e os não contagiosos que podem ser conservados *intra muros*. Estes, por seu turno, podem ser classificados em curáveis e incuráveis. Segundo se trate de homens ou de mulheres, são considerados oito tipos de hospitais urbanos, que diferem ao mesmo tempo por sua localização, sua forma e sua planta. Para as escolas, enfim, se Alberti se inspira nas regras observadas pelos antigos para suas palestras, nelas introduz contudo toda uma série de complementos, concernentes, em particular, à escolha de um local, ao abrigo do ruído, dos maus odores, dos cidadãos ociosos e da massa.

Outro problema, que, desta vez, é da competência dos magistrados profanos, a prisão, Alberti começa por estabelecer uma tipologia dos criminosos, que não deixa de evocar a dos doentes. Com efeito, uns são irrecuperáveis e não se deve conservá-los na cidade; os outros, ao contrário, serão mantidos em pleno centro. Alojados em partes diferentes, mais ou menos secretas e inconfortáveis, segundo a natureza e a gravidade de sua transgressão, eles ocuparão a prisão urbana, que deve satisfazer ao mesmo tempo as exigências dos cidadãos honestos, as dos prisioneiros e as dos guardas[63]. A segurança que exigem os primeiros será obtida se se utilizarem as operações relativas à área, à parede, ao teto e, em parte, à abertura. As operações de abertura, de novo, e de divisão permitirão dar aos prisioneiros um mínimo de higiene (aeração, luz, evacuação), de conforto físico (aquecimento, possibilidade de fazer exercício ao ar livre) e moral (celas individuais) e facilitar a tarefa de vigilância dos guardas (aberturas que permitam controlar o interior das celas).

Último exemplo, tirado da vida privada: a residência familial, cara ao teórico do *Della Famiglia*, e cuja construção é objeto de regras particularmente numerosas e detalhadas. Antes da casa da cidade, Alberti dá prioridade à forma rural do domicílio privado,

62. Livro V, Cap. VIII, p. 369 e 371.
63. Livro V, Cap. XIII, p. 399.

DE RE AEDIFICATORIA: ALBERTI OU O DESEJO E O TEMPO 99

a *villa*[64], porque esta é despojada das coerções impostas pela vida urbana e pode estender-se livremente pelo solo[65]. Depois de haver utilizado as regras de localização do sítio com relação aos ventos e aos acidentes da paisagem, Alberti chega aos edifícios que deverão receber, uns os proprietários, os outros os colonos.

Estes últimos são, ao mesmo tempo, guardas e produtores agrícolas, que precisam armazenar os frutos de seu trabalho. Têm necessidade, portanto, de dois grupos de construções, um dos quais se destina à família, o outro a suas ferramentas (mortas ou vivas) e as suas colheitas. A função de guarda, alinhada ao princípio de situação, exigirá que a casa do colono seja implantada perto da residência dos donos. Sua casa deve permitir à sua família que se aqueça e se alimente com comodidade, e recupere as forças da maneira mais racional. Com esta finalidade, o jogo das operações de divisão e de abertura comandará a construção de vasta cozinha, prevenida contra incêndio, e dotada de uma lareira, um forno e de canalizações para a evacuação das águas. Um espaço autônomo será dedicado ao sono, cada habitante dormindo o mais perto possível de um acesso a suas ocupações particulares. O arranjo dos instrumentos de cultura se fará em três tipos de volumes[66]. Os frutos da cultura (produtos de consumo) serão distribuídos em abrigos específicos, cuidadosamente elaborados e diferenciados segundo deverão receber animais (reclassificados em sete categorias) ou vegetais, que exigem uma boa aeração e uma atmosfera seca para cuja obtenção se exige a aplicação das operações de abertura e de cobertura.

Quanto à residência dos proprietários, deve atender às diferentes atividades em que está dividida sua vida (recepção, audiências, refeições e sua preparação, trabalho intelectual, vida sexual e

64. Exploração agrícola, composta de uma casa de senhor e de dependência para alojar os empregados. Cf. seu elogio, e a superioridade que lhe é atribuída em relação à residência urbana, in *Libri della Famiglia, Opere Volgari*, edição crítica por C. Grayson, t. I, Bari, Laterza, 1960 (especialmente p. 198 e s., onde Alberti indica: *"Sia la villa utile alla sanità, commoda al vivere, conveniente a la famiglia"*, p. 200, e acrescenta *"uno proprio paradisio"*). Cf. também as cinco páginas manuscritas sobre a *villa* descobertas por C. Grayson e publicadas no final do mesmo volume.

65. Livro V, Cap. XIV. Depois de haver enumerado as chicanices (contiguidades, biqueiras, espaços públicos) que tolhem a liberdade dos cidadãos (*"quominus ipse tibi satisfacias"*), Alberti especifica que nada de semelhante se produz *"in rusticana laedificia]"* e acrescenta: *"liberiora illic"* (p. 401). Trata-se aí de uma das passagens do livro onde Alberti exprime seu gosto pessoal (cf. infra, n. 104, p. 111). Mas sistema de regras e sistema de valores não interferem e são claramente dissociados. Cf. *Della Famiglia*, ed. cit.; *"Lodate voi abitarie in villa più che in mezzo alla città"* (p. 201).

66. Um grande galpão adjacente à cozinha que possa receber carroças, charruas, cestos de feno, e que possa fornecer à família aldeã um local para as festas e um abrigo contra o mau tempo; um volume livre para as prensas de vinho e de óleo; um abrigo para arrumar, ao nível do solo, as medidas do grãos e as ferramentas de reparação e, no alto, o feno (Cap. XVII, p. 407).

100     A REGRA E O MODELO

sono, higiene), classificadas da mais pública à mais íntima. Essas atividades, por sua vez, são sobrepostas à diversidade dos membros da casa, alinhados de acordo com seu *status* no interior da família (laços de parentesco) ou com relação a ela (visitantes diversos ou domésticos). Além disso, Alberti concede extrema atenção à incidência dos grandes ritmos e ciclos naturais sobre a vida privada: para ser comodamente atendida, cada atividade exige de maneira específica as operações de situação e de abertura, mas a orientação e as aberturas que daí decorrem para as diversas peças irão variar segundo as estações: assim, por exemplo, são previstas salas de jantar diferentes para o inverno e para o verão. A preocupação com o particular e a vontade de exaustão que esses programas traduzem estão nas antípodas da ideologia das necessidades universais que, desde o século XVIII, mas sobretudo desde o início do século XX, marcou a teoria e a prática da organização urbana. Além disso, e contrariando as ideias recebidas que irão suscitar a verdadeira preocupação com a comodidade no século XVIII, a Alberti nenhum aspecto da vida prática parece trivial ou desprezível: provam-no as páginas dedicadas aos celeiros, despensas, fossas negras[67].

No decurso dos programas e das regras formuladas no Livro V, poder-se-ia multiplicar as observações concretas que fazem reviver em seu quadro quotidiano os meios privilegiados do *Quattrocento*. Mas não é esse o nosso propósito, não mais do que assinalar como Alberti resvala constantemente da análise da vida contemporânea para a do exemplo que os humanistas haviam descoberto na literatura latina, e que não interpretavam sem fantasia. O que nos importa é mostrar como os Livros IV e V se articulam no *De re aedificatoria* e como, independentemente de seu conteúdo e de suas determinações concretas, o novel operador e as regras que ele contribui para engendrar por cruzamento com os operadores se integram na arquitetura e na economia da obra.

Foi por isso que, nas páginas que antecedem, minimizei certo número de dificuldades que não têm incidência sobre a estrutura e o funcionamento dos operadores do *De re aedificatoria*. Mas tais dificuldades não deixam de existir, como o próprio Alberti o reconhece quando, no início do Livro V, previne que a questão abordada é "complexa, vasta e difícil". Vimos, assim, que interpretei sem ambiguidade as regras universais da comodidade como necessárias e comparáveis àquilo que hoje chamaríamos universos culturais, e que sublinhei a identidade de seu funcionamento nos dois casos da cidade e da casa. Ora, Alberti tem dificuldade em colocar a homologia dos dois termos do ponto de vista de uma legislação uni-

---

67. Livro V, Cap. XVII, p. 433.

DE RE AEDIFICATORIA: ALBERTI OU O DESEJO E O TEMPO    101

versal[68], e acontece mesmo de confundir os dois conceitos de público e universal[69].

A mesma hesitação se produz no caso da casa cujas peças são utilizadas, algumas pela totalidade de seus ocupantes (aedium pars aliae *universorum*), outras por alguns deles (*plurimorum*), outras enfim servem apenas para indivíduos particulares (*singulorum*). O universal designa, então, as partes públicas da casa ou pelo menos, aquelas que interessam ao maior número de pessoas. Isto porque o operador privado-público é essencialmente relativo: pode tanto designar termos antinômicos quanto aplicar-se alternativamente a um mesmo espaço. Revela-se pois de um manejo tão delicado para Alberti quanto para os teóricos que continuam atualmente a empregá-lo[70].

Finalmente, a classificação dos humanos, tal como Alberti escolheu afinal estabelecê-la, testemunha, como vimos, um pensamento que levanta um problema demasiado complexo para ser conceptualmente formulável na sua época. Alberti, finalmente, volta a encontrar as categorias políticas da Antiguidade que ele desejava evitar: seus cidadãos de diversas categorias estão mais próximos dos cidadãos da *polis* ou da *urbs* antiga do que dos das cidades italianas que pretende edificar. São classificados hierarquicamente segundo a natureza do poder que detêm num determinado regime, a oligarquia, cuja escolha trai esporadicamente as preferências[71].

Quaisquer que sejam seus limites, porém, essa taxionomia, cuja relatividade o próprio Alberti chega a assinalar, constitui um dos operadores exigidos no estágio da comodidade. Pouco importa seu conteúdo, modificável posteriormente, ela se impõe enquanto classificação e funciona. Funciona da mesma maneira que o par universal--particular que permite dar forma a um modo específico de produção do construído e designar, ainda inominável no *Quattrocento*, a neces-

68. A existência de leis universais da casa não aparece no primeiro capítulo teórico do Livro IV. É mencionada somente no Cap. I do Livro V e, estranhamente, depois que Alberti declarou sem ambiguidade que havia terminado com a categoria do universal: "*quae autem universorum [civium] gratia convenirent, absolvimus*" (ibid.).

69. Livro IV, Cap. I: "*De his igitur nobis dicendum est: quid una universis, quid paucioribus primariis civibus, quid minorum multitudini conveniat*" (p. 271); distinção retomada no Livro V, Cap. I: "*compertum fecimus alia civium cetui universo, alia dignioribus, alia ignobilioribus deberi aedificia*" (p. 333).

70. Cf. a forma como se tenta hoje superar tais dificuldades, criando-se conceitos complementares, tais como os de *espaços intermediários* ou *espaços de transição*.

71. Depois de haver assimilado dons naturais e *status* social, ele descamba do tético para o ético, graças a um adjetivo verbal: "*his primariis reipublicae partes committendas*", "deve-se confiar os negócios da República ao pequeno número dos homens célebres e 'bem-sucedidos'" (p. 272). Esse caso é praticamente o único em que Alberti faz uma semelhante confusão de planos, devida à taxionomia que ele vai buscar num sistema de valores antigo. Quanto ao pensamento político de Alberti, cf. seu romance *Momus*, e seu tratado *Da tranquilidade da alma*.

102 A REGRA E O MODELO

sidade secundária que atua nas obras do desejo humano. A despeito das dificuldades assinaladas, Alberti soube, pois, dotar-se de operadores novos, que lhe eram indispensáveis para poder deduzir as regras do construir próprias ao registro da comodidade.

Entretanto, a totalidade dos operadores iniciais não deixa de ser indispensável e continua a ser utilizada sistematicamente. Vimos que o par público-privado, que não mais fora invocado desde o Prólogo, intervém em todos os níveis da análise programática da cidade e da casa. As seis operações da concepção servem para a transcrição dos programas no espaço e determinam sua cronologia. O axioma do edifício-corpo permite a introdução de uma metáfora nova para guiar a divisão: essa poderá organizar-se em torno de um órgão central e privilegiado, análogo ao *coração*, o *atrium* para a casa, o *forum* para a cidade[72]. O processo de redução ao mesmo denominador estrutural prossegue: não só a homologia cidade-casa é retomada e desenvolvida parte por parte, mas também a frota é considerada um campo móvel, o mosteiro como o campo do sacerdote e o do soldado como um gérmen de cidade[73].

Dedicados à comodidade e centrados sobre a cidade, os Livros IV e V respeitam, portanto, a lógica e a economia do projeto albertiano. Constituem uma articulação-mestra de sua arquitetura, entre o registro da necessidade e o do prazer estético. Ao contrário dos três livros anteriores, não formam um conjunto fechado, porém, embora reduzidos ao mínimo, poderiam, por definição, ser desenvolvidos indefinidamente. Talvez seja através dessa potencialidade que se lê melhor o valor atribuído por Alberti ao espaço e ao construir: o primeiro sempre oferecido ao segundo, que o acomete, o diferencia e o especifica, interminavelmente, ao sabor da demanda dos homens.

O registro da comodidade, porém, constitui apenas uma etapa no processo de edificação. Os espaços construídos encontram seu verdadeiro arremate somente no quadro do registro superior. Em outras palavras, às regras que permitem satisfazer a demanda de comodidade devem acrescentar-se as regras que respondem ao desejo de beleza: o prazer estético e a beleza que o proporciona são a finalidade e o coroamento ao mesmo tempo da edificação e do *De re aedificatoria*, cuja última e mais longa parte lhes é dedicada.

72. Livro V, Cap. XVII: "*Omnium pars* primaria *est quam seu cavam aedium seu atrium putes dici, nos* rinum *appellabimus* [...]. *Itaque* sinus *pars erit* primaria *in quam caetera omnia minora membra veluti in publicum aedis forum confluant*" (p. 417). [O grifo é nosso.] Cf. infra, a retomada dessas homologias por Sitte, Cap. 6, p. 302.

73. Livro V, Caps. VII, X e XII.

DE RE AEDIFICATORIA: ALBERTI OU O DESEJO E O TEMPO          103

Todavia, antes de abordar no Livro VI aquilo que ele próprio designa como a terceira parte de sua obra[74], Alberti faz uma pausa. Nos três primeiros capítulos desse livro, ele toma distância em relação à sua empresa, faz o balanço do esforço realizado e dos resultados já adquiridos, determina o grau das dificuldades futuras. De fato, retoma fôlego antes da última etapa, a mais perigosa[75], de seu trabalho, e essa parada, única no desenvolvimento do *De re aedificatoria*, assume o valor de um novo Prólogo. Para R. Krautheimer[76], tratar-se-ia de fato de um prefácio que Alberti teria escrita para uma primeira versão do *De re aedificatoria*, num momento de decepção, após haver renunciado a escrever o comentário de Vitrúvio que Lionello d'Esté lhe havia sugerido. Essa hipótese, por interessante que seja, nos parece inutilmente complicada e não muito compatível com o Prólogo atual. Sobretudo, esses três primeiros capítulos se nos afiguram em perfeito acordo com o processo geral de um tratado que, de uma ponta a outra, liga a narração dos momentos da edificação à da reflexão que a constrói, faz correr paralelamente o tempo teórico do construtor e o tempo do escritor. Nessa perspectiva, quando se sabe que a redação do *De re aedificatoria* se estendeu por inúmeros anos, é normal que Alberti balize esse tempo e conte as angústias e as dificuldades intelectuais que lhe custou a elaboração das regras últimas apresentadas na terceira parte do *De re aedificatoria*.

Mais amplo que o primeiro, o "segundo prólogo é também dividido em três tempos: relato biográfico das conquistas intelectuais e dificuldades especulativas encontradas pelo autor (Cap. I); definição e elogio da beleza (Cap. II); finalmente (Cap. III), relato de origem e introdução a uma problemática da beleza donde decorrerá o plano dessa última parte do *De re aedificatoria*.

Se o elogio da beleza, coroamento supremo da natureza e das artes (*artes*), dá provas de um entusiasmo quase religioso, não deixa de revelar também, embora sub-reptícia, uma ambivalência que vai pesar sobre toda a terceira parte do *De re aedificatoria*. Com efeito, Alberti começa mostrando que a beleza é igualmente perceptível por todos, sábios (*periti*) e ignorantes (*imperiti*), até os mais obtusos[77], tanto nas obras da natureza como o céu estrelado, quanto nas

---

74. Cf. as linhas que rematam o Cap. II, p. 445: "*Ex tribus partibus quae ad universam aedificationem pertinebant, uti essent* quidem *quae adstrueremus ad usum apta, ad perpetuitatem firmissima, ad gratiam et amoenitatem paratissima, primis duabus partibus absolutis, restat* tertia *omnium dignissima* [...]". [O grifo é nosso.]

75. A ponto de confessar o autor ter hesitado em perseverar em seu projeto: "*Itaque anceps eram ineertusque consilii, prosequerne an potius intermitterem*" (p. 443).

76. "Alberti and Vitruvius", *The Renaissance and Mannerism, Studies in western Art*, t. II, Princeton University Press, 1963.

77. "There is hardley any man so melancholy or so stupid (*tardum*), so rough (*rudem*) or unpolished (*rusticum*), but what is very much pleased with what is beautiful", Leoni p. 112, Orlandi p. 445.

104 A REGRA E O MODELO

obras dos humanos. A terminologia empregada, particularmente o verbo sentir (*sentire*), que não aparece menos de três vezes em uma página, mostra que não se trata aí de um procedimento racional, mas de uma espécie de instinto universal, cuja natureza é tão difícil de apreender quanto a da beleza. Por isso, sobre a beleza Alberti dá uma definição provisória e muito curta: "a beleza de um objeto consiste num acordo *[concinnitas]* de todas as suas partes conforme uma lei precisa *[certa ratione]* que proíbe que se acrescente, tire ou modifique o que quer que seja na beleza, sob pena de estragá-la"[78], De natureza divina, tão maravilhosa quanto rara, diferentemente do ornamento que representa uma forma de beleza auxiliar e artificial[79], a beleza é inerente[80] ao objeto belo. E apesar da opinião daqueles que lhe atribuem apenas um valor relativo e contingente, Alberti reafirma com vigor a existência de regras absolutas da beleza. Essa depende, pois, e está aí a ambivalência apontada acima, tanto do instinto quanto de uma racionalidade, própria a todas as artes (entendamos técnicas) que Alberti fundamenta sobre o breve relato, em três fases, de sua origem: as artes nasceram do *acaso*, depois, no curso de longo processo de amadurecimento[81], foram aperfeiçoadas primeiramente pela observação da natureza e pela experiência, finalmente pelo raciocínio (*ratiocinatio*).

No domínio da técnica (*ars*) particular que é a edificação, essas três fases se desenvolveram sucessivamente na Ásia, na Grécia e Itália. Em outras palavras, na medida mesma em que a edificação somente realiza seu conceito ao nível último da estética, é na Itália que atinge a beleza absoluta. Com efeito, nos diz Alberti, os etruscos e os romanos foram os primeiros a assimilar a imitação da natureza à do animal vivo e, compreendendo que não há beleza separada do uso e da comodidade, chamaram de beleza a perfeita adaptação morfológica do animal à sua destinação[82]. Graças à eco-

---

78. "*Certa cum ratione concinnitas universarum partium in eo cujus sint, ita ut addi aut diminui aut immutari possit nihil* [...]" (p. 447); conceito da estética albertiana, *concinnitas* só aparece uma única vez (Livro II) antes dessa passagem. Em seguida, é essencialmente utilizado no Livro IX. Orlandi traduz *concinnitas* por "harmonia", embora precisando que a palavra moderna mais próxima do pensamento de Alberti seria sem dúvida organicidade. Esse termo foi tirado por Alberti do léxico de Cícero, que se serve dele para qualificar o estilo literário.

79. "*Quasi subsidiaria quaedam lux pulchritudinis atque veluti complementum* [...] *afficti et compacti naturam sapere magis quam innati*" (p. 449).

80. "[...] *arbitrar pulchritudinem quasi suum atque innatum* toto *esse* perfusum corpore" (p. 449). [O grifo é nosso.]

81. Para esse papel criador do tempo em Alberti (p. 451, os verbos *cresço* e *excresco*, utilizados três vezes em seis linhas) e (p. 453, no relato do procedimento grego, acúmulo dos verbos de ação; papel dos advérbios de tempo) Cf. também, mais adiante, e o Cap. 3.

82. Tomando por base de sua demonstração o exemplo do cavalo, cuja forma dos membros (*figuram membrorum*) satisfaz ao mesmo tempo as exigências da velo-

DE RE AEDIFICATORIA: ALBERTI OU O DESEJO E O TEMPO       105

nomia de meios assim realizada, graças a seu trabalho intelectual e sua prodigiosa atividade de construtores, levaram a beleza arquitetônica à perfeição.

Essa história, pouco "histórica", da arquitetura, onde Alberti dá mostras de uma desenvoltura[83] comparável à de seus relatos de origem, lhe serve de fundamento para afirmar definitivamente a existência de leis certas (*praecepta probatissima*), deduzidas de um conhecimento perfeito (*absolutíssima cognitione*), e que lhe competirá descobrir. Essas leis se dividem em duas categorias. "Umas concernem à beleza e aos ornamentos dos edifícios em geral, as outras dizem respeito a suas diferentes partes tomadas individualmente. As primeiras são extraídas da filosofia e permitem dar à arte (de edificar) uma direção e limites precisos, as outras derivam do conhecimento de que acabamos de falar e produziram a sequência da arte"[84]. Alberti anuncia que começará pelas regras mais técnicas da segunda categoria, ao passo que as outras ("*quae universam rem prehendant*") servirão de epílogo.

A formulação e a enumeração das regras fundamentais são, pois, transferidas para o final da terceira parte do De re aedificatoria: dilação surpreendente que trai, em Alberti, um embaraço real cuja medida poderá ser dada por esse longo resumo do "segundo prólogo". Com efeito, vemos aí Alberti chocar-se contra duas dificuldades principais. A primeira diz respeito ao ornamento. A princípio depreciado e dissociado da beleza arquitetônica, é em seguida estabelecido no mesmo plano que ela, quando não lhe é assimilado[85]: de resto, é o ornamento e não a beleza que é distinguido nos títulos dos quatro livros da terceira parte do De re aedificatoria. A segunda dificuldade concerne ao estatuto das "leis filosóficas" da beleza e à sua relação com a necessidade e a comodidade.

Em particular, de que forma a especificidade do terceiro nível e de suas leis é compatível com a concepção da beleza como boa adaptação? Se a beleza de um edifício, como a de um animal, reside em sua adaptação a sua finalidade, as leis da beleza não têm mais de ser formuladas num registro próprio. Mais, não está essa con-

---

cidade e as da graça *top. cit.*, p. 455), Alberti se situa na linha reta de seu pequeno tratado anterior *De equo animante*, que P.-H. Michel designa com justeza como o "esboço de uma história natural do cavalo" (op. cit., p. 195).

83. Cf. Sic enim mihi *fit veri simile*, Livro VI, Cap. III, Orlandi p. 451. [O *grifo é nosso.*]

84. Cap. III, p. 457.

85. Cf. Cap. II, p. 449: "*circa pulchritudinem* ornamentumque"; Cap. III, p. 457, sobre as leis filosóficas: "*universam omnis aedificii pulchritudinem et* ornamenta *complectuntur*"; e o início do Cap. IV, p. 459: "*quae in rebus pulcherrimis et* ornatissimis *placeant*". [O grifo é nosso.] A mesma assimilação ocorre no primeiro Prólogo, cujo plano menciona aliás apenas o termo ornamento.

106 A REGRA E O MODELO

cepção "adaptativa" em contradição não só com a concepção filosófica da beleza arquitetônica, mas também com a noção de ornamento, que ela exclui? Não eram, pois, pequenos problemas que detinham Alberti no limiar da terceira parte do *De re aedificatoria*. Sem ter chegado a dar-lhe uma formulação explícita, e depois de haver diferido o momento fundamental em que tratar as leis filosóficas da beleza arquitetônica, ele dedica a primeira, e de longe a mais comprida[86], parte dos livros "estéticos" às regras técnicas.

Antes de detalhar as regras próprias às diferentes categorias de ornamentos, tais como aparecem nos edifícios particulares programados pela *commoditas*, Alberti trata no Livro VI das regras gerais válidas para os ornamentos, independentemente de toda especificação concreta – e por isso mesmo comparáveis às regras da construção (Livro VIII) – enunciadas antes de seu emprego nos programas específicos dos Livros IV e V. Já que a beleza pode resultar das intervenções do espírito (*electio, distributio, collocatio*), da mão (*acerratio, affictio...*, *expolitio*) ou da própria natureza, essas regras gerais serão obtidas cruzando esses tipos de intervenções com as seis operações do axioma da concepção.

Mas, no novo registro da beleza, essas últimas são regidas por um novo equilibro. A primeira e a segunda operações, tão longa e minuciosamente utilizadas na primeira parte do *De re aedificatoria*, aqui são pouco produtivas: a região e a área oferecem possibilidades restritas à intervenção estética. Quanto à divisão, cujos privilégios vimos na segunda parte do livro, agora ela não ocupa mais que um único parágrafo[87]: laconismo surpreendente à primeira vista, mas explicável todavia. Isto porque se a beleza provém, de um lado, da perfeita adaptação do edifício a suas finalidades, a divisão que tem precisamente essa tarefa, ao nível da comodidade, não pode mais gerar novas regras agora: de fato, e embora a palavra *concinnitas* não apareça na segunda parte do *De re aedificatoria*, é realmente um acordo dessa natureza entre as partes do edifício que o corolário do axioma do edifício-corpo prescreve à divisão.

Em compensação, o ornamento das paredes, tetos ou aberturas suscita uma abundância de regras relativas notadamente aos revestimentos[88] e às colunas. Olhada até então como elemento portador

86. No conjunto dos quatro livros, as regras tiradas da filosofia ocupam apenas cinco capítulos, ou seja, 21 páginas das 199 da edição Orlandi, ou um décimo da totalidade dessa terceira parte.

87. Primeiro parágrafo do Cap. V (cujo restante trata da parede e do teto).

88. Caps. VII e VIII. As regras do revestimento se dividem em dois grupos, conforme se trate de revestimentos colocados (*crustationes inductae*) que emprega as técnicas do afresco, ou de revestimentos incrustados (*adactae*) que usa as técnicas do mosaico.

DE RE AEDIFICATORIA: ALBERTI OU O DESEJO E O TEMPO 107

(*ossa*), a coluna é apresentada agora como o ornamento mais importante: "*In tota re aedificatoria primarium certe ornamentum in columnis est*"[89]. Ela enfeita os cruzamentos, as praças, os teatros, embeleza monumentos comemorativos e troféus. O conjunto das regras do Livro VII exige três observações que se aplicam igualmente aos livros seguintes. Em primeiro lugar, longe de se referir somente à beleza auxiliar dos ornamentos, elas dizem respeito igualmente à beleza intrínseca dos edifícios. Essa "anomalia" com relação às intenções enunciadas resulta da aplicação quase obsessiva, por Alberti, de seu princípio de economia ou de frugalidade, que acaba por gerar o que se poderia chamar de estética negativa. Com efeito, de um lado, cada vez que o pode, Alberti elimina a introdução de ornamentos e multiplica as listas de caminhos a evitar. De outro lado – e é essa a minha segunda observação – esse "*less is more*" conduz Alberti a dar prioridade à beleza *orgânica*, inerente à adaptação perfeita: essa beleza, que se pode ainda qualificar de adaptativa ou natural, ocupará no conjunto da estética albertiana um lugar equivalente ao da beleza "racional" de que ele deveria dedicar-se com exclusividade até o tratamento das regras filosóficas. Finalmente, as regras dessa beleza racional – eu diria de bom grado, cultural – que aparecem pela primeira vez somente na segunda parte do Cap. XII consagrado às aberturas, a partir de então serão formuladas sempre no subjuntivo e no imperativo, ao contrário das anteriores, explicadas e enunciadas no presente do indicativo. Esse traço linguístico me autoriza a subsumi-las sob o conceito de estética *dogmática*: sem justificá-lo racionalmente, sem discussão possível, Alberti impõe um sistema de proporções cifradas. De fato, como ele próprio especifica no final do Livro VI, Alberti foi buscar as medidas de sua estética dogmática na Antiguidade: não nos escritos, sempre contestáveis, de seus autores, mas em seus monumentos, arruinados ou não, que ele estudou incansavelmente e mediu e que, segundo veremos, passa a gozar de novo papel a partir do Livro VII, desde o momento em que são abordadas as regras concernentes aos edifícios particulares, já enformados pela comodidade.

Segundo a lógica generativa do *De re aedificatoria*, a ordem das matérias então adotada é a dos Livros IV e V. Todavia, se as categorias de edifícios aos quais se aplicam as regras estéticas são praticamente as mesmas (públicos-sagrados, públicos-profanos), diferem sua importância relativa e os exemplos escolhidos. É que, de um lado, os edifícios erigidos para a comodidade não exigem, todos, o ornamento (a estética negativa de Alberti o testemunha em abundância); de outro lado, as normas da beleza dogmática

89. Cap. XIII, p. 521.

108 A REGRA E O MODELO

exigem que sejam analisados um mínimo de edifícios pertencentes, como suas funções ou usos, ao passado antigo.

Assim, a cidade universal, pano de fundo da segunda parte, não é mais evocada no Livro VII senão incidentalmente, como que por descargo de consciência[90] e sob aspectos surpreendentes, bastante heteróclitos. As regras estéticas, tema dessa segunda parte, têm por objeto em primeiro lugar o número de seus edifícios e de seus habitantes[91], que devem ser o mais abundantes possível. Em seguida, vêm as técnicas de terraplenagem que garantem a qualidade da área escolhida[92], e, para terminar, a adaptação da planta (divisão) aos usos da cidade: para Alberti, essa regra, que segundo minha terminologia depende da estética "naturalista ou orgânica", não deixa de ser apresentada como a mais importante, aquela que proporciona "o principal ornamento das cidades"[93]. É o caso, por exemplo, de escolher entre duas opções que reclamam um arranjo estético diferente: classificação e dissociação ou mistura das funções urbanas. As duas opções antitéticas são evocadas num plano de igualdade, segundo o procedimento que, no Livro IV, apresentava paralelamente a cidade do tirano e a do bom príncipe.

Quanto às regras estéticas da cidade particular, as mais importantes são as dos edifícios públicos sagrados que ocupam o essencial do Livro VII. Mas sua nomenclatura não se superpõe à do Livro V. Alberti não menciona mais as escolas e os hospitais que devem, sem dúvida, contentar-se com a beleza orgânica da comodidade. Em compensação, obedecendo ao mesmo tempo à tradição antiga e às preocupações religiosas de seu tempo, ele se demora longamente nas muralhas (sagradas para os antigos), nas basílicas, nos monumentos comemorativos e sobretudo nas igrejas[94] (*templo*).

90. No início do Livro VII, Alberti se apronta para enunciar as regras do templo quando, de repente, se lembra de que não poderia deixar de falar "muito rapidamente" de algumas características da cidade": *De moenibus igitur et templis et basilica et monumentis nobis* dicendum est, *si priusquam ista attingamus, pauca brevissime referez tur* de ipsis urbibus *non praetermittenda*" (Cap. I, p. 533). [O *grifo ê nosso*.]

91. É esse um dos raros traços do *De re aedificatoria* que traz a marca do espírito medieval. Cf. *supra*, Cap. 1, p. 55.

92. Nas cidades de planície, deve-se dar à sua área uma ligeira inclinação, necessária para facilitar o escoamento das águas e para manter a limpeza (partida, portanto, aqui da beleza e não da higiene). Nas cidades construídas no alto, a regra deve ser "aplainar e igualar a área para a beleza das vias e dos edifícios" (ibid.).

93. "Mas o principal ornamento das cidades provém da situação, da execução e do posicionamento relativo (*collacationes*) dos edifícios, permitindo a melhor adequação ao uso, a dignidade e a comodidade de cada um deles" (p. 535). O texto demonstra a ambiguidade do termo *ornamentum*.

94. "Em toda a arte de construir, não há tarefa que requeira mais inteligência, cuidado, habilidade e diligência que a construção e o ornamento do templo [...] o templo é o maior e o principal ornamento da cidade" (Cap. III, p. 543).

DE RE AEDIFICATORIA: ALBERTI OU O DESEJO E O TEMPO          109

Objeto de algumas rápidas páginas no Livro V, as igrejas ocupam agora treze capítulos inteiros e parte de três outros. O desequilíbrio entre as páginas dedicadas às igrejas e as que cabem às outras categorias de edifícios se justifica pela ambiguidade do termo templo, mas de fato trai a influência, em nenhum outro lugar mais presente, do *De architectura*, que está centrado efetivamente sobre os edifícios. Depois de traçar sua origem e de fazer seu elogio, Alberti expõe regras que permitem intensificar a impressão produzida pelos diferentes tipos de igrejas sobre a alma dos fiéis[95]. Mais uma vez, a exposição segue a ordem das seis operações da concepção. E, como no livro anterior, a estética naturalista mantém seu lugar[96] frente à estética dogmática que somente começa a desenvolver suas prescrições a partir da segunda metade do Cap. V, em relação com a coluna. É então, e somente então, que no espaço dos Caps. V a XII é tratada a legislação das ordens. Em tudo o que ressalta aí e dá lugar, para as *paredes* como para as *aberturas* e os *tetos*, à elaboração de terminologias específicas que farão época, Alberti adota resolutamente a atitude do arqueólogo. De resto, essas mensurações não são exclusivamente formuladas no tempo da injunção, mas às vezes também apresentadas à maneira de simples atestados, no presente ou, melhor ainda, no imperfeito do indicativo, descrevendo diretamente esses caminhos e procedimentos dos antigos[97], como se se tratasse de reconstituir a cidade do passado com seus monumentos.

Acontece o mesmo com os edifícios públicos profanos do Livro VIII. Correspondem menos ainda à nomenclatura homóloga dos Livros IV e V e pertencem em sua maior parte a tipos desaparecidos com a Antiguidade. Alberti os divide em duas categorias: vias de comunicações e edifícios propriamente ditos. As primeiras não compreendem somente as vias extra-urbanas[98] e interurba-

95. "*Et omni ex parte ita esse paratum opto, ut gui ingrediantur* stupefacit exhorrescant *rerum dignaram admiratione*" (p. 545). [O grifo é nosso]

96. Cf. particularmente o Cap. III, muito significativo para a estética negativa, e o Cap. IV.

97. Cf., por exemplo, o desenvolvimento do Livro VII sobre os capiteis: "*Dorici effecere...*" (op. cit., p. 577).

98. A categoria das vias de comunicações é efetivamente tirada do Livro IV, Cap. V, onde as estradas são divididas em militares e não mi-litares e, de novo, cada uma dessas categorias em *per agrum* e *intra-urbem*. As vias não militares extra-urbanas são ornadas pelas sepulturas, mie, segundo podemos constatar, Alberti trata como espaços públicos profanos. Entretanto, nota seu caráter religioso (p. 671). Essa contradição trai a hesitação de Alberti num momento em que a atitude diante da morte se transforma. Os três capítulos dedicados à sepultura aparecem, contudo, como o testemunho do duplo movimento, correlativo, de laicização e de personalização da morte descrito por P. Aries. Em compensação, em Alberti, constata-se a importância da conotação higienista (p. 671: "*ut sacrificii puritas contaminetur corrupti vaporis faeditate*") que, segundo P. Aries, se desenvolverá na França sobretudo no século XVIII (*Essais sur l'histoire de la mort en Occident*, Paris, Seuil, 1975).

110          A REGRA E O MODELO

nas[99], mas os cruzamentos, as praças e, sobretudo, entre essas últimas, a categoria particular das *praças de degraus* que engloba todos os locais de espetáculos, teatros, anfiteatros e circos[100]. Em compensação, cúria, senado e termas fazem parte dos edifícios propriamente ditos. Por mais que Alberti observe que a evocação dos costumes antigos introduz a uma análise da sociedade e dos usos atuais[101], a cidade e os programas urbanos contemporâneos estão estranhamente ausentes dos livros dedicados à beleza.

Aliás, ao mesmo tempo em que dá livre curso à sua curiosidade de arqueólogo e à sua paixão de humanista para reconstituir em seu esplendor a cidade antiga, sua estética negativa o leva a condenar esse fausto[102]: através de uma série de incidentes que se repetem e se misturam, constituindo uma espécie de manifesto, Alberti revela sua obsessão pela austeridade e sua predileção por uma beleza animal, essa beleza orgânica gerada pela adaptação feliz do edifício à sua finalidade.

Encontra-se a expressão final dessa estética pessoal na primeira parte do Livro IX, que trata dos edifícios privados[103]. Se o Livro V (Cap. XVI) especificava que o domicílio dos menos favorecidos pela fortuna deve sacrificar o ornamento e seus prazeres à comodidade, o Livro IX deixa entender que é esse, no limite, o caso de toda casa particular. Mais precisamente, a residência particular, qualquer que seja ela, depende em primeiro lugar de uma forma de beleza que não provém da sua decoração mas da planta e da justa compartimentação (*membrorum concinnitate*). Em outras palavras, o ornamento somente se justifica nos espaços públicos, e é por isso que, nos edifícios domésticos, sua legitimidade depende do *status* social do proprietário da casa: ele tem seu lugar nos es-

---

99. Elas exigem diferentes ornamentos segundo suas partes. A cabeça (*"caput et quasi terminus"*) exige portas e arcos de triunfo; o corpo da rua suscita as prescrições mais pessoais de Alberti no concernente à pavimentação, ao alinhamento das construções, à padronização de suas alturas e de suas portas.

100. Caps. VII e VIII. Por uma vez, Alberti encontra em Vitrúvio essa redução estrutural cuja pertinência C. Sitte sublinhará bem mais tarde: efetivamente teatros e anfiteatros são locais de encontros e de contatos análogos às praças.

101. Livro VIII, Cap. I, p. 671. Cf. de novo R. Krautheimer.

102. Cf. particularmente o Livro VIII, Cap. III, op. cit., p. 681, 683, e a reserva permanente de Alberti diante dos exemplos da suntuosidade antiga, em favor do meio--termo. Essa tomada de posição figura bem na linha do contraste que ele traça (Livro V, Cap. III) entre a desmedida dos monumentos egípcios e a *frugalitas* arquitetônica dos etruscos.

103. Cf. os quatro primeiros capítulos, onde o domínio do privado é radicalmente oposto ao do público em matéria de ornamento (Cap. I, p, 779). Alberti é formal: *"in privatis ornamentis severissime continebit sense"* p. 785); ou ainda: *"odi sumptuositatem"* (Cap. I, p. 803). Algumas regras dogmáticas, todavia, são dadas no Cap. III.

DE RE AEDIFICATORIA: ALBERTI OU O DESEJO E O TEMPO    111

paços de recepção e sua importância e seu papel crescem com o número de hóspedes recebidos.

São, pois, antes de tudo, regras orgânicas que ilustram a estética da construção privada, representada por essa casa suburbana, tão querida ao coração do autor que foi "posta de lado, nos livros anteriores, a fim de reservá-la para esse"[104] e aí detalhá-la à vontade. O encanto da casa suburbana, já louvado por Terêncio e Marcial, provém da maneira como ela se insere na natureza e de como sabe captar a luz[105], da generosidade de seu desenvolvimento ao nível do solo[106] e não em altura, e sobretudo da liberdade de sua planta[107], dispensadora do prazer supremo por intermédio daquilo que Alberti já descreve como um verdadeiro "passeio arquitetônico"[108].

Essa exaltação da beleza "orgânica" reconduz, muito naturalmente, ao problema "filosófico" da beleza em geral (*universa pulchritudines ornamentorum genera*[109]) que se foi progressivamente desenhando em profundidade a partir das análises e prescrições "técnicas". Mas essa "investigação muito difícil"[110], diferida até esse momento quase último do Livro IX, não deixará de ser de uma brevidade surpreendente. Alberti aloja-a no espaço de três capítulos (V, VI, VII), onde forma uma espécie de enclave entre o longo desenvolvimento concedido à estética dos edifícios privados e os quatro capítulos finais que, como veremos ultrapassam o registro da beleza e constituem um suplemento ao programa dos dois prólogos.

De um só golpe, o leitor se vê surpreendido pela singularidade dos três capítulos centrais e decisivos do Livro IX: de uma extraordinária complexidade, eles demonstram contudo, por várias vezes,

104. P. 791. Tratava-se, anteriormente, da exploração agrícola; dessa vez, unicamente da casa de recreio. Sobre a importância e a significação desta nos meios humanistas de Florença no século XV, cf. A. Chastel, *Art et Humanisme à Florence au temps de Laurent le Magnifique*, op. cit., p. 148 e s.

105. "*Plurimum admittat lucis, plurimum solis, plurimumque salubris aurae*" (Livro IX, Cap. II, p. 793): aplicação dos princípios de situação, de área e de abertura.

106. Ela ignora as escadarias: "*Cumque ad sinum interiorem domus inieris, non aderit ubi gradum descendisses*" (ibid.). Para Alberti, com efeito, a construção em altura é feia e inútil fora do contexto urbano (Cap. II, p. 789).

107. Alberti insiste sobre a relatividade e a diversidade das plantas, cuja única constante é a relação harmoniosa que deve unir as partes. Cf., particularmente, p. 795. A qualidade da planta oferece a maior fonte de prazer, como no caso da cidade.

108. Observação muito justa de Portoghesi confirmada por: "*Sub tecta ingressi in dúbio sint, malint ne animi gratia istic residere [...] an ulteriora petere*" (p. 793).

109. "Vamos agora manter nossas promessas e chegar aos princípios de onde provêm todos os gêneros de beleza e de ornamentos, ou melhor ainda, que se destacam de todo tipo de beleza" (primeiras linhas do Cap. V).

110. "*Difficilis nimirum pervestigatio*" (p. 811). Alberti volta mais duas vezes na mesma página a essa dificuldade.

112 A REGRA E O MODELO

uma pressa desconcertante que se manifesta em quedas abruptas[111], e sobretudo são quase constantemente colocados sob o aval insólito dos antigos. É claro que se deve ver em tais anomalias uma consequência das dificuldades a que a ambição leva Alberti: já que também ele formula, no coração do Livro IX, uma teoria da beleza que não mais concerne exclusivamente à arquitetura e na qual ele parece querer resolver as incompatibilidades e as antinomias – pressentidas já no Livro VI e subjacentes aos livros seguintes – entre beleza natural e beleza cultural, instinto e razão, entre a razão e a tradição regida pela estética dogmática.

No princípio de sua argumentação, Alberti retoma, imputando-o aos antigos (*peritissimis veterum*), o corolário "estético" do axioma do edifício-corpo, já enunciado no Livro VI: "o edifício é como um animal" (*esse veluti animal aedificium*[112]). Em outros termos, sua beleza tem a mesma natureza que a do animal: para compreendê-la e produzi-la, é preciso imitar a natureza. Alberti empreende então, em seu próprio nome[113] e no presente do indicativo, uma análise notável. As obras da natureza, prossegue ele, apresentam uma grande diversidade estética. A beleza é precisamente o denominador comum que, diante de três belas mulheres de tipos diferentes, uma das quais recebe nossas preferências, nos faz entretanto concordar com certeza que, independentemente de nossas *opiniões* pessoais, as três são igualmente dotadas de beleza. Como então definir esta? Ela depende evidentemente de nosso julgamento, informado por "uma lei (ou dispositivo) inata de nossa alma" (*animis innata quaedam ratio*[114]). Quanto ao funcionamento dessa receptividade (*animi sensus*), elucidá-lo é tarefa que Alberti se recusa a assumir. E como se admirar com isso? De fato, evitando as armadilhas do neoplatonismo, ele acaba colocando o problema nos mesmos termos em que Kant o retomará três séculos mais tarde. Não querendo (e não podendo) abordar a questão da beleza pelo interior, ou seja, pelas estruturas mentais do sujeito produtor, Alberti tentará apreendê-la a partir do exterior, por critérios pertencentes ao objeto produzido.

111. Cf., por exemplo, Cap. V, p. 813, parada brutal da pesquisa sobre a estrutura da sensibilidade e utilização duas vezes na mesma página de *non requiro* para justificar esse abandono; idem, p. 815, parada da análise da *concinnitas*; Cap. VII, p. 837, fim súbito da *finitio* das ordens por "*de his hactenus*"; idem, p. 837, final em três linhas da pesquisa "filosófica" sobre a beleza.

112. Orlandi, p. 611.

113. Ele insiste nisso. Cf. p. 813: *Credo equidem*; p. 815: *apud nos; ut earn interpreter*.

114. "*Ut vero de pulchritudine* judices, *non opinio, verum animis quaedam ratio efficiet*"; idem, p. 813. [O grifo é nosso.] A contraposição a *opinio* daquilo que nos faz julgar, em outras palavras, daquilo que estrutura nosso julgamento, autoriza aqui traduzir *ratio* por lei.

DE RE AEDIFICATORIA: ALBERTI OU O DESEJO E O TEMPO    113

Descobrirá tais critérios ao final de um processo negativo que o leva a buscar aquele cuja supressão ou alteração aniquila a beleza do belo objeto. Três *coisas* (Alberti não as designa por um termo genérico) se revelam assim essenciais: o número (*Humerus*) das partes distintas e das partes semelhantes do objeto, sua proporção (*finitio*) e a localização (*collocatio*) do próprio objeto e de suas partes umas em relação com as outras. Da conjunção de *numerus, finitio* e *collocatio* resulta *concinnitas*, essa grande lei fundamental e absoluta da natureza e das produções humanas. Vemos que se trata, então, dos resultados de três operações comparáveis às da concepção, mas deduzidas, explicitamente, da observação da natureza. Nós nos referiremos a elas daqui por diante como às três operações do axioma da *concinnitas*.

Alberti consagra o segundo tempo de sua exposição a definir essas operações e suas implicações. Mas, em vez de proceder em seu próprio nome, ele integra agora toda a informação que se relaciona com isso num relato feito no imperfeito, cujos protagonistas são os antigos. Frente à diversidade das obras da natureza, estes transpuseram-lhe (*transtulerunt*) as leis para as obras dos homens. Descobriram, em particular, que de acordo com *seus programas* (*fine et officio*) os edifícios deviam obedecer a três grandes formas[115] (*figuras aedis exormandis*), que chamaram dórica, jônica e coríntia, apresentadas em termos puramente qualitativos. As regras gerais da estética arquitetônica deviam resultar do cruzamento dessas três formas com as operações da *concinnitas*. Mas Alberti não segue a lógica de suas premissas. De um lado, não mais se ocupará das *figuras aedis exornandis*, a não ser esporadicamente e *in extremis*, no início do Cap. VII. De outro lado, em detrimento de *numerus* e *collocatio*, ele privilegia a *finitio*[116] cujo estudo começa no fim do Cap. V e termina no meio do Cap. VII.

Essa *proporção* apresenta, com efeito, a insigne vantagem de receber uma expressão numérica[117]. Os antigos, nos diz Alberti, descobriram que ela obedece em arquitetura a três tipos de regras. Umas são deduzidas da observação da natureza, cujos domínios todos, dependam da visão ou da audição, são regidos por uma legislação única. Por isso, podem ser buscadas na música: as proporções das cordas, das quais resultam os diferentes acordes musicais,

115. Idem, p. 817.

116. Alberti só a define muito depois de havê-la nomeado, somente após haver tratado da *concinnitas* e do número. "*Finitio* quidem *apud nos est correspondantia quaedam linearum inter se, quibus quantitates dimetiantur*" (p. 821). Portoghesi (op. cit., nota a p. 814) observa com justiça que, se Alberti considera *finitio* como sinônimo de proporção, não é enquanto relação de dimensões abstratas, de pura quantidade, mas enquanto relação de linhas e de elementos arquitetônicos definidos.

117. Idem, p. 821.

114 A REGRA E O MODELO

são diretamente transponíveis para os edifícios[118]. As segundas não são mais "inerentes aos corpos e à harmonia" (*non innata armoniis et corporibus*[119]), mas provêm de "alhures" (*aliunde*). Alberti não especifica qual é esse alhures, mas pode-se presumir que se trata do espírito humano, criador de um conjunto de regras aritméticas, geométricas e musicais, subsumíveis sob o termo médias[120], e elas também aplicáveis à edificação. Enfim, ocorre, ilustrado por sua aplicação à coluna e seu cruzamento efetivo com as três *formas* (das ordens), um terceiro tipo híbrido. Com efeito, ele tira simultaneamente suas regras de três origens. Em primeiro lugar, da observação da natureza, e em particular das proporções do corpo humano a que Alberti se refere pela primeira vez nesse Cap. VII. Mas tais medidas não se revelam próprias a satisfazer nosso senso inato da beleza[121]. Devem ser corrigidas, de um lado pela aplicação das regras *matemáticas* e, de outro, pela observação do mundo dos edifícios construídos que impõe sempre uma verificação senão uma retificação. Esse último tipo de regras vem, pois, de alguma forma, caucionar *a posteriori* a estética dogmática de Alberti, que, já o vimos, era a das ordens antigas.

Nada mais resta, então, a Alberti senão tratar da *collocatio*. Ele se desobriga disso numa página rápida e não desprovida de ambiguidade: a *collocatio* escapa à racionalização, depende da intuição (*Ea magis sentitur... quam intelligatur per se*[122]) e, ao mesmo tempo, pode ser "fundada em grande parte sobre as regras da *finitio*"[123]. Em seguida, Alberti coloca um final lapidar à sua pesquisa "filosófica" sobre a beleza e ao mesmo tempo que ao Cap. VII[124].

Mas não será para cumprir o programa anunciado nos dois Prólogos. Com efeito, deixando deliberadamente o campo fechado da beleza que o Livro X devia encerrar, Alberti traça um balanço,

118. Sobre as relações da música e da arquitetura em Alberti, cf. a obra fundamental de R. Wittkower, *Architectural Principles in the Age of Humanism*, op. cit., especialmente o Cap.: "Musical Consonnances and the Visual Arts", p. 117 e s., e o Apêndice 2.

119. Idem, p. 831.

120. Ver particularmente a análise que faz Wittkower das "médias" pitagóricas em Alberti e da influência do *Timeu* (op. cit., p. 110, 114 e s.) e sua refutação da interpretação de P.-H. Michel (op. cit.).

121. *Naturae sensu animis innato, quo sentiri diximus concinnitates...* Idem, p. 835, passagem essencial para a expressão da complexidade da estética albertiana.

122. Idem, p. 837.

123. Alberti não tenta eludir o que poderia ser quase considerado como uma antinomia; ele próprio coloca-a em evidência: "*Nam eo quidem multa parte ad judicium insistum natura animis hominum refertur, et multa etiam parte finitionis rationibus condict*". (*O grifo é nosso.*)

124. "Nos deteremos aqui, pois, nossa pesquisa sobre a natureza da beleza e as partes em que ela consiste, sobre os números e a proporção segundo a organizaram nossos antepassados", idem, p. 839.

DE RE AEDIFICATORIA: ALBERTI OU O DESEJO E O TEMPO    115

ou, mais precisamente, recapitula sob a forma de prescrições negativas o caminho percorrido desde o começo do *De re aedificatoria*. Enuncia preceitos que permitam evitar os defeitos cuja responsabilidade incumbe ao arquiteto. Não se trata, portanto, nem de correções nem de reparos (previstos e tratados efetivamente no Livro X), mas de *prevenção*. E, entre as regras preventivas que dizem respeito aos três registros da edificação, e não exclusivamente ao do prazer e da beleza, será dado um lugar de eleição à estética negativa, à denúncia dos ornamentos inúteis, ao emprego do princípio de frugalidade. Alberti insiste, finalmente, em dois outros fatores. De um lado, o tempo necessário para o amadurecimento dos projetos[125] que se deve evitar de elaborar depressa demais, negligenciando o prévio trabalho experimental em *maquettes*. De outro lado, a consulta, em todas as etapas da edificação, a interlocutores, cujos conselhos e julgamento darão ao arquiteto a possibilidade de evitar as causas de erro.

Assim, apesar das aparências, as regras preventivas do Livro IX não são assimiláveis aos preceitos corretivos do Livro X que dizem respeito a edifícios já construídos. Na medida em que se situam aquém da realização, elas têm um valor positivo e uma autêntica função generativa. A esse título, pertencem intrinsecamente ao processo da edificação, ao qual trazem seu verdadeiro epílogo, que é também o do *De re aedificatoria*.

Essa dimensão conclusiva do Livro IX se manifesta, em particular, nas páginas onde são evocados, pela primeira vez no *De re aedificatoria*, os problemas que se colocam ao arquiteto enquanto indivíduo. Isto porque é à sua competência e a suas qualidades que se deve a qualidade da obra construída. Sua pessoa e sua personalidade são a base oculta do mundo edificado. Daí dois capítulos (X e XI) surpreendentes nos quais Alberti traça, sob a forma de regras, o perfil moral e intelectual do arquiteto, ser de exceção pela soma de desempenhos que deve estar em condições de cumprir. Com efeito, a edificação, paradigma da criatividade humana, só pode ser o apanágio de um indivíduo propriamente exemplar: é nesse local do *De re aedificatoria* que, finalmente e apesar de tudo, se inscreve a ética. Essa intervém no processo de edificação apenas por meio de seu agente, o arquiteto, cuja virtude principal é a prudência. Na articulação da moral e do saber, apelando ao mesmo tempo para a prudência e para o conhecimento, o que denominaríamos a cultura

---

125. Sobre esse papel capital do tempo no processo criador do arquiteto, cf. o último parágrafo do Cap. VIII onde Alberti é pródigo ao mesmo tempo nos advérbios de tempo *titerum, priusquam, ter, quater, diu* etc.) e nos verbos que marcam a duração da ação (*répétas, percogitatum, perconstitutum*), e define uma série de sequências temporais (cum *intermissis* [...] tum *resumptis*; a *radicibus irais* ad *surnrnam* usque *tegulam*). Cf. supra, p. 86, passagem do Livro II citado na nota 25.

116 A REGRA E O MODELO

arquitetônica é objeto de longo desenvolvimento por Alberti, O arquiteto, indica ele, só pode proceder a partir de uma *tabula rasa* (o que seria a própria temeridade). Todo o seu caminho, como o do homem de letras[126], deve estar assentado no conhecimento do *corpus* dos edifícios de qualidade já construídos. Deve conhecer as obras de seus predecessores com as quais entrará numa dupla relação crítica e dialética que o incitará a superá-las inovando.

Somente então, Alberti inventaria os outros conhecimentos necessários à formação do arquiteto. E nesse ponto ele se opõe a Vitrúvio que, seguido da maioria dos autores da era clássica, exige conhecimentos enciclopédicos. Para o florentino, só são realmente necessárias a matemática e a pintura[127], e ainda assim é suficiente ter delas uma prática corrente. Uma última observação ética permitirá, enfim, encerrar o Livro IX com a análise das relações do edificador com seus parceiros, isto é, as pessoas que encontra na prática de sua disciplina: seus clientes[128], interlocutores privilegiados ao nível da *commoditas*; seus pares, cuja perícia é indispensável aos três níveis da edificação e, em particular, ao da estética; seus operários, cuja competência condiciona a qualidade de suas realizações.

Ao mesmo tempo cativa e vitoriosa das redes do tempo que limitam e fundamentam seu poder, eis que surge, pois, ao término do Livro IX, a figura de um herói. Os poderes inauditos que detém, ele os deve em parte à consciência que tem de sua tarefa e de suas responsabilidades, mas sobretudo à força e à acuidade de seu intelecto[129]. A entrada em cena, em toda a sua glória, repercutida através do livro, do edificador, rapidamente entrevisto quando do primeiro elogio da arquitetura, deve ser lida como a conclusão e o remate semântico, senão formal, do *De re aedificatoria*. É também a cena final do *De re aedificatoria*, simétrica da primeira onde Alberti se expõe ao mesmo tempo que seu propósito.

Uma vez desenvolvidas, do Livro I à metade do Livro IX, as regras intemporais de sua atividade, imediatamente após sua breve recapitulação, o arquiteto pode ser, enfim, apresentado como o simétrico, o outro e a verdade do *Eu* que abria o Prólogo. A trajetória de Alberti termina no *Ele* triunfante do herói, essa terceira pessoa justifica e autentica a primeira.

126. *"Sic gerat sese ut in studiis litterarum faciunt"*, op. cit., Cap. X, p. 857.

127. *"Penitus necessária ex artibus […] pictura et mathematica"*, p. 861.

128. A escolha dos clientes é particularmente importante. O arquiteto não pode estragar seus talentos. Tem necessidade de um interlocutor de qualidade *"splendidis et harum rerum cupidissimis principibus, civitatum […]"* (p. 865).

129. *"De re aedificatoria laus omnium est judicare bene quid deceat. Nam aedificasse quidem necessitatis est; commode aedificasse cum a necessitate id quidem turn et ab utilitate ductum est"* (Cap. X, p. 855), Cf. também (p. 848) a passagem em que Alberti subordina o registro da estética aos da necessidade e da comodidade: o pior erro estético provém da inobservância das regras dos dois primeiros níveis.

DE RE AEDIFICATORIA: ALBERTI OU O DESEJO E O TEMPO    117

Que o Livro IX seja a verdadeira conclusão do *De re aedifica-toria* é confirmado pela análise do Livro X. Com certeza, esse pode iludir, em parte. Trata efetivamente os dois temas previstos pelo Prólogo: correção dos defeitos e reparo dos estragos. Isto porque, nesse livro final, o tempo continua a agir. Mas, seja o tempo das estações e dos cataclismos, seja o dos humanos, ele atua agora de maneira negativa, pela corrosão e pela destruição[130]. É assim que o espetáculo do abandono dos edifícios antigos conduz Alberti, uma vez mais, a caminhos não trilhados. Denuncia as "exações dos humanos", indigna-se "ao ver a incúria de alguns (para não dizer a avareza) destruir edifícios que o furor do bárbaro havia poupado por causa de seu raro esplendor e que o próprio tempo, implacável destruidor de todas as coisas, parecia ter destinado à eternidade[131], e daí tira consequências notáveis. Primeiramente, na sequência de seu princípio de economia, a regra de reparação e de manutenção dos edifícios, que seus sucessores levarão cinco séculos para redescobrir[132]; em seguida, o que eu chamaria de bom grado a regra de "salvaguarda", inspirada ao mesmo tempo pelo interesse histórico e pela piedade que deve ser votada a todo belo trabalho humano. Essa regra de proteção, que antecipa ao mesmo tempo a atitude das Luzes e o lirismo ruskiniano, repercute o eco de várias passagens anteriores do *De re aedificatoria* e permite que se considere Alberti como o criador da noção de monumento histórico[133].

Entretanto, é preciso realmente constatar que o Livro X não respeita mais as regras de construção textual do *De re aedificatoria*. Ultrapassa o conteúdo que lhe determinava o Prólogo e sacrifica o jogo regulamentado dos operadores do texto à anedota pitoresca e a uma longa digressão-dissertação, de inspiração vitruviana, sobre a água e as obras hidráulicas que ocupa mais de dois terços do texto. De fato, o décimo livro se mostra um quarto de despejo. Pode-se compará-lo a uma janela falsa, que dá ao edifício albertiano uma aparência vitruviana, ou seja, pode-se ver nele um anexo medíocre, exterior à

130.    "Todas as coisas são vencidas pelo tempo (*aevo*) [...] as injúrias da idade (*vetustatis*) não são menos numerosas que poderosas. Os corpos nada podem fazer contra as leis da natureza que os condenam a envelhecer (*quin senectutem subeant*)", Livro X, Cap. I, p. 176. Essas linhas, que evocam o *Momus*, traduzem o profundo pessimismo de Alberti sobre o qual se deverá consultar o artigo definitivo de E. GARIN, "Il pensiero di L.B. Alberti nella cultura del Rinascimento", in *Convegno Internationale indetto nel centenario di L.B. Alberti*, citado *supra*.

131.    Idem. Cf. também o Cap. XV, p. 989, onde Alberti denuncia "a negligência e a incúria dos homens" em matéria de manutenção dos edifícios.

132.    Cf. C. Alexander que, depois de haver posto em evidência o papel do reparo nas sociedades "homeostáticas" (*Notes on the Synthesis of Form*, Cambridge, Mas., Harvard University Press, 1964), faz da reparação sistemática um dos princípios fundamentais de suas novas regras do construir (*The Oregon Experiment*, trad. fr., *Une expérience d'urbanisme démocratique*, Seuil, 1975, p. 77-89).

133.    Cf. F. Choay, artigo in *The Harvard Architecture Review*, fall. 1983.

118 A REGRA E O MODELO

construção textual de Alberti que se impõe, ao contrário, em todas as suas partes, pelo rigor e pela coerência de sua arquitetura,

## 2. UMA TEORIA DA EDIFICAÇÃO

Chegando a seu termo, minha análise deve ter dissipado as dúvidas formuladas no início desse capítulo. A ordem seguida por Alberti não é contingente. Cada seção do texto se acha no lugar que lhe é determinado por um conjunto de operadores. E se ocasionalmente uma receita prática se aloja nessa construção teórica, é em seu lugar hierárquico, no momento da execução do programa. Quanto à diversidade dos problemas abordados, longe de ser digressiva ou arbitrária, é justificada pela natureza do "segundo nível" albertiano que se desenvolve à medida que se enunciam os objetivos e os desejos que ele deve satisfazer e dos quais não pode dissociar-se. Já que é preciso ilustrar o funcionamento dos pares de operadores universal-particular, público-privado, sagrado-profano, através de regras concretas, torna-se necessário levar em conta o conteúdo das instituições sociais e/ou dos projetos individuais.

Caminhando junto com Alberti, pudemos descobrir, além disso, o modo de engendramento do texto. Este revelou ser o produto de um número preciso e limitado de elementos que chamei *operadores* e cujo trabalho permite construir progressiva e simultaneamente o livro e as regras da edificação. Vimos também que Alberti não designa explicitamente, sob a denominação de *principia*, *partes*, *rationes*, senão uma parte dos operadores que ele emprega. Uma análise funcional, entretanto, permite determinar-lhe a totalidade, das quais apresentarei uma exposição sintética numa formulação mais ou menos livre com respeito à do *De re aedificatoria*, e, ainda" uma vez, utilizando minha própria terminologia.

Embora essa distinção não seja estabelecida por Alberti, podemos dividir os operadores do *De re aedificatoria* em duas categorias: uns teóricos, os outros práticos. Aos primeiros chamo *axiomas* (são cinco, dotados de corolários) e aos segundos, em número de três, denomino *princípios*.

Escolhi dar o nome de axiomas aos operadores teóricos porque são apresentados sob a forma de proposições indiscutíveis, originais e dotadas de um poder generativo. Constituem um fundamento e merecem tanto mais seu nome quanto não apelam à intuição. Com efeito, único na linhagem dos tratadistas ocidentais, e consciente das facilidades de que ele se priva dessa forma, Alberti deliberada e explicitamente renunciou a ilustrar seu tratado[134]: ato que, num tempo de inflação do visual e levando em conta a dupla

---

134. Livro III, Cap. II, op. cit., p. 177.

contribuição do teórico florentino à teoria da perspectiva e à cartografia, assume um peso singular.

Podemos formular o primeiro axioma, ou tríade albertiana: "a edificação consiste em três partes dependentes respectivamente da necessidade, da comodidade e do prazer". Esse axioma determina três níveis (ao mesmo tempo lógicos, cronológicos e axiológicos) na atividade do edificador e três tipos, muito diferentes, de regras. Serve, ademais, para estabelecer a divisão tripartite do *De re aedificatoria* e é reutilizado ao longo do tratado para ser cruzado com os outros operadores. Vemo-lo atuar desde o Prólogo onde é utilizado para estruturar o elogio da arquitetura. Pode-se formular o segundo axioma: "todo edifício é um corpo". Oferece no curso do livro três variantes suplementares que podem ser consideradas como seus três corolários: "metodológico", "estrutural" e "orgânico". O primeiro corolário especifica que, "como todo corpo, todo edifício é composto indissociavelmente de forma e de matéria". Determina o plano da primeira parte do *De re aedificatoria* (ordem sequencial dos três primeiros livros) e permite, por cruzamento com os axiomas 1 e 3, engendrar uma parte das regras da construção. O corolário 2 (estrutural) especifica que, "como todo corpo (vivo), o edifício é composto de um esqueleto (elementos portadores), de tendões e ligamentos (elementos de ligação) e de uma pele (enchimentos e revestimentos)": esse corolário, convenientemente cruzado, permite engendrar as regras estruturais da construção, do Livro III. Enfim, o terceiro corolário (orgânico), segundo o qual os membros são solidários entre si e subordinados à organização do corpo inteiro, permite gerar por cruzamento parte das regras da segunda e da terceira partes: explica ao mesmo tempo a adaptação do edifício aos seus objetivos e a sua harmonia. Podemos formular o terceiro axioma: "a diversidade dos humanos e de suas demandas não tem limite; para ser eficazmente considerada no processo de programação, ela exige ser integrada num quadro taxionômico arbitrário". Trata-se aí de uma espécie de atestado de importância que legitima os paliativos. Podemos considerar como corolários desse axioma um conjunto de oposições binárias, geral/particular, público/privado, sagrado/profano, urbano/rural, dependente do lazer/dependente do trabalho, que servem para dirigir e organizar a programação, operação fundamental do segundo nível, ao mesmo tempo que para instituir a ordem sequencial dos capítulos da segunda e da terceira partes do *De re aedificatoria*.

Ao contrário dos anteriores, o quarto axioma, "da concepção", aparece somente no Prólogo. Abrindo o Cap. II do Livro I, pode ser formulado: "a edificação consiste em seis operações relativas à localização, à área, à planta, à parede, ao teto e às aberturas dos edifícios projetados". Essas seis operações servem para gerar, por cruzamento

120 A REGRA E O MODELO

com os outros axiomas, o conjunto das regras da edificação. Determinam, além disso, a ordem de sequência dos capítulos dos Livros I e III e contribuem para estruturar e ordenar o tratamento das matérias dos Livros IV a IX. Enfim, pode-se formular o quinto axioma, do prazer, homólogo ao anterior pelo local de sua enunciação fora do Prólogo e por sua divisão em operações: "a beleza de um edifício resulta do jogo de três operações relativas ao número de suas partes, a suas proporções e à sua localização". Formulado no Cap. V do Livro IX, ele esclarece retrospectivamente os livros estéticos (VI, VII, VIII, IX, Caps. I a V) que o antecedem, mas gera efetivamente apenas o plano dos Caps. V a VII (inclusive) e as regras que esses contêm.

Quanto aos três princípios práticos, que Alberti se contenta em utilizar sob formulações diferentes sem designá-los ao leitor como entidades abstratas, aparecem já no Prólogo para atuar ao longo de todo o *De re aedificatoria*. Assim, o *princípio de frugalidade* ordena que se opte sempre pela solução ótima com menores despesas, devendo o edifício ser reduzido àquilo que dele não pode ser tirado, trate-se de materiais ao nível da construção, de ornamentos ao nível da estética e, de maneira geral, dos gastos. Somente a despesa intelectual, sob a forma do trabalho de concepção e de autocrítica, é encorajada incondicionalmente. Como vimos, esse princípio desempenha um papel particularmente importante naquilo que chamei de estética negativa de Alberti. Quanto à própria construção do texto, a aplicação do princípio de frugalidade se traduz, em primeiro lugar, numa extraordinária economia de meios conceptuais e terminológicos: cinco princípios teóricos somente e um vocabulário que à sua limitação deliberada deve força e precisão. Em seguida, procede do mesmo espírito um conjunto de equivalências estruturais que contribui, ele também, para reduzir o custo teórico e textual: portas, janelas, saídas de fumaça e canalizações de água são reunidas sob a denominação de aberturas, come tetos e assoalhos sob a de cobertura. Da mesma forma, a cidade é assimilada a uma grande casa e, inversamente, a casa a uma pequena cidade, o que as torna passíveis das mesmas regras de divisão. O *princípio de duração* exige que a edificação se inscreva na duração, tome tempo. Não se trata apenas de uma inscrição adequada no ciclo das estações, mas do desdobramento temporal de um trabalho intelectual: todo projeto deve ser amadurecido, rediscutido, questionado. Não existe pior inimigo para o arquiteto que o imediatismo ou a pressa. Esse princípio confere ao *De re aedificatoria* seu valor metafórico e determina ao mesmo tempo a espessura e a cronologia do texto. Chamo, enfim, *dialógico*[135] o princípio

---

135. Tomamos este termo de M. Bakhtin. Cf. S. Todorov" (ed.), *M. Bakhtine, Le Principe dialogique suivi de Ecrits du Cercle de Bakhtine*, Paris, Seuil, 1981. Cf. op. cit., Livro I, Cap. II, p. 21; Livro IV, Cap. I, p. 165; Livro VI, Cap. II, p 451.

DE RE AEDIFICATORIA: ALBERTI OU O DESEJO E O TEMPO 121

que estipula que o processo de edificação implica vários atores ou tipos de atores numa relação verbalizada. Os *peritos* (*periti*), em outras palavras, os outros arquitetos e os humanistas, são chamados a intervir nos três níveis da edificação para controlar e criticar as decisões do arquiteto. O *cliente* (ou patrão) desempenha um papel essencial no segundo nível, na formulação e discussão do programa. Finalmente, a comunidade social em seu conjunto tem a sua palavra. Em suma, o *outro* é um parceiro completo do arquiteto na produção do mundo construído: quer se trate da discussão do programa ou do julgamento de conformidade às leis físicas e às regras estéticas onde *laus* (o louvor) se torna o coroamento, e quase a finalidade, da edificação. Na construção do tratado, a aplicação do princípio dialógico se traduz na presença insistente e permanente de uma segunda pessoa, o "tu" que, como havíamos visto anteriormente, é o destinatário silencioso do "eu" de Alberti.

Além dos cinco axiomas teóricos e dos três princípios práticos, outros operadores, de um gênero diferente, que chamarei *metamíticos*, introduzem o Prólogo e cada uma das três grandes partes do *De re aedificatoria*. Servem para fundamentar e gerar, ao mesmo tempo, o projeto global de Alberti e o conjunto dos axiomas, e se apresentam sob a forma de breves "relatos de origem", livremente construídos por Alberti. Teremos ocasião de analisar seu funcionamento e de nos interrogar sob seu sentido no final desse capítulo.

Por enquanto, bastar-nos-á constatar – e era esse o objeto dessa capitulação sistemática – que seus operadores permitiram que Alberti construísse uma verdadeira teoria da edificação, que articula três sistemas independentes e hierarquizados. Na base, o sistema da *construção* compromete os materiais que devem obedecer às leis da mecânica e da física[136], bem como às de uma lógica imposta pelo espírito humano: dupla pertinência que, para o leitor moderno, não deixa de evocar a do material fônico, base da construção de todo discurso e que depende ao mesmo tempo das regras da fonética e das da fonologia. De fato, se a física dos materiais ocupa um livro inteiro (Livro II), Alberti dedica uma parte original de seu trabalho, que nada deve a qualquer um de seus predecessores, à definição das seis operações básicas da concepção em matéria de edificação. Trata-se, no caso, de uma espécie de poder de formalização inata, própria do cérebro humano, que participa da mesma necessidade que as leis da natureza, e que permite articular os materiais (Livro I) e formular as regras dessa articulação (Livro III). Essas seis operações irredutíveis dão forma, pois, a uma matéria submetida a suas

---

136. É claro que a física de Alberti continua sendo a de Aristóteles. Todavia, mesmo que seus conceitos de lei e de necessidade sejam pré-galileanos, o esquema teórico que ele propõe não deixa de ser apropriável pelo pensamento atual.

122 A REGRA E O MODELO

leis específicas, mas que nenhuma finalidade humana organiza; garantem sua integração no sistema primário, que constitui a condição prévia e, por sua vez, a "matéria" a partir da qual poder-se-á desenvolver ou exprimir o mundo construído; isto porque o sistema da construção é uma condição necessária, mas não suficiente da edificação. Abre o acesso ao sentido, mas não permite seu desenvolvimento articulado tanto quanto o sistema fonológico não permite construir proposições significantes. É por isso que as regras da primeira parte do *De re aedificatoria* não dizem respeito ao mundo diversificado do edifício, à paisagem urbana ou rural.

Essa só é inscritível num segundo nível de articulação (Livros IV e V). Depende de um segundo sistema de regras, que faz passar os elementos construídos do semiótico ao semântico. Mas essa segunda articulação não é comparável à que caracteriza a linguagem verbal. Apela a um sistema semiótico externo que é a linguagem: o primeiro sistema, o da construção, só pode ser desenvolvido no espaço se for integrado pelo sistema hierarquicamente superior da demanda ou do desejo expressos verbalmente. Quando as tentativas atuais de "semiótica arquitetural" são polarizadas sobre a noção ambígua e fugidia de função[137], Alberti enuncia de maneira magistral a ligação consubstancial do construir com o desejo e a abertura indefinida desse último[138]. Evita, aliás, a armadilha do dogmatismo e coloca desde logo que demanda e desejo de espaço construído são formalizáveis somente com o auxílio de categorias taxionômicas arbitrárias. O sistema das regras programáticas que elabora no Livro IV é apresentado como uma solução possível entre outras: seu valor é operatório e se deve ao esforço de racionalização de onde procede. Assim, ao longo dos Livros IV e V, longe de ser um simples interpretante[139], a língua é primordial na origem mesma do texto construído que constitui apenas uma sua transcrição: a recusa do desenho e da ilustração, assinalada anteriormente, sublinha esse *status* realengo da linguagem verbal. É por isso que, nesse nível, a espacialização numa escrita em três dimensões não aduz qualquer suplemento de sentido a respeito da formulação da demanda e do desejo inicialmente expostos pela linguagem, cujo poder de dissociação e de rearticulação, em outros termos a finura de análise, não pode ser igualado pelo texto construído.

---

137. Cf. TJ. Eco, *La Structure absente*, Paris, Mercure de France, 1972 [Trad. bras.: *A Estrutura Ausente*, São Paulo, Ed. Perspectiva, 1976.].

138. Cf. Livro I, Cap. III, p. 23: "*Quoad res prope infinita redacta est*"; Livro IV, Cap. I, p. 265: "*Pro hominum varietate in prirais fieri ut habeamus opera varia et multiplicia*"; ou ainda Livro IX, Cap. VI, p. 795, sobre a casa suburbana: "*Areis vero gui differant ista inter se, non est ut referam; sunt enim multa ex parte arbitrio et varia locorum Vivendi ratione immutantur*".

139. Cf. E. Benvéniste, *Problèmes de linguistique générale II*, Paris, Gallimard, 1974, "Sémiologie de la langue".

DE RE AEDIFICATORIA: ALBERTI OU O DESEJO E O TEMPO

Por sua vez, o segundo nível é integrado pelas regras de um terceiro sistema, o da beleza, fonte do prazer (Livro VI, VII, VIII, IX). Diríamos hoje que esse terceiro nível é o da poética[140] em que, depois de ter sido subordinada a e ordenada pelo sistema da língua e pela semântica do discurso verbal, a arquitetura está em condições de significar por seus meios próprios e específicos. Assim, sem pender para os analogismos falaciosos que a moda por vezes inspirou a nossos contemporâneos, Alberti coloca, pela primeira vez na história, as condições daquilo que hoje denominaríamos uma semiologia do espaço construído[141].

A concepção desses três estratos articulados entre si representa, pois, uma contribuição capital à teoria da edificação. A importância disso jamais foi reconhecida plenamente. Esse não reconhecimento se explica em parte pelo fato de que o *De re aedificatoria* foi lido tradicionalmente como um novo Vitrúvio, muito mais do que como abordagem teórica original. Mas é certo também que a repercussão dos trabalhos da linguística sobre o conjunto das pesquisas antropológicas permite atualmente uma leitura diferente do texto. Deliberadamente anacrônica, essa não é menos possível e legitimada pelas qualidades intrínsecas da obra albertiana.

Vimos, entretanto, que o registro da beleza não apresenta a mesma homogeneidade que os outros e causa uma certa perturbação à unidade que o projeto albertiano teria reclamado. É que, a despeito de uma informação, notável para a época, relativa tanto à cultura antiga e seus vestígios arqueológicos quanto à arte contemporânea e suas ideias diretrizes, Alberti não dispunha dos instrumentos conceptuais, elaborados muito mais tarde, que lhe teriam permitido senão resolver – cinco séculos mais tarde a questão continua aberta – pelo menos colocar mais claramente o problema da estética. Um resumo sintético das dificuldades que, segundo mostrou a análise do Livro IX, impediam que Alberti mantivesse a coerência perfeita de seu tratado, nos permitirá especificar a contribuição original de Alberti a uma "teoria da arte" e captar a origem dos contrassensos habitualmente cometidos sobre as relações do *De re aedificatoria* com o pensamento antigo em geral e com o neoplatonismo em particular. Utilizarei minha própria terminolo-

---

140. Cf R. Jakobson, particularmente "Linguistes and Poetics" in T. A. Sebesk, org., *Style in Language*. New York, 1960. Cf. também I. Lotman, *La structure du texte artistique*, trad. fr., Gallimard, 1973.

141. Da qual ele revela por vezes uma espécie de prefiguração em algumas passagens antecipadoras. Cf. Livro IX, Cap. X, p. 861: "*verum pictura et mathematica non carere magis poterit* [trata-se do arquiteto] *quam voce et syllabis poeta*" (já citado, p. 116, n. 127) [*O grifo é nosso*]; p. 855 (comparação do arquiteto com o homem de letras).

124 A REGRA E O MODELO

gia, de um lado nos casos em que, como para os operadores, ela permitiu designar noções de que Alberti se serviu sem lhes dar denominação específica (beleza orgânica), de outro lado quando me forneceu conceitos interpretativos (estética negativa).

Vimos anteriormente que Alberti entende a beleza sob quatro categorias opostas duas a duas. Opõe de um lado beleza intrínseca e beleza acrescentada ou ornamento (sua terminologia); de outro lado, beleza orgânica naturalista e beleza dogmática cultural (minha terminologia). A beleza orgânica aparece, de fato, desde o estágio da *commoditas* onde resulta da feliz adaptação de um edifício à sua destinação. Provém então de uma *concinnitas* particular, idêntica à do animal cuja harmonia das partes é criada pela natureza, coextensivamente com a adaptação a suas funções. Num e noutro caso, quer se trate do edifício ou do animal, sua beleza é universalmente percebida por todos: em termos modernos poder-se-ia dizer que se trata de uma boa *Gestalt*. É essa a primeira descoberta de Alberti e se integra perfeitamente na lógica de seu tratado.

Mas se Alberti tivesse se detido aí, o *De re aedificatoria* não teria terceira parte. Com efeito, esta repousa totalmente sobre a hipótese de uma articulação suplementar, que possui suas leis próprias, pertence ao mundo da cultura e constitui essa poética da edificação que, por oposição à simples construção como "língua natural", é a arquitetura, no sentido estrito de linguagem "artística"[142]. Assim, a poética do templo, por exemplo, é regida por duas séries de regras. Umas concernem ao exterior e possibilitam que ele exprima a transcendência divina e a majestosa severidade da religião através de sua implantação num sítio natural ou num contexto urbano e através do tratamento de suas paredes[143]. As outras se aplicam ao espaço interior do templo para suscitar o terror religioso[144], o recolhimento[145] ou o sentimento do mistério[146] por meio da disposição de sua planta, pelo arranjo de seu teto e de suas aberturas.

Entretanto, essa poética, que, como tão bem assinala o *De re aedificatoria*, é própria do homem, é dramaticamente partilhada entre duas tendências. De um lado, Albert continua obcecado pelo princípio de frugalidade que lhe inspira sua estética negativa e, no

---

142. I. Lotman, op. cit., capítulo sobre "A Arte Enquanto Linguagem": "a arte verbal, embora se baseie na *língua natural*, nela se baseia apenas para transformá-la em sua própria linguagem secundária, *a linguagem da arte*", p. 55 [o grifo é nosso]. É realmente nessa acepção que Alberti utiliza o termo arquitetura.

143. Livro VII, Cap. II.

144. Livro VII, Cap. III, p. 545.

145. Livro VII, Cap. X, p. 609.

146. Livro VII, Cap. XII, p. 617: "*Apertiones fenestrarum in templis esse oportet modicas et sublimes unde nihil praeter coelum spectes unde et aui sacrum faciunt [...] nee quicquam a re divina mentibus distrahantur*". Sublinha na mesma passagem: "*Horror, qui ex umbra excitatur, natura sui auget in animis veneraitonem*" (ibid.).

DE RE AEDIFICATORIA: ALBERTI OU O DESEJO E O TEMPO    125

limite, o faria considerar a boa *Gestalt* como um ideal suficiente. Mais ou menos inconscientemente, ele liga beleza cultural e ornamento. O ornamento (sentido como perigo) é ao mesmo tempo consubstancial à poética. De outro lado, Alberti quer terminar de enquadrar o registro intermediário da comodidade, por leis racionais tão coercitivas quanto as leis da natureza no registro da necessidade, mas de uma outra origem que lhe conferirá uma racionalidade matemática. Assim, ele é levado, sub-repticiamente, a elaborar *duas estéticas* competitivas, formuladas paralelamente ao longo do Livro IX.

Uma estética ainda naturalista, mas não redutível à da boa forma, embora dotada ela também de universalidade, se assenta não mais sobre o corpo animal mas sobre o corpo humano, ao mesmo tempo como ator e como modelo: o prazer engendrado pela beleza arquitetônica põe em jogo o corpo *inteiro* (como o testemunha o exemplo do "passeio arquitetônico"[147]) daquele que dele goza e que percebe o belo edifício como um outro corpo, regido pelas mesmas proporções. Esse papel estético atribuído ao corpo e as ressonâncias sexuais dessa interpretação evocam, sobretudo se as esclarecemos pelos textos de Filareto citados em meu Cap. 4, uma reaproximação com certas ideias de Freud[148], que elas permitem pôr em perspectiva e desenvolver. Todavia, essa "poética do corpo" se revela mais especulativa que normativa.

Em compensação, a outra estética, "matemática", propõe um sistema de normas estilísticas. Porém, como o demonstra claramente a forma dogmática de sua exposição, esse sistema é emprestado: a Antiguidade greco-romana entrega-o a Alberti, em sua expressão numérica que assume força de lei, e com as conotações pitagóricas que lhe estão ligadas. E foi precisamente essa estética matemática que permitiu interpretar não só a terceira parte mas o tratado inteiro como uma obra de inspiração neoplatônica. A maioria dos historiadores da arquitetura, e particularmente R. Wittkower, desprezando a *concinnitas* naturalista herdada do "fisiologismo"[149] aristotélico, se concentraram sobre a *concinnitas* matemática e o sistema dogmático que ela sustenta e se apressaram em fazer de Alberti o promotor de uma teoria exclusivamente matemática e neoplatônica da arquitetura. Para nós, ao contrário, a estética dogmática aparece como uma deriva momentânea, em contradição

---

147. Cf. supra, p. 111. Cf. também Livro VIII, Cap. X, p. 771-773, o percurso das termas.

148. Cf. S. Freud, *Trois Essais sur la théorie de la sexualité*, trad. Tr., Paris, Gallimard, 1962, col. "Idées", 1977, p. 142; "A curiosidade pode transformar-se no sentido da arte quando o interesse não mais está concentrado unicamente sobre as partes genitais, mas se estende ao *conjunto do corpo*". [O *grifo é nosso*.] O texto alemão data de 1905.

149. Cf. T. Tracy, *Physiological Theory and the Doctrine of the Menu in Plato and Aristotle*, Haia-Paris, Mouton, 1969.

com o espírito e a lógica do *De re aedificatoria*. Certas anomalias formais apontam nesse sentido: os tempos verbais empregados para expor as leis da estética dogmática, o lugar do relato de fundação que as segue em vez de as preceder. Mas minha tese é corroborada, sobretudo, pelo papel e pela autoridade subitamente conferidos aos antigos, em contradição com todo o resto do livro; pelo lugar limitado ocupado, no Livro IX, pela teoria das ordens aliás entendida sob a categoria do ornamento; finalmente, pelo bloqueio da criatividade poética imposto a uma teoria do tempo criador pela adoção do sistema estilístico greco-romano.

Se, portanto, como mostrou minha análise, Alberti postula que a beleza tem duas caras, uma universal, a outra contingente, se essa segunda cara é, para ele, função do tempo e da história, como explicar contudo a deriva parcial do Livro IX? Nele Alberti se vê às voltas com uma dificuldade insuperável, graças à forma como ele autonomiza o nível da poética, conferindo a essa dissociação não seu valor heurístico, mas uma função normativa. Ele pretende atribuir uma necessidade, dar o estatuto de leis[150] universais a regras que não constituem o que chamaríamos um universal cultural, mas regras estilísticas, ligadas a valores contingentes. Por definição, deve-se buscá-las, pois, na história da arquitetura. Mas esta não lhes pode oferecer a não ser que tenha produzido um sistema racional. Que essa referência absoluta existe decorre da história esquemática da arquitetura (Livro VI, Cap. III), que Alberti baseia no breve relato da origem das *artes* (Livro VI, Cap. II): "nascidas do acaso e da observação, nutridas pela prática e pela experimentação, (*as artes*) se aperfeiçoaram através do conhecimento e do raciocínio". Assim, a obra dos romanos assinala o fim de um longo desenvolvimento e a poética da arquitetura termina em verdade.

O raciocínio deve ser descoberto, em filigrana, por trás daquilo que o contradiz e contribui para mascará-lo: a presença importuna da estética naturalista que se infiltra em todos os capítulos sobre o ornamento; as aberturas e as exceções que Alberti mantém à força numa dogmática tão pouco consentânea com o seu senso do devir.

Situar bem o lugar a partir do qual se produz a deriva do *De re aedificatória* é tanto mais importante quanto se deve ver aí o início de uma inflexão decisiva da teoria estética da arquitetura, a origem de posições cujas consequências pesam ainda hoje e que, durante séculos, deviam ser adotadas pelos arquitetos ocidentais: o privilégio da verdade atribuída à arquitetura antiga, o encerramento consecutivo dentro de um estilo histórico, o apanágio reservado a

---

150. O termo *lex* é duas vezes mais frequente nos livros estéticos que no resto do tratado.

DE RE AEDIFICATORIA: ALBERTI OU O DESEJO E O TEMPO    127

um pequeno grupo de clérigos, de controlar as regras dessa poética doravante dissociada tanto da construção quanto de toda estética naturalista.

Minha tese encontra confirmação suplementar nas análises de P. Frankl sobre a arquitetura "pós-medieval"[151] que, como sabemos, ele a caracteriza por essa consciência de si que, para mim, é o fundamento da instauração albertiana. Segundo Frankl, a inventividade manifestada pela arquitetura do *Quattrocento* e marcada em particular por sua "corporeidade"[152], decorreria da insuficiência dos conhecimentos arqueológicos de seus promotores. A arqueologia esterilizaria a arquitetura ao se constituir como disciplina científica, como o demonstra o advento sincrônico do neoclassicismo. Entretanto, no caso de Alberti, devemos, paralelamente a essa carência, aliás parcial, invocar o papel determinante de sua estética naturalista que repousa precisamente sobre o axioma do edifício-corpo humano.

A maneira como a estética dogmática e a legislação das ordens perturbam e falseiam o projeto de Alberti coloca, pois, em causa sua relação com o passado e a história e, por via de consequência, com Vitrúvio que encarna o poder dos antigos e em quem Alberti foi buscar não apenas informações arqueológicas, como também inúmeros de seus relatos referentes ao passado. Por isso, antes de e para poder elucidar o papel da história e das histórias no *De re aedificatoria*, chegou o momento de comparar esse tratado com o *De architectura* a fim de responder à pergunta, formulada já em nosso primeiro capítulo, se o livro de Alberti é realmente pioneiro ou se a precedência pertence a Vitrúvio.

## 3. ALBERTI E VITRÚVIO: EMPRÉSTIMOS SUPERESTRUTURAIS

O *De architectura* serve a Alberti de modelo ou de trampolim? Os numerosos pontos comuns aos dois textos são superficiais ou estruturais? No plano formal, a identidade dos procedimentos e dos modos de expressão é real ou aparente? Há lugar para uma diferença entre dois livros identicamente escritos na primeira pessoa do singular, por dois arquitetos que fixam o mesmo objetivo, ou seja, definir

---

151. P. Frankl, *Principles of Architectural History*, M.I.T. Press, Cambridge, 1968. Traduzido do alemão: *Die Entwicklungsphasen der neueren Baukunst*.

152. Idem, Cap. II, "*Corporeal form*": essa corporeidade, oposta ao caráter aéreo e enraizado ao mesmo tempo do gótico, é descrita por Frankl em termos que poderiam ser os de Alberti: "A building of the first phase [primeiro Renascimento] of post-medieval architecture is rather *like a man*. It is not rooted to the earth but stands with its socle firmly upon the earth's surface [...] *self sufficient and self contained, and endowed with movable, freely dismouniable parts*". [*O grifo é nosso*.]

128 A REGRA E O MODELO

sua arte e dar-lhe o conjunto das regras (*"omnes disciplinae rationes"*[153],
diz Vitrúvio), que formulam tais regras por meio de gerundivos, subjuntivos, adjetivos verbais ou verbos convenientemente idênticos,
proveem-nas identicamente de explicações no presente do indicativo
e de relatos ou anedotas no passado? No plano do conteúdo, que uso
faz Alberti de empréstimos cuja importância seus sucessores, como
os historiadores atuais[154], concordam em reconhecer?

Pois Alberti não tira de Vitrúvio apenas a maior parte de sua
informação sobre a história ou as anedotas relativas à arquitetura,
as técnicas de construção, a tipologia dos edifícios antigos, as ordens,
mesmo o clima, a meteorologia e as relações dos seres vivos com
seu meio[155]. Ele também leu seus conselhos sobre a formação do
arquiteto[156]. E lhe deve ainda alguns de seus operadores fundamentais, tais como a tríade[157] ou os pares taxionômicos público-privado,
sagrado-profano, bem como a maioria dos conceitos de sua estética,
particularmente o de *finitio*[158].

No entanto, é significativo que, a despeito dessa dívida considerável, Alberti adote, no *De re aedificatoria*, uma atitude resolutamente crítica com respeito ao velho autor. Censura-lhe sua

153. Op. cit., Livro I, Cap. XI. Ou ainda *"praescriptiones terminatas"*, na dedicatória do Livro I (p. 4, § 7, *in* tradução por A. Choisy, nova edição, Paris, de Nobéle,
1971, que será utilizada em todas as citações que seguem).

154. Cf. particularmente P.-H. MICHEL, op. cit., e a excelente síntese de R. Krautheimer, *in* "Alberti and Vitruvius". R. Krautheimer é, ao que saibamos, o único his-
toriador que percebeu e sublinhou a transformação que Alberti impôs às noções
vitruvianas. Uma abordagem mais formalista, contudo, nos permitiu ampliar ainda
mais o campo das diferenças que opõem os dois textos. Assim, por exemplo, o exame
diferencial do papel da primeira pessoa do singular nos dois tratados acusa o contraste
do empirismo vitruviano e do sistematismo albertiano e permite mesmo refutar a
interpretação de R. Krautheimer, que o levou a considerar como uma digressão o primeiro capítulo do Livro VI.

155. Sobre a relação entre o solo da região e a situação dos animais que nela vivem e sobre o interesse, para a escolha da região, em examinar as entranhas dos animais, cf. Vitrúvio, Livro I, Cap. VIII, p. 33 e s.

156. Após um rápido elogio da arquitetura, Vitrúvio começa seu tratado por um
programa de formação do arquiteto, que ele pretende seja "*litteratus* [...] *peritus gra-
phidos, eruditus geometria, optices non ignarus, instructus arithmetica*". Além disso,
"*historias complures noverit, philosophos diligenter audiverit, de musicam scierit, me-
dicinae non sit ignarus, responsa jurisconsultorum noverit, astrologiam coelique rationes cogitas habeat*". Após o que, comenta a significação dessas qualificações (Livro I,
Cap. I, § 9).

157. *De architectura*, Livro I, Cap. VI, §§ 7 e 10, p. 26 e 27; cf. supra, p. 139.

158. A proporção de Alberti e dos autores modernos corresponde à *symmetria*
vitruviana. Cf. Vitrúvio. Livro II, Cap. XII, § 12, p. 9, e Livro III, Cap. I, p. 123 e s. C.
Perrault indica que não utilizou, cm sua tradução de Vitrúvio, o termo simetria "porque *simetria* em francês não significa o que *symmetria* quer dizer em grego e latim,
nem o que Vitrúvio entende aqui por *symmetria*, que é a relação que a grandeza de
um todo tem com suas partes quando essa relação é tuaimlliunte em outro todo, com
respeito também a suas partes, onde a grandeza é diferente". (*Les Dix Livres
d'architecture de Vitruve* [...], Paris, 1684, p. 11, n. 9).

DE RE AEDIFICATORIA: ALBERTI OU O DESEJO E O TEMPO 129

linguagem, a imprecisão de seus conceitos[159], suas superstições e suas digressões empoladas[160]. A leitura comparada dos dois textos confirma, nesse ponto, a legitimidade do juízo albertiano.

Mas não passam de deficiências superficiais, e se para Alberti fosse o caso apenas de consertar, esclarecer ou mesmo ordenar, seria preciso classificar o *De re aedificatoria* na mesma categoria textual que o *De architectura*, do qual seria então apenas um avatar de melhor cepa. Ora, não é uma melhora, mas uma mudança que Alberti impõe ao texto vitruviano, na medida em que o utiliza. Alberti não restaura a antiga construção vitruviana. Ele a demole e emprega os materiais de demolição para construir um edifício novo, de uma arquitetura jamais vista até então. Esse método de reemprego pode ser ilustrado pelo exemplo da tríade.

Esta surge em Vitrúvio no Cap. VI do Livro I. Depois de haver explicado as noções constitutivas da arquitetura[161], o autor divide--a em três campos: *aedificatio, gnomonice, machinatio*. A *aedificatio*, por sua vez, é redistribuída em duas categorias, concernentes respectivamente aos edifícios privados de um lado, aos muros e às construções de outro[162]. Estas últimas, por seu turno, são repartidas entre as três categorias relativas à defesa, à religião e à oportunidade (*opportunitatis*[163]). Vitrúvio especifica, então, que as construções públicas devem ser realizadas levando em conta a *solidez*, a *utilidade* e a *beleza*, e define rapidamente esses conceitos[164] remetendo

159. "Está aí realmente um autor de cultura universal, mas no entanto mutilado pela idade. A ponto de se encontrarem, em inúmeros trechos, grandes lacunas e aliás muitas imperfeições. Ademais, seu estilo é desprovido de todo encanto e escreve de tal forma que aos latinos parece escrever em grego e aos gregos em latim. Mas está claro que não escrevia nem um nem o outro e que também poderia, pelo menos no que nos concerne, jamais ter escrito, tão grande é a dificuldade em compreendê-lo" (Livro VI, Cap. I, p. 441).

160. Cf., por exemplo, *De re aedificatoria*, Livro I, Cap. III, sobre os ventos, onde Alberti se recusa a entrar no detalhe da meteorologia porque com isso estaria fora do assunto; Cap. IV, onde se recusa a dissertar sobre as propriedades notáveis da água, o que serviria apenas para demonstrar seus conhecimentos; Cap. VI, sobre a região, com uma crítica da digressão de Vetrúvio sobre a fortuna.

161. *"Architectura autem constat ex ordinatione quae Graece taxis dicitur et ex dispositione (hanc autem Graeci diathesin vocant) et eurythmia, et symmetria et decore et distributione quae Graece oikonomia dicitur"* (Livro I, Cap. II, p. 17). Em seguida, Vitrúvio dá as definições dessas diversas noções (Caps. III, IV, V).

162. Cap. VI.

163. Ibid. Entre as primeiras: paredes, pontes, torres; entre as últimas: portos, fóruns, pórticos, banhos, teatros, passeios.

164. *"Haec* [os lugares públicos] *ita fieri debent, ut habeatur ratio firmitatis, utilitatis, venustatis. Firmitatis erit habita ratio quum fuerit fundamentum ad solidum depressio, et quaque emateria copiarum sine avaritia diliges electio. Utilitatis autem emendata et sine impedilione usus locorum dispositio, et ad regiones sui cujusque generis apta et commoda distributio. Venustatis vero cum fuerit operis species grata et elegans, membrorumque, commensus justas habeat symmetriarum ratiocinationes"* (Livro I, Cap. VI, §§ 7, 8, 9, p. 26-27).

130 A REGRA E O MODELO

à *dispositio* no caso da utilidade e à *symmetria* no caso da beleza. Depois dessa análise, porém, os três termos não aparecem mais que incidentalmente, em raras ocasiões, e juntos apenas uma vez[165]. É que não têm qualquer influência sobre a organização do texto, não determinam qualquer ordem cronológica ou de prioridade no tratamento das matérias. É impossível fixar um lugar lógico aos capítulos que tratam da técnica construtiva[166], ou da utilidade[167]. Quanto à beleza, Perrault observou com justeza sua onipresença no *De architectura*.

No *De re aedificatoria*, ao contrário, as três noções são apresentadas já no Prólogo em sua relação de sequência temporal e hierárquica, que em seguida serve ao mesmo tempo para construir o livro e para analisar os três planos sucessivos e hierarquicamente articulados do processo arquitetônico. Em Alberti, os três níveis escoram um procedimento que visa fundamentar uma significação e elucidar uma gênese: solidez (aliás integrada no termo mais amplo de necessidade), conveniência (mais sutil que utilidade) e beleza são investidas de um valor dinâmico, cumprem uma função de estruturação, desempenham um papel construtivo que contrasta com sua inércia no texto de Vitrúvio onde, longe de designar uma hierarquia de níveis, elas servem, no máximo, para reagrupar as regras, para distribuir um *savoir-faire*, mas nunca para construí-lo. A tríade de Vitrúvio não é funcional. É anedótica, contingente, e poderia ser suprimida sem nada mudar na organização e no alcance do *De architectura*.

Podemos dizer o mesmo da quase totalidade das noções teóricas utilizadas por Vitrúvio. Tomemos os princípios constitutivos da arquitetura, enumerados no Livro I. Não somente carecem de precisão[168], e mesmo ocasionalmente, de pertinência[169], fazem uma re-

---

165. Resumo final do Cap. VIII (Livro VI, p. 318), onde Vitrúvio anuncia: "*Quoniam de venustate decoreque ante est conscriptum, nunc exposemus de firmitate*". A associação de *firmitas* e *venustas* somente aparece no *proemium* do Livro VII (p. 13). Cf. também (Livro VI, Cap. VIII) a associação de *venustas* à *decore* e *usu*, que aliás aqui parecem sinônimos.

166. Cf. Livro I, Cap. X; Livro II, Cap. VIII; Livro III, Cap. IV; Livro VI, Cap. IX.

167. Cf. Livro I, Cap. XII; Livro V, Caps. I, II, VIII, X, XI, XII; Livro VI, Caps. I, II, III, VI, VII, VIII.

168. Tomando às vezes, aliás, duas significações, como *distributio*, empregado ora no sentido econômico relativo à quantidade dos diversos materiais e às somas a gastar, ora no sentido da divisão, da organização do espaço em função "do uso e da condição dos que nele devem se alojar". Por isso, Perrault traduzirá esse mesmo termo, alternativamente, por "*distribution*" e por "*économie*" (op. cit., p. 14, n. 19).

169. Por exemplo, *dispositio*, que diz respeito à reprodução gráfica (dividida em iconografia, ortografia e cenografia), não constitui uma categoria do mesmo tipo que *distributio*, eurritmia etc. O que Perrault mais uma vez analisa muito bem: "é difícil fazer entender que essas cinco coisas sejam cinco espécies compreendidas num mesmo gênero" (op. cit., Livro I, Cap. II, p. 10, n. 2).

DE RE AEDIFICATORIA: ALBERTI OU O DESEJO E O TEMPO    131

petição inútil uns com os outros como eurritmia e simetria[170], e se superpõem mesmo aos três como conceitos analisados atrás[171], mas não são utilizados nem para a construção do texto nem para a da edificação[172]. Não têm nem papel fundador nem generativo. A afirmação vitruviana segundo a qual o corpo humano e suas medidas estão na origem da "simetria"[173] não tem mais papel produtivo. É apenas explicativa e não pode ser assimilada ao axioma do edifício--corpo, sistematicamente aplicado por Alberti para a produção de regras a todos os níveis sucessivos do De re aedificatoria. Essas diferenças não implicam que se deve negar a existência, no De architectura, de conceitos operatórios. Mas estes apoiam, de fato taxionomias estáticas (divisão dos campos da arquitetura, da construção, dos edifícios, dos templos), ditadas pela tradição ou pela oportunidade empírica, e que não são objeto de qualquer questionamento nem de qualquer justificação, para não falar de fundação.

Esse funcionamento diferente dos mesmos conceitos acarreta uma organização diferente das duas obras e uma outra relação de encadeamento entre seus livros respectivos. De um lado, contiguidades aleatórias, sequências sem ligação com a cronologia das operações do construir, uma coleção descontínua de partes. De outro, um encadeamento rigoroso e irreversível cujo plano foi estabelecido desde o primeiro instante e deve seguir um desenrolar conforme à visão generativa do propósito albertiano.

Sabemos que cada um dos dez livros do De architectura começa com um proemium, espécie de introdução literária, e termina com um excursus, de natureza menos decorativa, que serve para resumir o conteúdo do livro e sobretudo para situá-lo em relação ao do livro seguinte e ao conjunto da obra. Se os excursus são parte integrante do De architectura, cujo propósito eles têm a função de esclarecer os proemia, embora sirvam para introduzir individualmente cada livro, têm, antes de tudo, valor de ornamento e função de digressão. Fornecem dez fragmentos autônomos, pequenos morceaux de bravoure literários, diretamente dirigidos a Augusto, o

---

170. Cf. Perrault, op. cit., Livre I, Cap. II, p. 11, n. 8: "Todos os intérpretes acreditaram que a Eurritmia e a Proporção, que Vitrúvio denomina Symmetria, são aqui duas coisas diferentes porque, ao que parece, ele fornece duas definições suas: mas essas definições, se bem as olharmos, dizem uma e a mesma coisa; uma e outra falam, por meio de um discurso igualmente confuso, apenas da conveniência, da correspondência e da proporção, que as partes têm com o todo".

171. Decor é sinônimo de utilitas.

172. Com exceção da simetria que rege ao mesmo tempo a organização das ordens e a das residências privadas.

173. Colocado desde a definição desta. Cf. supra. Cf. também Livro III, Cap. I, p. 123, § 4: "Corpus enim hominis ita natura composuit uti [...]"; p. 126: "si ita natura composuit corpus hominis, uti proportionibus membra ad summam figurationem ejus respondeant"; etc.

132 A REGRA E O MODELO

destinatário da obra, que ele deseja encantar e distrair com esses *intermezzos* fora do assunto, a fim de reconduzi-lo ao tema. Assim, enquanto a economia e a lógica do *De re aedificatoria* tornam impossível qualquer corte num tratado onde cada sequência e a maioria das anedotas são necessárias e indissociáveis de seu conjunto, uma parte considerável do *De architectura* poderia ser suprimida sem afetar o propósito da obra.

Apesar das aparências, o primeiro *proemium* não difere dos outros. Decerto, é para Vitrúvio a oportunidade de se apresentar ao imperador, lembrando-lhe a tradição familial e os serviços que o ligam a ele, e de lhe apresentar uma obra destinada a fornecer-lhe critérios de julgamento em sua obra de construtor. Mas a biografia de Vitrúvio, destinada a colocá-lo socialmente e a corroborar sua ligação com Augusto, é exterior ao texto teórico do qual o primeiro *proemium* não dá, aliás, senão um resumo fragmentário, limitado ao conteúdo do primeiro livro. Não se trata, portanto, de um prólogo comparável, àquele sobre o qual Alberti baseia e revela a ordem de seu texto todo, de um lado por meio de sua biografia, isenta de qualquer conotação social e mundana e reduzida a uma pura aventura intelectual, de outro lado graças à exposição de seus operadores e de seu plano.

Essa visão global do desenvolvimento de seu tratado, em nenhum momento Vitrúvio oferece-a ao leitor. Este é condenado a sucessivos resumos fragmentários. Uns após outros, *proemia* e *excursus* levantam balanços e anunciam novas etapas, mas sem preparar em nenhum momento uma visão de conjunto. Em duas vezes somente, Vitrúvio chega a ligar o conteúdo de quatro livros: retrospectivamente no *proemium* do Livro IV, prospectivamente na conclusão do Livro V, a partir da qual a questão passa a ser apenas as relações imediatas de encadeamento de livro a livro. Por mais que o arquiteto romano, de *excursus* em *excursus*, se esforce por afirmar o desenvolvimento de uma lógica e por revelar o liame necessário que une tal livro ao anterior e/ou ao seguinte, no final das contas, a ordem de sequência dos livros nem sempre é fundamentada[174] porque não é fundamentável e nenhuma relação dinâmica solidariza suas dez partes. O Livro II só node ser interpretado como um parênteses; o Livro VII dedicado à água, apenas como um suplemento. A posição dos Livros IX e X poderia ser invertida, e estes bem que poderiam preceder os livros consagrados à *aedificatio*. Nenhuma explicação justifica a preemência dos edifícios religiosos sobre todos os outros, nem a vantagem concedida à beleza em relação à solidez e à utilidade, nem, correlativamente, o lugar desme-

---

174. Sobre a desordem do *De architectura*, cf. Perrault, op. cit., p. 16, n. l.

DE RE AEDIFICATORIA: ALBERTI OU O DESEJO E O TEMPO       133

dido que cabe no texto à construção harmoniosa dos templos. E impossível traduzir a organização do *De architectura* por um esquema análogo ao que se construiu para o *De re aedificatoria*.

Tanto quanto o funcionamento dos grandes operadores, nosso esquema põe em evidência a função do tempo que, no livro de Alberti, permite desenvolver conjuntamente e conciliar três *Bildung*, as do autor, de seu livro e do domínio construído. Ao contrário, o eixo cronológico não é utilizado por Vitrúvio senão de maneira contingente, para a exposição (realista) de certas sequências de regras[175].

A diferença que contrapõe as duas organizações textuais do *De re aedificatoria* e do *De architectura* trai de maneira ostensiva a diferença, tão irredutível porém menos evidente, que contrapõe suas motivações. Ambos pretendem entregar ao leitor um conjunto de regras. Mas o *eu* teórico de Alberti, que recorre e se prende a um *tu* anônimo e universal[176], decidiu partir de uma *tabula rasa* para descobrir e formular, de maneira progressiva, as regras da edificação por meio de operadores e de postulados cujo único julgamento será o critério de validade. Ao contrário, para o *eu* social de Vitrúvio, que se dirige ao Imperador Augusto cujo *tu* data e circunstancia o texto, não existe o problema de descobrir e determinar ele próprio essas regras. Basta-lhe ir buscá-las num corpo já dado, no interior do qual cabe apenas colocar ordem e clareza: Vitrúvio não parte de um questionamento radical, mas da tradição[177], tanto no que diz respeito às regras propriamente ditas quanto aos princípios[178] por meio dos quais ele as esclarece. Essa atitude é particularmente nítida

175. No exame dos diferentes materiais de construção do Livro II, Vitrúvio, ao contrário de Alberti, começa pelo tijolo, material recém-aparecido. Em compensação, procede segundo uma ordem cronológica em sua exposição das regras relativas ao estabelecimento das cidades (Livro V, Caps. VII a XII, com exceção do Cap. VIII dedicado a uma digressão sobre os efeitos do calor), ou ainda à construção dos templos (Livro III, Caps. IV, V, VI).

176. Tem efetivamente um alcance universal, mesmo que se dirija a certas categorias de interlocutores e em particular, como vimos no caso das regras estéticas, ao grupo social dos humanistas dos quais R. Krautheimer faz, in "Alberti and Vitruvius", o único interlocutor do *eu* albertiano.

177. Livro IV, Cap. VIII, p. 206: "*omnes aediura sacrarum ratiocinationes* ut mihi traditae sunt exposui". [O *grifo é nosso.*] Da mesma maneira, relata as proporções como "*veteres* [...] *ex* corporis membrorum colligerunt" (Livro III, Cap. I, p. 126) das regras acústicas a observar para a construção dos teatros (Livro V, Cap. III, com a mesma referência a "*vetere architecti*"), dos ginásios tais como as construem os gregos (Livro V, Cap. XI), e distingue (Livros VI, Cap. III) cinco gêneros de "*cavis aedium*".

178. Na medida em que estes são tirados da cultura grega, ele os domina mal e, na impossibilidade de traduzir certas noções abstratas, retoma simplesmente o termo grego, o que aliás lhe será censurado por Alberti, pois urna parte de seu trabalho sobre o texto de Vitrúvio consiste em latinizá-lo. Sobre o êxito da operação, cf. R. Krautheimer, "Alberti and Vitruvius", art. cit.

134 A REGRA E O MODELO

quando descreve as diferentes categorias de templos[179] ou a tipologia dos edifícios gregos[180]. No tempo em que escreve, Vitrúvio não está em condições de falar como teórico autônomo[181] do construir. Ainda não chegou o momento de questionar a tradição, de imaginar uma ordem espacial não realizada. O ritual e o costumeiro continuam sendo o fundamento da prática arquitetônica. A questão que se impõe ao arquiteto romano não é promover a razão como instrumento de organização do espaço, tanto quanto liberar, controlando-a, a espontaneidade criadora do arquiteto, mas reunir, ordenar e, eventualmente, comentar[182] um conjunto de práticas construtivas. Ele próprio o reconhece ocasionalmente quando se arroga a tarefa "de explicar as regras tradicionais" (*tradita explicare*). Nesse sentido, e como observa R. Krautheimer, o *De architectura* é um manual.

Fixar os limites ao empreendimento de Vitrúvio não deve ser interpretado como uma depreciação. No caso trata-se de situar Alberti em seu devido lugar, e não de minimizar a originalidade de um autor cujo livro foi único em seu gênero na Antiguidade. O primeiro, Vitrúvio, reuniu uma suma de materiais até então esparsos e tentou transformá-los numa totalidade organizada, para a glória do arquiteto. Nesse sentido, A. Chastel tem razão em fazer dele um "herói"[183]. Mas apenas nesse sentido, porque o arquiteto romano não é um criador na acepção renascentista e albertiana desse termo. Se não consegue liberar o demiurgo que nele dormita[184], se fracassa em sua síntese, com o risco de postular uma ordem e uma lógica ausentes, é que sua época não lhe fornece os meios conceptuais que lhe permitiriam realizar seu projeto ou antes defini-lo. Três elementos solidários lhe fazem falta: o objetivo de um *fundamento*, a hipótese da *autonomia* do ato construtor e o conceito de um *tempo criador*. O espaço dessa falta situa dois momentos da história, duas mentalidades, duas relações com o saber e com o *savoir-faire*. M.

179. Livro III, Cap. III. Há cinco tipos de templos: esses constituem um *dado* diante do qual se encontra o arquiteto. Ele não se interroga sobre o processo gerador do templo, e não mais considera que novas formas possam ser inventadas. Mesma observação para as ordens.

180. Cf. a passagem sobre o "*forum*" grego (Livro V, Cap. I).

181. Quando, ocasionalmente, caso único de autocitação, ocorre-lhe mencionar uma basílica que construiu, é para ilustrar uma regra dada desde já, e na elaboração da qual ele não pode ter participado, em qualquer caso.

182. Livro V, Cap. XI, p. 263.

183. *Art et Humanisme à Florence*, p. 97.

184. Cf. o final do Livro VI, onde Vitrúvio volta ao *status* do arquiteto, ao qual concede, com respeito aos outros homens, uma faculdade própria de julgamento: "Todos os homens – e não somente o arquiteto – podem julgar o que é bom. O arquiteto não deverá, pois, desprezar as opiniões do artesão, ou de seu cliente [...] Mas o leigo só tem condições de julgar depois de pronto, ao passo que o arquiteto, antes de qualquer realização, vê o edifício no momento em que o concebeu tal como será do ponto de vista da beleza, do uso, e da conveniência" (p. 324).

DE RE AEDIFICATORIA: ALBERTI OU O DESEJO E O TEMPO 135

Finley traduziu esse desvio na dimensão da economia mostrando que o Vitrúvio técnico, cujo *savoir-faire* admira, vê sua prática limitada pelo horizonte de uma sociedade de consumo, que ignora as noções de produtividade e de rentabilidade[185]. Essa análise pode ser retomada metaforicamente ao nível do livro e da economia textual. O tratado de Alberti se revela, então, como a máquina que o arquiteto romano não podia imaginar construir, da qual nenhuma engrenagem é inerte, e que se destina a funcionar perfeitamente.

Ao escrever o *De re aedificatoria*, Alberti faz *coisa diferente* de Vitrúvio. Qualquer que seja a importância de suas fontes, ele lhe transforma a significação mudando-lhe a ordem, o recorte, o funcionamento. Pouco importam a identidade dos conteúdos e a presença obsedante da paisagem urbana antiga no *De re aedificatoria*, visto que Alberti despede a tradição, impõe sua ordem dependente unicamente da razão, propõe um método generativo e universal. É por isso que, mesmo que tenha sido esse seu propósito inicial, mesmo que seu tratado tenha tido por origem um comentário de Vitrúvio sugerido por Lionello d'Esté, é impossível deixar de definir o trabalho de Alberti a não ser em relação ao *De architectura* e não assinalá-lo como um autêntico começo. R. Krautheimer, que no entanto soube decifrar a mutação que Alberti impôs ao procedimento vitruviano, continua contudo a não encarar o *De re aedificatoria* senão sob o ângulo da erudição humanista, como a obra de "um conselheiro em antiguidade"[186]. Para ele, o *De architectura* é um edifício devastado pelo tempo, que é preciso reconstruir de novo, pela interpretação de seus vestígios: e Alberti é um arqueólogo e um restaurador genial. Mas por que recusar ver que o restaurador, mesmo quando seu desejo mais ardente fosse reconstituir o verdadeiro caminho da Antiguidade, não deixa de opor-lhe sua própria teoria, a partir da qual poderá desenvolver-se uma nova prática? De resto, o próprio Alberti definiu sua posição com relação a Vitrúvio quando, no Livro II do *Della pittura*[187], indica que o arquiteto romano transmite receitas práticas relativas, por exemplo, aos locais onde buscar os melhores pigmentes para fazer cores, mas se mostra incapaz de enunciar o método e as regras de combinação dessas cores. Por que então não admitir que, no *De re aedificatoria*, Alberti

185. M. Finley observa que: "A cada vez as circunstâncias, e por conseguinte a explicação são ou acidentais [...] ou frívolas". E acrescenta: "Vitrúvio não considerava desejável nem possível o desenvolvimento contínuo das técnicas graças a uma pesquisa sistemática", e observa que em todo o *De architectura* não se encontra uma única passagem, derrisória, que considere a obtenção de uma produtividade maior *L'Economie antique*, trad. fr. por M.P. Higgs, Paris, Ed. de Minuit, 1973, p. 196-197.

186. *"Consuellor at antiquity"* (idem, p. 46).

187. L. Mallé, ed., Florence, Sansoni, 1950, p. 97.

136                     A REGRA E O MODELO

coloca o problema da edificação com a mesma segurança, o mesmo
sistematismo, e em termos tão revolucionários como quando, em
seu *Tratado da Pintura*, ele teoriza uma questão que a Antiguidade
não conseguira ver triunfar?

Para nós, a comparação dos respectivos tratados de Vitrúvio e
de Alberti provou muito bem o papel pioneiro do *De re aedificatoria*.
Além disso, confirmou a interpretação que oferecemos, sublinhando
ainda, por efeito de contraste, a singularidade de um texto cujas partes todas trabalham e se correspondem. Servirá enfim, agora, para
esclarecer o exame, até então diferido, da função exercida pelo passado, pelos relatos e pelas anedotas históricas no *De re aedificatoria*.

## 4. ALBERTI E VITRÚVIO: RELATO E HISTÓRIAS NO *DE RE AEDIFICATORIA*

Desde o princípio de nossa análise, nós nos espantávamos com
a abundância de referências feitas ao passado e ao testemunho dos
autores antigos num tratado que parecia dever reduzir-se a um
conjunto de princípios, de regras, e a seu comentário.

Essa profusão parece particularmente embaraçosa quando
comparamos o tratado *De re aedificatoria* com o tratado *Da Pintura*
que tentei, não sem argumentos, transformar em seu homólogo
teórico. Porque, se o *Della pittura* pretende, como o *De re aedificatoria*, fazer *tabula rasa* do passado, se o autor nele reivindica, com
mais força e insistência, a exclusiva paternidade de sua obra[188]; se, a
partir de um pequeno conjunto de definições e de princípios comparáveis aos do construir, dele formula identicamente as regras de
uma prática específica, as anedotas históricas são muito menos numerosas e desenvolvidas nessa obra, não se encontrando mesmo
nenhuma no Livro I. Como, então justificar, no segundo tratado,
todas essas referências às fontes antigas, todos esses relatos e anedotas? Por que tantos perfeitos, mais-que-perfeitos e mesmo imperfeitos, quando eram suficientes o presente indicativo da constatação
e os diversos modos da regulação, o futuro, o imperativo, o subjuntivo, o gerundivo e o adjetivo verbal?

Uma explicação seria interpretar todo esse material como não
estrutural, redundante e ornamental. Com seus relatos de acontecimentos míticos ou antigos, com seus empréstimos à literatura
antiga, Alberti teria pretendido dar mais distração a um percurso
árido, fazer valer sua cultura de humanista, ou ainda fingir conformar-se ao modelo vitruviano, como quando vai buscar no arquiteto
romano a divisão da obra em dez livros.

---

188. Cf. idem, Livro II, p. 97, e sobretudo o final do Livro III: "*Noi pero ci repu-
teremo ad voluptà primi avere questo palmo, d'avere ardito commendare alle lettere
questa arte sottilissima et nobilissima*" (p. 114).

DE RE AEDIFICATORIA: ALBERTI OU O DESEJO E O TEMPO    137

Entretanto, afirmei anteriormente que não era esse o caso e que nenhuma sequência do *De re aedificatoria* era inútil, inerte. Agora preciso prová-lo, o que será uma comparação sistemática das histórias e seu papel nos textos dos dois autores. Essa comparação mostrará que, ao contrário dos de Vitrúvio, os relatos de Alberti não são dissociáveis de seu tratado.

A fim de precisar o estatuto desses trechos dentro dos dois tratados respectivos, fui buscar na linguística do sentido alguns conceitos. Servi-me, particularmente, da distinção que E. Benvéniste traçou entre *discurso* e *história*[189]. Em seus esboços com vistas a uma linguística da enunciação (ou semântica), ele observa que "os tempos de verbo francês não são empregados como os membros de um sistema único", mas "se distribuem em dois sistemas distintos e complementares"[190] que correspondem a dois planos diferentes da prática da língua, um dos quais é designado como o do discurso e o outro como o da história (ou do relato histórico).

O discurso se caracteriza pela presença do leitor, ou antes pelo emprego da primeira pessoa, pela relação de pessoa, e pelo uso de todos os tempos, com exceção unicamente do pretérito, e um papel dominante do presente. O relato histórico exclui, ao contrário, a primeira e a correlativa segunda pessoa, em proveito de uma terceira que, como bem observou E. Benvéniste, era *ausência* de pessoa[191]; recusa o emprego do presente em proveito do pretérito (apoiado pelo imperfeito, pelo mais-que-perfeito e pelo futuro condicional que situa o relato fora do discurso, em outro espaço-tempo. interiormente[192], Benvéniste foi levado a definir como discurso todo texto que comporte *shifters*, isto é, elementos de relacionamento com a instância de enunciação, e como história todo texto sem *shifter*. Todavia, esses critérios não são pertinentes em certos casos onde aparecem combinações, teoricamente contraditórias, entre o presente de base e a terceira pessoa, entre o pretérito e a primeira pessoa, e onde são utilizados *shifters* em textos de história.

Por isso, graças aos desenvolvimentos recentes da linguística e à ênfase que ela coloca sobre a noção de enunciação e sobre suas

189. Cf., in *Problèmes de linguistique générale I*, Paris, Gallimard, 1968, "Estrutura das relações de pessoa com o verbo", "As relações de tempo no verbo francês", "A natureza dos pronomes", "Da subjetividade na linguagem" e, in *Problèmes de linguistique générale II*, Paris, Gallimard, 1974, "A linguagem e a experiência humana", e "O aparelho formal da enunciação".

190. *Problèmes de linguistique générale II*, p. 238.

191. "Ninguém fala aqui, os acontecimentos parecem contar eles mesmos", *PL I*, p. 241.

192. Cf. "Sémiologie de la langue" e "L'appareil formel de renonciation" in *Problèmes de linguistique générale II*, op. cit.

138  A REGRA E O MODELO

relações com o enunciado, J. Simonin-Grumbach[193] reformulou a hipótese de Benvéniste em termos diferentes, que lhe permitiram definir o conceito de texto teórico, elaborar uma nova tipologia[194] dos discursos e resolver as dificuldades colocadas pela utilização dos critérios de tempo e pessoa associados aos *shifters*[195]. Ela propõe chamar *discurso* "os textos em que há referência com respeito à situação de enunciação (sit. ε) , e *história* os textos onde a referência não é efetuada em relação à situação de enunciação, mas em relação ao próprio texto"[196]. Nesse último caso, fala-se de *situação* de enunciado (sit. E). Nas páginas seguintes, utilizaremos essas definições.

A quem tenta situá-lo na tipologia dos sistemas de enunciação ou dos discursos no sentido amplo e não no sentido particular que opõe esse termo a "relato histórico" ou "texto de- história", o *De architectura* contrapõe a resistência do composto. Alternativamente discurso e texto histórico são, além disso, referendados por uma série de fragmentos autônomos que apresenta as características de relatos históricos. Esses fragmentos podem ser repartidos em três categorias: *relatos de origem* da arquitetura, relatos *ilustrativos* destinados a apoiar o propósito do teórico, relatos *edificantes* geralmente situados nos *proemia* e sem ligação direta com o objeto do tratado.

Esse último tipo, ilustrado particularmente pela história do naufrágio de Aristipo[197] e pela de Aristófanes, jurado ao concurso do Rei Ptolomeu de Alexandria[198], foi excluído do *De re aedificatoria*[199]. Os dois outros tipos parecem, em compensação, ter sido

193. Cf. "Pour une typologie du discours", in *Langue, Discours, Société*, obra coletiva organizada por Emile Benvéniste, Paris, Seuil, 1975, p. 85-86, sobre o local e as relações entre enunciado e enunciação na teoria linguística.

194. Aos discursos e textos de história, ela acrescenta, com efeito, os *textos teóricos*, cujo "referente não é um referente situacional mas um referente discurtivo" (op. cit., p. 112) e os *textos poéticos* que "não são referenciados nem com relação à situação de enunciação, nem com relação à situação de enunciado, nem com relação a um interdiscurso [caso do texto teórico]" (idem, p. 114).

195. Op. cit., p. 95 e s.: "o presente como tempo básico da história", e p. 100 e s.: "'eu' como 'pessoa' da história (S*)".

196. Op. cit., p. 87.

197. Livro VI. O *proemium* começa diretamente com esse relato: "Tendo o filósofo socrático Aristipo se afogado em consequência de um naufrágio...".

198. *Proemium* do Livro VII: com esse exemplo, Vitrúvio quer mostrar que sempre se deve citar suas fontes. Na sequência dessa história que é uma das mais longas de seu livro, Vitrúvio enumera os livros que utilizou na redação de sua própria obra.

199. Com uma exceção, facilmente explicável: a história de Dinocrates que, após haver encantado Alberti, fará a felicidade dos tratadistas ocidentais. Esses fundarão seu apólogo sobre a sem-razão que inspira o projeto de cidade proposto por Dinocrates a Alexandre, e seu desconhecimento das exigências de *commoditas* e *necessitas*. Curiosamente, Vitrúvio retirou, ao contrário, toda conotação arquitetônica à aventura, para se polarizar sobre a maneira como, ao se despir, o arquiteto usou de sua beleza para seduzir Alexandre (*proemium*, Livro II, p. 59 s.). Por outro lado, quando, por uma ou duas vezes Alberti, se deixa levar excepcionalmente a relatar histórias pitorescas,

DE RE AEDIFICATORIA: ALBERTI OU O DESEJO E O TEMPO 139

amplamente utilizados por Alberti, seja sob a forma de contribuições pessoais, seja sob a forma de empréstimos a Vitrúvio, e certos
relatos parecem, à primeira vista, ter sido retranscritos diretamente
do *De architecture*, para o *De re aedificatoria*.

Com algumas raras exceções[200], os relatos ilustrativos de Vitrúvio, todos tirados da tradição histórica, formam pequenos trechos independentes que se podem suprimir sem alterar a forma do
"texto histórico", nem mesmo geralmente seu conteúdo. Com efeito,
baseados nas proezas de personagens que levam o arquiteto romano a digredir e a moralizar, sua relação com o contexto "teórico"
do tratado, muitas vezes, é demasiado frouxa. Assim, os capítulos
do *De architectura* consagrados à escolha dos sítios são ilustrados
pelas biografias respectivas de Marco Hostílio que deslocou a cidade de Salápis para subtraí-la aos malefícios dos pântanos e de
Andrônico que construiu uma torre octogonal correspondente à
sua classificação dos ventos[201]. O Livro II sobre os materiais nos
vale as aventuras do rico Mausolo que não se dignava construir
palácios de tijolos[202]. Hermógenes, que inventou as proporções, e
Agatúrio, que pintou afrescos para a cidade de Tralles[203], são respectivamente os heróis de relatos encravados nos capítulos sobre
a "simetria" e sobre os ornamentos.

Ao contrário, os relatos ilustrativos do *De re aedificatoria* estão
estreitamente ligados a seu contexto. Muito variados, muito mais
numerosos que os do *De architectura*, porém mais curtos e atribuindo pouco interesse a seus protagonistas, não têm qualquer
independência. São indissociáveis do texto do tratado, no qual estão integrados e literalmente absorvidos pelo jogo de *shifters* que
remetem tanto à situação de enunciado quanto à situação de enunciação. Seja ela diretamente tirada da literatura antiga ou recons-
truída por ele próprio, enquanto arqueólogo, a partir de indícios
materiais[204], a referência à história, a citação do passado, serve a

---

toma cuidado em assinalá-lo com a ironia necessária. Cf. as histórias do Livro VI, onde
Alberti indica: *"sed dicta haec sint animi gratia"* (Cap. IV, p. 467).

200. Onde *shifters* integram a evocação do passado no discurso mesmo e a propósito dos quais não se pode, pois, falar de um relato histórico. Cf. Livro I, Cap. VIII,
p. 33, onde Vitrúvio evoca os ritos divinatórios dos Antigos (*"Majores enim, percoribus
immolatis quae pascebantur in his locis* [...] *inspiciebant jacinera"*) para emitir um
julgamento a seu respeito (*"veterem*, revocandam censeo *rationem"*). [*O grifo é nosso.*]

201. Livro I, Cap. IX; Livro I, Cap. XI.

202. Livro II, Cap. VIII. A história de Mausolo, que pretende ser uma contribuição ao elogio do tijolo, prossegue com a história da fonte maravilhosa de Samalcis e
as aventuras de Artemisia, cujo único laço com o que precede é sua qualidade de viúva
de Mausolo.

203. Livro III, Cap. XII; Livro VIII, Cap. V.

204. Livro III, Cap. XVI.

140 A REGRA E O MODELO

Alberti seja para fazer compreender a motivação e, portanto, o sentido de certas formas, seja para justificar ou explicar mais claramente certas regras. No primeiro caso, ele é levado a evocar aspectos múltiplos das condutas humanas através da história, descrevendo sucessivamente a cerimônia da comunhão nos primeiros tempos do cristianismo[205], a política hospitaleira de certos príncipes italianos[206], o estado d'alma dos viajantes que percorriam os caminhos antigos[207], ou os ritos de fundação das antigas cidades[208]. No segundo caso, que é o mais frequente, os exemplos escolhidos por Alberti são indiferentemente positivos ou negativos, o que traduz a distância crítica tomada em relação a um passado que não é exemplar, mas esclarecedor. A validade das regras do *De re aedificatoria* é confirmada, tanto pela evocação (e condenação) da desmedida que construiu o Templo de Jerusalém[209] ou ampliou exageradamente as ruas de Roma sob as ordens de Nero[210], quanto inversamente pela exposição (e elogio) dos métodos que os Antigos empregavam para escolher um sítio urbano[211] e pela implantação de um edifício[212], ou ainda pela maneira como o arquiteto do Panteão concebeu a construção das paredes desse templo[213].

Se portanto, em termos linguísticos, as anedotas ilustrativas de Vitrúvio são verdadeiros relatos, não se pode falar, no caso de Alberti, senão de "pseudo-relatos" na medida em que esses fazem parte integrante do discurso albertiano, inteiramente submetidos à soberania enunciadora do autor, cujo presente reina sobre seus perfeitos e seus imperfeitos. Essa dependência deixa também suspeitar que, além de seu papel manifesto de confirmação e de explicação, bem analisado pelo próprio autor[214], os relatos ilustrativos de Alberti têm uma outra função, e que, convocando a história, eles convocam o tempo, o tempo das gêneses e das criações que Vitrúvio ignora, e no fluxo do qual se inscrevem simultaneamente a aventura de Alberti e a da edificação.

205. Livro VII, Cap. XIII, p. 627-629.

206. Livro V, Cap. VIII. p. 369.

207. P. 669.

208. Livro IV, Cap. III, p. 291 e s.

209. Livro III, Cap. V.

210. Livro IV, Cap. VI, p. 307. Cf. também a narração da construção das janelas (demasiado estreitas) na Antiguidade (Livro VII, Cap. XII).

211. Livro I, Cap. III.

212. Livro IV, Cap. VIII, p. 367.

213. Livro VII, Cap. X.

214. Cf., por exemplo, Livro IV, Cap. I, p. 781: "*Quorsum haec* [trata-se da evocação da atitude dos Antigos com respeito aos ornamentos e a evolução dessa atitude] *ut ex earum comparatione id statuant ipsum quod alibi diximus: placere quae procujusque dignitate moderentur*".

DE RE AEDIFICATORIA: ALBERTI OU O DESEJO E O TEMPO    141

Esse duplo papel desempenhado pelo sujeito (primeira pessoa do singular) e pela temporalidade no *De re aedificatoria* aparece ainda mais claramente, se compararmos os relatos de origem albertianos com as versões vitruvianas de onde provieram.

O *De architectura* conta três relatos de origem. O primeiro narra o nascimento da arquitetura. É anunciado no fim do *proemium* do Livro II onde Vitrúvio reconhece tê-lo buscado na tradição, mas não explica o lugar[215], como abertura desse livro sobre os materiais. Pode-se resumir esse relato em seis sequências ligadas entre si por um conjunto de advérbios de tempo: 1) os homens viviam como animais selvagens (*ut ferae*) nas florestas; 2) um dia, uma tempestade provocou um incêndio e os fez fugir; 3) quando retornaram, acalmada a violência do incêndio, descobriram a utilidade do fogo e, querendo comunicar-se a respeito, inventaram a linguagem e ao mesmo tempo a vida em sociedade; 4) em seguida, utilizaram essas capacidades novas a fim de realizar abrigos diversos (ninhos, tetos, grutas cavadas no solo); 5) finalmente, de tanto progresso, construíram uma primeira cabana. Depois da quinta sequência, o relato é interrompido por um parênteses "etnográfico" destinado a confirmar o testemunho da tradição lendária ou mítica das sequências 4 e 5[216]. A última sequência 6 pode então relatar o aperfeiçoamento da construção com a invenção da "simetria", em outras palavras o advento da arquitetura *stricto sensu*. A história termina da mesma forma abrupta como iniciou. E, sem transição, Vitrúvio aborda o tema de seu segundo livro, os materiais de construção.

O segundo relato conta a origem das ordens. Mais complicado do que o anterior, consagra a anterioridade e a superioridade do dórico (*"primaey antiquitus Dorica est nata"*). Pode-se dividi-lo em oito períodos. 1) Doro reina sobre a Acaia e o Peloponeso; 2) manda erigir em Argos um santuário dedicado a Juno e construído casualmente com um tipo particular de colunas, cujo modelo serviu para a construção de inúmeros outros templos, mas que ainda são desprovidas de "simetria"; 3) os atenienses fundam treze colônias na Ásia, e Íon, seu chefe supremo, cria cidades (Éfeso, Mileto, Priene, Samos...) que vão formar a Jônia; 4) essas cidades constroem santuários tomando como modelo os de Acaia e, por essa razão, os

215. Vitrúvio se limita a indicar: "Mas antes (*antequam*) de chegar à explicação das coisas naturais *três naturales*), começarei (*anteporiam*) por falar da invenção dos edifícios, de quais foram seus começos e como se desenvolveram". Esse *anteponam* lapidar continua arbitrário.

216. Podemos julgar que foi realmente essa a invenção dos edifícios pelos primeiros homens (*"de antiquis inventionibus aedificiorum"*), segundo uma série de indícios (*"his signis"*) que Vitrúvio descobre na Cólquida, em Prígia, em Marseille (onde os historiadores relatam que foi observado um teto de terra batida recoberto de folhas) e em certos vestígios encontrados em Atenas e em Roma (p. 67).

142  A REGRA E O MODELO

denominam dóricos. Mas esses são, entretanto, diferentes porque suas colunas empregam um sistema de proporções (*symmetria*) tirado do corpo do homem; 5) é então inventada uma coluna do mesmo tipo, mas construída segundo as proporções do corpo feminino; 6) em seguida, os sucessores desses inventores criam a coluna jônica que é mais esguia; 7) enfim aparece a coluna coríntia criada pela imitação de um corpo de moça; 8) o capitel coríntio é inventado por Calímaco em seguida à morte de uma jovem coríntia. Igualmente atribuído à tradição, esse seguido relato de origem difere do primeiro por dois traços. De um lado, é melhor adaptado a seu contexto pois está colocado no primeiro capítulo do Livro IV, após um desenvolvimento sobre a ordem jônica (fim do Livro III) e uma comparação das três ordens (início do Cap. I do Livro IV). De outro lado, não mais coloca em cena protagonistas anônimos em lugares incertos, mas personagens precisas (mitológicas ou históricas) num espaço geográfico determinado, a Grécia.

O terceiro e último relato de Vitrúvio é colocado no segundo capítulo do mesmo Livro IV e diz respeito à origem dos ornatos dos capitéis. Muito mais curto que os anteriores, não é apresentado como um legado da tradição. Mas Vitrúvio não lhe reivindica a invenção, já que parece tê-lo deduzido de sua análise da construção em madeira.

Somente os dois primeiros relatos de origem vitruvianos foram em parte reutilizados por Alberti, à custa de transformações que lhe mudam a função e o sentido.

Do primeiro longo relato vitruviano que leva da origem da sociedade à da arquitetura como arte, Alberti retoma, de fato, apenas o tema do primeiro começo, cuja narração contínua ele faz explodir em quatro breves esquemas *aitiológicos*[217], independentes e localizados em pontos decisivos do espaço do texto. O primeiro, homólogo das três primeiras sequências de Vitrúvio, está situado, como vimos, no início do Prólogo; colocando de maneira original a edificação na origem da vida dos humanos em sociedade, ele dá assim, desde logo, uma justificação e uma base ao projeto que o *De re aedificatoria* enuncia e realiza.

O segundo esquema aitiológico, situado no começo da primeira parte do tratado (Livro I, Cap. II), não é realmente o homólogo das sequências 4 e 5 de Vitrúvio, na medida em que não é a "cabana primitiva"[218] que ele descreve, mas o comportamento ori-

217. Fui buscar esse termo em P. Veyne que dele se serve para designar os mitos e relatos de origem utilizados pelos historiadores gregos e romanos e cuja função "epistemológica" ele analisa em *Les Grecs croyaient-ils à leurs mythes?*, Paris, Seuil, 1982.

218. Em *La maison d'Adam au Paradis* (Paris, Seuil, 1976), J. Rykwert remete ele também aos dois textos de Vitrúvio e de Alberti. Todavia, enquanto para J. Rykwert é o caso de mostrar a constância de um tema que reencontra em culturas estranhas à

DE RE AEDIFICATORIA: ALBERTI OU O DESEJO E O TEMPO 143

ginal dos primeiros construtores: os seis momentos desse processo explicam as seis operações do axioma 4 e dão a base a toda a primeira parte do *De re aedificatoria*.

O terceiro esquema, o mais curto, que abre o Cap. I do Livro IV, remete muito livremente à quinta e sexta sequência vitruvianas: a gênese do mundo edificado não é mais apreendida em termos de resultados técnicos, mas em termos de motivações, através desse desejo e dessa demanda que o *De re aedificatoria* transformou no motor da edificação. Dizendo respeito à origem das obras que satisfazem *commoditas* mas também *voluptas*, ele alicerça a segunda parte do tratado cujas regras, como havíamos realmente constatado, eram também produtoras de uma beleza orgânica, por aplicação do terceiro corolário do axioma do edifício-corpo.

Quanto ao quarto esquema, situado no final do Cap. II do Livro VI, tem em comum com a sexta sequência de Vitrúvio apenas sua conexão com a origem da "simetria", ou em termos albertianos, a *finitio* que simboliza a estética racional e remata a edificação. Com efeito, Alberti dá a seu esquema um alcance mais geral e mais abstrato: trata-se no caso, do conjunto das *artes* das quais a arquitetura é apenas um caso particular, e os estágios lendários de seu desenvolvimento são substituídos por três fatores abstratos: acaso, experimentação e observação, racionalização. Esse esquema de três linhas parece, pois, destinado a justificar o operador específico do Livro IX (quinto axioma) e a sustentar a "história da arquitetura" (Livro VI, Cap. III) que, por sua vez, dá embasamento à estética dogmática de Alberti.

Em relação ao primeiro relato de origem vitruviano, os quatro esquemas do *De re aedificatoria* são singulares por sua abstração e pela maneira como Alberti deles se apropria e sobretudo por seu papel ativo e pela função que desempenham no texto. Já assinalei a sequidão dos "relatos de origem" de Alberti. Neles nada subsiste do pitoresco e dos detalhes tão caros a Vitrúvio. Suprimidos os incêndios de florestas, as mímicas, a diversidade das primeiras tentativas de construção: os homens originais ocupam sítios, dividem espaços em privados e públicos, sobem muros, protagonistas tão teóricos que seríamos tentados a transformá-los num singular, o Homem. "*Principio*", esse "*na origem*" com que se inicia cada um dos quatro trechos é igualmente um "no princípio". Além disso, como no caso dos "relatos ilustrativos", Alberti se apossa de seus

nossa e que ele converte numa espécie de *invariante* cultural, eu, ao contrário, me dispus a assinalar as *diferenças* que separam os dois autores no manejo desse tema. O que me interessa não é o conteúdo do relato da casa original, mas sua *forma*, que para mim se torna um indicador semântico e o meio de definir um corte na literatura dedicada à arquitetura e ao quadro construído.

144 A REGRA E O MODELO

esquemas aitiológicos, integra-os numa situação de enunciação e no mesmo instante despoja-os de seu estatuto de relato histórico. Entretanto, a apropriação pelo autor não se realiza, dessa vez, por meio de julgamentos, mas por uma reivindicação de paternidade. Não sem condescendência pela tradição[219], nem sem ironia implícita com respeito a Vitrúvio que a reproduzia sem crítica, Alberti se designa explicitamente como o inventor desses quatro relatos. Relega assim a dimensão mítica que o arquiteto romano introduzia no *De architectura* em favor de um empréstimo confesso à tradição, isto é, no caso, da lembrança ainda vivaz de antigos mitos de fundação. Nos *esquemas* que tira do primeiro relato vitruviano, Alberti substitui o tempo mítico dos começos pelo tempo abstrato e a-histórico de uma análise operatória. Enfim, cada esquema aitiológico, como vimos, está situado acima do texto ou da seção de texto que ele fundamenta ao mesmo tempo que a seus operadores. Essa funcionalidade contrasta com a inércia dos relatos de fundação[220] do *De architectura*, dispostos de maneira mais ou menos aleatória, sempre além do campo textual com que estão relacionados.

Estamos portanto com razão, como o sugeri anteriormente, em considerar os relatos de origem ou esquemas aitiológicos de Alberti como formadores de um segundo tipo de operadores cuja função é legitimar o outro tipo, constituído pelos axiomas, e que se poderia chamar de lógico. A esses operadores de segundo tipo chamei *metamíticos*[221], porque ao mesmo tempo rejeitam o mito e no entanto conservam-lhe a forma – decerto parodicamente. Assim, o operador metamítico aparece em Alberti como um instrumento epistêmico[222] intermediário entre o antigo mito aitiológico

219. Cf. no Prólogo a oposição de *"Fuere qui dicerent"* e *"Nobis vero"* (p. 9) e, no Livro I, a de *"Itaque quicumque ille fuerit* [...] *qui ista principio instituera"* e *"tandem sic puto"*, p. 23.

220. Todos os relatos de Vitrúvio são explicitamente tirados da tradição (aitiológica) da Antiguidade. Entretanto, observamos que, em seu terceiro relato, o arquiteto romano parece pressentir a possibilidade de uma construção pessoal, mas não o explora, o que retira qualquer significação dessa diferença em relação aos dois outros relatos de origem.

221. Essa denominação não figura na versão francesa de *A Regra e o Modelo*. Eu a propus por ocasião de uma série de conferências intituladas "Conflicting Roles of Myth, History and Remembrance in Alberti, Quatremère de Quincy and Viollet le Duc", feitas na Universidade de Cornell em outubro de 1982.

222. A relação que os esquemas albertianos mantinham com a aitiologia antiga – ao mesmo tempo que sua especificidade – aparecem numa série de relatos de origem menor de que se serve Alberti para revelar, às vezes somente explicar ao leitor, certas opções e articulações secundárias de seu tratado. Esses relatos são construídos com a mesma desenvoltura que os esquemas maiores (Alberti especifica, a cada vez, que se trata de sua opinião pessoal e não se constrange em dar à sua construção o caráter de hipótese). Sem nada dever, desta vez, a Vitrúvio, eles dão a medida do espírito de sistema que presidiu a construção do *De re aedificatoria*. Assim se sucedem, na primeira parte da obra, os relatos de origem da coluna (cujo tratamento se fazia mister justificar na seção consagrada à parede) (Livro I, Cap. IX), do tijolo (cuja ordem de inserção se

DE RE AEDIFICATORIA: ALBERTI OU O DESEJO E O TEMPO    145

e o que nossos contemporâneos, ao fim de uma busca secular das razões primeiras, imaginam como "universais culturais".

Essa leitura faz surgir o estatuto diferente da "história da arquitetura" construída em três fases, ao modelo do esquema das *artes*. Ao contrário dos esquemas aitiológicos, longe de ser a geradora de uma temporalidade criativa, ele se desenvolve no espaço e no tempo. A despeito de sua localização e de sua forma, ela não faz parte dos operadores metamíticos: falsa aparência ou pseudo-operador por meio do qual Alberti tenta justificar o valor de verdade que atribuiu à estética das ordens greco-romanas. Essa história seletiva e "cultural"[223], que ainda não merece verdadeiramente o nome de história, não é entretanto assimilável aos relatos lendários de Vitrúvio, essencialmente inspirados pela tradição helênica.

De fato, somente o segundo relato de origem do *De architectura*, o das ordens, encontra verdadeiro eco no Livro IX do *De re aedificatoria*. Não que Alberti o retome com maior fidelidade do que o anterior. Entretanto, se ele o simplifica e o racionaliza, não só reconhece a tradição transmitida por Vitrúvio, diante da qual ele se anula[224], deixando a palavra aos antigos, chegando mesmo a atribuir-lhes o axioma do edifício-corpo. Mas, sobretudo, ele não faz trabalhar-lhes sua longa narração da origem das ordens. Divisível em sete episódios[225] distribuídos entre os Caps. V e VII onde se misturam de forma insólita no discurso teórico, contrariamente a todos os relatos de origem do tratado, essa narração é colocada *depois* das regras das ordens que ela explica. Aliás, seus protago-

justificava no tratamento dos diversos materiais) (Livro II, Cap. X),; do arco (Livro III, Cap. XIII) e na terceira, os do templo (Livro VII, Cap. II), da basílica (Livro VII, Cap. XIV), do circo, dos monumentos comemorativos (Livro VII, Cap. XVI), das sepulturas (Livro VIII, Cap. II) e dos anfiteatros (Livro VIII, Cap. VIII).

223. Sobre os caracteres da "história da arquitetura" do *De re aedificatoria*, cf. R. Krautheimer, *Studies in Early Christian, Medieval and Renaissance Art*, pp 265 e s.

224. Em nenhum momento Alberti apresenta a história das ordens como uma criação pessoal. E relacionada apenas uma única vez com a situação de enunciação, por um modesto *"ut opinor"*.

225. Podemos resumi-los da seguinte maneira: 1) nossos antepassados aplicaram a suas construções as leis de que faz uso a natureza; 2) assim fazendo, perceberam que essa não utiliza as mesmas proporções para todos os corpos; 3) assim, foram levados a descobrir três maneiras de embelezar, às quais, segundo a tradição, deram os nomes daqueles que as encontraram; 4) em seguida, descobriram os três princípios que nós [é Alberti quem fala] denominamos anteriormente número, acabamento e colocação, o fizeram um certo número de constatações quanto ao número; 5) no que diz respeito ao acabamento, depois de haver contemplado o corpo humano, pensaram que seria preciso elevar as colunas à sua imagem e, consequentemente, tomaram as medidas do corpo; 6) construíram então nobre esse modelo dois primeiros tipos de colunas; 7) Mas seu senso de harmonia os conduziu, logo, a abandoná-los e por uma série de modificações sucessivas, a inventar as colunas jônicas, dóricas e depois as coríntias. Essa longa narração não inclui o relato da invenção dos capitéis (Livro VII, Cap. VI) que retoma o terceiro relato vitruviano, mas sob a simples forma de uma citação e numa perspectiva crítica (p. 565).

146 A REGRA E O MODELO

nistas não são mais os *homines* abstratos – o homem – dos outros esquemas, mas *majores nostri* em primeiro lugar, depois *architecti*, predecessores que têm relação com o tempo da história. Longe de ser um operador paramítico do texto, essa narração que historiciza, de alguma forma, a lenda vitruviana, trai, ao mesmo título que a "história da arquitetura", as dificuldades teóricas com que se depara Alberti na parte estética do *De re aedificatoria*.

O estudo comparativo dos relatos vitruvianos e albertianos confirma, pois, minhas análises anteriores. Evidencia o papel ambíguo e decisivo desempenhado por uma história da arquitetura que não ousa e não pode ainda nomear-se, e vem perturbar a relação com o passado do *De re aedificatoria*. Com efeito, torna-se claro daí por diante que o tratado de Alberti é escorado pela oposição irredutível de uma temporalidade concreta que acolhe a criação arquitetônica e de um tempo abstrato no qual é fundada em teoria essa criação aberta a um devir permanente. A despeito de um emprego idêntico dos tempos do passado, somente os relatos ilustrativos remetem a uma duração real. Convocam o passado não para valorizá-lo em si, mas para exaltar a criatividade do tempo, dita e redita, quase já teticamente, ao longo do *De re aedificatoria*. O eixo do tempo é necessário para que se desenvolva a atividade edificadora: essa mensagem é retomada, sistematicamente repercutida de uma ponta a outra do livro por uma evocação maciça do passado. Vimos, porém, que, tão logo é enunciado, esse passado é de algum modo desativado pela enunciação albertiana. Perde o *status* que um verdadeiro texto de história lhe daria. O *eu* vigilante do autor dele se apropria de modo tal que o reduz a ser tão somente uma dimensão de sua própria construção, em outras palavras do seu tratado.

## 5. O ARQUITETO-HERÓI

O paradoxo menor não é que o *eu* ordenador do *De re aedificatoria*, o sujeito que interpela o leitor e o remete permanentemente à situação de enunciação, introduza em seu tratado sua própria história. Vimos, todavia, que somente a biografia intelectual, a aventura especulativa do autor é que é evocada no livro. Entram no texto apenas os episódios de sua experiência passada que têm relação com a situação de enunciado, quer se trate de uma etapa reflexiva ou de uma visita do arquiteto ao terreno. Poderia tratar-se aí, portanto, de uma referência situara mal própria aos textos teóricos, e caberia compreendê-la como "referência ao interdiscurso"[226]

---

226. J. Simonin-Grumbach, op. cit., p. 111. Nessa concepção, "o interdiscurso pode ser o interdiscurso no sentido estrito – o próprio texto, sit. E comum ao autor e aos leitores – ou o interdiscurso no sentido amplo – os outros textos [ ..]" (idem, p. 111).

DE RE AEDIFICATORIA: ALBERTI OU O DESEJO E O TEMPO

a partir do qual se poderia, no caso, considerar o mundo construído como a face não livresca.

A biografia de Alberti, tal como a desenvolve o *De re aedificatoria*, é no entanto coisa totalmente diferente de um referente discursivo ou mesmo situacional, no sentido estrito. A história do autor Alberti começa com sua decisão de escrever o *De re aedificatoria* e prossegue à medida que surgem as dificuldades e que as resolvem novas decisões que, progressivamente, engendram o encadeamento das partes do livro, a ordem dos processos de edificação, determinam a posição e a organização dos esquemas aitiológicos, a escolha dos exemplos históricos. Dessa história tão curiosamente destacada da história, que narra as etapas de uma pesquisa teórica e a construção de um livro, dependem tanto a ordem de sequência das regras da edificação quanto a ordem do livro. E é, em definitivo, sobre a criatividade do sujeito-autor do texto, que se baseia todo o projeto generativo do *De re aedificatoria*. O próprio Alberti o sugere quando assimila sua personagem de escritor a um construtor: "Itaque nos *quas* quasi opus facturi simus et manu aedificaturi, *ab ipsis fundamentis seu ordiri aggrediemur*"[227].

O desenvolvimento da edificação, tal como a explica o *De re aedificatoria*, é portanto comandado dessa maneira pela história do escritor. Por condensada e reduzida que ela seja, por espaçadas que sejam suas divisões, longe de ser secundária ou pedagógica, essa história lhe impõe sua ordem.

Mas que *status* atribuir ao *De re aedificatoria*, quando ele não aparece somente unificado pela enunciação de um *eu*-autor, mas bem estruturado pelo enunciado de sua história? Ainda se pode falar de um discurso, de um texto teórico? Mais precisamente, tratar-se-ia de um discurso sobre um texto teórico, categoria discursiva de que Alberti produziu um exemplo canônico no *Della pittura*? O *De re aedificatoria* é efetivamente comparável a essa obra, ela também sem precedente, que difere de todos os tratados de pintura anteriores, que exalta o poder criador do artista *"deus in natura"*[228] e no qual o autor não cessa de intervir na primeira pessoa do singular[229], impondo seu ponto de vista pessoal ao leitor, exprimindo seu orgulho de inventor. A comparação talvez fosse ainda mais pertinente com outro exemplo de discurso sobre um texto teórico, o *Discours de la méthode* de Descartes, cujo autor uniu, para a posteridade, a exposição de sua filoso-

---

227. Livro II, Cap. XIII, p. 165.

228. Do qual E. Panofsky, E. Garin e A. Chastel fizeram a reivindicação mais característica dos humanistas (cf. A. Chastel, *Marsile Ficin*, op. cit., p. 33).

229. Desde o *"io"* da dedicatória a Brunelleschi e o célebre *"si consideri me non chome mathematico ma come pictore scriver edi queste cose"* (op. cit., p. 55), até a mensagem a seus sucessores da última página, passando por *"sia licito confessare di me stesso: io se mai per mio piacere mi do a dipingere...."* (idem, p. 81).

148 A REGRA E O MODELO

fia à narração de sua aventura intelectual e mesmo de certas circunstâncias de sua vida.

Entretanto, tanto no *Della pittura* quanto no *Discours*, a insistência do sujeito em referir-se a si próprio enquanto pessoa histórica concreta e em afirmar a "metafísica do homem criador"[230] não arranha a forma do texto, nem modifica seu estatuto de discurso. Ora, se o *De re aedificatoria* tem realmente o propósito de mostrar que "a atividade humana que se encarna na edificação da cidade é a característica mesma do homem ao mesmo tempo artesão, causa e Deus [e cuja] - razão de ser não está na contemplação de um dado, mas no fazê-lo, no produzi-lo"[231], sua forma trai outra coisa que não a embriaguez da criação e a afirmação de um poder individual. O caminho crítico do autor que fala na primeira pessoa e essa segunda pessoa, que a primeira não cessa de interpelar; o peso do presente do indicativo, tempo básico do texto, e os indicativos futuros, os subjuntivos e imperativos que o contrapontam na formulação das regras da edificação; a firme expressão de um desígnio teórico – todo esse formidável aparelho dissimula paradoxalmente um texto de história que, por trás do *eu* do autor-teórico, abriga o *ele* de seu herói. Enquanto o *Della pittura* e o *Discours de la méthode* enunciam, um e outro, uma teoria que uma referência à situação de enunciação ou ao passado do enunciador vem por acaso valorizar ou esclarecer, o *De re aedificatoria* conta como um herói descobre as regras da edificação depois de haver previamente assegurado sua fundação, por ocasião dos quatro momentos em que culmina seu poder e em que constrói os esquemas de origem do Prólogo, dos Livros I, IV e VI.

A palavra herói não é lançada aqui inocentemente. Aponta a singularidade desse texto de história e a dimensão quase mítica de seu protagonista secreto, o grão-ordenador do *De re aedificatoria*, o Arquiteto-herói cujo triunfo os últimos capítulos do texto consagram. Figura excepcional e ambivalente, situada fora do tempo dos humanos e entretanto imersa em seu fluxo por meio do "eu" de Alberti que lhe assume metaforicamente o papel, como edificador do livro, descobridor das regras da edificação e inventor dos esquemas de fundação. Assim, esse herói resolve as contradições suscitadas pela tarefa de legislar, cumprindo as funções antinômicas de um homem chamado a formular *hic et nunc* as regras da edificação e do Arquiteto que tem poder de fundá-las no tempo a-histórico da lógica.

Integrando dessa maneira seu discurso na forma de um texto de história, Alberti recompõe, ao nível mesmo de seu livro, um *analogon* desses relatos de fundação cujo modelo ele encontra em Vitrúvio e nos autores da Antiguidade e que, de tanta ironia e por uma impla-

---

230. E. Garin, *Moyen Age et Renaissance*, op. cit., p. 76.
231. Idem, p. 158.

cável subordinação à situação de enunciação, ele despojara de sua tonalidade mítica ou religiosa. O *De re aedificatoria* perde então uma parte da transparência pela qual ele se impusera à nossa atenção. Certamente, a elaboração sistemática por Alberti das regras da edificação a partir de um conjunto limitado de operadores lógicos continua sendo a primeira empresa desse gênero, e seu projeto, com o duplo papel de que ele encarrega o tempo e o desejo, é pioneiro e continua inigualado. No entanto, parece que essa teoria ramificada no real ocupa um estrato superficial do texto, subordinada a um estrato profundo onde, graças a um relato heroico escrito em filigrana, se desenvolve uma dimensão mitizante.

Relato paródico ou mimético, composto com deliberação ou antes introduzido de maneira sub-reptícia pelo inconsciente do autor? Pouco importa. O essencial é a contradição com que nos deparamos: o fato de que ele remete simbolicamente à tradição contra a qual, desde logo, se inscrevia a empresa de Alberti.

Para interpretar essa falha secreta, essa face obscura de uma superioridade sem sombras, é preciso tentar reportar-se aos tempos em que Alberti consagrava seu tratado a libertar a razão, a imaginação e os desejos num campo donde estavam excluídos, e que as prescrições dos deuses e da cidade limitavam. Suprimir esses antigos limites, libertar-se de toda regulamentação transcendente ou não motivada, não constituía um gesto anódino. O que era possível, embora não sem perigo[232], no domínio figurado da pintura se revelava impossível no campo vivido do construir que compromete uma atividade prática dos humanos. Alberti não estava em condições de assumir perfeitamente uma emancipação do ato de edificar que raiava o sacrilégio. Seu projeto sem precedente, a concepção de uma legislação generativa do construir, somente podia ser enunciado desde que fosse conjurado. É por isso que ele inventa e constrói, por seus únicos e próprios meios, um relato de fundação leigo em primeira pessoa, cujo herói construtor escapa simultaneamente ao tempo da história, domina-o e sabe reconhecer-lhe a fecundidade. A transgressão cometida por Alberti, quando dotou a edificação de uma legislação própria, é portanto simbolicamente conjurada por meio deste texto de história insólito que simula um mito de fundação: concessão derrisória, mas indispensável para que seja revelada a teoria soberana do *De re aedificatoria*.

232. A propósito do *Tratado da Pintura*, que, segundo ele sublinha, como nós mesmos acerca do *De re aedificatoria*, constitui na época um empreendimento sem exemplo anterior, R. Krautheimer acrescenta que sua ambição se situava mesmo no limite do subversivo (*Lorenzo Ghiberti*, Princeton University Press, 1963, p. 316).

# 3. "Utopia" ou a Travessia do Espelho

O segundo paradigma dos textos instauradores, a *Utopia*[1] de Tomás Morus, não suscita os mesmos problemas de apresentação que o *De re aedificatoria*. A obra é muito mais curta, mais familiar ao não especialista. É objeto de numerosos comentários que não desejo repetir aqui[2] e cuja lição menor é não ter feito surgir a polissemia da *Utopia*. Com efeito, o texto de Morus pôde e pode ser abordado através das dimensões moral, religiosa, econômica, poética. Nessa obra foi possível ler tanto a nostalgia de uma ordem passada quanto a intuição futurista de transformações sociais futuras, tanto o conformismo quanto a subversão e, para retomar a terminologia de K. Mannheim, tanto a ideologia quanto a utopia[3].

1. O título que empregamos aqui somente prevaleceu a partir da edição da Basileia (1563). Anteriormente, Morus utiliza-o apenas por elipse em seu prefácio, e o termo Utopia somente aparece no título da segunda edição (Basileia, 1517): *Libellus vere aureus nec minus salutaris quam festivus de optimo reipublicae statu deque nova insula Utopia, authore clarissimo viro Thoma Moro* [...] As citações em latim se referem à edição de E. Sturtz (cf. *infra*, n. 2) e as em francês à tradução de M. Delcourt, Paris, Renaissance du Livre, 1936. As duas obras serão designadas respectivamente por S. e D.

2. Remetemos em particular aos da edição de E. Sturtz e J. Hexter (MORE, *Complete Works*, t. IV, New Haven-Londres, Yale University Press, 1965) na qual iremos encontrar uma bibliografia quase exaustiva, comentada. Desde o seu aparecimento, a única obra maior publicada é a Interpretação de L. Marin, *Utopiques jeaux d'espace*, Paris, Ed. de Minuit, 1973, a qual teremos oportunidade de nos referir por várias vezes.

3. Cf, *supra*, p. 35.

152 A REGRA E O MODELO

Essas diversas leituras, mesmo quando reconhecem no texto de Morus uma eficácia social, têm em comum o fato de situarem essa eficácia no plano das ideias e dos sentimentos, podendo o limite dessa atitude ser ilustrada por L. Marin para quem a *Utopia*, por crítica que seja, é prisioneira para sempre de seu *status* de livro, e por isso mesmo afastada de toda prática política[4].

Ao contrário, escolhi ler a *Utopia* na medida em que propõe um modelo de organização do espaço suscetível de ser realizado e em que possui capacidade de transformar o mundo natural, instaurando espaços nulos: escolha paradoxal, redutora, decerto, mas legítima na medida mesma em que é transmitida pelo texto. Renunciando, portanto, às outras leituras, começarei por recolher, em todas as suas letras, o que Morus afirmava sobre o espaço utópico.

## 1. ESPAÇO-MODELO, MODELO DE ESPAÇO: ABORDAGEM FENOMENOLÓGICA

Para isso nos reportaremos ao Livro II, consagrado exclusivamente a essa ilha de Utopia à qual Raphael Hytholoday fez breves alusões no curso do Livro I. Antes de relatar seus costumes e instituições, Raphael começa descrevendo o espaço da ilha maravilhosa. Precedente significativo que se deve à problemática mesma do livro. Antes de tudo, para o porta-voz de Morus, deve-se convencer os interlocutores do texto (e seus leitores) da existência de Utopia. E para isso ele tem de mostrar-lhes, objeto e conjunto de objetos totalmente elaborados, tal como a ficção pressupõe que ela é *dada* desde logo e tal como ele, Raphael, protagonista-testemunha do livro, pôde autenticá-la no decorrer de uma experiência fundamental que é uma experiência visual[5]. Daí a importância do quadro construído[6] que, segundo veremos, condiciona tanto a conversão que engendrou a sociedade utópica quanto o funcionamento dessa sociedade.

Por paradoxal que isso seja, a Utopia, que não se encontra em parte alguma, entretanto constitui, antes de tudo, um espaço. Sua testemunha, Raphael, excluindo qualquer outra qualificação, se apresenta como um percorredor de espaços, um viajante e um ve-

---

4. "A utopia não constitui um projeto político e social e não comporta uma estratégia nem uma tática de realização" (op. cit., p. 48).

5. Sobre a significação epistêmica e epistemológica desse apelo à visão, cf. infra, p. 186 e s.

6. Bem acentuada pelos comentários marginais apostos por Erasmo ao texto da primeira edição: "situs et forma *Utopiae novae insulae*; locus *natura tutus unico praedisio definitur*; [...] *hoc plus erat quam* isthmum *perfodere*; [...] oppida *utopiae insulae*; similitudo *concordiam fecit*; urbium *inter se mediocre* intervallum; distributio agrorum [...]" [*O grifo é nosso.*]

UTOPIA OU A TRAVESSIA DO ESPELHO          153

dor, tal como o ressaltam em três oportunidades os interlocutores do Livro I[7]. Ele próprio reconhece esse papel quando, no final desse mesmo livro, reage contra o ceticismo de Morus:

> Nada há de surpreendente em que penseis dessa forma já que não tendes da realidade nenhuma *representação* [*imago*] que não seja falsa. Seria preciso que tivésseis estado em Utopia comigo, que tivésseis *visto com vossos olhos* seus costumes e suas instituições tal como eu mesmo pude fazê-lo [*Mores eorum atque instituta vidisses praesens, ut ego*] ... em seus países que eu não teria desejado deixar a não ser que fosse para dar a conhecer esse universo novo. Confessaríeis então jamais ter *visto* em alguma parte um povo governado por melhores leis"[8].

### 1.1. *Espaço-Retrato e Espaço-Modelo*

Para Raphael, a Utopia *está* pois no espaço que, em termos kantianos, constitui o "esquema" e a condição de sua experiência. Mas *tem* também um espaço cujas determinações lhe conferem e revelam sua particularidade. De fato, a descrição de Raphael faz surgirem dois espaços utópicos. Com grande habilidade, ela superpõe duas imagens de Utopia, das quais uma é a de um lugar; a outra, a de um protótipo. A primeira imagem, que chamarei *retrato*[9] porque pinta os traços espaciais que fazem de Utopia uma individualidade única, é fruto, até nas particularidades de suas construções, das contingências de sua geografia física e de sua história. A segunda imagem, que denominarei *modelo* porque retém de Utopia apenas traços espaciais mal localizados e reproduzíveis, depende, ao contrário, exclusivamente da ordem humana e de um estrito sistema de normas culturais. Essas duas imagens permanecem distintas, do começo ao fim do relato que Raphael conduz com método, descendo da escala do território à da cidade e da casa.

As primeiras palavras de Raphael, na abertura do Livro II, desenham o retrato físico de Utopia. É uma ilha, separada do continente por um istmo de quinze mil passos; apresenta "o aspecto de um crescente lunar", com um perímetro de quinhentas milhas, cujos "dois cornos são separados por um braço de mar de cerca de

---

7. Primeiramente, por ocasião do encontro com Raphael, quando Pierre Gilles diz a Morus que "não há ninguém na terra que tenha tantas coisas para contar sobre os homens e as terras desconhecidas" (D., p. 9); depois, no início do diálogo do Conselho, quando Pierre lhe assegura: "vós teríeis com que encantá-lo com vosso saber, vossa experiência dos países e dos homens" (D., p. 13); e, finalmente, um pouco antes da abertura do Livro II, quando Morus o pressiona a contar enfim sua viagem a Utopia: "Dai-nos um quadro completo das culturas, dos rios, das cidades, dos homens" (D., p. 56).

8. D., 54. [*O grifo é nosso.*]

9. Retomando a terminologia adotada pelos gravadores da Renascença a fim de designar seus "retractos" das cidades (cf. Cap. 1)

154  A REGRA E O MODELO

onze milhas"[10], e forma uma espécie de lago marítimo, perfeitamente calmo; o acesso a esse lago é obstaculizado por um grande rochedo, escolhos e altas profundidades, enquanto que do lado oposto o litoral é marcado por recifes rochosos. Esses traços naturais têm relação direta, de causa e efeito, com um conjunto de traços construídos que dão sua dimensão cultural ao retrato de Utopia: o istmo é o resultado de uma proeza técnica concebida pelo herói fundador Utopo para destacar (expulsar) a ilha do continente; uma fortaleza coroa o rochedo que barra a entrada do golfo, sobre cujas ilhotas se erguem faróis destinados a guiar os amigos e perder os inimigos; finalmente, o lado oposto é eriçado de obras defensivas. A conjunção da natureza e da cultura produz, portanto, uma paisagem original que, se não deixa de evocar a Atlântida de Platão[11], contudo lembra de maneira mal disfarçada a Inglaterra[12].

A capital, personalizada pelo nome Amaurota, se singulariza por sua vez por uma série de traços topográficos que repercutem sobre o quadro construído. Está situada "como que no umbigo da ilha"[13], ao flanco de uma colina, próxima do mar, atravessada e bordejada por um grande rio, o Anidro, e um outro menor, que deságua no primeiro. A inclinação do terreno e a distribuição das águas dão origem a melhoramentos originais: o dispositivo defensivo que converte o pequeno rio interior em reservatório de água potável na eventualidade de um cerco; as cisternas que garantem o abastecimento de água de chuva a terrenos por onde é difícil passar canalizações[14]; a ausência de fosso (substituído pelo Anidro) num dos lados da muralha; o afastamento dessa do quadrado perfeito que

10. D., p. 57.

11. No *Crítias*, Platão fornece à Atlântida um relevo montanhoso com exceção de uma vasta planície costeira onde se estabeleceu a capital, bem próxima do mar (113a). Quando, no *Timeu*, Sócrates anuncia o *Crítias* e o mito da Atlântida, evoca os anais egípcios que, muito mais antigos que os dos gregos, conservaram o testemunho da preeminência e da ascendência helênica das nações consideradas originais, tal como o Egito; da mesma forma, os anais utopianos conservam o relato de antigo contato com o velho mundo, de onde seria originária a Utopia (23bc). Se a forma da capital dos Atlantes é muito diferente da de Amaurota, seu núcleo inicial e insular, isolado por três fossos de água, é realmente o fruto de um trabalho violento operado sobre a natureza pelo fundador Atlas (113d); Cf. infra, p. 185.

12. Cf. G. RITTER, *The Corrupting Influence of Power*, trad. K. W. Rick, Essex, Hadleigh, 1952, e R. GERBER, "The English Island Myth: Remarks on the Englishness of Utopian Fiction", *Critical Quarterly I* (1954), citados por Sturtz. As dimensões de Utopia são, em particular, as que a geografia da época atribuía à Inglaterra.

13. D., p. 59.

14. Esses detalhes traem o interesse de Morus pelas obras hidráulicas e a experiência direta que delas tinha enquanto magistrado da cidade de Londres. Essas passagens técnicas são as únicas que se prestam a uma aproximação com o livro de Alberti. De fato, Morus se vê aqui, como o autor do *De re aedificatoria*, às voltas com um problema de invenção, engendrado pelo cruzamento de uma demanda (higiene, segurança, conforto) e do uma situação (área, região).

é, sem dúvida, a forma modelar da cidade utópica[15]; finalmente, a ponte que liga as duas margens do Anidro.

Em sua particularidade, Amaurota lembra Londres[16], tal como anteriormente a ilha de Utopia lembrava a Inglaterra. Veremos mais adiante como interpretar tal referência, ao mesmo tempo elaborada e disfarçada. Notemos apenas, por enquanto, que inúmeros comentadores parecem ter levantado falsos problemas com relação a esse quadro de um espaço individualizado cujos detalhes Morus tirou ao mesmo tempo de sua cultura clássica e de sua experiência de londrino. Como o da ilha, o retrato de Amaurota se destina a atestar a realidade de sua existência real.

A imagem-modelo que se superpõe à imagem-retrato apresenta, ao contrário, os elementos do quadro construído que, nesse momento próprios unicamente à Utopia, são todavia universalmente reproduzíveis e desligados de qualquer dependência com relação à sua geografia física e à sua história.

Raphael começa por assinalar a padronização do quadro construído, urbano e rural, dos utopianos: cinquenta e quatro cidades edificadas num mesmo plano (*situs*), de aspecto idêntico (*eadem rerum fades*), e cercadas por um campo semeado com um mesmo modelo de casas familiais agrícolas. "Quem conhece uma de suas cidades conhece-as todas, tão grande é a sua semelhança, *tanto mais que o terreno não as distingue*"[17]. Amaurota, onde ele se deteve por muito tempo, pode pois ser legitimamente considerada e tratada por Raphael como o espaço-modelo da cidade de Utopia[18].

15. Amaurota é "quase quadrada" (D., p. 61). Essa *figura fere quadrata* (S., p. 116) suscitou inúmeras interpretações, entre as quais a de L. Marin para quem esse quadrado, que não o é, assinala precisamente a utopia. Pode se também ler o "quase quadrado" como um empréstimo à descrição da Jerusalém celeste por São João: "a cidade era quadrangular: seu comprimento era igual à sua largura" (*Apocalipse*, 21-16). O *quase* marcaria então a inferioridade do *status* ontológico de Utopia em relação ao da Cidade de Deus. Uma explicação mais prosaica dessa anomalia, pelas dificuldades que oferece, para a construção, um terreno inclinado, nos parece igualmente possível.

16. Cf., particularmente, o testemunho das notas marginais de Erasmo na edição de Basileia (1518): "*Anydri flumini descriptio*: idem *fit apud Anglos in Flumini Thamysi*" (correspondente à descrição do fluxo e refluxo que percorre o Anidro); e a propósito da ponte: "*In boc Londinum cum Amauroto convenit*". Mas também na Atlântida a capital se comunica com o mar por um canal. Platão descreve minuciosamente o sistema complexo de canais circulares de navegação e de canais de irrigação que a caracterizam. Ao mesmo tempo doce e salgada, como o Rio Anidro, a água, de presença obsedante, desempenha na Atlântida um duplo papel de meio de separação (feito pelo deus) e de comunicação (feito pelos humanos que forçam o acesso ao mar e lançam pontes sobre os canais circulares). Sobre o perigo do mar como perigo de perda de si na exterioridade, cf. *Leis*, Livro IV, 705 a.

17. D., p. 61. "*Urbium qui unam norit, omnes noverit, ita sunt inter se* (quatenus loci natura non obstat) *omnino similes*" (S., p. 116). [O grifo é nosso.] A tradução literal seria: "até onde a natureza do terreno não se lhe oponha".

18. O fato de ser Amaurota a capital ("*prima, princepsque habetur*", D., p. 59) não muda as suas determinações. Existe aí uma certa dificuldade que Morus ignora

156 A REGRA E O MODELO

## 1.2. *Um Dispositivo Universalizável*

Os elementos constitutivos do modelo urbano resultam de uma escolha racional. Foram selecionados e organizados de molde a corresponder às instituições-chave de Utopia. Cada um deles está ligado, univocamente, a uma prática social essencial cujo funcionamento ele condiciona, ao mesmo tempo que a revela diretamente aos leitores como aos habitantes de Utopia.

As altas e largas *muralhas* flanqueadas de torres e de fortes, que cingem Amaurota, garantem o *status quo* demográfico da cidade, que jamais deve ter mais de seis mil famílias[19] numa superfície máxima de vinte mil passos[20]; guardam Amaurota do mundo exterior, afirmando sua identidade e corroborando essa vocação de interioridade e de auto presença que a transforma como que no habitáculo de "uma única família"[21]. As *ruas* (de vinte pés) flanqueadas com duas fileiras contínuas de casas permitem a distribuição regular, entre duas séries de quinze casas de moradia, dos *alojamentos dos filarcas* que formam uma das engrenagens políticas, administrativas e morais da cidade, ao passo que os *jardins comuns*, situados atrás das casas, representam o instrumento bucólico da supressão da propriedade privada e servem ao lazer favorito da sociedade utopiana, a jardinagem.

Quanto à *casa* de morada padrão, que se troca a cada dez anos, corresponde à importância do papel atribuído à família: três andares, paredes de tijolo ou de pedra, um teto-terraço e janelas envidraçadas caracterizam a célula fundamental de Utopia. Por outro lado, as *portas* facilmente abríveis[22] dessa mesma casa demonstram

---

deliberadamente. Cf. infra, p. 158. Amaurota é descrita como Cidade-Estado, idêntica a cinquenta e três outras, e não enquanto sede de sua confederação que possui, por isso, funções (e espaços) específicas.

19. Das quais nenhuma deve ter "menos de dez ou mais de dezesseis membros": "Essas normas são facilmente observadas graças à passagem para uma família pouquíssimo numerosa dos membros que estão excedentes em outra. Se, no conjunto, uma cidade tem gente demais, o excesso vai compensar a déficit em outra" (D., p. 74). A ideia do *numerus clausus* Morus foi buscar em Platão e se impõe a comparação com os algarismos adiantados nas *Leis*, onde a organização do espaço é decorrência do número de 5040 chefes de família adotado para a cidade considerada (737 c).

20. No que diz respeito ao modelo territorial, a distância mais curta entre as cinquenta e quatro cidades é 24 milhas (D., p. 58).

21. *"Ita tota insula velut una familia est"* (S., p. 148). A função das muralhas só é evocada bem depois de sua descrição, primeiramente quando Morus indica os meios (trocas entre cidades e colonato) de manter constante o número das famílias, depois na sequência sobre as viagens.

22. Ao contrário da das muralhas, a função das portas das casas é imediatamente indicada: "Elas se abrem com um empurrão e se fecham do mesmo modo, deixando entrar o primeiro que chega. Nada existe lá que constitua um domínio privado (*ita nihil usquam* privati est)" (D., p. 63; S., p. 120).

UTOPIA OU A TRAVESSIA DO ESPELHO    157

o antiindividualismo, a recusa da propriedade privada e a aversão ao secreto: a Utopia não comporta locais escondidos, tudo nela ocorre às claras. Por sua vez, a *casa rural*, disseminada nos campos, é a sede das milícias agrícolas que asseguram o consumo alimentar da ilha e cujos membros são temporariamente agrupados em grandes "famílias" artificiais, independentes das comunidades urbanas.

Os diversos elementos urbanos, por sua vez, estão dispostos numa organização que corresponde à mesma seleção funcional. Em primeiro lugar, a cidade se divide em "quatro setores iguais"[23]. Divisão de valor político: cada "quarteirão" escolhe, com efeito, um representante ao Senado a quem cabe escolher o príncipe entre os eleitos. Com exceção da passagem sobre a localização da "sifograntia"[24] na rua-padrão, é essa a única indicação do livro sobre os locais do político em Utopia. Raphael enumera organismos complexos: um senado, um conselho do príncipe, assembleias do povo (*comitia*), "sifograntes" e "tranibores". Não é descrito nenhum espaço como sede desses grupos.

Essa estranheza já observada por E. Sturtz, mas sem comentários, recebeu de L. Marin uma explicação que a transforma numa das pedras angulares do funcionamento textual da Utopia. Para ele é fundamental que a rede dos espaços político-administrativos se eclipse em proveito da rede do espaço econômico. O branco, que cobre os locais políticos no mapa de Utopia, marca precisamente o lugar, vazio, de um nó de conceitos então informuláveis[25]. Sem contestar essa interpretação, pode-se todavia observar que a representação dos locais de assembleia em Amaurota se tornou particularmente difícil, porque o duplo sistema das instituições políticas constitui o único e exclusivo traço pelo qual esta cidade não pode ser considerada protótipo. Possuindo ao mesmo tempo a organização de todas as outras cidades e, além disso, sendo ela a capital de uma confederação, era totalmente lógico que ela devesse possuir dois senados. Esse duplo estatuto perturbou Morus até em

23. *"Civitcs omnis in quatuor aequales partes dividitur"* (S., p. 136).

24. Habitação do sifogrante, magistrado que administra trinta famílias e encarregado de representá-las nas assembleias políticas.

25. "Os locais de deliberação e de decisão políticas são apagados ou ocultados pelo jogo das redes espaciais da cidade [...] A utopia executiva representa e resume (em nenhuma parte) a ubiquidade representativa (em toda a parte). O príncipe está em nenhuma parte como a eleição popular está em toda a parte [...] Essa cadeia de delegações pela qual o povo utopiano exprime seu poder não encontra condições de se inscrever no espaço referido pelo discurso, se bem que se desenvolva e se explique no discurso constitucional da Utopia, isto é, no discurso constitutivo da própria Utopia [...] Presente no discurso, ausente do mapa ou do espaço referido pelo discurso, o político, por essa ausência mesma, designa o processo econômico que, *indicado* no mapa, no espaço referido, suporta o sentido da organização política, embora se desenvolvendo independentemente dela no discurso utópico" (*op. cit.*, p. 169, 170, 171)

158 A REGRA E O MODELO

sua descrição das instituições, que passa constantemente, e sem qualquer menção ao leitor, dos mecanismos locais aos mecanismos confederativos[26]. Pode-se também se perguntar se o político está realmente "presente no discurso" de Morus-Raphael. De fato, excetuando-se o que diz respeito às relações exteriores, o papel das numerosas instâncias "políticas" da Utopia se reduz ao controle de um funcionamento preestabelecido. De fato, é o costume que regula as atividades econômicas, morais e religiosas dos utopianos, de maneira implícita e graças a um quadro construído imutável, cuja força de coerção substituiu a da lei escrita e do poder executivo. Príncipe, tranibores, conselheiros e deputados diversos substituem o povo utopiano, cujo consenso não tem que se inscrever em nenhuma parte em particular, na mesma medida em que é chamado a se manifestar em toda a parte. Situação inversa da descrita por Maquiavel[27]: a personalidade do príncipe ou dos homens "políticos" não conta, esses não podem nem entrar em conflito com o povo, nem sobretudo inventar nada. Pode-se considerar sua atividade como um suplemento, uma última garantia. Proporcionam ao funcionamento das instituições um aumento de garantia tão pouco significativo, que Morus não achou necessário alojá-lo num espaço

26. O papel privilegiado de Amaurota no sistema confederativo de Utopia é assinalado por Raphael, desde o início, ao mesmo tempo que sua posição privilegiada "no umbigo da ilha": cf. supra, p. 154. Raphael indica que os deputados das outras cidades se reúnem a cada ano em Amaurota, mas nada diz então sobre o local de reunião de que ele trata muito mais tarde, no capítulo sobre as viagens, a propósito da instância responsável pela distribuição dos bens de consumo, em caso de penúria (D., p. 82). No intervalo entre essas duas passagens, as instituições políticas de Amaurota se parecem com as da cidade típica. Todavia, subsistem problemas. Quando Raphael indica: "os duzentos sifograntes finalmente, depois de haverem jurado fazer sua escolha do mais capaz (*quem maxime censent utilem*), elegem o príncipe (*principium unum*) em sufrágio secreto de uma lista de quatro nomes designados pelo povo. Cada um dos quarteirões da cidade propõe um nome à escolha do senado" (idem, p. 65), podemos nos perguntar: 1. o que acontece com os três outros eleitos e se não corresponderiam aos eleitos enviados ao senado confederativo, embora essa delegação seja anual e a eleição do príncipe por toda a vida; 2. de quem e como é constituído o senado, acerca do qual não é dito em parte alguma que seja composto pelos tranibores como o entende Sturtz (op. cit., comentário da linha 27, p. 122): "*Twenty two tranibores constitute the senate proper. In its legislative and judicial functions it ressembles the Roman Senate*". Por outro lado, esse senado não é mais constituído por sifograntes, se bem que esteja especificado (D., p. 65) que "dois sifograntes são convocados por turno a cada sessão do senado (*semper in senatur duo adciscunt*)". O conselho do príncipe seria antes composto pelos tranibores. Com efeito Raphael especifica (D., p. 124) que "os tranibores têm uma conferência com o príncipe (*in consilium principe veniunt*) a cada três dias e mais frequentemente se for necessário". [O grifo é nosso.] O temor de um conluio entre príncipe e tranibores ("*conjuratione principis ac traniborum*") expressa em D., p. 6b, tem o mesmo sentido. Note-se enfim que o senado confederativo é designado incidentalmente, na sequência sobre os magistrados, como conselho: "Ocorre que o problema seja submetido ao *conselho* geral da ilha (*ab totius insulae consilium*)" (D., p. 65). [O grifo é nosso.]

27. Cf. infra, p. 189.

UTOPIA OU A TRAVESSIA DO ESPELHO 159

específico; a ausência desse espaço do político na descrição de Raphael pode muito bem não ser interpretada como um ato falho[28]. Outro "branco" do espaço-modelo de Utopia não deixará de surpreender. Como em Platão, e em consonância com preocupações que Morus partilha com seu amigo Jean Colet[29], a educação constitui uma peça essencial de Utopia onde mesmo o adulto é submetido a verdadeira "formação permanente"[30]. Ora, mencionadas uma vez apenas[31], as escolas relativas às diferentes categorias de discentes, crianças, jovens, futuros letrados e adultos diversos, não recebem nem localização específica, nem locais particulares. Poder-se-ia explicar essa falha pelo fato de que, para Morus, a atividade pedagógica se funde nas práticas doméstica e religiosa[32].

A essa ausência de redes espaciais política e educativa se contrapõe a presença minuciosa das redes doméstica, econômica e religiosa que organizam o quarteirão.

A primeira e a segunda estão ligadas e estruturadas por elementos complementares: as ruas padronizadas e dois mercados que, implantados no centro de cada quarteirão[33], são o local da distribuição, sem numerário, das mercadorias. Num dos mercados são armazenados e classificados os objetos artesanais produzidos na cidade pelas famílias; no outro, os gêneros alimentícios produzidos no campo pelas milícias agrícolas. Se as casas urbanas e as grandes casas rurais são as células de produção, os dois mercados são os espaços necessários da distribuição, dos bens de consumo, regulada tão somente pelo jogo da justa necessidade e das decisões senatoriais. O processo do consumo alimentar se realiza na sala de jantar dos sifograntes. Provido de uma cozinha coletiva, esse espaço onde as refeições são tomadas em comum e onde se desenvolvem os lazeres coletivos de inverno desempenha papel essencial na formação da comunidade utopiana. Aos efeitos de um *Mitsein* acres-

28. Cf. igualmente nossa própria interpretação in *Critique*, op. cit.

29. Que aplica seus princípios na escola de Saint Paul em Londres. Cf. E. Garin, *L'Education de l'homme moderne*, Paris, Fayard, 1968.

30. Cf. especialmente D., p. 68: "A cada dia, com efeito, aulas acessíveis a todos ocorrem antes do início do dia. Mas, oriundos de todas as profissões, homens e mulheres a elas afluem livremente".

31. "Todos aprendem [a agricultura] já na infância por meio de ensino dado na escola e da prática, nos campos vizinhos da cidade para onde os alunos são conduzidos à guisa de recreação" (D., p. 66). C. Fourier não esquecerá esta observação.

32. "As crianças e os adolescentes recebem [dos sacerdotes] sua primeira instrução" (D., p. 140).

33. "O centro [de cada quarteirão] é ocupado por um mercado onde os objetos confeccionados em cada lar são levados e distribuídos por espécies em lojas" (D., p. 75). Raphael acrescenta, na página seguinte: "Aos mercados de que acabo de falar acrescentam-se centros de abastecimento (*fora cibaria*) para onde são levados legumes, frutas, pão e também peixes [...] aves e quadrúpedes".

160 A REGRA E O MODELO

centa-se o da disposição das mesas, que revela imediatamente a todos os participantes[34] a hierarquia dos sexos e das idades e a organização social de Utopia.

A rede de espaços religiosos se apresenta sob o duplo ponto de vista da implantação dos templos na cidade e de sua organização interna. Embora Raphael não o precise explicitamente, o quarteirão é de novo aqui o quadro de distribuição dos templos. Em número de treze, estes são regidos por treze pontífices, sujeitos à autoridade de um deles, cuja sede, é fácil imaginar, se situa no centro da cidade[35]. Os outros santuários seriam então distribuídos à razão de três por quarteirão[36]. No que se refere à arquitetura, Raphael indica somente que são vastos e pouco iluminados, a fim de facilitar o recolhimento. Quanto à disposição interna do templo-modelo, em frente do altar e da zona reservada ao sacerdote, ela determina para cada utopiano um lugar específico, tal como na sala de jantar, de acordo com sua posição na célula familial e na filarquia. Dessa maneira, aos olhos dos fiéis, ela associa o espetáculo do culto[37] e a imagem da organização social. Portanto, o espaço religioso não é nem unifuncional, nem verdadeiramente independente dos outros espaços. Seu nível de elaboração testemunha o papel fundamental que a religião representa na *Utopia*, papel sublinhado com justeza por J. Hexter[38], e a que geralmente a ambiguidade da religião utopiana e as trovas de Raphael sobre a tolerância deram pouca importância.

Para fora dos muros da cidade[39], numa exterioridade conotada pela impureza, são relegados os abatedouros e os hospitais. Os primeiros, geridos por escravos, desse modo não poderão sujar a cidade com suas exalações malsãs ou com o espetáculo de sangue e violência. Quanto aos segundos, em número de quatro, correspondentes aos quatro quarteirões, na medida em que se destinam a assistir os habitantes na doença e são ao mesmo tempo o espaço

---

34. "No lugar de honra, no meio da primeira mesa, colocada perpendicularmente às outras duas, e *bem à vista*, senta-se o sifogrante com sua mulher" (D., p. 79). O texto latino é mais vigoroso: "*In medio primae mensae qui summus locus est et qui (nam ea mensa suprema in parte coenaculi transversa est) totus conventus conspicitur, syphograntes cum uxore considet*". (S., p. 142). [O grifo é nosso.]

35. Nossa interpretação parece confirmada pela disposição da rede religiosa de *Sinapia* cujo autor fizera uma leitura atenta de Morus, como o provam numerosas "citações "(cf. infra, Gap. 4, p. 235 e s.).

36. Outra indicação sobre a localização dos templos que se pode imaginar integrados no tecido das ruas é unicamente a menção feita nos pontífices e suas mulheres que podem substituir os dois anciãos designados para ladear o sifogrante e sua mulher à mesa, no caso em que "*templum in ea syphograntia situm est*" (D., p. 142).

37. Cf. infra, p. 163.

38. Cf. infra, p. 173.

39. "*Extra urbem*", no caso dos matadouros, e "em torno de cada cidade, um pouco além dos muros (*in ambitu civitatis paulo extra muros*)" no caso dos hospitais (D., p. 76).

obrigatório da morte, correspondem às mesmas razões de higiene e à mesma preocupação de conjurar, subtraindo-a ao olhar, a violência, perigo supremo, cuja última manifestação continua sendo a morte, mesmo a mais serena[40].

Dispositivo topográfico cotado, o modelo espacial utópico, que possibilita colocar cada um em seu lugar próprio, pode sem restrições ser aplicado ao campo inteiro das atividades humanas. Nesse sentido, sua destinação é tão universal quanto a das regras albertianas, mesmo que sirva para controlar comportamentos precisos e não para acolher programas novos e inovadores e engendrar condutas imprevisíveis.

### 1.3. *Modelo e Eternidade*

Todavia – e reside aí, em compensação, uma limitação fundamental –, enquanto a regra albertiana é uma operação que, idêntica a si mesma no curso do tempo, engendra, ao sabor das circunstâncias e dos desejos, espaços indefinidamente diferentes, o modelo de Morus, espaço-modelo e modelo de espaço, está condenado para sempre à duplicação.

À primeira vista, no entanto, o relato de Raphael deixaria pensar que a cidade-modelo e a casa típica de Utopia sofreram transformações desde o tempo em que, segundo o testemunho dos anais utopianos, foram concebidas por Utopo. Não indica Raphael, com efeito, que Utopo "deixou a seus sucessores o ornato (*ornatum*) e o acabamento (*coeterumque cultum*[41]) de Amaurota? Não contrapõe ele à humilde cabana (*aedes humiles*)[42] dos primórdios (*initio*) a casa-padrão de agora (*at hodie*), da qual admira as janelas envidraçadas e o teto-terraço refinado? Não equivale a dizer claramente que as criações de Utopo estão sujeitas ao devir? Na realidade, não é nada disso. Desde que, todavia, se dê um conteúdo específico à noção de mudança. Mas, a este respeito, o discurso de Raphael não apresenta qualquer ambiguidade.

Utopo legou aos utopianos o plano completo da cidade: "*lotam hanc urbis figuram*"[43]. Às gerações ulteriores ele deixou apenas tarefas secundárias, inessenciais, epifenomenais: o vestir[44], a decora-

---

40. Cf. a maneira como Le Corbusier "esquece" os hospitais e os cemitérios em seu projeto de *La Ville radieuse* (A Cidade Radiosa)

41. D., p. 84.

42. D., p, 120.

43. Ibid.

44. Atualmente, esse mesmo papel de "vestidor" é o único que a administração francesa reconhece ao arquiteto nos decretos cunhados pela utopia que organizaram a chamada política "dos modelos" em matéria de alojamento social. Cf. *Logement social et Modélisation*, citado na n. 63, Cap. 1.

162   A REGRA E O MODELO

ção, a melhoria do conforto, tarefas para as quais não lhe restava lazer. Estas intervenções não podem modificar em nada a estrutura da cidade ou da casa. Apenas contribuem para facilitar e melhorar, particularmente através de mais conforto, o funcionamento do dispositivo original e imutável inventado por Utopo. No plano do mundo construído e dos comportamentos que ele condiciona, elas não suscitam mais mudança verdadeira que as intervenções do príncipe e dos sifograntes no plano político.

O conceito de espaço-modelo é solidário de uma concepção da história e do trabalho apoiada por um sistema de valores. Se a estrutura exemplar elaborada por Utopo se revela inalterável, é que em Utopia o trabalho dos humanos não tem papel criador; aflora, sem feri-la, a superfície das coisas estabelecidas. Em outros termos, o desejo e mesmo a demanda dos utopianos não poderiam se sobrepor ao modelo de Utopo. Este, subtraído à ação do tempo, nada tem a ver com a *commoditas* albertiana que, ao mesmo tempo, se desenvolve no tempo e somente pode fazê-lo graças a um diálogo. A comodidade, em Utopia, se desdobra em duas formas ilusórias: uma, imposta ao modelo por Utopo, lhe é inerente e depende, pois, da ordem da necessidade; a outra, acrescentada pelos utopianos, é redundante, sem realidade com respeito a esta comodidade contingente e essencial à qual é dedicada a segunda parte do *De re aedificatoria*.

O mesmo raciocínio vale para a beleza: suplemento inessencial e inofensivo, podendo ser introduzido no curso do processo de duplicação do modelo, mas que não lhe modifica a natureza, nem o funcionamento. Testemunham-no o laconismo e a imprecisão das descrições de Morus nas duas únicas passagens da *Utopia* em que é evocada a qualidade estética do espaço construído. Num caso, são os jardins, e Raphael se limita a indicar que não conhece "nada mais elegante"; no outro, ele observa que os santuários são "admiráveis, de construção magnífica"[45]. O importante, no entanto, não é a beleza do templo, nem o prazer que esta construção pode oferecer, mas a sua localização na cidade e a forma como seu espaço interior obriga a praticar a religião e recorda aos participantes, por uma visão imediata, a organização social de Utopia. De fato, o único grande momento estético não se relaciona com o domínio construído. Em contraponto com a emoção musical, ele se situa durante a celebração do culto, quando os fiéis contemplam os sacerdotes vestidos com seus mantos de pena "compostos com tanta habilidade e refinamento

---

45. D., p. 142. E. Sturtz esclarece a passagem com uma observação de Vespúcio (*Quarta Viagem*) sobre a ausência de templos entre os índios: branco do espaço que para o viajante corresponde a um branco dramático nas instituições. Sturtz remete igualmente ao diálogo de Morus, *Concerning Heresies*.

UTOPIA OU A TRAVESSIA DO ESPELHO          163

que nenhuma substância poderia igualar a riqueza de tal obra"[46].
Mas, aqui também, a beleza, fruto da engenhosidade humana, não
passa de um refinamento superficial, que não muda a função dos
mantos sacerdotais; esses se destinam a transmitir aos fiéis uma mensagem divina da qual importa apenas o conteúdo e não a graça dos
símbolos de pena que servem para transcrevê-la.

Assim, sob a película do trabalho utopiano, o espaço-objeto-
-humano permanece imudado, fixo e fixado. Paradoxalmente, sua
eternidade material é assegurada com poucos custos por uma atividade temporal dos utopianos. Reparações contínuas, iniciadas tão
logo surja a menor falha nos edifícios ou nas vias de circulação,
permitem mantê-los indefinidamente idênticos a si mesmos. A finalidade das reparações descritas na *Utopia* não deve ser confundida
com aquela que inspira o primeiro capítulo do Livro X do *De re
aedificatoria*. Uma mesma preocupação com economia[47] aparece de
fato nos dois livros: uma reparação no momento certo pode evitar
demolição e reconstrução. Mas, para Alberti, certos edifícios devem
ser conservados como as marcas de uma história em permanente
devir. A incessante investida do espaço pela edificação não pode
prosseguir sem uma memória, sem que sejam preservados vestígios
construídos de um passado e de um presente a continuar. Em Utopia, onde, ao contrário, "raramente ocorre que se escolha um novo
local para nele construir"[48], a reparação atinge a totalidade do quadro construído; é indispensável para manter a integridade de um
objeto-modelo, que somente funciona a esse preço. Para Morus, a
reparação não está pois a serviço de uma rememoração, mas de uma
repetição: repetição das condutas-modelo sob a ação do estímulo,
eternamente presente, que é o espaço-modelo integral.

### 1.4. *O Pharmakon*

Quando se passam em revista os meios que permitem a esse
dispositivo anular os efeitos do tempo e garantir, pelo condicionamento dos usuários, a reprodução das práticas sociais, impõe-se o
contraste com os procedimentos albertianos de concepção e de
engendramento do espaço construído.

O modelo de espaço utópico é talhado num *continuum* isotrópico e homogêneo, que exclui duplamente a diferenciação caracte-

---

46. D., p. 145.

47. E. Sturtz indica que o tema do desperdício na construção já se encontra no
*Progymnasmata*, escrito antes de *Utopia*, e que é retomado na *Paixão* (op. cit., p. 411,
n. 132).

48. D., p. 72 (*"rarissime accidit uti nova collocandis aedibus area deligatur"*, S.,
p. 132)

164 A REGRA E O MODELO

rística dos espaços heterotrópicos. Como vimos, ele ignora a particularidade das paisagens naturais que Alberti, ao contrário, tivera como regra respeitar e reconhecer. Não mais admitindo a particularidade das demandas individuais, ele recusa o lugar em proveito do protótipo. Oriundo do universo plano do desenho geométrico, o modelo – que é também um plano cotado – pode ser transposto para toda a parte, para o campo inteiro do espaço natural. É isso de fato o que significa a fórmula segundo a qual os utopianos "em toda a parte estão em casa".

Por outro lado, esse modelo é limitado em suas possibilidades de extensão. Amaurota cercada de muralhas que a impedirão de desenvolver-se, a política das reparações que eliminam as novas construções, a nudez dos campos testemunham um mesmo malthusianismo: a investida sistemática e indefinida do espaço natural pelo construir tornou-se impossível, deteve-se a disseminação do mundo edificado o que o *De re aedificatoria* elogia e encoraja.

Enfim, o espaço-modelo se despoja de toda opacidade. Paredes transparentes, aberturas sem portas, protótipos sem mistério[49] mostram-no ao olhar, imediatamente e sem resistência: para sua apropriação não há qualquer necessidade dos percursos e das travessias que se realizam somente no tempo e com a participação do corpo inteiro.

O espaço-modelo de Utopia parece, pois, a certos respeitos, um antiespaço, próprio para impedir o desenvolvimento de uma espacialização que, aos olhos de Utopo, é a consequência direta de comportamentos mentais e práticas sociais condenáveis. A atitude de Morus-Utopo para com o construído testemunha, assim, uma ambivalência que evoca a de Platão acerca da escrita e não deixa de ser esclarecida por ela.

Com efeito, lembramo-nos de que, no mito do *Fedro*, o filósofo grego apresenta a escrita como um *pharmakon*, remédio e veneno ao mesmo tempo. J. Derrida[50] comentou longamente esse duplo *status*. Tal como Teuth a oferece ao Rei Tamus, a escrita é um remédio que permite paliar a doença nativa dos homens. Ela sustem a memória e imobiliza o tempo. Mas também – e é por isso que o rei (representante do pai dos deuses) a recusa – seu espaçamento rigidifica e mediatiza inapelavelmente a palavra, rompe a interioridade do *logos*, sua presença plena e viva.

Morus é fiel ao logocentrismo platônico. Ele também teme os desvios, a exterioridade e o *diferimento* que o espaço como significante impõe. Antes de Rousseau, ele vê na música um meio de

---

49. D., p. 81-82. Em Utopia, "nada de cabarés, nada de tabernas, nada de lugares ruins [...] nenhum antro", cada um está "sempre exposto aos olhares de todos".

50. Cf. J. Derrida, "La pharmacie de Platon", in *La Disséminalion*, Paris, Seuil, 1972.

UTOPIA OU A TRAVESSIA DO ESPELHO 165

comunicação direto, incomparável à escrita e mesmo superior à palavra[51]. Depois de Platão, ele desvaloriza o escrito, meio de transmissão do saber mecânico e frágil, como o testemunham o episódio derrisório do macaco[52] e o comentário sobre o destino do livro em Utopia[53]. Quanto à escrita em três dimensões, que é a edificação, apresenta no livro de Morus a mesma duplicidade fundamental que a escrita gráfica para Platão. Antes da criação da república-modelo e fora de Utopia, aparece efetivamente sob sua face maléfica, como um veneno insidioso de que se deve desconfiar. Em Utopia, ao contrário, ela desvenda sua face benéfica de remédio. O modelo espacial é o instrumento jamais neutro, de um poder extraordinário, que não só garante o *status quo* eterno das instituições, como também permitiu, e somente ele, quando de sua concepção por Utopo, a passagem de um estado social negativo a um estado positivo, a transformação de uma sociedade pervertida em sociedade virtuosa que tem o nome de Utopia.

## 2. ESTÁGIO DO ESPELHO E ESTÁGIO DA UTOPIA

Entre os traços da definição provisória da utopia, dada no Cap. 1, até agora enfatizei essencialmente o quinto, isto é, a existência de um instrumento, um espaço-modelo, parte integrante e necessária de uma sociedade-modelo[54]. Cumpre agora estudar as relações que esse instrumento mantém com os outros traços, e particularmente com a crítica que o engendrou (traço 4).

A expressão "crítica modelizadora" fala da relação que liga, termo a termo, a sociedade real criticada pelo autor e a sociedade imaginária ideal que apresenta a seus leitores. A crítica de Morus não é apenas contestadora; não tem significação em si, mas como matriz de um modelo social. A cada um dos defeitos inventariados por sua lente objetiva corresponde, como que refletida por um espelho, uma qualidade inversa. Na Europa, e mais precisamente na Inglaterra, reina um príncipe devotado à arbitrariedade, cercado de bajuladores

---

51. A música é a forma de transmissão imediata da mensagem religiosa: "Sua música exprime tão fielmente o sentimento, traduz tão bem as coisas através dos sons – a oração, a súplica, a alegria, a paz, a perturbação, o luto, a cólera –, o movimento da melodia corresponde tão bem aos pensamentos, que enleva as almas dos ouvintes, penetra-as e as exalta com uma força incomparável" (D., p. 146).

52. Durante a quarta travessia de Raphael, um macaco arrancou as páginas do exemplar de Teofrasto que devia servir para transmitir aos utopianos uma parte da medicina grega (D., p. 105).

53. Os utopianos receberam da Europa a imprensa que lhes serviu para *reproduzir* os livros clássicos trazidos por Raphael, mas nunca para criar uma obra original (cf. infra, p. 177). Também aqui evoca-se Platão e sua concepção da escrita como instrumento da *mimesis*.

54. Cf. Cap. 1, p. 37.

166        A REGRA E O MODELO

e de um conselho corrupto que o fazem tomar decisões imotivadas: em Utopia, o príncipe é assistido por um conselho, um senado e uma assembleia que controlam todas as suas decisões, que devem ser longamente amadurecidas, conforme exige a lei. No plano religioso, a Europa e a Inglaterra se caracterizam pela intolerância, pelas superstições, pela suntuosidade da liturgia, pelo clero exclusivamente masculino, celibatário, numeroso, ocioso, dotado de poderes temporais e do qual uma parte se entrega à mendicidade, enquanto a outra vive no luxo: em Utopia reina a tolerância; ignora-se a superstição, a liturgia respeita a simplicidade bíblica, os padres, masculinos ou femininos, são casados, pouco numerosos, ativos; ignoram o luxo e são destituídos de poderes temporais, mas são responsáveis pela educação e desempenham papel importante na guerra. Da mesma forma, no plano jurídico, a Europa e a Inglaterra possuem leis numerosas e complicadas; aplicam a pena de morte, fazem guerra sem cessar em desprezo dos tratados assinados, conhecem somente a propriedade privada, não exercem qualquer controle sobre os casamentos, o que encoraja a licenciosidade e o divórcio; em Utopia, ao contrário, poucas leis, compreensíveis a todos; poucas guerras, sempre por motivos, e nada de tratados de paz; nada de propriedade privada; controle dos casamentos, sanções contra a licenciosidade, divórcio excepcional.

A elaboração das instituições-modelo não se faz, portanto, *ex nihilo*. Isso não quer dizer que não deixe lugar à invenção. Mas essa somente pode intervir de maneira secundária, a partir de um trabalho prévio sobre e contra dados reais cujo valor se pretende inverter.

Esta relação em espelho entre a sociedade histórica criticada por Morus e Utopia, a intimidade que as une aparecem mal no texto. Sociedade real e sociedade imaginária são tratadas em duas partes distintas que não apresentam homologia formal, nem correspondência temática. No Livro I, o requisitório contra a Inglaterra é conduzido caoticamente, sem ordem aparente, adotando as sinuosidades de um diálogo cujos protagonistas, muito diferentes, se submetem alternativamente ao mau humor, ao bom humor, à amargura. No monólogo do Livro II, ao contrário, Raphael dá uma descrição metódica das realizações utópicas. Cabe ao leitor descobrir como, ponto por ponto, essas remetem simultaneamente às críticas do Livro I e à *charge* da Inglaterra que Raphael desenha, por denegação[55], no fundo de sua imagem-modelo de Utopia.

---

55. Essa denegação se reveste de formas mais ou menos diretas. Por exemplo: "os utopianos ignoram completamente os dados e todos os jogos desse gênero, absurdos e perigosos" (D., p. 68); "nada de cabarés, nada de tabernas, nada de lugares maus" (p. 181); "eles próprios não fazem qualquer uso da moeda" (p. 84); "recusam radicalmente a intervenção dos advogados que expõem as causas com demasiada habilidade" (p. 115). Cf. também a caça (p. 98); a tolerância (p. 133 e s.) etc. Em alguns casos, en-

UTOPIA OU A TRAVESSIA DO ESPELHO 167

Outra particularidade do texto poderia ainda levar a crer que, sem apelar para a sua imaginação, Morus foi capaz de buscar as instituições de sua Utopia em sociedades reais, mas exóticas. Não estaria aí o sentido das descrições feitas por Raphael, no curso do Livro I, de países estranhos ao Velho Mundo, que ele visitou antes de atracar em Utopia? Senão, para que poderiam servir tais evocações? No curso das discussões do Livro I, Raphael é levado a citar dois tipos de sociedades não utópicas, mas longínquas, cujos costumes e funcionamento contrastam com os das sociedades contemporâneas do Velho Mundo. São, de um lado, as da Antiguidade, e particularmente Roma, cujo sistema de direito penal[56] ele recorda; de outro lado, as do Novo Mundo, sucessivamente representadas pelos polileritas, pelos macários e pelos acorianos. Foi possível interpretar as sequências relativas a esses povos como pequenas utopias[57] preparatórias, anunciadoras da grande utopia do Livro IL. Mas essa leitura desconhece a afirmação reiterada de Raphael, segundo a qual Utopia é de natureza diferente[58], incomparável à de qualquer sociedade por ele visitada, por tão boa que seja ela. Em compensação, parece-me significativo que os países dos polileritas, macários e acorianos estejam colocados sob a invocação de Vespúcio: longe de remeter ao universo da ficção, seus nomes de fantasia designam regiões reais que ainda não figuram nos mapas e ainda não receberam nomes próprios. Todavia, não é para revelar ao leitor uma informação etnográfica que Morus cita esses países. Não estão ligados ao conteúdo da Utopia, mas à sua forma. A escala ou a experiência que neles tem Raphael constitui uma condição necessária e prévia à experiência da Utopia.

Sob a pena de Morus, essas viagens simbolizam uma descoberta mental: a descoberta de si como objeto e como outro, tal como a impõe a (representantes das) sociedades europeias a tomada de consciência da diferença das outras sociedades. As viagens no tempo (Roma) e no espaço (Novo Mundo), a comparação espaciotemporal com outros povos e outras instituições são a condição de uma autocrítica possível.

tretanto, pode acontecer que a inversão de Utopia em relação com as outras nações seja apresentada no Livro II de maneira direta. Cf.: "Esta vida, pior que a dos escravos, e que é entretanto a dos operários em quase todos os países, exceto na Utopia" (p. 67); "vós me compreendeis facilmente se quiserdes pensar na importante fração da população que continua inativa entre os outros povos, a quase totalidade das mulheres em primeiro lugar [...] A isso acrescentai o bando de sacerdotes e daqueles que se chamam religiosos, tão numeroso e tão ocioso" (p. 69). Cf. também o luxo (p. 72); as reparações (p. 71); o culto ao ouro (p. 83-84); etc.

56. Roma é evocada uma primeira vez a propósito dos mercenários (D., p. 21, depois p. 30).

57. Particularmente por L. Marin.

58. Cf. logo abaixo.

168        A REGRA E O MODELO

Somente então pode nascer o projeto de um trabalho radical a atuar sobre si mesmo. Isto porque, quando atraca um Utopia, é realmente em sua casa que aborda finalmente o viajante. Vários indícios o testemunham. Em primeiro lugar, a maneira como Morus contrapõe Utopia ao conjunto de todas as outras sociedades. Assim, no finai do Livro 1, Raphael desculpa a incredulidade de Pierre Giles a quem acaba de confessar seu maravilhamento diante das perfeições que descobriu em Utopia: "*Non miror* [...] *sic videri tibi quippe qui ejus* imago *rei, aut nulla succurit aut falsa*"[59]. Trata-se de um mundo sem igual, *novo* ("*novem illum orbem*") mais ainda que os continentes descobertos por Vespúcio, e cujo próprio nome, *Nenhuma Parte*, indica que é um mundo à parte e revela sua estranheza, próxima do "absurdo"[60]. Depois, não é uma diferença banal que opõe Utopia ao Velho Mundo, mas uma verdadeira antinomia: "Os utopianos fazem tudo ao contrário dos outros povos"[61]. Finalmente, Raphael indica que, se se quiser corrigir os defeitos da sociedade europeia contemporânea, a via utópica é "não só a melhor, mas a única"[62]. Não são de considerar nenhum paliativo, nenhum meia-medida, já que se pretende uma experiência radical, em suma, uma conversão.

A evidência dessa conversão se impõe na inversão que sofrem os advérbios de lugar *aqui* e *lá* entre o final do Livro I e o do Livro II. Com efeito, Utopia começa por ser designada como o mais longínquo dos confins, *lá*, nas antípodas do lugar onde se situa o diálogo de Raphael e Morus, *aqui* e *agora*[63]. Depois, no curso do livro, viceja a oposição entre essa Utopia, descrita por Raphael, e seu *algures*, que engloba tanto o velho como o novo mundo[64]. E ao término da (narração de) viagem, *lá*, Utopia tornou-se o *aqui*, ao qual se opõe o alhures longínquo de que faz parte a Inglaterra[65].

A ilha de Utopia não resulta, pois, de um imaginário desenfreado. Leva diretamente à Inglaterra de que é o ideal para Morus-Raphael. Quando aborda finalmente em Utopia, depois das viagens prévias que lhe revelaram a singularidade da sociedade a que pertence e lhe ensinaram a autocrítica, Raphael descobre a possibili-

---

59. S., p. 106. [*O grifo é nosso.*]

60. D., p. 105: a esse "outro mundo" Raphael contrapõe precisamente o dos polileritas aos quais não se pode aplicar a categoria do absurdo. Cf. também p. 107.

61. D., p. 84. Cf. também o Livro II, D., p. 141: "essas instituições, tão diferentes das dos outros povos, gravam no coração do utopiano sentimentos e ideias *inteiramente contrários* aos nossos". [*O grifo é nosso.*]

62. D., p. 147. Cf. igualmente Livro I, p. 50.

63. "*Quod hic singularum privatae sunt possessiones, illic omnia sunt communia*" (S., p. 100). [*O grifo é nosso.*]

64. Livro II, D., p. 71, 72, 103-104.

65. "Hic *ubi nihil privati est* [...] *nam alibi quotus quisque est qui nesciat* [...] *contra* hic ubi omnia omnium sunt" (S., p. 328). [*O grifo é nosso.*]

UTOPIA OU A TRAVESSIA DO ESPELHO 169

dade de transformar radicalmente essa sociedade familiar. Essa inversão ou conversão radical, que, segundo vimos, mexe com cada elemento significativo da prática social, poderia, ao que parece, assumir uma infinidade de formas e jamais cessar de realizar-se. Ora, não é nada disso. Raphael encontra em Utopia apenas uma única solução, o emprego de um dispositivo espacial, ou, para dizer melhor, de um modelo espacial.

Essa anomalia com relação às possibilidades que a experiência de si como outro abre e descobre, que constitui também uma experiência de liberdade, permite compreender a função do modelo espacial. Com efeito, no momento em que Morus-Raphael criticou a sociedade a que pertence e que procede à sua inversão, se expõe a riscos temerários: desorientação, desenraizamento, mais grave ainda, deslocamento de todas as suas referências sociais, privação de toda e qualquer pertinência. Ao construir o modelo social de Utopia, Morus se obriga a escolher um modelo social entre os muitos possíveis e, no mesmo instante, lhe empresta uma coerência e uma individualidade visuais que permitem sua designação como sujeito, por um nome próprio: Utopia, Amaurota. Graças ao modelo espacial, a crítica pode funcionar como um espelho[66]; em vez de operar a inversão da sociedade que ela ataca, sob a forma de conceitos impalpáveis e sem influência, ela a cristaliza numa imagem (Morus fala de *imago*[67]), dá-lhe um corpo e uma identidade. Isso porque o modelo espacial de Utopia é também a imagem invertida e ideal da Inglaterra enquanto espaço. Essa referência, aliás, é afirmada claramente pelo fato de que o modelo não é dissociável do retrato de Utopia ao qual se superpõe e que lembra, alusivamente mas com certeza, a Inglaterra[68].

Platão procurava esclarecer o conhecimento da alma através do conhecimento da Cidade. Inversamente, parece que o conhecimento de certos processos mentais é suscetível de fazer compreender a relação insólita que o chanceler inglês mantém com o espaço imaginário e real da cidade. Não tem razão o leitor atual em comparar a maneira como Morus constrói seu modelo, ou imagem espacial ideal, com a operação que, no "estágio do espelho", permite à criancinha reunir um eu esparso e difuso em sua imagem especular e, assim, estabelecer "uma relação do organismo e de sua realidade"?[69] Já mostramos[70] a ambivalência dessa fixação que não pode ser po-

---

66. Talvez se deva ver um pressentimento dessa função no título dado à primeira tradução francesa de *Utopia*: *A Descrição da Ilha de Utopia, onde se Compreende o Espelho das Repúblicas do Mundo*. [...], Paris, 1550.

67. S., p. 106, passagem citada acima.

68. Cf. supra, p. 155.

69. J. Lacan, *Ecrits*, Paris, Seuil, 1965, "O estágio do espelho", p. 96. [Trad. bras. *Escritos*, São Paulo, Perspectiva, 1978.]

70. Ibid.

170 A REGRA E O MODELO

sitiva, isto é, tranquilizadora, se não se efetuar num momento preciso (estágio) do desenvolvimento e em seguida deve ser abandonada, sob pena de alienação. Meio temporário de fazer frente e afirmar-se na intersubjetividade a um momento de total vulnerabilidade, ela constitui com o tempo uma ameaça constante de inibição e de bloqueio. A imagem especular formada à sua maneira pelo modelo espacial assegura da mesma forma o reencontro de uma identidade ameaçada e permite enfrentar a mudança com serenidade. Mas apoderando-se definitivamente do espelho da crítica, o modelo espacial condena ele também, com o tempo, ao narcisismo e à estereotipia. Por outro lado, quando Morus-Raphael desenha o retrato de Utopia e de Amaurota com grande quantidade de cavidades, orifícios e canalizações, o leitor moderno vê muito bem que a construção especular do modelo é indissociável da imagem de um suporte fundamental, aprendido no curso de um estágio anterior: o corpo materno[71] da Inglaterra, produto da terra e da tradição.

Na economia do projeto de Morus, o modelo espacial parece, pois, responder a uma problemática da identificação que surge num momento preciso da história europeia. Morus descobre então que uma sociedade pode transformar-se, construir-se *outra* que a tradição não a cristaliza. Ele opta por essa mudança e essa *Bildung*. Mas ao mesmo tempo se protege contra as vertigens dessa liberdade, anula-lhe a ação dissolvente. Garante-se contra a dispersão e o desfalecimento da individualidade social a que pertence, pelo poder de recolhimento de uma imagem visual. Revelando e desenhando o modelo espacial de sua sociedade ideal, Morus parece, pois, ter reproduzido simbolicamente no plano social o processo de auto projeção espacial gerado no plano do indivíduo pela experiência especular. No desenvolvimento da individualidade cultural ocidental, ele elaborou assim o que chamaremos "estágio da utopia".

## 3. A CONSTRUÇÃO MÍTICA

Nas páginas anteriores, a descrição de Utopia e de seu modelo espacial feita por Raphael foi interpretada como se fosse revelada sob a forma de um discurso, diretamente pelo autor, que por essa razão, pôde ser designado como Morus-Raphael. A realidade literária, porém, é menos simples. A estratégia usada pelo modelo

---

71. Melanie Klein, em sua "Análise Infantil", mostra como o interior do corpo da mãe, onde seus jovens pacientes desejam penetrar, é representado como uma cidade. Cf. particularmente, a p. 181 e nota da p. 133 sobre a "geografia do corpo materno", in *Essais de psychanalyse* (1921-1924), trad. fr. por M. Derrida, Paris, Payot, 1967. As formas simbólicas, cavidades, dobras etc., banhadas de fluidos, que compõem o retrato de Utopia, correspondem às bocas, cantos e recantos evocados per M. KLEIN, p. 126.

espacial está incrustada em redes textuais complexas; envolvida no que L. Marin, retomando a expressão forjada por C. Lévi-Strauss a propósito do mito, designa com pertinência como uma "estrutura folheada"[72], e envolta numa ficção.

Texto enigmático, na verdade, essa *Utopia*, quando o abordamos na espessura de sua formulação literária. Por que Morus não assume pessoalmente nem o papel de concebedor-construtor de Utopia, nem mesmo o de testemunha de que se desobriga em proveito de Raphael? Por que atribui tal valor ao fazer com que esta construção imaginária pareça real, *presente?* Por que, enfim, introduzindo o fantástico no relato de Raphael, transforma deliberadamente em zombaria os artifícios cuidadosamente desenvolvidos a fim de obter essa presença? O modelo espacial deve, pois, ser recolocado em questão e questionado ao mesmo tempo que a forma literária adotada por Morus, essa estranha ficção integrada num discurso e que, tanto quanto o *De re aedificatoria*, não se deixa etiquetar entre os gêneros textuais. Para esclarecer-lhe o estatuto, tentarei um corte formal que se baseará, ainda uma vez, no emprego dos pronomes pessoais e dos tempos de verbo.

À primeira vista, a *Utopia* parece composta de dois discursos interligados por uma relação de inclusão. Morus detém a palavra no primeiro, Raphael, no segundo, que começa nas últimas páginas do Livro I, quando da primeira menção de Utopia[73], e termina na evocação da eternidade utópica, pouco antes do final do Livro II, onde Morus retoma a palavra. Cada um dos dois discursos contém aquilo que, juntamente com os linguistas, denominamos texto de história[74], que, no caso, é uma história. Com efeito, de um lado e de outro, represente ela a Morus ou a Raphael, a primeira pessoa funciona parte do tempo com o pretérito e, em tais casos, poderia ser substituída por *ele*. "A história do *eu é* contada, então, como o seria a história de um outro"[75]. Mas, num e noutro caso, a verdadeira primeira pessoa não cessa de intervir, de remeter o leitor à situação de enunciação, comentando a história, no presente do indicativo e au-

---

72. C. Lévi-Strauss, *Anthropologie structurale*, Paris, Pion, 1958, p. 254.

73. Além do texto contínuo do Livro II (até: "Logo que Raphael tenha terminado esse relato"), compreende portanto três fragmentos do Livro I: "Quando comparo os instintos utopianos" (D., p. 107-109); "Não me surpreendo [...] perfeitamente organizado" (p. 109-111); "A questão de antiguidade [...] coisas úteis" (p. 111).

74. Cf. supra, p. 137 e s.

75. J. Simonin-Grumbach, op. cit., p. 101. Cf. todo o parágrafo intitulado "Eu *como pessoa da história s*". O autor cita dois exemplos de história construídos com um *eu* que faz papel de *ele* ou *ela* (sem *shifters*) e onde se oferece "a possibilidade de repassar ao plano do discurso". Mas não se trata aí de uma possibilidade ocasional que não ó utilizada esquematicamente, como na *Utopia* onde história e discursa se entrelaçam com força igual.

172          A REGRA E O MODELO

xiliando-se com inúmeros *shifters*. Os dois pseudodiscursos apresentam, pois, a particularidade comum de unir dissociavelmente as formas do discurso e da história[76], e a ficção não é mais referenciável a não ser pelo conhecimento da situação real[77]. O primeiro pseudodiscurso poderia intitular-se "História e comentário de uma tarde passada com Raphael". Chamá-la-ei de *ficção da perspectiva* (R[1]). O segundo, que poderia ter o título de "História e comentário de uma viagem a Utopia", será designado por *ficção do motivo* (R[2]).

A ficção da perspectiva foi assim chamada porque coloca em perspectiva a personagem de Raphael e dessa forma opera uma transferência de credibilidade, sobre ele e sobre suas conversas. No desenvolvimento desse texto, o *eu* de Raphael e suas expressões adquirem a mesma realidade que as do autor do livro. Resultado alcançado, de um lado, graças à ambiguidade mantida entre os dois *eu* de Morus, entre o sujeito do discurso e a personagem da história, de outro graças à homologia, cuidadosamente construída, entre os *eu* de Morus e de Raphael[78]. Mais, Morus interrompe seu

76. *Exemplos de discurso*. Morus interlocutor: "Eu tinha por companheiro... o incomparável C. Tunstall a quem o rei [...] recentemente confiou os arquivos do Estado. Minha empresa não é levá-lo, não que eu tema que se recuse [...] o testemunho da amizade, mas porque seu caráter e seu saber estão acima de todo elogio que poderia fazer-lhe" (D., p. 7). "O que Raphael nos contou ter visto em cada região seria demasiado longo a relatar [...] Talvez falemos disso alhures" (p. 12). Raphael interlocutor: "Se eu mostrasse em seguida que todas essas ambições belicosas perturbam as nações [...] com aquele humor, meu caro Morus, pensais que meu discurso seria escutado" (D., p. 42). "Isto porque se desejo que prevaleça a realidade, não posso dizer o que é o contrário disso. Cabe ao filósofo dizer mentiras? Eu não sei, mas em todo o caso, não cabe a mim" (D., p. 49). "É porque penso na constituição tão sábia, tão moralmente irreprovável dos utopianos em quem [...] tudo está regulado para o bem de todos" (D., p. 51-52). "A esses usos contraponho os de tantas outras nações sempre ocupadas em legislar" (D., p. 52). "Eu vos descrevi o mais exatamente possível a estrutura dessa república onde não vejo apenas a melhor, mas a única que merece esse nome" (D., p. 147). *Exemplos de história*: É Morus quem fala: "Nós nos reencontramos em Bruges assim como fora combinado com os mandatários do príncipe [...]" (p. 7). "Quanto a mim, nesse ínterim, me encaminhei a Antuérpia" (p. 8). "Logo que Pierre terminara esse relato [...] abordei Raphael [...] Então, entramos na casa para jantar". Raphael falando: "Delegados de Anemólia chegaram a Amaurota enquanto eu aí estava [...] Dois dias foram suficientes aos embaixadores para verem em que quantidade se achava ouro lá" (D., p. 86-88). "Não precisaram nem de três anos para se tornarem senhores da língua" (D., p. 105). "Nós lhes mostramos volumes [...] impressos [...] Eles, logo, à força de se aplicarem nisso, adivinharam o resto" (D., p. 107).

77. J. Simonin-Grumbach observa com justeza que a história "é também o registro da linguagem que permite a ficção [...] Cabe ao interlocutor (leitor) interpretar uma sit. E como real ou fictícia (em função de seus conhecimentos, portanto de sua sit. E no sentido amplo); AO passo que no discurso, é o locutor que coloca a sit. E como real" (op. cit., p. 103).

78. Assim, o primeiro grande monólogo de Raphael é construído exatamente como o relato englobante de Morus. Primeiramente, uma colocação em situação histórica num país estranho: "Passei aí [na Inglaterra] alguns meses, pouco depois da

UTOPIA OU A TRAVESSIA DO ESPELHO    173

relato no pretérito do encontro, depois da conversa com Raphael por uma série de discursos diretos nos quais cede o privilégio da primeira pessoa a outros sujeitos. Além de Morus e de Raphael, cinco outros interlocutores são levados, assim, a tomar a palavra[79]. A mistura das personagens reais e fictícias, a multiplicação das tomadas de palavra acentuam o efeito de homologia entre Morus e Raphael. Discursos e sujeitos citados são contaminados pela situação de enunciação do primeiro interlocutor, situados e perspectivados no que parece um espaço textual idêntico, balizados pelos mesmos *shifters*. Ao termo dessas alternâncias de palavras, deixa de ser perceptível a fronteira entre o real e o imaginário. Raphael adquiriu a mesma espessura existencial que Morus ou o Cardeal Morton, e sua Utopia a mesma credibilidade que a Inglaterra deles.

J. Hexter demonstrou de maneira convincente[80] que a *Utopia* fora redigida em dois tempos. Segundo toda verossimilhança, Morus começou a escrever em Flandres o início do Livro I e o Livro II. Depois, sob a pressão dos acontecimentos políticos e em seguida à visita de Erasmo, de volta à Inglaterra ele redigiu sob a forma de diálogo a longa exposição sobre a oportunidade de aconselhar os príncipes, que se transformou no essencial do Livro I. Para reduzir esse texto à redação inicial, bastou-lhe acrescentar uma frase de transição ao parágrafo que introduziria diretamente o relato que descreve Utopia[81], achar, graças à diatribe sobre a propriedade privada, uma ocasião de retornar aos utopianos[82] e, finalmente, terminar o Livro II com uma última intervenção sua[83].

batalha em que os ingleses do oeste foram esmagados numa lamentável derrota" (D., p. 17) – cf. a frase liminar do livro: "O invencível rei da Inglaterra [...] teve recentemente com o Príncipe Carlos de Castilha uma disputa sobre questões importantes. Fui então deputado orador em Flandres" (p. 7). Em seguida, a história de um encontro com uma personagem histórica real, indutora da sequência do texto: "Contraí então uma grande dívida de reconhecimento para com o Reverendo John Morton, arcebispo de Cantuária" (p. 17) – cf.: "Recebi, muitas vezes, durante essa estada, entre outros visitantes, e bem-vindo entre todos, a Pierre Gilles" (p. 8). Depois encontro com uma personagem fictícia, e idêntica marcação no início da histeria fictícia: "Eu me achava *por acaso* à sua mesa *no dia* em que aí se encontrava também um leigo" (p. 18) – cf.: "Eu me achava *um dia* na igreja Notre-Dame" (p. 8). Finalmente, início do diálogo (p. 18 e 13).

79. Pierre Gilles, o jurista, o Cardeal Morton, o bufão, o irmão mendicante.

80. *More's Utopia, the Biography of an Idea*, Princeton, Princeton University Press, 1952. Seus argumentos são tirados das duas cartas a P. Gilles e a Erasmo que acompanham o texto da primeira edição da *Utopia* e de uma carta tardia de Erasmo a Hutten, sobre a vida de Morus.

81. D., p. 73: "Antes desejo ensinar ao leitor [...]"

82. D., p. 107.

83. Essa intervenção encerra o texto englobante, que engasta assim completamente o texto englobado. Ela termina tanto o relato de Morus (revocando um acontecimento do Livro I) quanto o seu discurso. A última frase de Morus faz eco à pronunciada um pouco antes por Raphael.

174 A REGRA E O MODELO

Essa reconstituição confirmaria a tese do mesmo autor segundo a qual a *Utopia* seria um livro duplo ou, mais precisamente, dois livros. Quanto a mim, não penso que a adição do diálogo do conselho, e a importância que por causa disso tomou a primeira parte do livro, mude a estrutura deste, que se resume na relação de um texto englobante e de um texto englobado. Não só o alongamento do Livro I respeita essa relação específica de inclusão, mas o texto acrescentado é construído de modo a reforçar o efeito de homologia produzido pelo primeiro estado do discurso englobante.

A pequena frase do Livro I onde Morus revela que o único propósito de sua obra é relatar o testemunho de Raphael sobre a Utopia[84] conserva, portanto, todo o seu alcance. Designa a *ficção do motivo*. Ela é assim chamada, a fim de marcar, conservando a metáfora icônica, tanto o liame que a une à ficção da perspectiva quanto a sua pregnância semântica. A ficção do motivo apresenta duas singularidades formais.

A primeira é o comprimento do texto ocupado pela descrição no presente de Utopia. As construções e as instituições da ilha não são abordadas aqui como pertencentes à *história* de uma viagem, mas como objetos de um *discurso*. Exigem o comentário e a apreciação do locutor em relação ao qual Utopia progressivamente adquire uma presença invasora[85].

Por outro lado, a ficção do motivo contém duas histórias de tipo diferente. Em primeiro lugar, tal como a ficção da perspectiva, uma história (R') associada a um discurso, no caso o de Raphael: o *eu* de Raphael é a personagem do viajante que encontrou os utopianos tal como Morus a havia encontrado. Em seguida, uma história diferente, integrada no discurso de Raphael, mas que não reproduz a relação de inclusão anterior, pois ela não remete a novo discurso e fecha a série das tomadas de palavra: essa história, na *terceira pessoa*, é a do herói Utopo e dos utopianos. Fragmentada pela descrição, ela se reduz às poucas e breves sequências que Raphael foi buscar na fonte dos anais utopianos. Vamos resumi-las rapidamente: o fundador de Utopia conquista a terra de Abraxa à qual deu seu nome. Submete-lhe os habitantes a quem devia em seguida civilizar, e manda executar um formidável trabalho técnico, a abertura do istmo de 15.000 passos que separa Abraxa, então Utopia, do continente[86]. Utopo transmitiu aos utopianos o amor pelos jardins. "Quer a tradição que toda a planta da cidade fora traçada, desde a origem, pelo próprio Utopo", mas não teve tempo

84. D., p. 73: "[Nesse livro] relatarei somente o que Raphael nos conta sobre os costumes e as instituições do povo utopiano".

85. "Não existe real a não ser com relação a um sujeito" (J. Simonin-Grumbach, op. cit. p. 103).

86. D., p. 58.

UTOPIA OU A TRAVESSIA DO ESPELHO

de terminar e construir inteiramente sua obra e deixou esse cuidado para a posteridade[87]. Utopo introduziu em Utopia a tolerância religiosa. De um lado, media o perigo que representavam para a paz da República o fanatismo e a intolerância e, de outro, temia o dogmatismo do ponto de vista do interesse da própria religião. É por isso que, "uma vez vitorioso, decidiu que cada um professasse livremente a religião de sua escolha"[88].

Citando esse novo testemunho, que se origina de anais impessoais, Raphael atribui-lhe a mesma função, confirmar a existência de Utopia, que a palavra de Raphael desempenhava com relação ao discurso de Morus. Mas a simetria da construção é rompida pois a nova testemunha citada, o outro de Raphael, não só deixa de tomar a palavra como também se torna explicitamente uma personagem de ficção. Essa irrupção do pretérito da lenda no presente realista do discurso de Raphael, à primeira vista, parece incompreensível e absurda.

Com efeito, por que utilizar sistematicamente o presente da enunciação e demonstrar tanto cuidado em marcar o discurso pelos *shifters* apropriados, se foi para reduzir-lhe os efeitos a nada mediante a intervenção de Utopo? Não era necessário empregar o presente do indicativo para pintar ao leitor o quadro de uma sociedade imaginária e fazê-lo sentir o seu valor. Morus podia descrevê-la no condicional, como uma realização possível; ou mesmo transformá-la em objeto de uma simulação, como no Livro I, no cenário onde descreve a si mesmo no presente como conselheiro do rei de França, sublinhando com esse procedimento, aplicado no momento pertinente[89], a diferença do presente utópico. Podia igualmente adotar o futuro a fim de designar Utopia como solução futura. Num e noutro caso, a intervenção de Utopo era excluída pela lógica da enunciação.

É preciso, pois, compreender por que Morus optou deliberadamente por uma solução que nos parece contrária à lógica de sua empresa, e de que lhe serve manter a antinomia que opõe a história de Utopo e a de Raphael, o passado fabuloso evocado por uma e a descrição realista de Utopia, feita no presente e remetida a uma situação de enunciação, que a outra contém.

Estudemos, primeiramente, a parte central da ficção do motivo, a lenda (R) de Utopo e dos utopianos. Pode-se lê-la como a colocação em intercomunicação, pelo herói, de dois conjuntos de termos

87. P. 121.
88. P. 134-135.
89. Entre a descrição da Inglaterra e a da Utopia. Essa simulação permite que Morus mostre que não ignora esse gênero platônico, e não o empregue na *Utopia*. O cenário é realmente escrito no presente, mas precedido da regra do jogo: "*Imaginai* que me encontro com o rei de França, participando de um conselho" [D., p. 39] (Age, finge *apua regem esse Gallorum, atque in ejus considere consilio*, S., p. 84) e pontilhado de vários condicionais. [O *grifo é nosso*.]

contraditórios, cujas incompatibilidades ele anula. Utopo faz a guerra e estabelece a paz; provoca uma catástrofe e uma crise ao separar violentamente os utopianos do continente e suprime toda a crise possível na ilha assim isolada; está empenhado no tempo heterogêneo e movente da história e instaura o tempo homogêneo e parado de uma quase eternidade; afirma seu individualismo e a liberdade soberana de seus atos num trabalho de criação e promove a reprodução das condutas sociais através de um labor repetitivo, no anonimato do consenso; autoriza a pluralidade das religiões e impõe a religião cristã[90]. Em suma, Utopo joga nos dois quadros ($I^1$) e ($I^2$); é o mediador que transforma um no outro, por meio de um instrumento que em suas mãos se tornou "magicamente" operatório: o modelo espacial, a *planta* de Utopia que cristaliza a inovação, converte a liberdade de Utopo em lei, põe fim às transgressões sociais do herói. A intervenção de Utopo, por meio de seu modelo, confere assim à lenda dos utopianos (R) características que C. Lévi-Strauss considera próprias do mito[91]; com efeito, ao nível simbólico, ela permite resolver contradições, operar transformações, suprimir o tempo. Com o modelo espacial, Utopo realiza o desejo informulável e inassumível de Morus: realizar uma revolução nas práticas e nas instituições da sociedade a que pertence. Traduz para a terminologia familiar da tradição as noções de liberdade e de criação individuais indispensáveis à realização da mudança social e que Morus só podia pensar em termos de transgressão.

Mas a história de Raphael (R') na qual se insere R, que designarei provisoriamente como o "mito de Utopo", permite, ela também, à sua maneira, resolver uma série de antinomias. O papel do herói mediador, então, é cumprido por Raphael a quem, em vez de ações contraditórias, cabe reconciliar modos de enunciação e estatutos de existentes incompatíveis entre si. Raphael é o intermediário e o fautor de comunicação entre o velho continente e Utopia, entre Morus e Utopo, entre o real e o imaginário, entre a crítica e o modelo. O instrumento que lhe permite converter os termos antagônicos um no outro, o operador de conexão, não é mais um percurso cristalizado, tal como o plano de Utopo, mas um percurso em ato, uma viagem[92].

Essa viagem permite a Raphael ver e explorar Utopia, que não existe em nenhum espaço, como ele viu e visitou os países que ocupam o espaço do velho continente; e mesmo imprimir em Utopia,

90. O fato de que os problemas religiosos estejam integrados em R dá prova de novo da importância, já assinalada anteriormente, a propósito do local dos templos na planta de Amaurota, que tem esse tema para Morus.

91. Cf. *Le Cru et le Cuit*, Paris, Pion, 1964, "abertura" e referências, p. 35.

92. Cf. M. Serres, "Discours et parcours", in *L'Identité*, seminário dirigido por C. Lévi-Strauss, Paris, Grasset, 1977, p. 38-39.

que vive fora do tempo e da história, a marca de sua passagem sob a forma de um acontecimento histórico (introdução do livro e da imprensa). Além disso, é através dessa viagem de Raphael que o próprio Morus é posto em comunicação com Utopia, é advertido da história de Utopo, é informado de seu modelo espacial.

Contudo, a despeito dessas passagens, dessas transmissões e dessas interrupções, a história de Raphael (R') não funciona como um mito. Ao contrário de (R), ela é totalmente enunciada na primeira pessoa, que o mito rejeita, e é atravessada por um presente que ele não conhece: o mito se enuncia sempre na terceira pessoa e no passado.

Por conseguinte, como caracterizar a história de Raphael (R') e explicar por que ela se articula de um lado, no mito de Utopo (R) e, de outro, na ficção da perspectiva (R¹) que coloca em cena seu herói como ela mesma coloca em cena o de (R)?

Vimos o papel que a primeira pessoa do singular desempenha em R': os termos antagônicos reconciliados por meio desse *eu* não pertencem mais ao universo da ação mas ao do discurso. Como o *ele* de Utopo, o *eu* de Raphael se desloca simultaneamente em dois quadros. Mas, no seu caso, trata-se de um jogo que, tanto pela estrutura folheada do relê das palavras que levam de Morus (em (R')) a Utopo, quanto pela ambivalência imprudentemente concedida a um presente que leva ao mesmo tempo ao real e ao imaginário, constitui uma paródia do mito. Porque esse *eu*, parte integrante de uma situação de enunciação, não tem, por definição, qualquer poder de transformar ou de suprimir uma incompatibilidade, a do real e do imaginário, que ele deixa subsistir inteira e sabidamente, mesmo quando a nega com a maior obstinação.

Este caráter lúdico é confirmado pela comparação dos instrumentos mediadores de que se servem respectivamente os heróis de (R) e de (R'). Esses instrumentos possuem a característica comum de terem como referentes as descobertas espaciais do Renascimento: os primórdios da homogeneização do espaço do desenho, pelos arquitetos e pelos pintores, e do espaço geográfico, pelos primeiros cientistas-navegadores. O modelo espacial tem relação com um procedimento que, tendo permitido a invenção da perspectiva artificial e a sistematização da planigrafia, abre caminho à ciência. Está também – o que confirma à sua maneira o presente utilizado para sua descrição – ligado à experiência nova da subjetividade, pois o espaço teórico dos pintores e dos arquitetos se enuncia ao mesmo tempo que o poder dos construtores[93]. No entanto, assim

---

93. A perspectiva, segundo E. Panofsky o mostrou muito bem, resolve *tecnicamente* antinomias. Nesse sentido, ela se assemelha a um operador mítico. Cf. *La Perspective comme forme symbolique*, trad. fr., Paris, Ed. de Minuit, 1975. "[A perspectiva]

178  A REGRA E O MODELO

como permite ao herói mítico operar as transformações necessárias, ele não é o instrumento polido elaborado pelos artistas do Renascimento. É verdadeiramente um instrumento operatório simbólico. Morus descobriu-lhe o poder real sem conseguir pensá-lo de outro modo a não ser desnaturando-o e mitificando-o. O espaço-modelo da *Utopia* é contaminado pelo herói fundador. É homogêneo e isotrópico, dotado de eficácia mundana. Mas, ao mesmo tempo, participa de um sistema de valores, é colocado pelo herói como verdadeiro e bom, determinações que não têm sentido para o espaço dos geômetras. Esta adulteração do modelo através do trabalho do mito mede a importância outorgada por Morus a este instrumento e aos problemas que ele deve resolver.

Na história de Raphael, ao contrário, a viagem permanece abstrata, privada de qualquer determinação concreta. Não corresponde a um questionamento de Morus que dela se serve apenas ludicamente. Essa viagem a bordo de navios jamais descritos, que aportam indiferentemente em praias familiares ou fabulosas, é a metáfora da viagem no fantasmagórico que é o único que pode dar a um sujeito que escreve na primeira pessoa os meios de resolver as antinomias enunciativas colocadas por (R'). Desde que se admita essa hipótese, Morus pode dizer *eu* e ser um outro nas pessoas de Raphael, depois do herói Utopo, afirmar sua ignorância de Utopia e assumir a paternidade de seu modelo, assinar um livro sem aceitar estar implicado nele, sufocar todos os acontecimentos, reais e imaginários, sob a ambivalência de um idêntico presente.

A *Utopia* surge, então, como a integração de um núcleo mítico numa forma textual fantasmagórica que, por sua vez, procede segundo esquemas buscados no mito, mas à maneira da paródia e da derrisão. Paródia e derrisão são os únicos meios que Morus encontra para, ao escrever na primeira pessoa num momento decisivo para a formação do pensamento racional e científico, conservar a parte de mito necessária à expressão de seu pensamento. Refinando a análise que, no primeiro capítulo, permitiu extrair traços discriminativos da figura utópica, podemos acrescentar agora que a *Utopia* é uma forma de texto original, intermediária entre o mito (anônimo, impessoal e simbólico) e a simulação (assinada, assumida por um sujeito e imaginária).

cria uma distância entre o homem e as coisas. [...] Mas abole em compensação essa distância fazendo em certo sentido penetrar até no olho humano esse mundo das coisas cuja existência autônoma se afirmava em face do homem; enfim, ela reduz o fenômeno artístico a regras estáveis, de exatidão matemática mesmo, mas de um outro lado, ela o faz depender do homem, do próprio indivíduo. [...] É por isso que temos tantas razões em conceber a história da perspectiva como um triunfo do senso do real, constitutivo de distância e de objetividade quanto como um triunfo desse desejo de poder que habita o homem [...]" (p. 60). A passagem inteira mereceria citação.

## 4. MORUS E PLATÃO

Mito e simulação, que Platão usa alternadamente em seus diálogos, remetem ao problema das relações que a *Utopia* mantêm com a obra do filósofo grego, que muitas vezes é tido como o criador da utopia como gênero textual. Já tive a oportunidade, a propósito de *pharmakon*, de sublinhar as afinidades que ligam Morus a Platão. Tal como para Alberti em relação a Vitrúvio, é necessário interrogar-se sobre a natureza dos empréstimos feitos por Morus e perguntar-se se a *Utopia* não seria ocasionalmente uma versão moderna de uma série literária, de tipo mítico, iniciada por Platão que teria sido o primeiro, paradoxalmente, a associar o *eu* dos dialogadores ao *ele* do herói mítico.

O emprego que Morus faz do conceito de modelo e a suspeita com que ele carrega a temporalidade suscitam a hipótese de uma filiação que poderia ser definida como a simples transposição para a *Utopia* dos temas e teses do filósofo grego. Podemos nos perguntar se Morus não retomou, pura e simplesmente, a concepção platônica da cidade ideal e de seu espaço. Não teriam o procedimento de Morus e seu modelo espacial provindo, em linha direta, da *República* e das *Leis*, pelas quais o chanceler inglês nunca escondeu sua predileção?[94] Para responder a essas perguntas, reportar-nos-emos, particularmente, aos três diálogos que tratam do Estado ideal ou de Estados exemplares, e descrevem com maior ou menor laconismo seu espaço, isto é, a *República*, as *Leis* e *Crítias*.

Para quem compara a *Utopia* à *República*, impõe-se o contraste entre a abundância das descrições espaciais, de um lado, e sua quase-ausência de outro. As poucas observações que se descobrem no diálogo de Platão são todas negativas e restritivas, ligadas ao tema do espaço-veneno, fator de dispersão. Todas, aliás, foram retomadas por Morus em sua *Utopia*. A que se desenvolveu mais longamente diz respeito à necessidade, para o Estado imaginado por Sócrates no Livro IV, de reduzir seu território "ao grau em que seu crescimento não o impeça de querer ser um"[95]: no quadro da simulação "do nascimento de uma sociedade política" no Livro II, Sócrates sublinhara a relação do crescimento demográfico com o das neces-

---

94. O inventário dos empréstimos que Morus faz a esses dois textos é impressionante. Cf. L. Berger, "Thomas More und Plato: ein Beitrag zur Geschichte des Humanismus", *Zeitschrift für die Gesammte Stoatswissenschaft*, nº 35, Tubingen, 1879.

95. Livro V, 423 c. Citamos na edição Robin, Paris, Gallimard, "Bibl. de la Pleiade", 1940.

180 A REGRA E O MODELO

sidades, e o assimilara a uma perversão[96]. A segunda observação diz respeito à casa, objeto de alienação que os guardiães do Estado aristocrático jamais deverão possuir como própria, não mais do que nada "onde não possa entrar quem quer que deseje"[97]. Finalmente, de maneira menos direta, o espaço ainda é posto em causa pela proibição de viajar que atinge esses mesmos guardiães[98]. Essas três indicações concernem, portanto, às cidades das sociedades humanas e terrestres evocadas no decurso do processo dialético. Participam do sistema de controle necessário para garantir seu funcionamento.

Ora, essas cidades, mesmo "ideais", nada têm a ver com o Estado-modelo de Platão[99]. Este, por definição, é estranho ao mundo sensível. Pertence ao ser verdadeiro, ao mundo das formas, modelos de todo devir, e que não são localizáveis[100] e descritíveis em termos de espaço. Vê-se que Morus vai buscar em Platão o tema e os motivos de sua crítica ao mundo sensível dos Estados políticos, mas de nenhum modo sua concepção de modelo, que não é fisicamente visível e ao qual só se pode ter acesso através do *logos*. Segundo Platão, é precisamente na medida em que nosso mundo especializado é um mundo decaído[101] que o filósofo tem necessidade, para pensá-lo e vivê-lo, de um modelo. Mas não de um modelo físico cujo conceito seria inaceitável.

Entretanto, pode pairar a dúvida, e subsistiu já no tempo de Morus, devido à metáfora da visão que Platão usa para descrever o contato do filósofo com as ideias. O próprio Sócrates não se exprime inambiguamente quando tira as conclusões do mito da caverna e indica que "será preciso levar [os que tiverem obtido o primeiro lugar em tudo] ao final, obrigando-os a voltar os olhos para aquilo que fornece a luz a tudo; e, quando tiverem visto o Bem em si mesmo, a se servir desse modelo supremo para o Estado..."[102]. De fato, a experiência da visão é empregada aqui por metáfora, a fim de qualificar uma relação para a qual o léxico não oferece designações, e porque ela procede de um sentido menos materialista que o tato. Mas, Platão o diz explicitamente, o que está em jogo na República não é fisicamente visível, pertence a uma realidade superior, de uma ordem, "o

96. Livro II, 372 e 373 b. A metáfora da doença é igualmente em pregada para estigmatizar a sociedade ávida de expressão.

97. Livro III, 416 d. Cf. as portas oscilantes das casas utopianas.

98. Livro IV.

99. Cf. Livro IX, 592 b, confirmado por *Timeu*, 28a, que indica que, tanto quanto o universo visível, a cidade ideal não se confunde "com seu modelo traçado no céu".

100. Cf., para toda essa análise, V. Goldschmidt, *La Religion de Platon*, Paris, PUF, 1949, republicado em *Platonisme et Pensée contemporaine*, Aubier, 1970, particularmente o capítulo "Cidade e Universo".

101. "Toda a ordem material é desacreditada em bloco" (V. GOLDSCHMIDT, op. cit., p. 18).

102. 340 a b.

UTOPIA OU A TRAVESSIA DO ESPELHO    181

real que é o invisível"[103]. Para retomar a fórmula de V. Goldschmidt, todo modelo visível não passa de uma *ficção ímpia*[104].

Mas, se o Platão da *República* mantém essa atitude com todo o rigor, não estaríamos com razão em descobrir um verdadeiro modelo espacial numa obra de velhice, como as *Leis?* Este diálogo coloca problemas práticos num espírito realista bem afastado da perspectiva metafísica adotada pelos interlocutores da *República*. Não é, desta vez, um plano-modelo da cidade e de seu território que elaboram os três sábios, o Ateniense, Meguilo e Clínias, no decurso do debate destinado a ajudar o último na missão que lhe confiaram seus compatriotas cretenses: estabelecer as leis de uma nova colônia? Para J.-P. Vernant, a resposta não suscita dúvidas. Com as *Leis*, "a tentativa mais rigorosa de traçar o quadro territorial da cidade de conformidade com as exigências de um espaço social homogêneo, estamos à frente, e Platão o diz expressamente, de um modelo. Esse modelo é ao mesmo tempo geométrico e político. Representa a organização da cidade sob a forma de um esquema espacial. Ele a representa desenhada no solo"[105]. J.-P. Vernant, com essas palavras, sublinha a especificidade das *Leis* ao empregar o termo *modelo* num sentido inusual em Platão, já que designa no caso uma projeção espacial, construída ao cabo de uma experiência sensível. Seria o caso, por outro lado, de uma entidade comparável à organização espacial de Utopia tal como Raphael a descreve? Apesar das semelhanças evidentes, os dois "modelos' devem ser cuidadosamente diferenciados.

Sua diferença é comandada por duas concepções do espaço--*pharmakon*, cuja oposição se deve, por sua vez, em definitivo, e apesar do realismo das *Leis*, à diferença, já evidenciada a propósito da *República*, dos dois estatutos respectivamente concedidos ao espaço por Platão e por Morus. Essas fronteiras sutis se desenharão, intransponíveis, ao analisarmos em ambos os textos tanto as relações respectivas dos espaços-modelo com a situação de enunciação quanto seu lugar, seu modo de engendramento e sua importância relativa no enunciado.

103. 529 b.

104. *Platonisme et Pensée contemporaine*, op. cit., p. 59. V. Goldschmidt evoca o momento em que "Timeu se pergunta se o Demiurgo lançou seus olhos sobre o Modelo inteligível ou o modelo visível". Prossegue: "esse segundo modelo é uma pura ficção rejeitada imediatamente como ímpia. Está sobretudo em contradição com todo o platonismo: supondo-se que seja um bom artesão, está claro que não pode tomar como modelo senão a forma inteligível". G. Goldschmidt mostra admiravelmente as relações de simetria que ligam a ordem do mundo e a organização da cidade com as leis cósmicas e políticas, a alma do mundo e os governantes da *República*. Cf. também *Leis*, Livro X, 898 c.

105. J.-P. Vernant, *Mythe et Pensée chez les Grecs*, Paris, Mas-pero, 1965, p. 179.

182 A REGRA E O MODELO

Primeiramente, ao contrário do espaço-modelo de Utopia, o da cidade anônima das *Leis* não é colocado desde logo na realidade, captado pelo locutor na imediatez de uma presença visual. É objeto de uma simulação, designada de pronto como imaginária pelo "como se" do condicional[106]. Em termos contemporâneos, os três sábios das *Leis* constroem um cenário ao qual, em nenhum momento, nem Platão nem eles próprios fingem emprestar uma existência real.

Por isso, sempre contrariamente a Amaurota que é desvelada imediatamente na totalidade, a cidade das *Leis* é construída por etapas, à medida que progride o diálogo. Quando se inicia seu projeto, no início do Livro IV, os sábios dispõem tão somente de um dado espacial, a situação geográfica e topográfica do futuro Estado. Temos de aguardar, em seguida, todo o Livro IV e, no Livro V, uma série de debates sobre a questão agrária, a demográfica e a distribuição das riquezas, para que enfim sejam simuladas a organização territorial e a divisão parcelada da Cidade-Estado[107]. Quanto à construção propriamente dita, é abordada bem mais tarde, depois que foi estabelecida uma série de leis concernentes às relações sociais. Então, algumas rápidas páginas são dedicadas essencialmente ao problema das muralhas defensivas[108] e à localização hierarquizada dos edifícios. Depois desse esboço"[109], a cidade- -"modelo" das *Leis* não é mais evocada a não ser por indicações

106. "Empreendamos constituir um Estado *como se* fôssemos seus fundadores originais, e, ao mesmo tempo que procederemos a um exame que é o objeto de nossa pesquisa, ao mesmo tempo, dela farei eventualmente meu proveito, eu mesmo, para a constituição do futuro Estado" (op. cit., Livro III, 702 d).

107. "A cidade será dividida em doze porções, a primeira das quais, que receberá o nome de acrópole, será atribuída ao templo de Hestia [...]; uma muralha a rodeará e é a partir do centro que se fará, em doze porções, o seccionamento tanto da própria cidade quanto de todo o território. As doze porções deverão ser iguais com respeito ao rendimento da terra [...] Quanto ao número de lotes a dividir, é de 5040. Por sua vez, cada um desses lotes será dividido em duas porções, loteadas juntas e que, cada uma, estejam uma nas proximidades, a outra afastada: sendo assim formado um lote único de uma porção que toca na cidade e de uma porção que toca nas extremidades [...] Como é justo também, aos doze deuses serão depois disso atribuídos esses doze grupos de lotes de população e de terra, sendo que a porção que couber a cada deus leve seu nome e lhe seja consagrada [...] A cidade, de seu lado, comporta também doze seções distribuídas da mesma maneira [...]" (Livro V, 745 b, c, d, e). Essa descrição é completada pela das aldeias (idem, 848, d, e).

108. O Ateniense se pronuncia contra as muralhas de defesa. Todavia, se forem absolutamente necessárias, "quando se construírem as casas dos particulares, lançar- -se-ão de tal forma os alicerces que toda a cidade forme uma única defesa graças à uniformidade, à semelhança de suas habitações que terão todas um sólido tapume frente às vias de acesso [...] O aspecto externo de uma única casa [seria assim] o da cidade inteira" (idem, 779 b). (Campanella retomará a ideia dessa defesa de casas.) A identidade das casas trai, aqui também, a desconfiança com relação ao espaço que, se prestando à expressão das diferenças e das singularidades, abre caminho à *hubris*.

109. 778 c.

UTOPIA OU A TRAVESSIA DO ESPELHO

esporádicas relativas às prisões[110], aos túmulos e à acolhida aos estrangeiros[111].

O lugar mínimo que ocupam essas observações no texto volumoso das *Leis* contrasta com a abundância e complacência dos relatos que Raphael consagra ao modelo espacial dos utopianos. Mas, sobretudo, o local da (ou das) descrição(ões) do espaço-modelo difere nos dois textos. Enquanto que, na *Utopia*, Morus começa por mostrar o espaço onde se alojam as instituições-modelo, que ele descreve apenas em seguida, nas *Leis*, a descrição desse espaço vem sempre em segundo lugar, depois dos debates relativos às instituições e da elaboração das leis que regularão seu funcionamento. Como indica o título do diálogo, a lei está em primeiro plano. E, da mesma forma que a verdade do *logos* precede a lei escrita, que não pode revelar senão uma forma para sempre degradada, o quadro da lei escrita precede e tem prioridade para sempre sobre o espaço construído. Essa precedência das leis no texto platônico é um sinal suplementar do *status* irremediavelmente bastardo que, de acordo com sua filosofia, ele reserva ao espaço, e que, ao contrário, é rejeitado pelo triunfalismo espacial da *Utopia*.

No entanto, não foi Platão quem, nas *Leis*, descobriu e desenvolveu antes que Morus fosse aí buscá-la, a relação que liga os espaços às sociedades e que confirma a noção de modelo espacial? Não é precisamente para tornar as leis imutáveis, fixando-as e enraizando-as no solo, que ele elabora o quadro espacial da cidade-modelo, tal como Morus, quase dois milênios mais tarde, confiará ao espaço-modelo de Utopia a tarefa de situar e perpetuar as instituições criadas por Utopo? Sem dúvida. Mas surge mais uma diferença. A relação entre espaços e sociedades não é entendida da mesma forma de um lado e do outro, seus referentes não são da mesma natureza. Morus arrancou a descoberta de Platão de seu contexto e de seu campo original de aplicação, e assim deslocou e subverteu o significado platônico do espaço-modelo.

Nas *Leis*, Platão trata simultaneamente o espaço da cidade-modelo de duas maneiras, como etnógrafo e como místico. De um lado, graças à dialética da simulação e ao término de um trabalho de rememoração por *mneme*, a memória viva, ele reconstitui e descreve uma estrutura espacial que é a de uma cidade desaparecida, a Atenas pré-clisteniana, que o curso do tempo e o desejo dos homens pouco a pouco corromperam. Para ser preciso, esse esquema espacial não é obra exclusivamente da *mneme*. Ou antes, a lembrança que ela reencontrou de um espaço que apoiava um sistema de relações sociais e políticas, sistema de saber e valores com dominante religiosa[112]

---

110. 908 a e s. no mesmo Livro IX dedicado ao direito criminal.
111. Livro XIII.
112. V. Goldschmidt, op. cit., p. 105.

184 A REGRA E O MODELO

– essa lembrança foi em seguida reelaborada, simplificada, "melhorada" por um tratamento geométrico[113]. O filósofo obtém assim uma espécie de organograma cujo espaço homogêneo e indiferenciado[114] assinala a superioridade ontológica sobre o espaço efetivamente construído e indica a função instrumental. De outro lado, por meio desse modelo, Platão objetiva restabelecer em sua pureza original leis (igualmente reconstituídas) que os deuses doaram à cidade. O processo de reconstituição (tética) tem, pois, a finalidade (religiosa e moral) de restabelecer uma ordem transcendente, em cuja concepção os homens não têm qualquer participação, e que eles têm o poder tão somente de alterar e perverter.

Em outras palavras, o modelo espacial de Platão serve para fazer encontrar uma ordem perdida. O de Morus, ao contrário, serve para promover uma ordem nova, imaginada e criada pelo herói humano, Utopo. Morus desloca e subverte o modelo espacial das *Leis* dessacralizando-o. O plano de Amaurota resulta unicamente da atividade criadora de seu conceptor, o herói, político e arquiteto, Utopo, que é a máscara última de Morus. Não deve mais nada aos deuses[115]. Num caso, o modelo é restaurador; no outro, é instaurador.

Enquanto *pharmakon*, esses modelos não têm, portanto, nem a mesma natureza nem a mesma eficácia. Nas *Leis*, tão logo *mneme* realiza seu trabalho de anamnese, ela fixa e cristaliza seu resultado na lei escrita e no esquema espacial da cidade ideal. Mas, na própria medida em que a escrita e o construído participam ambos do não ser do espaço[116], o modelo, como a lei escrita, não pode mais desempenhar senão um papel mecânico. Coloca em jogo apenas a *hypomnesis*, a falsa memória das formas exteriores, e assegura tão somente a indefinida duplicação dos processos e comportamentos redescobertos pela verdadeira memória. Para Platão, o espaço continua sendo uma potência oculta e suspeita, seja ele encarado como mal ou como remédio: contraveneno (sob a forma de modelo), entretanto continua veneno. Morus, por sua conta, retoma parte das reservas de Platão para com um espaço que, a cada instante, ameaça a interioridade do sujeito; luta contra os sortilégios do espaço com meios diretamente buscados na *República*, nas *Leis* e no *Crítias*: in-

---

113. *Leis*, Livro V, 746 e.

114. J.-P. Vernant mostrou muito bem a anomalia que representa para o "anti--Clístenes", defensor incondicional da tradição, essa representação do espaço "de maneira mais sistemática ainda do que em Clístenes perfeitamente homogêneo e indiferenciado" (op. cit., p. 181).

115. Não penso em contestar o tom profundamente religioso do livro de Morus, acerca do qual pôde J. Hexter, a justo título, fazer uma meditação sobre o pecado, mas desejo sublinhar o fato de que a *Utopia* põe em cena a transformação radical de uma sociedade pelo poder de um homem. Para Platão, a lei da cidade é e continua sendo de origem divina, como a lei da geometria.

116. Cf. J. Derrida, op. cit., op. 125 e S., 142.

UTOPIA OU A TRAVESSIA DO ESPELHO

sularidade do território, redução da superfície urbana, padronização das cidades e dos edifícios, proibição das viagens[117], condenação implícita da arte arquitetônica[118], Para Morus, entretanto, o modelo é um remédio, e não um veneno. É a forma de um nunca-dito e nunca-visto. Enceta e marca a história, com o risco de detê-la em seguida por seu poder de duplicação, herdado de Platão, mas ao qual Morus atribui um valor positivo. Não constitui um meio de rememoração e de retificação, mas um instrumento de criação,

Na ordem ética em que ambos se inserem, o modelo de Platão ajuda, sob condições; o de Morus salva incondicionalmente. A eficácia bastarda do espaço-modelo das *Leis* se deve às opções profundas da filosofia platônica, ao fato já observado de que, para o filósofo grego, o espaço não tem de ser próprio, de que é para os homens a ocasião por excelência de sua perdição.

Essa vocação maléfica do espaço, a predominância mais vigorosa de seu lado negativo recebem, sem dúvida, sua expressão mais vigorosa no mito dos Atlantes do *Crítias* que se deve confrontar com o mito da escrita do *Fedro*. Comparando a austeridade da cidade primitiva de Poseidon, totalmente fechada em si mesma, com o esplendor da capital em permanente expansão em que se tornou graças à arte dos Atlantes[119], Platão pretende designar e estigmatizar a perversidade do construir. A sofisticação de sua organização aberta para o futuro e a suntuosidade de sua arquitetura assinalam a perda de uma sociedade que sua *hubris* leva à catástrofe[120]. Para Morus, quaisquer que sejam seus perigos e suas miragens, o espaço é realmente ambivalente. Comporta uma face autenticamente benéfica.

Voltemos aos dois termos indutores – mito e simulação – que levaram a colocar a *Utopia* sob a invocação de Platão: no curso dos diálogos citados encontramos realmente essas duas formas cuja utilização trai um novo e irredutível afastamento entre o filósofo grego e o humanista inglês.

Em seu processo especulativo, Platão sempre separa o mito e o pensamento racional, com o inconveniente de jogar alternativa-

---

117. *Leis*, 958 d, e.

118. Idem, 950 d.

119. Ao fechamento total de uma ilha isolada por "verdadeiras rodas de terra e de mar, duas de terras e três de mar, como se, a partir do centro da ilha, [Poseidon] tivesse feito andar um torno de oleiro [...] tornando assim inacessível aos homens o coração da fortaleza" (*Crítias*, 113 d), Platão opõe o sistema complexo de comunicação por meio do qual os Atlantes unem todos os locais do território entre si e com o exterior. Quanto aos próprios edifícios, notáveis pela riqueza de seus materiais, estão dispostos numa ordem hierárquica, bastante próxima da cidade das *Leis*.

120. "E cada rei, recebendo [o palácio] de outro rei, ornamentava os embelezamentos anteriormente realizados, ultrapassando sempre tanto quanto lhe fosse possível o seu predecessor" (op. cit., 115 c).

186 A REGRA E O MODELO

mente com os dois. Para ele o mito é um modo de conhecimento secundário e uma escora da dialética. Mesmo quando lhe ocorre exprimir dúvidas a seu respeito, a natureza transcendente desse legado dos deuses exige que lhe seja conservada a pureza, e proíbe a quem quer que seja, sob pena de sacrilégio, de imiscuir-se em seu relato, totalmente desligado da situação de enunciação. Platão, portanto, apenas transmite mitos, como os do *Fedro* ou do *Crítias*; não participa de sua elaboração: aquilo que impropriamente se chama o "mito da caverna" de mito só tem o nome, constitui uma fábula ou uma alegoria. Criar, como Morus o fez um milênio e meio mais tarde, um *analogon* funcional do mito, enunciá-lo na primeira pessoa, teria tido, aliás, tanto menos sentido para Platão, quanto ele não tinha necessidade disso. Não havia qualquer transgressão a conjurar. Sua moral e sua política se situam no lado certo do sagrado. Sua filosofia assume as rupturas que faz.

Quanto à simulação, momento do trabalho da dialética, é um método heurístico que distingue necessariamente os três planos do mundo sensível, do mundo das ideias e do imaginário.

Essa incursão platônica terá confirmado a singularidade da *Utopia* e permitido precisar a dívida de Morus para com o filósofo grego. A filosofia de Platão determinou na *Utopia* uma marca proporcional a seu tamanho: poder de *logos*, *espaço-pharmakon*, modelo ideal, todas essas noções, Morus as deve a Platão, cuja obra constituiu uma etapa preparatória e uma condição necessária à emergência de sua *Utopia*. Mas nem por isso é o autor dos *Diálogos* o criador do gênero utópico. Tal como Alberti, Morus empregou materiais antigos para construir um edifício novo e original. E a noção de modelo espacial, tal como funciona na *Utopia*, e a figura textual na qual se insere esse modelo são criações de Morus. São esclarecidas por certas problemáticas próprias do Renascimento, das quais não são dissociáveis e que evocarei rapidamente a fim de dar uma dimensão histórica à minha leitura da *Utopia*.

## 5. MORUS E AS PROBLEMÁTICAS DO RENASCIMENTO

O papel destinado ao espaço construído na *Utopia* é solidário de um conjunto de pesquisas anteriores e contemporâneas que passam pelo campo do desenho e da pintura, e consagram o duplo valor gnoseológico e criador do espaço percebido, concebido e construído pelos homens. O papel da observação visual em diferentes práticas discursivas se afirmou no decurso do século XV; o tes-

UTOPIA OU A TRAVESSIA DO ESPELHO 187

temunho do olho começa a tornar-se critério de verdade, meio privilegiado de controle, contra o testemunho do verbo e da tradição[121]. Quando, ao contrário de todos os autores de elogios, mais de um século antes da *Utopia*, o Chanceler Bruni começava sua *Laudatio*[122] de Florença pela descrição espacial da cidade, estava preparando o terreno para Raphael Hythloday, cujo papel de testemunha visual vimos acima. Se, graças a uma idêntica relação com a verdade, o espaço construído ocupa no livro de Morus o lugar da lei em Platão, é que doravante para Morus, homem do século XVI, a verdade se inscreve no espaço: o lugar da certeza se deslocou, situa-se na visão e não mais na palavra.

Entendamos que não se trata mais de uma visão ingênua. E. Panofsky foi um dos primeiros a mostrar como a construção da perspectiva artificial pelos artistas do *Quattrocento* tivera o duplo efeito de exaltar a subjetividade, conferindo um poder quase demiúrgico aos novos criadores de espaço[123], e de contribuir para a emergência da ciência moderna[124]. Mesmo que sua formulação matemática só tenha sido dada bem mais tarde por Desargues (1636), e depois Poncelet (1822), a perspectiva artificial cria um espaço matematizado, *continuum* homogêneo e indiferenciado que a Antiguidade não conheceu. Essa permaneceu apegada a um espaço perspectívico natural, "agregativo" e não "sistemático"[125]. Mas o espaço sistemático da perspectiva é também o do sistema de coordenadas, o que permite a Brunelleschi construir a primeira planta em escala[126]. Ora, o espaço-modelo de Utopia é uma planta. Remete a uma prática que, desaparecida desde a Antiguidade, acabava de

121. Cf, mira, trabalhos de E. Panofsky. Para W. ONG, o processo é iniciado bem mais cedo com a quantificação da lógica medieval "which gave occasion to think of mental operations less by analogy of hearing and more by analogy with more or less overtly spatial or geometric forms" ("System, Space and Intellect in Renaissance Symbolism", *Bibliothèque d'Humanisme et Renaissance*, 1956). O mesmo autor insiste, por outro lado, na diferença com a Antiguidade na qual o saber se comunica de pessoa a pessoa, por meio da palavra (daí o privilégio do diálogo) e não pela observação, por meio da vista. Mas nem por isso se deve negligenciar uma outra corrente de pensamento da Antiguidade e fazer abstração dos trabalhos de história de Aristóteles.

122. Cf. supra, 57.

123. A conquista da perspectiva "leva tão longe a racionalização da impressão visual do sujeito que é precisamente essa impressão subjetiva que pode doravante servir de base para a construção de um mundo da experiência solidamente fundado e não obstante infinito" (*La Perspectiva comme forme symbolique*, p. 159). Cf. também *L'Oeuvre d'art et ses significations*, p. 129 e 128, n. 48. É a essa ingerência e a essa exaltação da subjetividade que visa Platão quando estigmatiza a ainda modesta perspectiva *natural* (E. Panofsky, *La Perspective ...*, p. 179). Cf. também supra, Cap. 2, p. 132 e 147.

124. "Tentativa de sinopse histórica", p. 115, 117 e 119. A perspectiva permite a transcrição precisa e exata de uma observação, seu controle e sua reprodução. Ela se oferece imediatamente às ciências naturais em gestação, para a reprodução de pranchas anatômicas e botânicas. Cf. PANOFSKY, *L'Oeuvre d'art*, op. cit., p. 118.

125. Termos de Panofsky in *La Perspective...*

126. Cf. R. Krautheimer e T. Hess-Krautheimer, *Lorenzo Ghiberti*, p. 234.

188 A REGRA E O MODELO

reaparecer, metamorfoseada e sistematizada pelo espírito do Renascimento[127], posta a serviço de um desejo de eficácia estranho, como vimos[128], ao pensamento antigo.

Por outro lado, esta liberdade produtora de história que, na *Utopia*, Morus acolhe e suprime ao mesmo tempo, outorgando-a sem reservas a Utopo, recusando-a sem apelação aos utopianos, leva aos dois conceitos solidários de liberdade individual e de transformação social que os filósofos da Antiguidade não haviam pensado de maneira sistemática e que os humanistas do Renascimento elaboraram lentamente, sobre o fundo de Antiguidade. Com efeito, Grécia e Roma praticaram e teorizaram uma liberdade essencialmente política[129] e não tentaram uma abordagem sistemática do conceito de transformação social.

Cabe pensar que foi a distância que soube tomar em relação ao mundo antigo, graças a uma perspectiva crítica que a Antiguidade jamais praticara para com as outras sociedades, nem para consigo mesma, que permitiu ao Renascimento não projetar seus próprios valores sobre os das outras culturas[130], adotando, para com essas e para consigo mesmo, uma atitude reflexiva que desembocava ao mesmo tempo numa historificação *das* sociedades e na

127. Cf. supra, Cap. 1, p. 17 e s., 55 e s.

128. Cf. supra, Cap. 21, p. 135 e s. Cf. também, sobre a incapacidade da Antiguidade de pensar em termos de rendimento e de eficácia: M. Pinley, "Technical Innovation and Economic Progress in the Ancient World", *Economic History Review*, 2º semestre, nº 18, 1965; A. Koyré, "Dumonde de l' à peu près" à l'univers de la précision", *Critique*, Paris, 1948; P. M. Schtjhl, *Machinisme et Philosophie*, Paris, 1947; J.-P. Vernant, "Remarques sur les formes et les limites de la pensée technique chez les Grecs", *Mythe et Pensée chez les Grecs*, op. cit.

129. Cf. J. de Romilly, *Problèmes de la démocratie grecque*, Paris, Hermann, 1975.

130. Esse processo cultural foi evidenciado e descrito, praticamente nos mesmos termos, por E. Garin e Panofsky. A "paixão [do Renascimento] pela Antiguidade [...] a quem ele olha com nostalgia [...] não é mais uma *confusão* "*bárbara*" com ela, mas uma *crítica* que recuou e pôde situá-la na história. Descoberta a restauração do pensamento antigo, essa reflexão nova aparece não como uma confusão com seu objeto mas como um distanciamento [...], recuo da crítica que se coloca na escola dos clássicos não para se confundir com eles, mas para se definir com relação a eles [...] Uma certa imagem do mundo antigo não era mais tomada como material para uma construção nova, mas integrada para sempre num momento da história em devir" (E. Garin, *Moyen Age et Renaissance*, p. 86-87). Cf. também o capítulo sobre "A História no Pensamento da Renascença". E. Panofsky mostra em todas as suas obras como, diferentemente do Renascimento, a Idade Média, trata-se de arquitetura, de escultura ou de pintura, integrou diretamente, sem recuo, os símbolos (temas e motivos) que lhe chegavam da Antiguidade. "A *distância* criada pelo Renascimento privou a Antiguidade de sua realidade. O mundo clássico deixou de ser ao mesmo tempo uma *posse* e uma ameaça. Tornou-se, ao contrário, objeto de uma *nostalgia* apaixonada que encontrou sua expressão simbólica no reaparecimento, quinze séculos mais tarde, dessa visão encantadora, a Arcádia. [...] O passado clássico foi considerado pela primeira vez como uma totalidade separada do presente; e por isso mesmo, como um ideal a buscar em vez de uma realidade a utilizar e a temer". (*La Renaissance et ses avants-courriers*.) [*O grifo é nosso*.]

UTOPIA OU A TRAVESSIA DO ESPELHO 189

atribuição aos humanos de um poder de ruptura novo. Na história das sociedades antigas que eles redescobriam ao mesmo tempo que se lhes impunha sua irremediável distância, os humanistas italianos encontravam não os vestígios de uma tradição a reconstituir na retrospecção, mas os elementos de um projeto ditado pela razão[131], a ideia de uma liberdade individual e radical sem exemplo, que, por meio do conceito de criação, convertia o homem político e o artista em fautores de ruptura[132].

Este momento vertiginoso, quando sopra o vento da crítica e morrem os deuses da cidade, encontra sua expressão mais lúcida e mais audaciosa na obra de Maquiavel. Quando escreve O *Príncipe* ou melhor os *Comentários*, esse contemporâneo de Morus admite ser necessário o corpo a corpo do homem político com uma temporalidade criadora de situações sempre novas e imprevisíveis[133], às quais dão forma, a despeito de e com exclusão de todo modelo[134], a força de sua inteligência e o poder de seu desejo.

Quanto a Morus, é menos temerário. Para resolver o conflito ideal (em breve fatal) que o Ocidente enfrenta numa fase decisiva de seu destino; para poder admitir, intelectualmente, o exercício de uma liberdade individual cujo escândalo e violência então suscitados pela possibilidade de seu desdobramento, nossa época, obnubilada pela denúncia do "poder", esqueceu, Morus escreve a *Utopia*. Inventa uma forma conjuratória original que, num tempo de crítica que zombava do uso do mito, excluído pela soberania do sujeito enunciador, permite-lhe dissimular a atividade de Utopo sob as intervenções em primeira pessoa de Morus, de Pierre Gilles e de Raphael Hythloday, e disfarçar um núcleo mítico por trás da aparência de derrisão.

Assim, embora afirmando sua pertinência ao pensamento crítico e reflexivo, a *Utopia*, enquanto figura textual ou utopia, fun-

131. "Imitar as cidades antigas em suas construções e seus ornamentos significa obedecer à razão e à natureza" (E. Garin, *Scienza e vita civile nel rinascimento italiano*, p. 46).

132. Para o impacto de suas leituras sobre as concepções e a prática política dos Chanceleres Salutati e Bruni, cf. em particular in E. Garin, op. cit., o capítulo sobre "Os Chanceleres Humanistas de Florença", e também E. Baron, *From Petrarch to Leonardo Bruni*, onde o processo é admiravelmente analisado e resumido numa única frase, a propósito do caminho de Bruni: "The greek model served to induce patterus of throught that accelerated or even made possible the intellectual mastery of the humanists' own world" (p. 159).

133. C. Lefort, que interpreta os textos de Maquiavel como anunciadores da dialética marxista, mostra muito bem o valor que Maquiavel atribui ao instável, ao movediço, à discordância que, longe de ser, como o seriam em Morus, sinal de degradação do ser, não a sua própria substância (op. cit., p. 425 e s.).

134. Cf. idem, p. 433. A página famosa do *De re aedificatoria* unanimemente consagrada a cidade do bom príncipe e à do tirano poderia simbolizar a afinidade que liga o teórico da perspectiva e o teórico do Estado, um e outro para sempre estranhos à noção de modelo, quer se trate de utilizá-lo no espaço quer no tempo.

ciona como o mito que ela não pode e não quer reconhecer: resolve antinomias e contradições no plano simbólico. Nesse sentido, L. Marin denuncia-lhe a justo título o caráter livresco, o fato de que ela curto-circuita o trabalho real e de que não é apoiada por qualquer estratégia política. Nesse aspecto, a *Utopia* continua sendo um texto oblíquo e não realizador, que somente uma falsa simetria pode contrapor ao *De re aedificatoria*.

No entanto, o que se pode considerar como sendo a vocação "ideológica" da *Utopia* não deve levar a negligenciar o sentido e as consequências do papel que essa atribui ao espaço, poderes exorbitantes de que ela o dota no plano do imaginário ou da ficção. O núcleo mítico da *Utopia* põe em prática o dispositivo extraordinariamente engenhoso imaginado por Morus para realizar aquilo que denominamos o estágio da utopia e que se poderia também designar como o estágio do espelho social. O herói Utopo é necessariamente um arquiteto. A Utopia anuncia e enuncia uma nova eficiência do espaço construído cujos poderes ela permite, de novo, como no caso da liberdade, desenvolver e suprimir.

Mas se se revelam dessa forma o valor sagrado da edificação e o poder das transgressões a que pode expor seus conceptores, uma vez liberados da tradição, o modelo espacial concebido por Morus não deixa de ser um instrumento realizável. No momento azado, quando as sociedades ocidentais enfrentarem concretamente os problemas que Morus se colocava de maneira abstrata, ele poderá surgir como um meio conjuratório não mais apenas simbólico, mas operatório.

Assim, com a *Utopia*, Morus criou uma figura de texto paradoxal – um mito na primeira pessoa – de tal modo ajustada às problemáticas das sociedades e da cultura ocidental que não cessou de proliferar no tempo, até nossos dias: permanência que testemunha ao mesmo tempo a vitalidade de certas proibições e a nossa incapacidade de nos libertar dos processos míticos. Isto porque, embora ao contrário de um mito a figura utópica seja a criação assinada de um autor e possua pois uma versão original, como no caso dos mitos, ela é parte integrante de um processo de reprodução. O sentido da *Utopia* se realiza na série das versões, mais ou menos ricas e completas, produzidas pelos sucessores de Morus. Veremos, graças a um último paradoxo e a um novo desvio, algumas dessas versões arrancadas de sua vocação simbólica para participar diretamente da instauração do mundo construído.

# 4. A Posteridade dos Dois Paradigmas

Se o *De re aedificatoria* celebra o tempo, que carrega consigo a vida e a morte, a criação e a destruição, se a *Utopia* pretende, ao contrário, escapar ao tempo e exalta a eternidade, cada uma dessas duas figuras conheceu, no curso dos séculos clássicos, o destino que, segundo ela previra, seria o dos espaços edificados: a degradação inevitável num caso, a permanência no outro.

## 1. O DESTINO DOS TRATADOS DE ARQUITETURA

### 1.1. *A Primeira Geração*

Ligeiramente posteriores ao *De re aedificatoria*, dois outros tratados foram escritos no século XV, o *Trattato d'architettura* de Piero Averlino, o Filareto, composto em Milão entre 1451 e 1465, e o *Trattato d'architettura civile e militare* de Francesco di Giorgio Martini, verossimilmente elaborado entre 1481 e 1492. Essas duas obras continuaram manuscritas até o século XIX[1]. Sua difusão e

---

1. Quando conheceram apenas edições parciais. Serão citados aqui em duas edições críticas recentes: Filareto, *Treatise on Architecture, ed. cit.*, supra, p. 59); nossas citações remeterão às páginas da tradução inglesa (t. I) e aos fólios correspondentes do manuscrito sobre o qual esta foi estabelecida, as edições em italiano, somente aos fólios do mesmo manuscrito, publicado em fac-símile por J. Spencer em seguida à sua tradução (t. II); Francesco Di Giorgio Martini, *Architettura civile e militare*, t. II da

192 A REGRA E O MODELO

sua influência não foram, portanto, comparáveis às do *De re aedificatoria* que as domina, além disso, pelo rigor da composição, pelo nível de abstração, pela extensão e pela qualidade da cultura de que dá provas, Filareto evita as sujeições de uma exposição teórica sistemática, escolhendo ilustrar as regras da edificação por meio de um verdadeiro "romance"[2] que lhe permita dar livre curso à sua fantasia. Ademais, o notável conhecimento da cultura contemporânea[3] que ele demonstra não se alia a uma erudição histórica equivalente: no correr das páginas, descobrem-se inexatidões e ingenuidades que, sob a seriedade do humanista introduzido na cultura grega por Filelfo, traem o neófito. Quanto a Francesco di Giorgio, ele, de seu lado, não equilibrou os volumes respectivos das sete partes de seu *Trattato*[4], nem uniu estas partes por meio de um verdadeiro encadeamento cronológico ou uma relação generativa, nem mesmo tentou, em nenhum lugar, dissociar teoria e prática[5].

No entanto, os tratados de Filareto e de Francesco di Giorgio se referem, ambos, explicitamente ao *De re aedificatoria*[6], inspiram-se nele e participam da mesma postura instauradora que esse. De parte a parte, um idêntico recurso ao relato autobiográfico[7] traduz o mesmo regozijo de um sujeito criador, de desejo insaciável: "As invenções [concernentes aos templos] podem prosseguir infinitamente", escreve Francesco, e, da mesma forma, "seria um processo infinito" descrever todas as fortalezas inventáveis pelo espírito humano[8]. Como em Alberti, o engendramento do construído e sua disseminação, nunca concluível, no espaço, são efetuados pela apli-

---

edição dos *Trattati di architettura, ingeneria e arte*, estabelecida por C. Maltese e L. Maltese Degrassi, Milão, Il Polifilo, 1967.

2. É aliás como um romance, e da maneira mais inesperada, que começa esse "tratado": "Eu me achava um dia num local onde festejavam um senhor e várias outras pessoas", p. 4, Livro I, 1ª linha, fº IV).

3. Cf., por exemplo, a lista dos pintores evocados a propósito da decoração da "casa do vício e da virtude". Deplorando a morte de Masaccio, Masolino, Veneziano..., Filareto sugere os nomes de artistas ultramontanos ainda vivos: Van Eyck, Rogier de la Pasture, Fouquet (Livro IX, fº 6 gr., p. 120).

4. O primeiro tem vinte e duas páginas, o quinto setenta, o sétimo doze.

5. Cf. C. Maltese, op. cit., p. XVII: "ele apresentava a particularidade de não poder conceber que a exposição teórica pudesse estar separada de sua prática pessoal de todos os dias".

6. No que diz respeito a Filareto, já no início do Livro I, fº 1 v. Quanto às relações de Francesco di Giorgio Martini e Alberti, cf. o prefácio de C. Maltese, op. cit., p. XLVI, onde este explica, em particular, como a publicação por Poliziano, em 1485, do *De re aedificatoria* obrigou Francesco di Giorgio a refazer inteiramente a primeira versão de seu projeto de tratado.

7. Cf. particularmente, de um lado, a dedicatória do *Tratado* de Filareto, depois as inúmeras alusões a suas diferentes obras arquitetônicas e às condições de sua criação; de outro lado, o "Preâmbulo" de Francesco di Giorgio, op. cit., p. 294-295.

8. Op. cit. "Perochi le invenzioni possono procedere in infinito" (*Quarto Trattato*, p. 411), "pro ceno infinito" (*Quinto Trattato*, p. 483).

A POSTERIDADE DOS DOIS PARADIGMAS          193

cação do pequeno número de princípios que, se não são formulados com a mesma clareza que no *De re aedificatoria*[9], são todavia dominados pelo axioma do edifício-corpo. Filareto o enuncia no início do Livro I para em seguida comentá-lo longamente, ao passo que Francesco di Giorgio o desenvolve nos desenhos antropomórficos de colunas, igrejas e cidades dos quais seu texto fornece a explicação e especifica as correspondências, órgãos após órgão. Do mesmo modo, esses princípios são manuseados com soberana autoridade pelo autor-arquiteto-herói, grande ordenador do mundo construído, que Filareto compara a Deus. Meditando sobre a diversidade inesgotável dos edifícios, entre os quais como no mundo das criaturas humanas, não se descobrem jamais dois exemplares idênticos, Filareto lê neles o sinal de que, "tendo Deus feito o homem à sua imagem e desejando que, por sua vez, ele possa criar conforme essa imagem, o homem exprime sua divindade na infinita diversidade de suas construções"[10].

Se as construções textuais de Filareto e de Francesco di Giorgio não acusam a mesma perfeição que a de Alberti, pelo menos revelam identicamente a história de um sujeito, contraponteada pelo mesmo jogo de regras e esquemas de fundação, e assinalada semelhantemente, no plano semiótico, pela primeira pessoa do singular e seus *shifters*, com as alternâncias verbais entre um presente do indicativo, aparentemente dominante, um passado insidioso e os tempos e modos (imperativo, subjuntivo, futuro do indicativo) próprios para a formulação das regras.

Esse conjunto de traços comuns permite concluir pela existência de uma primeira tradição tratadista no século XV, à qual cada um dos dois tratados posteriores ao *De re aedificatoria* traz uma contribuição específica, e para nós antecipadora, na medida cm que um aprofunda, desenvolve certos aspectos da criação albertiana, enquanto o outro já parece desconstruí-la.

Para expor a teoria da edificação a um público pretensamente mais amplo e menos letrado que o de Alberti[11], Filareto escolhe pois

9. Cf., por exemplo, os seis capítulos do primeiro livro do *Tratatto* de Francesco di Giorgio, e a maneira como, no segundo, esse trata alguns dos seis princípios de Alberti como *partes* da casa (estando dissociados, portas, janelas, escadarias, chaminés), às quais ele acrescenta as latrinas, despensas, estrebarias e celeiros. Para Filareto, cf., entre outras, as dificuldades de sua classificação tripartite (públicos, privados, sagrados) das diversas categorias de edifícios.

10. Op. cit., p. 5, f[o] 5 r e v.

11. A seu interlocutor fictício no início do livro, Filareto especifica: "[Alberti! é um dos homens mais eruditos de nosso tempo. [...] Ele escreveu seu elegantíssimo [tratado de arquitetura] em latim [...] quanto a mim que não sou por demais perito

194                    A REGRA E O MODELO

a ficção. Finge ter encontrado, por ocasião de um banquete, um conviva apaixonado por arquitetura, que estaria pronto a "pagar grande importância a alguém que [lhe] ensinasse como e a partir de que medidas se pode realizar um edifício bem proporcionado, quais são as fontes dessas medidas e por que se raciocina e constrói dessa maneira, e também quais são as origens do construir"[12]. Depois de indicar rapidamente os princípios gerais de sua arte, assim como as origens e a taxionomia dos edifícios[13], Filareto decide fazer com que seu interlocutor compreenda seu manejo por meio de um exemplo concreto. No curso de um segundo relato, que se insere no primeiro, conta-lhe então como procedeu para a construção de uma cidade[14], Sforzinda, para um cliente privilegiado[15]. Esta não será descrita como um modelo dado como exemplo, proposto à imitação[16]. Serve para ilustrar um processo e a aplicação de um método; constitui, para o arquiteto, a ocasião de verdadeira simulação que, em sua ordem de sequência, retoma as etapas do processo de edificação e as reproduz, repetindo simultaneamente o diálogo do arquiteto com seu "senhor": diálogo que, ao mesmo tempo, dá prioridade à teoria sobre a prática, e comenta os momentos sucessivos de que os dois interlocutores têm a iniciativa.

Filareto relata, pois, em primeiro lugar, a concepção, depois a exposição gráfica do projeto, levando em conta um sítio cuja escolha prévia resulta de observações aprofundadas. Após discussão e aceitação do desenho executado pelo homem da arte, seguem a construção de uma *maquette*, depois o armazenamento dos materiais e a reunião da mão de obra necessária. Tudo está pronto, então,

nas letras, escrevo em italiano, e empreendo esse trabalho unicamente porque amo e conheço essas disciplinas, o desenho, a escultura e a arquitetura, assim como várias outras coisas e porque realizei pesquisas que terei ocasião de mencionar mais adiante. É por isso que sou bastante presunçoso em pensar que aqueles que não são tão eruditos ficarão satisfeitos com minha obra e que aqueles que são mais hábeis e têm mais erudição em matéria literária, lerão os autores mencionados mais acima [Vitrúvio e Alberti]" (Livro I, p. 5, f° 2 r).

12. P. 4, f° 1 v.

13. Livro I e Livro II (ou seja, dezoito páginas das trezentas e oito), até o Livro I, f.° 11 r, onde começa o segundo relato.

14. P. 21, Livro I e início do Livro II, até o f° 11 r: "Pretendo edificar uma cidade na qual construiremos todos os edifícios necessários, cada um segundo as ordens que lhe convém [...] Mas antes de poder construir, é preciso que converse a respeito com aquele que assumirá a despesa [...] E antes de tudo lhe proporei um desenho [...] Creio que descobri o meio de satisfazê-lo e vou encontrá-lo nesse momento em que não está ocupado demais".

15. Cópia de Francesco Sforza que encomendara a Filareto o hospital de Milão.

16. É um erro que inúmeros comentadores hajam considerado Sforzinda como uma utopia. Construída progressivamente, não sendo em nenhum momento erigida em modelo ou proposta para transformar práticas sociais, ao contrário da. Gallisforma do Livro de Ouro que apresenta pelo menos alguns traços seus (cf., supra, p. 40 e s.), ela nada tem a ver com utopia.

## A POSTERIDADE DOS DOIS PARADIGMAS

para empreender a fundação das paredes, que será precedida da colocação da primeira pedra. Em seguida, o ouvinte-leitor assiste sucessivamente, e sempre segundo o mesmo método, à colocação da malha viária e das praças[17], depois à localização e à construção individual dos diferentes edifícios públicos (sagrados ou profanos) e privados, cujo conjunto forma uma cidade. A cada vez, o programa é detalhado com uma minúcia para a qual concorrem, por seu desenvolvimento dialético, a imaginação de Filareto e a vontade política de seu príncipe. Muitas vezes, a discussão sobre os usos a que devem servir os diversos edifícios é ensejo de propostas originais e inovadoras: assim, no caso dos hospitais[18], ou da escola experimental para vinte e cinco criança onde cada uma possa desenvolver seus dons particulares, graças a um ensino modulável que comporta ao mesmo tempo as disciplinas intelectuais e as manuais[19].

A aventuras[20] dos protagonistas[21] do *Trattato* de Filareto só são fantasiosas na aparência: não há uma que não sirva para introduzir, na lógica da ficção, um momento específico da exposição das regras edificatórias, para assinalar uma das articulações de um livro que, embora de maneira mais atraente, é no entanto construído como o *De re aedificatoria*, com o auxílio dos mesmos operadores[22], e cujo tempo de desenvolvimento textual repete o tempo real das operações de construção. Não pretendo desenvolver aqui detalhadamente a homologia das duas obras de Alberti e Filareto, limitar-nos-emos a assinalar quatro particularidades do *Trattato*, relativas respectivamente à cidade, ao desejo e ao prazer, ao desenho e às relações da estrutura mitizante do texto com os relatos de origem.

A medida que Filareto prossegue em seu segundo relato e que se escoa o tempo da ficção, o ouvinte-leitor assiste ao engendramento das mesmas categorias de edifícios urbanos[23] que no *De re aedificatoria*, porém mais estreitamente subordinadas à *totalidade* do projeto

17. "Quando os muros foram terminados, ele [o senhor] me mandou buscar e me perguntou o que eu queria fazer em seguida. Respondi que queria por a cidade em andamento, organizar as ruas, as praças [...]" (p. 65, fº 37 v).

18. Livro XI, especialmente p. 139, fº 80 r.

19. Livro XVII, p. 228 e s., fº 132 r.

20. Pescarias e caçadas, estadia improvisada em casa dos camponeses serão, por exemplo, oportunidade de julgar da qualidade do sítio escolhido para a cidade e de enunciar as regras que presidiram esta escolha, enquanto que a descoberta de minas de mármores introduzirá à teoria dos materiais.

21. O arquiteto, o príncipe, o filho deste, aos quais devemos acrescentar todas as personagens secundárias que encontram (fidalgotes, pastores, pescadores...) ou solicitam (o anacoreta, o intérprete da corte, a mulher do príncipe...)

22. Não designados como tais pelo autor.

23. A taxonomia de Filareto é mais detalhada que a de Alberti. Assim, entre os edifícios profanos "comuns", conta as tabernas, os bordéis e os albergues acerca dos quais seu predecessor nada diz.

196    A REGRA E O MODELO

urbano. Se, para Filareto, o objeto de seu fim derradeiro, como Sforzinda é o de um relato que termina quando, finalmente, ela se perfila
inteira ao céu da Lombardia. Longe de ser um momento e uma mo-
dalidade particular da edificação, a cidade, como conjunto de edifícios, se torna a sua expressão sintética. Nunca, até a *Teoria Geral da
Urbanização* de Cerdà, no final do século XIX, a cidade conhecerá,
nas obras dos teóricos, uma presença tão imperativa.

Tampouco nunca se terá marcado com tamanha força o papel
do desejo e do prazer na gênese do mundo edificado. Alberti fora
o primeiro a lhes abrir o domínio do construir, mas em termos
encobertos, quase calando o nome do desejo, sem designar sua ligação com o prazer que ele transformava no emblema do terceiro
nível sem que se afirmasse claramente o papel mediador do corpo
nesta relação. Filareto, por sua vez, introduz em seu tratado o termo
desejo (*desiderio*) com seu halo de conotações libidinais, e apresenta a relação desejo-prazer (*piacere*) numa encenação dramática
que revela todas as implicações do axioma do edifício-corpo, particularmente a dimensão erótica da estética arquitetônica. "Construir [diz ele] nada mais é que um prazer voluptuoso, como o de
um homem apaixonado. Quem quer que faça a experiência sabe
que existe no ato de construir uma tal quantidade de prazer e de
desejo que, por mais que um homem faça nesse campo, sempre
quererá mais"[24]. Essa declaração não é unívoca. Visa, de fato, dois
diferentes pontos de ancoragem do desejo no processo do construir.

De um lado, o desejo de edificar se exprime graças à relação
privilegiada que mantêm entre si o arquiteto e seu cliente e no curso
da qual, por sua vez, cada um exprime uma demanda que o outro
deve satisfazer: ao príncipe que exprime seu desejo e, à demanda
do arquiteto, explica e justifica seu detalhe, esse último responde
com um projeto que integra seu próprio desejo[25] e ao qual, por sua
vez, o príncipe deve responder. A essa relação, cuja dialética escande todo o seu livro[26], Filareto dá, de imediato, sua dimensão
amorosa. A seus olhos, os dois protagonistas formam um casal,

---

24. Livro II, p. 16, fº 8 r: "*Non e altro lo hedificare se none un piacere volunptario
chome quando l'huomo e innamorato chi la provató ilsa chenello hedificare et tanto
piacere et desiderio che quanto piú l'huomo fa piú vorrebbe fare*".

25. "É preciso fazer-lhe diversos desenhos da concepção que ele elaborou com
o patrão, segundo seu próprio prazer (*secondo la valuta sua*)" (p. 15, fº 7 v).

26. Essa relação é descrita de forma genérica na primeira parte teórica do tratado
(Livro II, p. 15-16). Em seguida, é retomada no relato da construção de Sforzinda, pela
primeira vez fº 11 r, p. 21, depois reformulado, de livro em livro, a partir do esquema
inicial, onde o desejo, qualquer que seja o do arquiteto ou o do príncipe, é igualmente
designado pela "*sua volunpta*".

A POSTERIDADE DOS DOIS PARADIGMAS          197

unido por um verdadeiro amor[27], onde o homem é o cliente, incapaz de conceber por seus próprios meios, e a mulher o arquiteto que traz consigo seu projeto comum antes de pôr no mundo, como um corpo vivo[28], o edifício de que ele é a "mãe"[29].

Isto porque, de outro lado – e é esse o segundo objeto do desejo do arquiteto – o edifício é um corpo. A leitura do *Trattato* de Filareto dá sentido e alcance à afirmação de Aiberti[30]. Já na dedicatória a Piero de Médicis, o corpo humano é colocado como paradigma e *analogon*[31]. O axioma do edifício-corpo, muito mais insistente e desenvolvido[32] que no *De re aedificatoria*, aparece como o princípio fundamental da teoria e da estética filaretiana. Uma segunda relação erótica dá forma, pois, ao construir. Desta vez, ela une não mais dois homens, o arquiteto e seu padrão, mas cada um deles ao belo edifício.

Antecipando mais explicitamente que Alberti a teoria freudiana do belo[33], Filareto implica diretamente o corpo na gênese do sentimento estético. O edifício adquire sua beleza pelo fato de ser construído como um corpo. E assim proporciona a cada um dos dois

27. Filareto insiste, inúmeras vezes, na necessidade, para o cliente, não só de respeitar mas de *amar* seu arquiteto (p. 18, p. 200) e, para ele, o apólogo de Dinocrates se resume no amor que Alexandre dedicava ao arquiteto (p. 21).

28. "No segundo livro, veremos como o edifício é engendrado da mesma maneira que o corpo do homem" (p. 15, fº 7 r).

29. "Da mesma forma que nenhum homem pode conceber sem uma mulher, [...] o edifício não pode ser concebido por um homem sozinho [...] aquele que deseja construir tem necessidade de um arquiteto. Concebe o edifício com ele e em seguida o arquiteto o carrega. Quando o arquiteto dá à luz, torna-se a mãe do edifício. Antes do parto, deve sonhar com sua concepção, pensar nela e examiná-la em seu espírito de inúmeras maneiras, durante sete a nove meses, exatamente como uma mulher traz um filho em seu seio [...] Quando ocorreu o nascimento, isto é, quando realizou em madeira uma pequena *maquette* do edifício, dando com precisão sua forma e suas proporções, então ele o mostra ao pai" (Livro II, p. 15-16, fº 7 v). Filareto retoma a metáfora da concepção e da geração para descrever a elaboração do projeto de Sforzinda. A cidade realizada trará o nome de seu pai (Sforza); no desenho inicial ela se chamará Averliano, do nome de sua mãe (Averlino) (p. 22, fº 11 v).

30. Cf. supra, p. 78-79, 89-90, 125.

31. P. 10-11, fº v r e v.

32. Não se encontra no *De re aedificatoria* nem a metáfora da gestação com suas diferentes fases, nem a do crescimento, da alimentação e da formação, quando o *Trattato* indica, por exemplo: "O edifício é realmente um homem (*lo dimosterro lediticio esse proprio uno huomo*). Verás que ele deve comer para viver exatamente como o homem [...]" (p. 12, Livro I, fº 6 r). O tema da doença e da decrepitude é tratado de maneira dramática por Filareto, particularmente por ocasião do episódio da descoberta de Plusiápolis (Livro XIV, p. 184). Cf. também p. 45: "Uma cidade deveria ser como o corpo humano e, por essa razão, cheia daquilo que abre a vida ao homem [...] Não há outra coisa nesse mundo senão a vida e a morte. Uma cidade dura o tempo que lhe foi concedido".

33. Cf. supra, p. 125. Cf. também: "Parece-me indiscutível que a ideia do 'belo' tem suas raízes na excitação sexual, e que originariamente não designa outra coisa senão o que excita sexualmente" (*Trois Essais sur la sexualité*, op. cit., p. 173).

198  A REGRA E O MODELO

parceiros um prazer indefinidamente renovável, ao mesmo tempo que suscita indefinidamente o desejo de novas criações. O papel fundador que o *Trattato* atribui ao corpo, o *status* que ele designa ao espaço terrestre, sempre ofertado ao desejo de edificar, o afloramento permanente do prazer carnal que ele revela como um referente do prazer de edificar, esse conjunto de marcas, que recusam a tese de um platonismo de Filareto[34], confirmam do mesmo modo minha interpretação da estética arquitetônica de Alberti.

O desejo de edificar, seja o do príncipe seja o do arquiteto, não pode engendrar edifícios a não ser por meio do desenho. Não que o construído seja tão irredutível ao desenho quanto às palavras[35]. Filareto é o primeiro a insistir no fato de que a impressão produzida por um edifício real é imprevisível a partir de um projeto desenhado. Mas, ao contrário de Alberti que, essencialmente preocupado com o papel da teoria na gênese do mundo edificado, eliminou de seu texto o desenho e se limita, no capítulo dedicado à formação do arquiteto, a citar o desenho entre as técnicas necessárias, Filareto não cessa de referir-se à atividade gráfica do prático e começa por ela seu caminho teórico. O diálogo mostra-o bem que, ao longo do relato da construção de Sforzinda, alterna o "desenha-me o que vais fazer" do príncipe[36] com o "vou te fazer o desenho daquilo a que corresponde o desejo que acabas de expressar"[37] do arquiteto. A necessidade do intermediário gráfico é, aliás, tão bem sentida pelo cliente que pede ao arquiteto que lhe ensine essa prática a fim de facilitar suas relações e uma feliz gestação da cidade[38].

---

34. Embora reconhecendo o interesse do trabalho empreendido por J. Onians ("Alberti and Filarete, a Study in their Sources", *Journal of the Warburg anal Courtault Institue*, t. 24, 1971) para mostrar a contribuição do helenista Filefo ao trabalho de Filareto, e como, em particular, lhe permitiu ser o primeiro dos estadistas a privilegiar o papel da arquitetura grega com relação à romana, pensamos entretanto que J. Onians superestima o platonismo de Filareto (da mesma maneira que exagera a influência do *De officiis* sobre o *De re aedificatoria*). Os empréstimos de Filareto aos três livros de Platão (*Timeu, Crítias, Leis*) são anedóticos e encontramos aliás parte deles no "latinizante" Alberti. O sentido do livro não é dado por seus temas, mas pelo uso que deles se faz e pelo propósito ao qual são ordenados e subordinados. Quanto à analogia, alegada por J. Onians, com a composição das *Leis*, é ainda mais superficial e formal. O hedonismo de Filareto, seu deleite na criação arquitetônica se inscrevem no oposto do ascetismo platônico e não traem qualquer vontade de reforma ou de modelização social.

35. O que será o edifício, depois de realizado, "nem o desenho nem as palavras podem deixar prever" (p. 128, Livro X, fs. 74 v).

36. Cf. "Queres que te diga como será [nossa cidade]? Desenhe-a primeiramente e em seguida explica-se a mim, parte por parte, com o desenho" (t. I, p. 127, Livro X, f⍛ 73 r).

37. Cf.: "Quando compreendi seus desejos, pus-me rapidamente a desenhar e a determinar a situação e o estilo dos palácios que deviam ficar na Praça dos Mercados" (t. I, p. 123, Livro X, f⍛ 70 v).

38. P. 104, Livro VIII, f⍛ 60 v; p. 92, Livro VII, f⍛ 53 v; e p. 93, fs. 54 r.

A POSTERIDADE DOS DOIS PARADIGMAS 199

Essa referência insistente ao método gráfico se completa com os desenhos que fazem parte integrante do manuscrito de Filareto. Alguns têm uma simples função narrativa, ligada à do "romance": um croqui fixa então uma paisagem ou um encontro. Entretanto, a maioria das ilustrações dividem entre si três papéis indissociáveis no processo de produção do construído. Tais ilustrações aparecem, em primeiro lugar, como o meio do arquiteto dar a entender intuitivamente, com facilidade e rapidez, a seu interlocutor-leitor, algumas operações que exigiriam longas explicações ou seriam condenadas a permanecer obscuras: é o caso tanto para um relato de origem como o da abóbada[39], quanto para um processo tecnológico como o da fabricação do ferro[40]. Depois, o desenho é o meio de testar o bom entendimento entre o prático e seu cliente cujo desejo se insere em duas dimensões antes de chegar à tridimensionalidade[41]. Enfim, o desenho firma a criatividade do arquiteto, dá-lhe fundamento e a estimula. Não só é através dele que o conceito toma forma, mas também possui sua autonomia, seu dinamismo próprio, que desafia a espera e dá acesso ao imprevisto.

Vê-se, portanto, que em Filareto o desenho se afirma como parte integrante e instrumento indispensável da criação arquitetônica. Tanto como ilustração do texto quanto pelo lugar que nele ocupa, surge como um verdadeiro meio-termo entre o verbo e o construído. A esse respeito, a figuração gráfica de Filareto se relaciona ao mesmo tempo com o corpo de operações e de princípios gerais que escora todo ato construtor em geral, e com a operação concreta, particular e exemplar, que é a construção de Sforzinda. Enquanto os tratados da era clássica atribuirão ao desenho a função principal de constituir catálogos de edifícios típicos, Filareto, excluindo do *Trattato* toda ilustração que não levasse às condições *hic et nunc* da simulação, permanece fiel ao procedimento generativo de Alberti, mas desenvolvendo-o e explicitando-o.

Finalmente, o grande relato mitizante do paradigma albertiano assume, em Filareto, uma dimensão nova e, graças a outros procedimentos literários, fala claramente da dupla finalidade do *Trattato*, de suas preocupações epistemológicas e de sua relação com o sagrado. De um lado, com efeito, esse tratado se coloca de pronto

---

39. Livro VIII, fº 59 r, p. 101: "A abóbada foi descoberta quando a pessoa que construiu a primeira habitação, de palha ou de outra coisa, veio a fazer a porta. Penso que ela tomou um pedaço de madeira flexível, recurvou-o e fez assim um semicírculo". Todos os relatos de origem de Filareto são ilustrados. Cf. Adão sob a chuva (Livro X, fº 4 v), ou ainda o corpo humano como referência básica das formas, medidas, proporções do construído (fº 5 v).

40. Cf. Livro XI, fº 127 v.

41. P. 99, Livro VIII, fº 57 v; p. 105, fº 61 r; p. 106, fº 62 r.

200 A REGRA E O MODELO

como um relato histórico ao qual, ademais, os esquemas de fundação da arquitetura, da casa, da coluna... estão integrados claramente, sem o anteparo das referências literárias que contribuem para mascarar o movimento real do *De re aedificatoria*. De outro lado, inclui um outro e estranho relato[42], erroneamente interpretado como uma fantasia ou uma utopia, e cuja função, que nenhum intérprete de Filareto parece ter compreendido, é reiterar o relato principal e fundador para lhes dar, por sua vez, uma fundação.

Deve-se considerar com atenção essa história maravilhosa que começa no Livro XIV e, entrecortada pela sequência do relato principal que conta a construção de Sforzinda, só termina no Livro XXI[43]. Tendo o "senhor" de Filareto desejado completar Sforzinda com um porto que se chamará Plusiápolis, o arquiteto se põe à cata de um lugar propício e, no local escolhido, descobre, enfiado na terra, um misterioso cofre de pedra. Aberto, revela vasos, joias, e sobretudo um Livro de Ouro, escrito em grego, que será preciso mandar traduzir, e que relata para a posteridade como uma cidade soberba e seu porto, em tempos muito antigos, foram erigidos por um príncipe nesse local.

O cofre, com as inscrições de que está coberto e seu conteúdo, é o arquétipo daqueles[44] (pedra gravada, cofre de mármore contendo vasos e um livro de bronze) que Filareto quis mandar enterrar, em memorial, no solo de Sforzinda, por ocasião da cerimônia de fundação que ele concebeu para a cidade. Além disso, a estrutura do Livro de Ouro é reproduzida pelo *Trattato* de Filareto, que lhe constitui uma réplica, mas significativamente invertida quanto à pessoa de seu autor. A decifração do manuscrito pelo intérprete revela, com efeito, que foi o príncipe desaparecido, Zogalia[45] (e não seu arquiteto), quem redigiu, na primeira pessoa, a história da edificação da cidade de Gallisforma. Como Filareto, Zogalia enuncia em primeiro lugar os princípios gerais que a presidiram, depois descreve, apoiando-se em desenhos, edifício por edifício, as etapas da construção, e reproduz sob a forma de diálogo as discussões que teve com seu arquiteto[46].

Essa história, disfarçada no *Trattato* onde não se pode descobri-la a não ser depois de passar por dois outros relatos e por in-

42. Cf. supra, Cap. 1, p. 81 e s.

43. Vai pois da p. 177, fº 101 r e v à p. 295.

44. Op. cit., p. 44, Livro IV, fº 25.

45. Anagrama de Galeazzo, nome do filho de Francesco Sforza, o príncipe do relato de Sforzinda (p. 181).

46. Por exemplo, p. 228, fº 132 r. Dessa maneira, aliás, são introduzidos modelos antigos, mais ou menos fantasiosos, que fornecerão a Filareto ensejos de interpretação ou de inovação.

A POSTERIDADE DOS DOIS PARADIGMAS

termédio de um intercessor, o tradutor[47], aparece então como o fundamento ao mesmo tempo de Sforzinda (réplica de Gallisforma) e do tratado. Em nenhum instante Filareto questiona a autonomia de seu próprio procedimento. Mas não podendo, tanto quanto Alberti, assumir plenamente seu papel de criador de espaços, não contente de ter construído como seu antecessor um grande relato heroico, dá a este uma tonalidade de iniciação e lhe assegura um duplo alicerce suplementar na lenda e, metaforicamente, na terra-mãe.

Esta vontade de fundar o ato de construir e os desvios que ela toma para transgredir as leis da tradição sagrada não se encontram em Francesco di Giorgio Martini, cujos relatos de origem se assemelham mais a citações que a operadores textuais[48]. E se ele tem consciência de sua própria contribuição à prática arquitetônica, se sublinha com orgulho tudo o que em seu livro é de sua lavra e nada deve a Vitrúvio[49], Francesco di Giorgio não manifesta, entretanto, com relação ao arquiteto romano a condescendência ou a desenvoltura de Alberti e de Filareto[50]. Sua atitude dominante é o respeito e, muito mais do que do *De re aedificatoria*, é do *Trattato d'architettura civile e militare* que a crítica teria acertado em fazer um "novo Vitrúvio"[51].

Certamente, Francesco não produz nem uma cópia nem uma demarcação do *De architectura*. Mas, embora sua obra traga a marca de outras preocupações, não impôs ao tratado de Vitrúvio a mesma mutação que Alberti. Fora da composição, a diferença essencial que o separa do *De re aedificatoria* reside nessa relação com o *De architectura*. Quer se trate de texto quer de construções[52], Francesco di Giorgio continua sendo antes de tudo um arqueólogo. Seus conflitos com Vitrúvio versam essencialmente sobre a exati-

47. O acesso ao Livro de Ouro por meio da transcrição do tradutor pode ser interpretado como a última das provas de um rito de iniciação.

48. O relato de origem das cidades precede o da construção que se encontra somente no quarto tratado (ou livro), consagrado aos templos (*Architettura civile e militare*, p. 373-374).

49. Por exemplo: "Mas as formas e figuras variadas dos templos, das residências privadas [...] são invenções de meu modesto espírito" (op. cit., p. 297).

50. Cf. op. cit., dedicatória, f⁰ 1 r.

51. Cf. supra, p. 127 e s.

52. C. Maltese considera com muita justiça Francesco di Giorgio Martini como o fundador da "tradição do arquiteto arqueólogo, ou melhor, do arquiteto arqueólogo e teórico-vulgarizador" (op. cit., p. XIX). Segundo ele, Francesco "pretende refazer um Vitrúvio mais 'moderno' que o de Alberti" (idem, p. XVIII), objetivo sem dúvida atingido no plano da técnica da construção.

202 A REGRA E O MODELO

dão e a fidelidade do testemunho do arquiteto romano quanto às formas e às medidas dos edifícios antigos. Têm, portanto, por cartada o "levantamento" desses monumentos. A importância do papel desempenhado pelo levantamento[53] no *Trattato d'architettura civile e militare* marca a ambivalência dessa obra que, embora se inserindo no quadro da instauração albertiana, já lhe prepara a desintegração posterior pela canonização da arquitetura antiga e pela pesquisa tipológica que constitui seu correlativo.

### 1.2. *A Regressão Vitruvizante*

Paradoxalmente, longe de continuar e aprofundar a instauração albertiana no quadro tutelar da figura textual criada pelo autor do *De re aedificatoria*, a longa linhagem dos tratados que não cessam de se suceder a partir da segunda Renascença até o século XIX se caracteriza pelo valor paradigmático que atribuem ao *De architectural* e sua comum polarização sobre este livro. É por isso que, embora os tratados de arquitetura posteriores ao século XV não retornem a uma mentalidade pré-renascentista e a vontade de progresso de que estão animados impeça de tachá-los de arcaicos, o papel central que eles atribuem ao *De architectura* autoriza a falar a seu respeito de regressão *vitruvizante*.

Decerto, a grande dimensão voluntarista e racionalista conquistada por Alberti permanece viva e afirmada com vigor, desde o tratado de Serlio (1537[54]) até o de J.-F. Blondel (1771-1777). Sempre segura de si quando avalia os enunciados, a tomada de palavra na primeira pessoa acontece, por vezes, em Palladio[55], por exemplo, a fim de sublinhar a complacência no relato autobiográfico. Em cada um de seus *quatro livros de Arquitetura*, o mestre de Vicenza reivindica suas contribuições pessoais, remete a suas próprias obras construídas[56] (referência que se transformará num traço constante dos

53. Já nos anos de 1470 se desenvolve a "coletânea de levantamentos", gênero de que Sangallo oferece o exemplo mais sistemático. Cf. A. Chastel, *Art et Humanisme*, op. cit., p. 143-144.

54. Data de publicação das *Regole generate sopra le cinque manière degli edifici* (Veneza) que se tornarão o "Terceiro Livro" de seu tratado completo.

55. Cf. o Prólogo do Primeiro Livro de Arquitetura. O pronome pessoal *eu* é empregado dez vezes na primeira página, os pronomes reflexivos e pessoais quinze vezes. O texto começa por: "Um pendor natural me levou desde a adolescência ao estudo da arquitetura". Cf. também Livro II, Cap. III, onde Palladio descreve suas relações com seus patrões. Nossas citações de Palladio são tiradas da tradução francesa dos *Quattro Libri*, por Leoni, publicada em Haia em 1726.

56. Essas são postas em paralelo com as da Antiguidade. Serlio Inaugura esse procedimento de autocitação que se apoia essencialmente no desenho. Cf, infra.

A POSTERIDADE DOS DOIS PARADIGMAS

tratados) e, através do elogio formal da arquitetura[57], sempre entendida como atividade edificadora no sentido mais amplo, continua a fazer coincidir as duas figuras do arquiteto-autor e do arquiteto--herói.

Certamente, os tratados de arquitetura vitruvizantes conservam também seu papel para a história e a temporalidade: alguns chegarão mesmo a integrar, sob a forma de esboços ainda esquemáticos, os elementos de uma história da arquitetura ocidental[58]; todos se propõem contribuir para o progresso de uma disciplina em constante desenvolvimento desde seus modestos inícios.

Todavia, apesar desses traços formais e temáticos, e por um estranho artifício da história, se pensarmos que Alberti se serviria de Vitrúvio, como mais tarde Maquiavel o faria com Tito Lívio, para melhor tomar distância com relação à Antiguidade e impor a originalidade de sua própria criação, o primeiro elo da tradição textual de que se valem os tratadistas a partir do século XVI não é o *De re aedificatoria*, mas os *Dez Livros de Arquitetura*.

A ata da primeira sessão regular da Academia de Arquitetura[59], realizada em Paris a 4 de fevereiro de 1672, enuncia de maneira

---

57. Cf., por exemplo, a "Epístola ao Leitor" do *Premier Tome de l'architecture de Philibert de L'orme* (edit, em 1568), que faz provir de Deus "a dignidade, a origem e a excelência da arquitetura", onde sublinha que ela é "necessária ao mundo". Cf. também Scamozzi, *l'Idea dell'Architettura universale*, Veneza, 1615, Livro I, Cap. I; e sobretudo, de J.-Blondel, um dos mais belos elogios da arquitetura no estilo albertiano. Duas frases darão o seu tom:
"É a Arquitetura que faz eclodir todos os gêneros de talentos relativos às necessidades dos homens, que faz nascer a emulação dos Cidadãos devotados às Belas--Artes [...].
"Se considerarmos o que devemos à Arquitetura, e todas as vantagens que dela recebemos, acharemos que os tesouros da natureza não são verdadeiramente nossos a não ser porque ela nos assegura uma tranquila posse desses tesouros". (*Cours d'Architecture*, Paris, 1771-1777, t. I, Introdução, p. 118-119.)
58. Cf. Palladio, Livro IV, Cap. XVII, p. 35: a arquitetura sai das "trevas", "Porque, sob o pontificado de Júlio II, Bramante, o mais excelente dos arquitetos modernos e grandessíssimo observador dos antigos, construiu em Roma belíssimas obras; depois dele vieram Michelangelo Bonaroti, Giacomo Sansovino, Baldassare da Siena, Antonio da Sangallo, Michel de San Michèle, Sebastiano Serlio [...]". Cf. também Scamozzi que, na *Idea dell'Architettura universale*, 1.ª parte, Livro I, Cap. VI (*Alcuni architetti e scrittori moderni d'architettura*), reintegra os séculos obscuros, menciona realizações anônimas e começa sua lista nominativa com Lapi (1250) para continuar com Brunelleschi, Michelozzo, Michelozzi, Alberti... Cf., enfim, J.-P. Blondel que introduz seu *Cours* com um "Resumo da História da Arquitetura", estruturado pela ideia de uma progressão constante, mas que, antes de dar início ao "renascimento da bela arquitetura" da "fundação da basílica de São Pedro de Roma", não negligencia entretanto a Idade Média francesa. Isso não quer dizer que tentativas não tenham sido feitas anteriormente nesse domínio. E. Panofsky faz remontar a Pilareto o "primeiro relato dessa *Geschichtskonstruktion*" cujas etapas ulteriores, para ele, teriam sido escritas por Manetti, e depois, no século XVI, pelos autores da carta a Leão X, *La Renaissance et ses avant-courriers* (op. cit., p. 25-26).
59. Na sessão inaugural, a 31 de dezembro de 1671, ficou especificado: "Todas as quintas-feiras da semana, à mesma hora, se farão assembleias particulares das pes-

204    A REGRA E O MODELO

exemplar o valor referencial desse livro que a Academia vai ler e reler até a metade da Revolução[60];

> Tendo sido colocado em deliberação qual é a autoridade de Vitrúvio e quais sentimentos se deve ter acerca de sua doutrina, todos foram de parecer que se deve considerá-lo como o primeiro e o mais sábio de todos os arquitetos, e que deve ter a principal autoridade entre eles. Que, no concernente à sua doutrina, ela é admirável no geral e deve ser seguida sem dela se afastar, tanto quanto na melhor parte do detalhe, cujo discernimento será feito pela assembleia em seu tempo[61].

Vitrúvio, detentor da autoridade, objeto de estudo necessário, referente obrigatório de todo trabalho arquitetônico (teórico e aplicado), tal é realmente o *credo* de todos. Por exemplo, Palladio, já no prefácio do primeiro livro de seu tratado, especifica que "se propõe tomar Vitrúvio por mestre e por guia"[62], e F. Blondel, no próprio título da primeira parte do livro, indica que neles "são explicados os termos, a origem e os princípios de arquitetura e as práticas das cinco ordens *segundo a doutrina de Vitrúvio*"[63].

Como explicar esse valimento e a influência exercida por Vitrúvio, a não ser enquanto correlates da influência e do valimento estilísticos de que gozavam os modelos antigos restaurados pela cultura e pela arquitetura do Renascimento? Nesta óptica que, como vimos, já é a de Francesco di Giorgio, Vitrúvio se torna uma testemunha privilegiada. Não só é o detentor de regras que a observação meticulosa dos vestígios da Antiguidade permite reen-

---

soas nomeadas por Sua Majestade para conferenciar sobre a arte e as regras da arquitetura e dar sua opinião sobre as matérias que forem propostas, segundo o estudo e as observações que cada um tiver feito *sobre as obras antigas e sobre os escritos daqueles que delas trataram [...]*" (*Procès-verbaux de l'Académie royale d'architecture*, t. I, p. 3). [O *grifo é nosso.*]

60. Na segunda-feira, 18 de julho de 1791, "a Academia se ocupou de vários capítulos de Vitrúvio" (idem, t. IX, p. 179).

61. Idem, t. I, p. 6. A leitura de Vitrúvio prossegue até 28 de fevereiro de 1672, data em que a assembleia decide rejeitar seus trabalhos até a publicação da tradução de Perrault, já que a de Jean Martin lhe parecia muito defeituosa. Dá início então à leitura de Palladio, comparando a tradução de Fréart de Chambray ao texto original (idem, t. I).

62. Op. cit., p. 1.

63. [O *grifo é nosso.*] A referência vitruviana não implica por isso que Vitrúvio possa ser melhorado. Era essa a posição de Alberti antes de ser a de Francesco di Giorgio, de Serlio e depois da Academia de Arquitetura em 1708 (op. cit., t. III, p. 285). Significativamente, é sob a capa de Vitrúvio, que, em sua tradução, e mais ainda em seu *Abrégé des dix livres d'architecture de Vitruve* (Paris, 1674), Perrault exprimirá suas próprias ideias. Cf. as últimas linhas da advertência de *Abrégé*: "Isto porque não se pode duvidar que, sendo Vitrúvio uma tão grande personagem como é, sua autoridade junta à de toda a Antiguidade, que está enfeixada em seus escritos, não seja capaz, prevenindo os Aprendizes e confirmando os Mestres, de estabelecer as boas máximas e as verdadeiras regras da Arquitetura".

## A POSTERIDADE DOS DOIS PARADIGMAS

contrar com grande dificuldade, mas somente ele pode explicar-lhe certas particularidades. Sua autoridade resulta da dialética que liga o trabalho de exegese dos humanistas (filólogos, historiadores e filósofos) ao trabalho arqueológico dos arquitetos, para os quais as mensurações de ruínas antigas inauguradas por Alberti, arqueólogo antes de ser arquiteto, se tornam, como os levantamentos gráficos, parte integrante da for mação e da prática arquitetônica[64].

R. Wittkower[65] mostrou o impacto das trocas entre filósofos-filólogos e arquitetos sobre as características de uma arquitetura que se tornou "sábia" e cita Platão. Os estudos vitruvianos são vistos na mesma problemática que os estudos platônicos, quando aliás eles não são uma reincidência desses. Para decifrar os dez livros do *De architectura*, abundantes em obscuridade e em enigmas, os humanistas pedem a ajuda dos arquitetos e deles se servem para elucidar o problema das relações entre as artes liberais e as artes mecânicas[66] e colocar ao escritor romano a questão do método. Precisam circunscrever e definir o caminho que Vitrúvio propõe ao construtor, em seguida confirmar a justeza de sua análise, e eventualmente modificá-la, pelo estudo direto dos edifícios antigos e de seus vestígios. Com este espírito é que Trissino foi o primeiro a apresentar Palladio a Vitrúvio, antes que Daniele Bárbaro o associasse estreitamente à sua edição crítica do *De re architectura*, publicada em 1556.

Graças à curiosidade dos letrados e às dificuldades de sua interpretação, o texto de Vitrúvio troca seu valor relativo de testemunho por um valor absoluto; e, por um processo metonímico, o livro que podia oferecer a chave de uma prática desaparecida se torna a chave da prática contemporânea.

É significativo que os autores dos séculos XVII e XVIII classifiquem os tratados modernos segundo uma hierarquia determinada por sua fidelidade a Vitrúvio, assim como pelo valor de sua contribuição para o entendimento do *De architectura* e da verdadeira tradição antiga. Se a apreciação, e portanto a ordem de classificação dos tratados, varia de autor para autor, o mesmo princípio de classificação vale para todos. Também aqui se pode, a título de

---

64. Cf. o Livro III de Serlio: "*Ne quale sono descritti e disegnati la maggior parte degl'edifici antichi di Roma* [...]." Cf. também a observação significativa da introdução biográfica da edição francesa de Palladio: "Seu principal estudo foi examinar os monumentos da antiga Roma; e o fez com um cuidado e uma pesquisa totalmente extraordinários li o foi escavando nos pardieiros [dos antigos] que exumou as verdadeiras regras de uma arte que até sua época permanecera desconhecida [...]" O próprio Palladio indica que fez das ruínas "seu principal estudo" e se transportou "de bom grado para diversos locais [...] a fim de reduzi-los a desenho" (op. cit., p. 1).

65. *Architectual Principles in the Age of Humanism*, op. cit.

66. Cf. L. Puppi, *Andrea Palladio*, Londres, Phaidon, 1975, p. 18.

206 A REGRA E O MODELO

ilustração, remeter aos trabalhos da Academia de Arquitetura que, durante as reuniões que se seguem imediatamente à sessão inaugural, discute e estabelece a relação de premiados em função da qual será determinada a ordem de suas leituras: Palladio, a quem "se pode atribuir a primeira autoridade entre os arquitetos modernos e [que se pode] seguir sem hesitar em seus ensinamentos gerais"[67], ocupa, na classificação absoluta, o primeiro lugar depois de Vitrúvio, e antes de Scamozzi, que "deve ter a segunda posição entre os modernos"[68], depois Vignola, Serlio e, longe atrás deles, Viola e Cataneo. A Alberti a Academia reconhece uma posição particular e algo contraditória, já que, depois de ter coroado oficialmente a Palladio, ela indica, durante a sessão posterior de 17 de março de 1672, que "depois de Vitrúvio foi ele quem mais doutamente escreveu sobre a arquitetura"[69]. Assim, na melhor das hipóteses, Alberti só pode vir em segundo lugar, depois de Vitrúvio[70], quando não é simplesmente ignorado[71] ou relegado a um lugar de figurante[72].

A centralização dos novos tratadistas sobre o *De architectura* é plena de consequências. Voltar-se para esse texto é desviar-se de Alberti, deslocar seu propósito que era superar Vitrúvio indo mais longe, mas sobretudo alhures, num questionamento e numa abertura que esperavam ser prosseguidas e desenvolvidas pelas gerações seguintes. O que pode, ao contrário, significar o retorno a Vitrúvio, cuja informação científica ou técnica é anacrônica e cuja contribuição para uma teoria da criação arquitetônica é reduzida, senão encerrar-se numa estilística?

---

67. Op. cit., t. I, p. 6.

68. Idem, p. 7.

69. "Tendo recheado suas obras com uma infinidade de conhecimentos utilíssimos aos arquitetos, e que assim deve ser considerado como um autor mais do que como um operário de bom gosto, como se verá mais amplamente" (idem, p. 12).

70. Como é o caso nos *Quattro Libri* onde Palladio o cita depois de Vitrúvio, já na primeira página de seu prefácio. Philibert de l'Orme, que frequentemente remete a Alberti, parece igualmente conceder-lhe o segundo lugar. Da mesma forma, Henry Wotton, que toma o *De re aedificatoria* como modelo de seus *Elements of Architecture* (Londres, 1674), indica em seu prefácio que: *"our principal master is Vitruvius"*, para acrescentar logo que a seus olhos Alberti é *"the first learned architect beyond the Alps"*.

71. Serlio ignora soberbamente Alberti e não o menciona nem mesmo em seu segundo livro sobre a perspectiva, colocado sob o signo de Vitrúvio.

72. Scamozzi, que, como veremos mais adiante, é um dos únicos a permanecer fiel ao espírito de Alberti, atribui-lhe o quarto lugar depois de Filareto e Sanese, antes de Serlio, Bluon, Cataneo, Philibert de l'Orme e Palladio. Para P. Blondel, entre os principais seguidores de Vitrúvio, "os três mais hábeis arquitetos que escreveram entre os modernos são Vignola, Palladio e Scamozzi". Em seu prefácio, ele distingue esses arquitetos, "que têm a aprovação mais universal", dos "principais intérpretes ou imitadores (de Vitrúviol como são Philander, Daniele Bárbaro, Cataneo, Serlio, Leon Baptistta Alberti e outros [...]".

A POSTERIDADE DOS DOIS PARADIGMAS 207

Por isso é uma quase-ordenação[73] essa entrada na especulação sobre as ordens, que obriga no mesmo impulso a renunciar à mundanidade albertiana, à historicidade e ao universo da demanda e do desejo que subtendiam o projeto do autor do *De re aedificatoria*. A elaboração de um sistema de regras generativas, a construção de um edifício metodológico de valor metafórico deixam de ser o propósito dos novos tratadistas, desde o momento em que optam pelas regras vitruvianas.

O desaparecimento desses objetivos condena a figura textual criada por Alberti a desaparecer ou, entre os numerosos autores que desejarem conservá-la, a perder sua significação. A ordem que liga os livros e os capítulos dos novos textos se afrouxa, quando não se torna arbitrária. Basta reportarmo-nos aos *Sete Livros* de Serlio. Longe de constituírem uma tonalidade, apresentam-se como uma justaposição de sete textos autônomos dos quais os dois primeiros, um tratado de geometria elementar e um tratado de perspectiva aplicada ao problema do teatro[74], propõem um método de análise e de concepção; os outros cinco são inventários: uma coletânea de edifícios célebres tirados da Roma antiga, da Roma moderna e do Egito, catálogos tipológicos consagrados respectivamente às ordens, aos templos, às portas e enfim a edifícios variados, públicos ou privados.

Da mesma forma, os princípios e postulados, se ainda são mencionados[75], perdem a função de operadores do texto onde não mais possuem seu lugar determinado. São citados ao acaso, como que por descargo de consciência, amalgamados a diretrizes práticas[76]. O quarto axioma albertiano e suas seis operações são totalmente abandonados pelos tratadistas da era clássica. No século XVI, ainda

---

73. "A ordenação vitruviana" apresenta uma dupla face metafórica, porque a ruptura com o mundo imprevisível do desejo é seguida pela entrada na ordem arquitetônica. É o início do gueto profissional, tão frequentemente denunciado nesses últimos anos, onde se encerraram os arquitetos.

74. Apenas a ligação dos primeiros traços é afirmada: "*havendo io trattato nel primo libro di geometria, senzo laqual la prospettiva non sorebbe*" (*Tutte l'opère d'architettura el prospetiva di Sebastio no Serlio*, Veneza, 1619, p. 18). Somente a partir dessa introdução ao segundo livro é que Serlio utiliza a primeira pessoa do singular, que só aparecera incidentalmente na conclusão do primeiro livro.

75. Serlio é, sem dúvida, aquele em quem a utilização do desenho suplanta mais completamente o recurso aos princípios e às regras. Não só estes não engendram mais a construção do livro, como também não servem mais para a dos edifícios.

76. "Antes de começar a construir, é preciso considerar e examinar cuidadosamente o plano e a altura do edifício que se pretende fazer. Vitrúvio ensina que se tome cuidado em três coisas, sem as quais um edifício, não pode ser estimado; a saber, a comodidade, a solidez e a beleza", são essas as linhas introdutórias do primeiro capítulo do primeiro livro de Palladio. Vê-se que ele coloca seu caminho metodológico sob a autoridade de Vitrúvio, dá prioridade ao desenho sobre a análise conceitual, altera a ordem lógica de sequência da tríade *necessitas, commoditas, pulchritudo*, mostrando por isso que ela cessou de desempenhar um papel na construção de seu texto.

208 A REGRA E O MODELO

guardam uma ressonância, confusa nos *Quatro Livros* de Palladio, precisa no tratado de Philibert de l'Orme, o único a conservar operadores tirados diretamente do *De re aedificatoria*. Mas a regressão é impressionante, traída pelas sete "partes" de Philibert: tendo perdido a exaustividade e o valor estrutural das seis operações albertianas, elas não servem mais para construir o texto e, além disso, são ligadas individualmente às "sete estrelas errantes chamadas Planetas"[77].

Da mesma forma ainda, os relatos de fundação, quando não se limitam a reproduzir a carta de Vitrúvio sobre as ordens e as colunas, não representam mais que vestígios anedóticos, por vezes fracamente funcionais. No máximo, servem localmente para fundamentar certas regras, como é o caso em F. Blondel[78], mas nunca são integrados na construção do livro[79].

O impacto mais espetacular da regressão vitruvizante sobre a estrutura textual dos novos tratados é representado, no entanto, pela ruptura do equilíbrio elaborado por Alberti entre os três níveis da necessidade, comodidade e beleza, em proveito do último. O nível da fruição estética, quase totalmente absorvido pelas regras concernentes às ordens, deixa de ser encarado em sua relação com os dois níveis anteriores dos quais ele representava a finalidade e o coroamento, mas sem os quais, em compensação, ele não tinha existência possível: já que não se pode obter nenhuma beleza se não forem, previamente, aplicadas e respeitadas as regras da solidez e da comodidade. Destacado do conjunto do processo construtivo

77. É em sua "Epístola ao Leitor" que de l'Orme enumera as "partes [das construções] que são em número de sete: a saber, paredes sem as quais o edifício não pode estar [...]; portas para nele entrar; chaminés para aquecê-lo; janela para lhe dar claridade; a área e calçada para sustê-lo e caminhar; telhado onde estão as vigas e traves para fechar as salas [...] e quanto à última e sétima parte, as coberturas e carpintarias [...] para abrir a habitação e defender os habitantes contra as injúrias do ar e os ladrões". Vê-se que os princípios de situação e de divisão desapareceram completamente, ao passo que portas, janelas, chaminés de um lado, telhado e cobertura do outro, deixaram de ser reunidos sob os princípios de cobertura e abertura. Entretanto, observa Philibert: "Essas ditas sete partes, o arquiteto não pode de nenhum modo ajudar separadamente e à parte [...] mas aglutinando-as e acomodando-as juntas" (op. cit., a i, j, recto e verso).

78. Cf. a descrição da cabana grega, "maneira de construção que, com efeito, é a mais simples e a mais natural de todas e que os antigos arquitetos da Grécia se propuseram como modelo a imitar em seus mais belos edifícios e se serviram de todos os membros como padrões [...]" (*Cours d'Architecture*, Paris, 1675-1683, 1ª parte, Livro I Cap. I, p. 3).

79. O relato de fundação conserva, excepcionalmente, um vestígio do sua função de operador de texto em Palladio, que justifica sua decisão do l.ml.ar os edifícios privados antes dos públicos invocando os primeiros tempos da humanidade: "Sendo ainda muito verossímil que os primeiros homens tivessem suas residências separadas: depois conhecendo com o tempo que para sua comodidade e para viver felizes [...] a companhia dos outros homens lhes era tão necessária quanto natural, eles procuraram uns aos outros e, aproximando-se entre si, formaram primeiramente aldeias que transformaram em cidades [...]" (op. cit., p. 3).

A POSTERIDADE DOS DOIS PARADIGMAS

por um juízo de valor[80], o terceiro nível se torna o objeto privilegiado dos autores de tratados e, afinal, o único digno de interesse. Os dois primeiros níveis, por importantes que possam ser no desenvolvimento real da construção, são considerados como não merecedores de que neles se detenha o teórico: dependem da trivialidade do quotidiano, funcionam por si sós, de algum modo, já que "tudo o que faz a salubridade, a solidez e a comodidade de uma habitação é quase tão natural quanto a necessidade de nos vestir, de comer e de procurar tudo o que nos é próprio e fugir de tudo o que nos prejudica"[81].

No final dessa concepção resulta a exclusão pura e simples dos dois primeiros níveis, como é o caso no tratado de Vignola[82], que trata somente das ordens. Nos outros autores, o novo estatuto da beleza é marcado por traços precisos. Em primeiro lugar, quando os conceitos de comodidade e de necessidade conservam um mínimo de pertinência e de impacto sobre a organização do livro e não são absorvidos e integrados no tratamento tipológico dos edifícios, constata-se uma inversão da ordem cronológica ou generativa na qual o *De re aedificatoria* fazia suceder-se os três registros do construir[83]. Inversão ainda mal assumida e semimascarada em Palladio, que aborda as ordens já no seu primeiro livro dedicado aos princípios gerais da edificação[84], mas não chega a lhes dar o primeiro lugar entre estes e os trata depois das regras relativas aos materiais, da escolha do terreno e das fundações, e antes dos capí-

---

80. O processo pode ser ilustrado peta maneira como foi traduzida a *Idea dell'architettura universale* de Scamozzi, que a Academia havia inscrito uma primeira vez em seu programa em 1681, e cuja leitura foi retomada em seguida até à publicação da tradução de D'Aviler (1685). Esta, que continuará a única tradução francesa (aumentada em 1713 com as adições de Samuel du Ry, que consistem em duas páginas [das noventa e sete] do Livro I e três páginas [das cento e vinte] do Livro II de Scamozzi), é o resultado de um corte completo operado no Livro VI (que representa cerca de um quarto da obra total). O prefácio no qual D'Aviler justifica sua seleção merece ser citado porque esclarece a significação e o valor novo das ordens: "julgou-se conveniente dar ao público apenas suas ordens tiradas do Livro VI [...] que é a matéria cujo emprego tem mais extensão e que é a mais praticada pelos arquitetos [...] não se julgou oportuno traduzir esse sexto livro inteiro [...] sabe-se que tudo o que dele se tirou é muito belo, mas também que é *pouquíssimo conveniente ao assunto*, tais como inúmeras histórias e fábulas, tudo o que diz respeito à geografia antiga e aos raciocínios de física e de moral *que são pura especulação e para entreter outras pessoas que não as da profissão*. Mas quando foi preciso explicar o que era *puramente arquitetura*, seguiu-se ao autor por palavra, como na descrição do capitel jônico". [O *grifo é nosso*.] Sobre o alcance destas linhas, cf. infra, p. 220, 222 e s.

81. P. Blondel, op. cit., p. 765.

82. Cf. supra, Cap. 1, p. 33 e s.

83. Cabe notar também os casos (cf. Serlio) em que o livro sobre as ordens, fui composto em primeiro lugar, depois classificado *a posteriori* num lugar predeterminado.

84. Entre os quais se reconhecem, deslocados, misturados a elementos heterogênicos e reificados, os seis princípios de Alberti, aos quais Palladio nunca fez referência explícita.

210 A REGRA E O MODELO

tulos dedicados às galerias e quartos"[85], abóbadas, portas, janelas, chaminés, escadas e coberturas. Inversão triunfante nos Biondel que especificam desde logo sua decisão de começar pela "parte da arquitetura [...] mais considerável [...] já que serve para a beleza dos Edifícios"[86], ou ainda, segundo a terminologia de Jean-François, "pela decoração, antes de falar das duas outras partes [...] dizem respeito à distribuição e à construção"[87].

A tomada de posição de J.-F. Biondel, no entanto, não deixa de ser ambígua ao leitor atento que poderia ser enganado por declarações ulteriores. Com efeito, o arquiteto que dedica o essencial de seu tratado a estudar como as ordens contribuem para a beleza dos edifícios, que é o primeiro, no quadro de uma estética, a tentar elaborar uma semiótica arquitetônica[88], este arquiteto, todavia, coloca seus alunos em guarda contra os enganos do grande estilo: "Saberemos nos vedar a aplicação [das ordens] se a construção é subalterna [...] enfim se o proprietário é de uma condição e de uma fortuna que não possa lhe permitir [...] Abusamos dos objetos mais sublimes, decoramos com eles até nossas casas de aluguel"[89]. Além disso, depois de haver designado a distribuição[90] como "o segundo ramo da arquitetura [...] por assim dizer ignorada de nossos antigos arquitetos" e "*a única parte sobre a qual nossos arquitetos [contemporâneos, que lhe imprimiram no entanto grandes progressos] menos escreveram*"[91], ele procura demonstrar-lhe a importância através de um relato de origem que toma como arquétipo as construções de cera de abelha, e declara sem subterfúgios que "*a conveniência deve ser considerada a parte mais essencial de todas as produções do arquiteto*"[92]. Entretanto, colocadas tais premissas, que evocam as prevenções de Alberti e parecem retomar suas posições sobre a *commoditas*, a reflexão sobre a distribuição ocupa tão somente umas trinta páginas do volume para terminar na análise da distribuição de castelos célebres. De fato, as observações mais interessantes sobre a conveniência não estão situadas no Livro V, mas, desprezando a lógica, na parte do Livro II dedicada à "característica que conviria dar a cada gênero de edifícios"[93].

85. Cap. XXI. Os quartos dão oportunidade de tratar da divisão.

86. F. Blondel, op. cit., Prefácio.

87. J.-P. Blondel, op. cit., *t.* I, Prefácio, p. XVII.

88. Cf. infra, p. 211, n. 97.

89. Idem, t. II, Prólogo, p. XXVIII e XXIX.

90. Noção mais restrita que a *partiti* de Alberti. Num único caso, (Livro IV, Cap. IX), Alberti emprega *distributio* no sentido de *partiti*.

91. Idem, t. IV, p. 100 e 107.

92. Idem, p. 109. [O *grifo é nosso.*]

93. No Cap. 9, relativo aos edifícios "erigidos para a utilidade pública assinalaremos, em particular, as páginas consagradas às manufaturas (398-399), aos mercados

A POSTERIDADE DOS DOIS PARADIGMAS

Outro sinal do privilégio dado à beleza e às ordens, a inversão da sequência albertiana é seguida, nos tratados pós-albertianos, de uma redução drástica do espaço consagrado ao primeiro e ao segundo níveis. François Blondel dedica apenas setenta e cinco de suas oitocentas e quarenta e duas páginas aos problemas de construção, ao passo que, dos seis volumes de Jean-François, quatro e meio dizem respeito à beleza e aos problemas criados pelas regras das ordens.

Não é de surpreender, em tais condições, que a cidade, enquanto edifício específico e global, desapareça dos tratados da segunda Renascença e da era clássica que tendem a eliminar a comodidade. A figura da cidade se esfuma por trás de certos tipos de edifícios que, no registro doravante primeiro e quase exclusivo da beleza, têm apenas o privilégio de representá-la. No século XVI, o tratado de Palladio é o único a guardar um lugar para a cidade, mas sem medida comum com aquele que lhe reservava o paradigma albertiano. Com o tempo, é principalmente como suporte da circulação das pessoas, dos veículos e das águas, por meio de ruas, pontes, aquedutos e esgotos, que a cidade enquanto totalidade conservará, em certos tratados[94], uma presença específica, não exclusivamente metonímica e estética.

Na medida em que os tratados neovitruvianos tendem dessa forma a limitar seu propósito ao campo das ordens e da beleza, reduzem a extensão dos poderes do arquiteto e seu poder criador. A despeito dos elogios da arquitetura que subsistem e constituem verdadeiros achados, o demiurgo albertiano desertou esses textos. Ao organizador do quadro da vida dos humanos, ao arquiteto-herói, sucede o arquiteto-artista que não tem mais transgressões a conjurar e pode teorizar em paz as regras da beleza. Invade os tratados uma nova temática, que vimos esboçar-se na terceira parte do *De re aedificatoria*. A teoria da beleza absoluta das ordens encerra a arquitetura e os arquitetos num sistema estilístico.

Não é o caso de evocar aqui as polêmicas que opõem beleza positiva e beleza relativa[95], ordens e disposição, ordens e proporção.

(424-428), *halles* (428-430) e açougues (434-439). Ainda uma vez, impõe-se a comparação com as regras "orgânicas" de Alberti.

94. Cf. P. Blondel, op. cit., 5ª parte, Livro I (pontes), Livro II (aquedutos, cloacas): as referências aos trabalhos antigos são mais numerosas que as menções às realizações contemporâneas. Em J.-F. Blondel, em compensação, percebe-se a fascinação exercida no século XVIII pelos trabalhos dos engenheiros. Cf. op. cit., Prólogo do t. II, p. XXX-VII, ou ainda a seguinte observação, a propósito das realizações parisienses: "não deixemos este local encantador sem falar de um dos mais belos empreendimentos que se fizeram na França neste século e mesmo nos séculos anteriores, que é a ponte de Neuilli" (idem, t. I, P. 107).

95. Cf., em particular, sobre essa questão, W. Herrmann, *The Theory of Claude Perrault*, Londres, A. Zwemmer, 1973, que determina exatamente a situação da querela

212 A REGRA E O MODELO

São os limites do sistema estilístico que estão em jogo e a margem, fraca, de intervenção possível do arquiteto na aplicação de suas regras. A criatividade do arquiteto doravante se encastela no campo de uma poética[96]. Em outros termos, o único poder que lhe resta é um poder de expressão: "A arquitetura, como a música e a poesia, é suscetível de harmonia e de expressão"[97]. Transpondo-a para o campo da construção, J.-F. Blondel é, na era clássica, o primeiro teórico a dar um conteúdo elaborado à célebre metáfora de Horácio, "*ut poesis, pictura*", e a detalhar o poder de expressão da arquitetura. Ele desenhou, não sem firmeza, a silhueta do arquiteto-poeta, o único suscetível de substituir e suceder ao arquiteto-herói, como protagonista de um texto donde foram apagados os domínios da necessidade e da comodidade. Esse tema não deixará de inspirar os românticos. Encontrará sua forma extrema num livro de A. Saint-Valéry Seheult[98] que considera a arquitetura "a mais rica das línguas"[99], mas no qual já o *eu* do arquiteto escritor desaparece em proveito de uma enunciação impessoal.

A arquitetura, enquanto integrada nas belas-artes, tem ao mesmo tempo como promotor e como símbolo o desenho que, daí por diante, ocupa um lugar codificado nos tratados: o texto remete necessariamente à imagem soberana, à qual está subordinado, quer ela esteja integrada ao correr das páginas quer se apresente sob a forma de um conjunto separado de ilustrações. A função atribuída ao desenho, porém, é muito diferente daquela que lhe conferia Filareto e subverte a finalidade totalmente albertiana que inspirava a este título. Ela não mais consiste em apreender operações e traduzir projetos, mas em apresentar objetos.

Se no início é apenas o meio de fixar com precisão, intuitivamente e sem ambiguidade[100], graças a um substituto bidimensional,

---

Perrault-Blondel, mostrando os contrassensos a que conduziu a noção de beleza positiva.

96. Cf. E. Benvéniste, *Problèmes II*, p. 65, e também I. Lotman, op. cit.

97. J.-P. Blondel, op. cit., *t.* IL Prólogo, p. XLVI. A comparação é desenvolvida em proveito do arquiteto, p. 230 e 231. Cf. também t. IV, Dissertação, p. IV: "O estilo no arranjo das fachadas e na decoração dos apartamentos é, em sentido figurado, a poesia da arquitetura, colorido que contribui para tornar verdadeiramente interessantes todas as composições de um arquiteto. É o estilo conveniente aos diferentes objetos que leva a essa variedade infinita nos diversos edifícios [...] Em uma palavra, o estilo de que falamos, semelhante ao da eloquência, pode conseguir fazer que o arquiteto pinte o gênero sagrado, o gênero heroico [...]"

98. *Le Génie et les grands secrets de l'architecture historique*, Paris, 1813.

99. Op. cit., p. 36. Ele prossegue: "É ela que empresta às línguas vulgares uma espécie de encanto; tem expressões doces e formidáveis, risonhas e melancólicas, ternas e cruéis [...] É o conhecimento dessa língua que faz o verdadeiro arquiteto" (ibid.). Cf. igualmente o capítulo sobre o "nascimento da arquitetura" que transforma os edifícios mu "poemas" (idem, p. 16).

100. Cf. idem, Prefácio do t. I, p. XXVI: "Esta obra conterá seis volumes, e cerca de duzentas pranchas necessárias ao entendimento do Discurso: persuadido de que

## A POSTERIDADE DOS DOIS PARADIGMAS

os exemplos que permitirão descobrir e formular as regras da arquitetura, o desenho, mais bem adaptado como está ao novo propósito dos tratados, acaba suplantando o discurso verbal. Com efeito, torna possíveis o confronto e a comparação visual imediatos dos objetos arquitetônicos. Permite analisar e decompor os membros e as unidades estilísticas dos edifícios, cuja apreensão pelo verbo é inadequada[101]. O desenho é, pois, o instrumento constitutivo de uma teoria figurada dos elementos arquitetônicos, que repousa ao mesmo tempo sobre essa decomposição analítica em elementos e sobre uma crítica comparativa. Essa dimensão crítica é essencial à postura clássica. É um confronto permanente, através do desenho, das obras (gráficas e arquitetônicas) dos outros arquitetos[102], seja entre si, seja com suas próprias obras (gráficas ou arquitetônicas), que os tratadistas estabelecem os sistemas tipológicos aos quais atribuem o valor de exemplo e que entregam à imitação de seus discípulos. Além disso, embora continuando parte integrante do processo de produção da arquitetura, esse método de comparação gráfica e de análise elementar dos edifícios pelo desenho pode tornar-se o auxiliar e o instrumento de verdadeira crítica

um desenho bem feito, quer represente um plano, uma elevação, um corte ou alguns desenvolvimentos das diferentes partes de um Edifício, prova *melhor e mais prontamente* que a narração mais satisfatória; as frases mais claras substituindo mal o desenho [...] há sempre uma diferença muito grande entre Lições puramente especulativas, e as ajudadas pela *demonstração*. Quantas vezes não sentimos que uma ou duas figuras levemente traçadas na ardósia, poupavam em nossas Conferências uma circunlocução [...] O espírito mais metódico algumas vezes concebe quimeras, que um desenho bem feito destrói. Decerto é preciso ser muito versado na Arquitetura, para imaginar com alguma precisão, e para explicar suas ideias aos outros sem o auxílio de uma figura que fala aos olhos. Podemos dizê-lo aqui: Vitrúvio não pareceu obscuro a seus Comentadores apenas porque as pranchas com que acompanhou suas explicações foram perdidas [...]". [O *grifo é nosso*.] Francesco di Giorgio já dizia: "Mas para não multiplicar as descrições e para fugir ao supérfluo, eu me aplicarei no desenho (*al disegno me riferisco*)" (op. cit., p. 382).

101. Cf. Palladio, Livro III, Prólogo: "Vendo no papel vários exemplos das melhores coisas e podendo medir facilmente os edifícios inteiros e separadamente cada uma de suas partes, ganhar-se-á o tempo que teria sido necessário a uma longa leitura e para estudar palavras que, depois de tudo, dão apenas fracas e incertas ideias das coisas, cuja escolha ainda é difícil de fazer quando se chega à execução".

102. A qualidade e a fidelidade de seus levantamentos são, mais ainda que a pertinência de seu discurso, o critério de hierarquização dos tratados, tanto para a Academia de Arquitetura quanto para a maioria dos tratadistas. Cf. F. Blondel, op. cit., Prefácio: "Acrescentei numerosas pequenas coisas nas figuras que atribuo a cada uma das Ordens destes Arquitetos, a fim de fazer que se compreendam mais facilmente suas intenções. Há mesmo erros em seus desenhos que corrigi, porque, para dizer a verdade, Palladio e Scamozzi não são cuidadosos nem exatos no detalhe das medidas de suas molduras cujos algarismos muitas vezes têm pouca relação com os números que deveriam ter para as regras gerais. A maior dificuldade que tive foi na redução das de Scamozzi." Cf. também J.-F. Blondel (op. cit., t. III, p. XXI), em quem se trata da "experiência [...] essencial [...] que nos ensina a julgar pelo exame dos edifícios antigos e modernos da estrada que os grandes mestres seguiram [...]. E por isso que o arquiteto chega a *imitar* com resultado as obras mais célebres". [O *grifo é nosso*.]

214     A REGRA E O MODELO

de arquitetura cujas melhores páginas, como as que Serlio dedica ao Panteão[103], permanecem inigualadas.

Graças a seu poder analítico, que lhe permite decompor e isolar com precisão os elementos das ordens, o desenho oferecia aos neovitruvianos um instrumento privilegiado para formular as regras da beleza. Mas, em seus traçados, a função dominante do desenho não é formular regras nem ilustrá-las (à maneira de Filareto). Nele a análise dos elementos e de suas combinações é sacrificada à descrição de tipos arquitetônicos. O arquiteto não procura mostrar a maneira de compor um belo objeto, apresenta uma escolha de belos objetos exemplares, quer se trate de edifícios inteiros quer de suas partes[104]. Foi assim que se constituíram catálogos ou repertórios tipológicos, oferecidos à escolha dos leitores, clientes ou práticos. Não se poderia imaginar intento mais estranho ao do *De re aedificatoria*, e cabe pensar que essa função atribuída à ilustração materializava os temores que o fizeram proscrevê-la de seu próprio tratado. Em lugar do escritor-herói, instala-se um produtor de imagens cuja vocação é inventar variantes, e o destino é promover uma ordem estética, encerrada no recinto de seu código.

Retomando o termo de Spengler[105], parece possível, pois, chamar de pseudomórficos os tratados de arquitetura posteriores ao século XV. Embora pareçam reproduzir o arquétipo discursivo elaborado por Alberti, eles justapõem apenas signos, privados de seu poder de significar. Sua aparente modernidade esconde uma regressão que contribui, para muitos deles, para lhes dar um caráter composite e mesmo aproximá-los da categoria dos manuais. A emasculação do herói albertiano cujo horizonte é tolhido e cujo projeto é reduzido e desviado, a deserção da cidade e a fixação quase exclusiva dos tratados neovitruvianos no registro de uma estilística arquitetônica que daí resulta devem-se, sem dúvida, em parte, ao fato de que, na prática histórica e social, os problemas do

103. Op. cit., Livro III, p. 50.

104. Cf. Serlio, (op. cit., Livro IV), onde o texto mostra bem que as séries de elementos tipológicos apresentam estes enquanto objetos autônomos e não, funcionalmente, enquanto unidades significativas elementares. Leremos, por exemplo: "O arquiteto eminente poderá servir-se dessa porta em diferentes lugares [...] A porta seguinte poderá servir a todos os edifícios mencionados no início como rústicos" (p. 131-132), ou ainda: "O arquiteto judicioso poderá utilizar a figura anexa para diferentes coisas" (p. 149). O papel desempenhado pelo desenho neste tintado aparece no próprio título de seus livros, dos quais o quarto, aqui citado, se intitula "No qual são tratadas *pelo desenho* (in designo) características das cinco ordens". [O *grifo é nosso*.]

105. *Le Déclin de l'Occidente*, Paris, Gallimard, 1948.

A POSTERIDADE DOS DOIS PARADIGMAS      215

quadro construído não mais se colocam nos mesmos termos que no tempo matinal de sua primeira teorização.

Dentre um conjunto complexo de fatores, limitar-me-ei a relembrar dois fatos que não puderam deixar de contribuir para o desenvolvimento desses tratados. São a transformação da estrutura do poder político nos Estados europeus onde nasceram os tratados de arquitetura, e a institucionalização correlativa da atividade arquitetônica.

Em primeiro lugar, não mais existe a relação que Alberti, Filareto ou Francesco di Giorgio mantinham com seu príncipe. Seu diálogo transcorria em pé de igualdade no quadro tradicional da Cidade-Estado onde um exercia o poder político, enquanto o outro descobria seu poder, homólogo, de criador. Com o século XVI e depois o XVII, o príncipe passa a encarnar o poder do Estado nacional e o arquiteto deixa de ser um interlocutor especial, para entrar cada vez mais numa relação de submissão[106] quanto à determinação do programa. Não é mais o tempo em que a bela metáfora erótica de Filareto podia realmente servir para descrever a colaboração do príncipe e de seu arquiteto. É fácil conceber que, em tais condições, o arquiteto tenha sido levado progressivamente a se desinteressar, no plano teórico, pelos problemas da cidade e pelos grandes projetos de melhoramento de que estava excluído no plano prático[107], para assumir a condição do artista, desvinculado da rugosa realidade própria dos registros de *necessitas* e *commoditas*[108]. A criação da Academia de Arquitetura por Luís XIV, o êxito da instituição e sua longevidade testemunham essa sublimação, que é ao mesmo tempo um isolamento, organizado pelo poder político, consentido e gerido pelos interessados.

Ademais, a profissionalização, ao mesmo tempo que consagra a integração da arquitetura nas Belas-Artes, exige que se especifique o novo *status* social do arquiteto-artista[109]. Reclama a elaboração

---

106. A destinação da dedicatória dos tratados é um critério enganoso, porque esta é quase sempre dirigida ao príncipe, qualquer que seja a época considerada.

107. Uma recaída desta exclusão é a substituição dos arquitetos pelos "cientistas" (*savants*) na elaboração dos grandes projetos de planificação do século XVIII francês. Cf. B. Portier *et alli*, *La Politique de l'espace parisien*, Paris, 1975.

108. Essa afirmação reclama matizes. De l'Orme como Palladio conservam uma fidelidade a Alberti que os faz começar seus livros pelas regras relativas à salubridade e à comodidade. Mas, se de l'Orme afirma que, "verdadeiramente, é muito mais honesto e útil saber arranjar bem um alojamento e torná-lo sadio do que nele fazer tantos rapapés, sem qualquer razão" (op. cit., p. 19), ele não se afasta menos do método, da ordem e do equilíbrio do *De re aedificatoria*.

109. Preocupação que se manifesta em de l'Orme cujo Livro I inteiro se ocupa, de capítulo em capítulo, em estigmatizar os pseudo-arquitetos e suas obras: "Existem hoje poucos arquitetos verdadeiros e vários que se atribuem esse nome devem antes ser chamados mestres pedreiros" (op. cit., Prefácio); da mesma forma, é preciso de-

216    A REGRA E O MODELO

tanto de uma pedagogia quanto de seu suporte discursivo. Os tratados neovitruvianos são concebidos em função dessas exigências. E é por isso realmente, como vimos, que têm muito do curso[110] de finalidade prática imediata e do catálogo para profissionais[111]. De certo, o *De re aedificatoria* era endereçado aos práticos, mas era um discurso do método escorado por um hino à criação, um texto instaurador de sonoridade filosófica, um relato inaugural.

### 1.3. *Duas Exceções: Os Tratados de Perrault e de Scamozzi*

Deve-se concluir daí que o gênero discursivo criado por Alberti praticamente não sobreviveu a seu inventor, que salvo o *Tratado* de Filareto, o *De re aedificatoria* não teve verdadeira posteridade, e que sua estrutura arquetípica subsiste nos tratadistas ulteriores apenas no estado de fragmentos e avatares formais? No que diz respeito aos tratados evocados nas páginas anteriores, deve-se responder pela afirmativa. Mas podemos contrapor-lhes duas exceções pelo menos[112]: a *Idea dell'architettura universale* que, publicado em Veneza em 1615 por Vicenzo Scamozzi, reproduz o funcionamento do arquétipo albertiano e constitui assim um caso, único ao nosso conhecimento, e de qualquer modo excepcional; e o inclassificável

nunciar "a temeridade de vários que se disfarçam de arquitetos" (idem, p. 22); cf. também o elogio do "sábio, douto e perito arquiteto" cuja natureza das relações que deve manter com o senhor ou cliente é especificada até advertir a este último que deverá "observar que [o arquiteto] não seja incomodado pelos domésticos ou parentes da sua casa, porque verdadeiramente isso o desvia muito de suas empresas, invenções e disposições, como vivi por experiência em diversos locais [...]" (idem, p. 11, r).

110. A vontade didática surge à evidência na relação do texto com a figura. Cf. entre centenas de exemplos, essas indicações de De l'Orme (Livro VIII, p. 251, r): "Para melhor vos mostrar e fazer entender como se deve acomodar as janelas, portas [...] por meio das ordens das colunas, eu vos coloquei em anexo como exemplo a face fronteiriça do edifício do dito castelo de Saint-Maur". A denegação do mesmo autor no concernente à formulação de certas regras é igualmente sintomática: "Não importa que hoje vários se apeguem a escolas e façam profissão de ensinar, eu teria dificuldade em escrever mais com o tempo" (idem, p. 31, v). É com P. Blondel que aparece a primeira menção de *curso* (composto para a Academia depois de ter sido ensinado publicamente, indica o Prefácio). J.-P. Blondel se proporá em seu *Cours d'architecture ou Traité* [...], melhorar o serviço de F. Blondel e "fundir em um só corpo de lições tudo o que se disse de excelente sobre esse objeto [...] e tudo o que diz respeito às outras artes de gosto que ela [a arquitetura] dirige e valoriza ao se associar a elas" (Prefácio).

111. No limite, estes catálogos de edifícios privados e públicos constituem também uma forma de publicidade para seus autores.

112. Entre os textos não evocados aqui, o *Dictionnaire de Quatre-Mère de Quincy* ocupa um lugar capital. Nós só descobrimos e pudemos provar essa filiação depois do aparecimento de nossa obra em francês. Cf. nossas conferências sobre "Conflicting Roles of Myth, History and Memory in Alberti, Quatremère de Quincy and Viollet-le-Duc", dadas na Cornell University em outubro de 1982 dentro das Preston H. Thomas Memorial Lectures.

# A POSTERIDADE DOS DOIS PARADIGMAS

*Abrégé des Dix Livres d'architecture de Vitruve*[113] de Claude Perrault que, por trás da homenagem do título e dos louvores habitualmente envenenados do Prefácio, manifesta uma fidelidade paradoxal ao espírito e à forma albertianos.

A analogia de Perrault com Alberti está talvez no fato de que, ao contrário dos outros tratadistas franceses, esse médico-físico e linguista possuía uma formação polivalente e pertencia à linhagem dos arquitetos-humanistas, e não à dos arquitetos-práticos. Nesse pequeno texto que pretende resumir Vitrúvio, Perrault se descarta rapidamente de "todas essas excelentes e curiosas pesquisas que ficam para os Sábios que nelas encontram mil belas coisas tiradas de uma infinidade de Autores que Vitrúvio leu e cujas obras estão perdidas atualmente", para conservar "apenas o que pode servir precisamente para a arquitetura", relegando para uma breve segunda parte "o que pertence à arquitetura antiga" e somente nos concerne do ponto de vista histórico. Assim, a primeira parte é consagrada "às máximas e preceitos que podem conformar-se à arquitetura moderna". Em outras palavras, nela o autor acomoda Vitrúvio à la Perrault: "Foram dispostas essas matérias segundo uma ordem diferente da de Vitrúvio"[114], indica ele modestamente, sem precisar que no mesmo instante restabeleceu a tripartição albertiana[115], foi o primeiro a encarar, no capítulo da comodidade, o problema da cidade enquanto edifício, e finalmente deu uma versão original e tripartite dos relatos de origem. Esta versão comporta, em primeiro lugar, "a primeira oportunidade de trabalhar na arquitetura"[116], que é uma gênese da edificação, apresentando a prática do construtor como ponto de partida de todas as outras práticas humanas; em seguida uma gênese do objeto construído[117]; e finalmente uma gênese do objeto arquitetônico, "terceira origem da arquitetura que se mune dos inventores das ordens"[118]. A origem do *Abrégé*, ao que eu saiba, nunca foi compreendida, nem mesmo por W. Herrmann[119], autor da única monografia consagrada a C. Perrault. Seria importante estudar essa obra complexa, cujos laços

113. Paris, 1674.

114. Op. cit., edição de 1681, Amsterdam, p. 10.

115. Na edição citada, 22 páginas são dedicadas às generalidades, 43 à solidez, 14 à comodidade, 53 à beleza.

116. Indicação marginal de Perrault, em grifo.

117. "Os primeiros modelos que a arquitetura seguiu foram racionais ou artificiais" (grifos marginais de Perrault).

118. Op. cit., p. 25.

119. *The Theory of Claude Perrault*, op. cit.

218          A REGRA E O MODELO

que a ligam ao *De re aedificatoria* são mascarados pela referência alardeada ao *De architectura*.

A crítica contemporânea não parece ter sido sensível ao fato de que o tratado de Scamozzi também é uma réplica teórica do paradigma albertiano. Grosso *in-folio* de mais de oitocentas páginas cheias, escrito por Scamozzi durante os últimos vinte e cinco anos de sua vida[120], a *Idea*, a despeito de seu volume, é uma obra inacabada e apressada. O autor formula um projeto ambicioso cujo essencial pretendia publicar antes de sua morte. Por isso não hesitou em entregar ao impressor um texto incompleto, ao qual faltam não só os dois livros finais (Livros IX e X), como também os Livros IV e V, igualmente previstos na Introdução[121].

A obra está dividida em duas partes, comportando cada uma um *proemium* introdutório e três livros. Diferentemente do *De re aedificatoria*, não apresenta prefácio geral, substituído pelos dois primeiros capítulos do Livro I. O primeiro faz o elogio da arquitetura, "ciência absolutamente indispensável tanto ao nível da vida política e civil quanto pela comodidade que traz para o gênero humano"[122] e "a mais digna entre as ciências morais, naturais e matemáticas"[123]. O segundo apresenta o plano da obra, não como Scamozzi o realizou, mas como o concebera inicialmente, em quatro partes relativas respectivamente a: *pre-cognitione* ou conjunto dos conhecimentos necessários ao arquiteto (Livro I); *edificatione* ou construção, que trata da escolha dos lugares e da edificação da cidade (Livro II), dos edifícios privados (Livro III), dos edifícios públicos profanos (Livro IV, não publicado), dos edifícios públicos sagrados (Livro V, não publicado), das ordens necessárias à ornamentação exterior e interior (Livro VI), dos materiais para a construção e a ornamentação (Livro VII), e finalmente dos procedimentos a observar para fundar, cm algum lugar que seja, todas as espécies de edifícios (Livro VIII); *finimento* ou término (Livro IX, não pu-

120. Encontrarão uma cronologia precisa das obras escritas de Scamozzi em P. BARBIERI, *Vincenzo Scamozzi*, Vicenza, La cassa di Risparmio da Verona, Belluno, 1952. Essa monografia, a única recente de que dispúnhamos, visa restituir sua originalidade à obra de Scamozzi, geralmente desconhecida em proveito da de Palladio. Barbieri distingue bem os dois aspectos prático e teórico dessa obra, mas consagra à *Idea* apenas uma sumária análise de conteúdo, sem abertura crítica.

121. P. Barbieri lembra que, para T. Temanza (*Vita di Vicenzo Scamozzi*, Veneza, 1770), os livros faltantes teriam sido escritos ou pelo menos esboçados. Não mais do que no caso, a muitos respeitos comparável, da *Teoria* de CERDA (cf. infra, Cap. 6), não pudemos reencontrar o vestígio desse texto complementar.

122. Op. cit., p. 5.

123. P. 6.

A POSTERIDADE DOS DOIS PARADIGMAS 219

blicado); *restauratione*, ou restauração dos edifícios antigos (Livro X, não publicado).

Scamozzi não se preocupa em justificar essa ordem, com a qual é concebível que tenha perturbado os teóricos neovitruvianos da era clássica ou pós-clássica[124]. Entretanto, não nos deixemos enganar nem pela aparente confusão desse plano, nem pelo aristotelismo militante que deixou sua marca no conjunto da *Idea* e contribui para dissimular uma estrutura semelhante à do *De re aedificatoria* e um plano que, tanto no seu desenvolvimento formal quanto no equilíbrio de suas partes, continua comparável ao de Alberti.

O Livro I corresponde esquematicamente ao Prefácio e ao Livro I do *De re aedificatoria*. Reúne primeiramente um conjunto de considerações gerais sobre a arquitetura, sua natureza e sua história, bem como sobre a profissão de arquiteto e as qualidades intelectuais, culturais e morais que exige; em seguida, os princípios diretores da arquitetura dos quais uns dizem respeito à concepção (geometria e metáfora do corpo[125]) e os outros à prática (observação, instrumentação).

Consagrados à *edificatione*[126], os cinco livros seguintes são articulados entre si pela contraposição da forma e da matéria, que, testemunho de um mesmo liame e de uma afinidade semelhante com a filosofia aristotélica, como vimos, subtende a construção da primeira parte do *De re aedificatoria*. Lembramo-nos que nelas a exposição das regras formais do espírito (Livro I) precedia o desenvolvimento das regras da matéria (Livro II) e, depois, da informação (construção) da matéria pelo espírito (Livro III).

No caso de Scamozzi, uma concepção altamente intelectualista[127] da tarefa do arquiteto, que ele não cessa de opor à do operá-

124. Cf. a atitude dos tradutores franceses do século XVII (supra, p. 217, n. 80) que conservam de toda a obra apenas uma parte do Livro VI, sob o pretexto de que todo o resto do texto se reduziria a pura especulação, em outras palavras, seria digressão para fora do assunto. Cf. também a edição italiana de 1838 (Milão, Boronni e Scotti) cujo autor, Tibozzi, inverteu a ordem de sequência dos livros, fazendo começar a obra pelo Livro VI a fim de, segundo ele, restabelecer a lógica.

125. Livro I, Cap. XII.

126. Termo tirado de Vitrúvio. No *De architectura*, a *aedificatio* compreende, em matéria de construção, tudo o que não depende nem da gnomônica nem da *machinatio*.

127. Cf. Livro I, Cap. XVI, passagem em que Scamozzi comenta Vitrúvio para opor-lhe Aristóteles. Em sua definição da *fábrica*, Vitrúvio confunde a tarefa do arquiteto (*"continuata ac trita usus meditatio"* "eis tarefa especulativa própria ao arquiteto", observa Scamozzi) e a do contramestre (*"quae manibus perficitur e materia cujuscumque generis opus est ad propositum de formationis"*, *"é* aqui que se descobre a prática dos mestres pedreiros"). E Scamozzi prossegue: "Mas, ao nosso ver, é um método científico que procede do espírito do arquiteto que ele emprega para as coisas particulares ou universais que lhe agrada mandar construir". Depois acrescenta, a propósito de uma citação de Aristóteles: "E Aristóteles quer dizer que o edifício recebe

220 A REGRA E O MODELO

rio da construção, fá-lo retomar este esquema tripartite para aplicá-lo ao conjunto da edificação. As regras relativas à cidade (Livro II), aos edifícios privados (Livro III) e às ordens (Livro VI) são assim abordadas, sucessivamente, do ponto de vista da forma, antes que cheguem o Livro VII consagrado à matéria e o Livro VIII que trata da passagem ao ato, ou seja, das regras da construção concreta. Vemos, pois, que os três primeiros livros da *edificatione*, dedicados "*alla speculatione delle forme*"[128], repetem parte do projeto do primeiro livro de Alberti, embora englobando uma matéria muito mais vasta. Scamozzi não retomou os seis princípios. Em compensação, a tripartição estrutura todo o primeiro estágio formal da *edificatione*, que começa tratando das regras da necessidade (primeira parte do Livro II), prossegue com as da comodidade (segunda parte do Livro II e Livro III), para terminar com as regras do prazer estético (Livro VI). Em outras palavras, a pirâmide do *De re aedificatoria* se reencontra na *Idea*, com a reserva de que ela governa a primeira seção da *edificatione* (Livros II-VI). Nessa seção, que ocupa dois terços do tratado[129], o equilíbrio albertiano é respeitado. O famoso Livro VI, tão elogiado pelos teóricos franceses e apresentado por eles como a quintessência da *Idea*, ocupa aqui, portanto, sem privilégio de extensão ou de localização, apenas o nível da beleza que depende, como no *De re aedificatoria*, dos dois níveis anteriores.

Os quatro livros "formais" da *Idea* constituem, de fato, um conjunto textual homogêneo e uma forma de tratado autônomo, no qual se resume, para Scamozzi, a teoria da atividade edificadora. Não sendo a forma separável da matéria a que ela dá forma, a preocupação de estabelecer um conjunto de regras abstratas e formais, aliás, não impede que Scamozzi evoque, no curso desses quatro livros, um leque de problemas concretos, cuja extensão ultrapassa amplamente o quadro do segundo nível de Alberti. A dialética aristotélica da forma e da matéria articula igualmente esse conjunto com os dois últimos livros da *Idea*.

Fiel à vontade de seu autor de se desvincular de todo manual profissional, rompendo com o segundo livro de Vitrúvio e mais rigoroso mesmo que o de Alberti, o Livro VII aborda a matéria

---

seu nome do arquiteto, que lhe dá forma em ideia e em seu espírito [...]". A passagem termina com a designação das cinco causas (genérica, específica, formal, material e final) do edifício.

128. P. 173.

129. É notável o equilíbrio da *Idea*. O primeiro volume compreende 352 páginas: 97 páginas para os trinta capítulos do Livro I, 120 páginas para os trinta capítulos do Livro II; 133 páginas para os trinta capítulos do Livro III. O segundo volume ocupa 370 páginas: 172 para os trinta e cinco capítulos do Livro VI (que diz respeito ao mesmo tempo às ordens e aos ornamentos), 98 páginas para o Livro VII e 100 páginas para o Livro VIII.

A POSTERIDADE DOS DOIS PARADIGMAS 221

somente enquanto matéria *inteligível*, objeto da ciência natural na qual o arquiteto deve iniciar-se[130]; silencia sobre a matéria *sensível* que é da competência dos cortadores de pedra[131]. O Livro VIII termina a sequência imposta pela lógica aristotélica e pode, enfim, propor as regras que presidem a união da forma e da matéria, essa passagem ao ato (*"atto dell'edificare tutti i generi di edifici cosi publici come privati, in ogni positura di luogo"*[132]) que é a realização propriamente dita de todos os gêneros de edifícios. Essa divisão diferente da de Alberti, que coloca assim a construção no final do texto, não deve iludir o leitor. Apesar dos resumos e das elipses, o Livro VIII da *Idea* é construído segundo a ordem genético-cronológica definida na primeira parte do *De re aedificatoria*[133]; é organizado pelos mesmos operadores e, em particular, pelo axioma 3 (do edifício-corpo) sob suas diversas formas metafóricas[134] que poderiam muito bem ter sido buscadas diretamente em Alberti.

Finalmente, se a *Idea* parece construída como a primeira parte do *De re aedificatoria*, do qual seria uma espécie de *analogon* gigantesco, esta construção não aloja apenas o conteúdo do primeiro nível albertiano, mas também o dos dois níveis seguintes. A despeito da interpretação que dela nos transmitiram os tratadistas neo-vitruvianos, a teoria das ordens e a estética estão longe de representar na *Idea* o mesmo papel que em seus próprios tratados. Nela o registro do prazer da beleza ocupa mesmo um lugar menos importante que em Alberti. Não constitui um dos elementos maiores do texto e não mais é designado como o seu coroamento. Ou melhor, e sem que lhe seja mais atribuído um campo textual específico, na *Idea* é

130. P. 174.

131. Cf. Livro VII, Cap. I, p. 73, onde Scamozzi distingue os dois tipos de formas que a matéria pode revestir: uma é a ordem da preparação e se relaciona com o cortador de pedra, a outra é a elaboração que cabe ao arquiteto. Seguindo Aristóteles (*Física*, Cap. Ill), Scamozzi fará corresponder o primeiro à matéria sensível e o segundo à matéria inteligível. Na lógica dessa concepção da matéria, Scamozzi vai buscar sua informação científica sobre os diversos materiais e sua gênese nos autores antigos (Aristóteles, Teofrasto, Pausânias, Tito Lívio, Avicena e mesmo Alberto Magno) cujo saber ele não questiona em momento algum: cf., por exemplo, p. 79, o capítulo sobre a geração do mármore, cuja causa eficiente "é uma certa virtude mineral, que produz ou mármores ou metais pela aglutinação na terra do úmido e do quente digestivo [...]". Curiosamente, este arcaísmo é contrabalançado por uma informação direta, precisa e preciosa, sobre o uso dos diferentes materiais entre os diferentes povos e nas diferentes localidades.

132. "O ato de edificar todos os gêneros de edifícios, públicos e privados" (Livro VIII, Cap. I, p. 271).

133. "Começaremos pelas fundações seguindo [a construção dos edifícios] parte por parte até seus tetos."

134. Sendo o edifício um corpo, suas *partes* (*parti*) são as diferentes peças, seus membros (*membra*) as portas, janelas, chaminés, escadarias; seus *ossos* (*ossa*) são as paredes, colunas, pilastras; os *nervos* (*nervi*) são as arquitraves, cornijas e tetos (p. 272). Esta visão estrutural não tem, evidentemente, o valor da de Alberti.

222         A REGRA E O MODELO

o registro da *commoditas* que tem prioridade sobre os outros, acolhendo com uma generosidade nova as exigências mais humildes
da vida quotidiana[135].

Centrando a construção da *Idea* na dialética aristotélica da
forma e da matéria, Scamozzi carece para sempre do rigor e da graça
que sua estrutura piramidal conferia ao edifício albertiano. Mas, no
caso, é apenas uma carência ou imperfeição superficial, que não
impede que a *Idea* apresente os traços estruturais essenciais do *De
re aedificatoria* e afirme uma proposta comparável. Porque aquilo a
que visa Scamozzi é realmente o processo geral da edificação e suas
regras. É segundo essa perspectiva que ele reintroduz em seu texto
a figura da cidade, tarefa fundamental do arquiteto[136], e que, pers-
crutando-lhe a gênese, nela descobre as problemáticas novas concernentes à demografia[137], às relações com as outras cidades e com
a região[138], enfim à circulação urbana, que ele encara, sem dúvida
pela primeira vez, em termos de instrumento[139]. E é, em definitivo,
para confirmar essas regras generativas que ele toca, com uma alegria sem precedentes, em todas as teclas da temporalidade, a fim de
entrelaçar inextricavelmente o relato da construção, os relatos de
origem, o relato biográfico e uma nova história da arquitetura.

Pouco importa que Scamozzi conteste o enfoque albertiano
das ordens e pretenda dar-lhes uma nova formulação geométrica[140],
ou ainda que conceba o campo da necessidade essencialmente em

135. Cf. Livro VIII, Cap. I, p. 275; Cap XIV, p. 318.

136. Cf. Livro II, Cap. XVII, p. 152: "A distribuição das vias e das praças, e a escolha da localização dos templos, do palácio do príncipe e dos edifícios administrativos e de tantos outros gêneros de edifícios ligados às circunstâncias (per *opportunity*
e necessidade diversas: eis uma série de tarefas que *incumbem ao arquiteto* [...]". [O
*grifo é nosso*.]

137. Cf. Livro II, Cap. XVIII, p. 158-159.

138. Cf. Livro II, Cap. XVII, p. 155 e Cap. XVIII, p. 160, onde Scamozzi utiliza
a metáfora do coração situado no meio do corpo do animal (*collocato nel mezo del
corpo dell 'animale*) para designar a melhor posição de uma cidade no interior de seu
território ("a fim de poder alimentar depressa e bem todas as suas partes"). Cf. também
a importância dada às facilidades para o comércio e a circulação entre os critérios que
servem para a escolha do local (Livro II, Cap. VIII, p. 52).

139. Cf. o Cap. XX do Livro VIII que, com exceção de uma página, é dedicado
exclusivamente à circulação. Nesse capítulo notável, Scamozzi desenvolve a classificação iniciada por Alberti. Batendo-se contra a estreiteza das vias herdadas da Idade
Média ("dão incontestavelmente uma atmosfera de tristeza a toda a cidade, tornam as
casas escuras e, além disso, o ar que nelas não circula torna-se mais denso e menos
sadio", p. 169), ele sublinha a necessidade de ruas melhor apropriadas a seus usos diversos ("A largura das ruas [...] deve ser deduzida daquilo que vai ser preciso circular
nelas, charretes, carroças, cavalos [...])" e insiste na importância da função circulató-
ria das ruas ("essas ruas devem ser feitas muito largas já que *a circulação deve ter prioridade sobre todo o resto*, p. 170, o grifo é nosso), sem omitir os problemas do pedestre
("ruas menores [...] reservadas aos cidadãos", p. 169).

140. Muito próximo da de Perrault, à luz da análise que dela faz Herrmann, (op.
cit.).

A POSTERIDADE DOS DOIS PARADIGMAS 223

termos de geografia física e de "climatologia"[141]. O importante é que ele instala necessidade e beleza na mesma relação que Alberti, dentro do mesmo esquema operatório tripartite. Pouco importa que o axioma do edifício-corpo não seja colocado explicitamente entre os princípios metodológicos, se ele sustenta, de um lado a outro, a narrativa da gênese do mundo construído. Pouco importam também as repetições e as incoerências: que Scamozzi trate por duas vezes dos deveres profissionais do arquiteto, que se arranje por três vezes para definir a arquitetura, que seu primeiro capítulo sobre a cidade seja uma confusão, que sua terminologia flutue com desenvoltura no interior de um mesmo livro ou de um mesmo capítulo[142]. Essas falhas se devem à personalidade de Scamozzi que não pode ser comparado a Alberti, pois não possui seu gênio nem mesmo o espírito de método ou a clareza. A comparação dos dois arquitetos seria ociosa, e inútil um confronto dos dois textos, confronto que se situaria no nível dessas diferenças qualitativas.

Em compensação, merecem ser sublinhadas outras diferenças que se devem à diversidade das épocas e das mentalidades e que, sem alterar a figura subjacente à *Idea*, marcam a superfície desse texto. Assim, vimos que Alberti, confiando mais no testemunho do construído que no dos escritos, frequentemente apoiava em exemplos o seu caminho. Dava prioridade, então, aos vestígios da Antiguidade e, por isso mesmo, citava apenas pouquíssimos edifícios contemporâneos. O inverso vale para Scamozzi. As realizações do passado, em geral, não apresentam para ele senão um interesse arqueológico. Em termos de uso, não têm mais sentido. Ele dispõe, realmente, de um vasto corpo de edifícios "modernos" e de uma relação refinada com a história que permite estabelecer um corte radical entre antiguidade e modernidade. Cremos ouvir, com cinquenta anos de antecedência, o Perrault do *Abrégé* quando o Veneziano opõe os elementos da residência antiga que a tradição manteve vivos (trata-se essencialmente do átrio) e aqueles "cuja forma ou uso diferente fez praticamente cair em desuso ou no esquecimento"[143]. O presente, Scamozzi insiste nisso, coloca problemas específicos[144]. Construir é questão de época e de lugar. E o autor multiplica as referências contemporâneas, variando os contextos.

141. Cf. os dezesseis primeiros capítulos do Livro II e a maneira como Scamozzi reconhece as dificuldades insuperáveis que certos sítios apresentam (por exemplo, p. 160).

142. Livro VIII, Caps. I e III.

143. Livro III, Cap. XVII, p. 303.

144. Cf. Livro II, Cap. XVIII, p. 159. "A diferença de época entre nós e os antigos acarretou grandes mudanças, inclusive na maneira de fazer as cidades: isto porque na Antiguidade não havia muitos habitantes e não reinava entre eles o desejo de dominação".

224 A REGRA E O MODELO

De fato, e é aqui que ele inova, pela primeira vez nos tratados Scamozzi adota uma perspectiva "comparatista", cuja amplitude somente se encontrará no final do século XVIII com Quatremère de Quincy. Já vimos que, em seu estudo dos materiais, ele leva em conta os usos dos diferentes povos da Europa; nota assim não só as variações impostas pela natureza do subsolo, mas também as diversas maneiras, por exemplo, de empregar a pedra em Paris, Viena, Budapest ou Strasbourg, a ardósia em Angers ou Luxemburgo[145]. E, quando ele deixa o nível da necessidade para abordar o da comodidade, elabora, *avant la lettre*, uma verdadeira antropologia cultural da cidade e da casa[146]. A massa de observações acumulada durante suas viagens ao estrangeiro[147] lhe permite evidenciar e ilustrar, numa escala ignorada de Alberti, a diversidade dos desejos, o poder de invenção e a criatividade dos seres humanos.

Não deixa de ser significativo que o arquiteto veneziano tenha introduzido no título de seu tratado o conceito de arquitetura *universal*. Aliás, não se priva de criticar aqueles que não aceitam a mudança e recusam toda prática estranha à tradição de sua cidade ou de sua região, e sublinha a vantagem que ganhariam em conhecer os legados arquitetônicos da Antiguidade[148]. Porque, na falta de regras pertencentes à *commoditas*, essa pode revelar, em sua pureza, certas regras universais que, Scamozzi não o diz explicitamente mas todo o seu livro o deixa entender, se ligam aos registros da necessidade e do prazer. Em compensação, e paralelamente a esse sólido núcleo de regras universais, o registro da comodidade é o campo de regras relativas e particulares. Por isso é que ele pode pôr em jogo todas as histórias e todas as culturas, se bem que fixe a atenção do arquiteto sobre o presente. Se existem regras constantes e gerais do construir, cada construção depende também da legislação específica e flutuante da comodidade. Mede-se o papel, já sublinhado, da comodidade pela maneira como Scamozzi modula os programas em função das regiões, pela complacência com que

145. Cf. o extraordinário Cap. IX do Livro VII.

146. "Constrói-se na Espanha de maneira diferente que na França e na Alemanha. E mesmo na Itália, os usos de Roma são diferentes dos de Veneza, de Nápoles, de Gênova, de Milão e de tantas outras cidades" (Livro III, Cap. II, p. 222). Cf. também, sobre as diferenças entre os palácios nas diversas cidades da Europa, Livro III, Cap. VI, p. 241-242. Existe além disso, em Scamozzi, uma antropologia dos modos de construção (Livro VIII, Caps. VIII e IX).

147. Fora das viagens à Itália, estas se situam em 1599 e 1600 e o levam em particular a Praga e a Paris, em companhia de dois embaixadores. Scamozzi relatou-as num *Taccuino di viaggio da Parigi a Venezia*, editado e comentado por F. Barbieri, Veneza-Roma, Istituto per la collaborazione culturale, 1959.

148. Livro I, Cap. XXIII, p. 55. Aliás, Scamozzi atribui a falta de qualidade da arquitetura nos países vizinhos da Itália à ignorância em que se encontram seus arquitetos da tradição e dos exemplos antigos (Livro VII, Cap. I, p. 273).

A POSTERIDADE DOS DOIS PARADIGMAS 225

minúcia o que é desejável e varia segundo se encontre em Veneza, em Roma ou em Nápoles[149]. Ao sabor dessas evocações ilustrativas, compreende-se que a *Idea* recuse toda forma de tipologia. Essa exclusão é confirmada pela crítica scamozziana ao desenho, que ele julga impróprio para apreender a realidade individual das construções[150]. O texto e as ilustrações da *Idea* poderiam ser contrapostos aos dos tratados neovitruvianos para mostrar a diferença entre o tipo e o exemplo arquitetônico. Basta reportar-se às autocitações[151] de que Scamozzi não se priva mais do que seus contemporâneos: em nenhum momento, elas constituem os elementos de um catálogo (mesmo que possam ser lidas dessa forma). Os desenhos dos edifícios que o arquiteto construiu são propostos como ilustrações de um processo. São destinados a fazer compreender, em duas dimensões, como o prático soube traduzir no espaço em três dimensões um conjunto de necessidades e de demandas; revelam a expressão espacial de programas, indissociáveis das circunstâncias particulares e dos protagonistas que os ditam, como do contexto veneziano onde geralmente se situam[152]. A *Idea dell'architettura universale* é realmente um livro relativista[153] na mesma medida em que descobre, desenvolve e liberta em sua plenitude o campo da demanda e do desejo humanos descoberto por Alberti.

Por outro lado, Scamozzi transforma e amplia igualmente a concepção albertiana da história do domínio construído. A lição de Vasari é integrada. Ao esquema de Alberti, que se assemelhava a um relato de origem e excluía o período medieval, sucede, na

149. Cf. n. 146, acima.

150. Cf. Livro VI, Cap. XXX, p. 140: "E um proveito muito pequeno que tiram os que estudam os desenhos dos monumentos antigos e não veem as próprias obras: a altura maior ou menor, a distância, o ângulo a partir do qual se olha o edifício [...] e tantos outros fatores podem dar-lhe uma aparência totalmente diferente da representada a nossos olhos pelo desenho". Essa análise mostra bem que, na abordagem teórica adotada pela *Idea*, o objeto construído não pode ser dissociado nem de seu contexto nem da experiência. Cf. também (Livro II, Cap. XXVIII) a insuficiência do desenho com relação à *maquette*, que permite a intuição imediata e cujo uso é comparado ao do cadáver em anatomia: "*quasi a simiglianza delle anatomia che fano i medici del corpo humano*".

151. Cf. Livro III, Cap. I, p. 222 e as ilustrações correspondentes.

152. Sobre a especificidade dos problemas (particularmente de poluição) colocados pela cidade de Veneza, cf., por exemplo, Livro II, Cap. XIX, p. 163: "Veneza não sofre pouco, tanto em seus portos como em sua laguna, com as imundícies e as areias que para ali trazem o mar e os rios"; Livro III, Cap. VI, p. 242-243: "Da mesma maneira que a forma das casas desta cidade é diferente das das outras cidades, o modo de viver da nobreza e dos habitantes não é tampouco conforme ao das outras".

153. Aqui também deve-se observar a convergência de Scamozzi e de Perrault, mesmo que o tema da relatividade seja desenvolvido pelo último por ocasião da beleza e não da comodidade. Há toda razão em pensar que o poliglota Perrault tenha lido Scamozzi no texto antes da redação do *Abrégé* (1ª ed. 1674). A primeira leitura do tratado de Scamozzi na Academia é consagrada a extratos do Livro III escolhidos por d'Aviler. Ocorreu somente em 1681.

226 A REGRA E O MODELO

*Idea*, a história inteira da arquitetura moderna. Essa é marcada pela supremacia da Itália[154] e se divide em dois períodos. O primeiro é o das obras anônimas; o outro, iniciado no século XIII[155], é o dos primeiros monumentos assinados. Também é levada em conta a história dos escritos sobre a arquitetura[156]. A história mítica da casa original é continuada e completada pela história real das transformações da casa durante e depois da Antiguidade[157]. Entre um relato de fundação mais detalhado que os dos textos inaugurais do século XV e uma história fundada em testemunhos escritos, ele reconstitui uma pré-história da casa, comparável à que Cerdà proporá dois séculos e meio mais tarde a seus leitores[158].

Em compensação, é impossível atribuir à integração de atitudes mentais novas ou de novos conhecimentos a maneira como a *Idea* desenvolve e sistematiza o papel do axioma do edifício-corpo como o dos modelos oferecidos pela natureza. Deve-se ver nesse naturalismo exasperado do Veneziano a marca de sua ligação com o aristotelismo. Onipresente através do texto, e mais radical do que no *De re aedificatoria*, a assimilação do construído, e particularmente da cidade, a um corpo vivo[159] o leva a fórmulas que poderiam iludir, como, por exemplo, quando coloca pela primeira vez o problema da circulação urbana em termos de circulação sanguínea[160]. Longe de inspirar-se nos trabalhos dos médicos contemporâneos ou de antecipar os desenvolvimentos ulteriores das ciências da vida[161], essa comparação apoia-se no conhecimento transmitido por Aristóteles e na visão finalista do filósofo grego. Mas Scamozzi nunca é totalmente prisioneiro de uma mentalidade anacrônica, sua obra se situa na charneira de dois sistemas de saber. Assim como, em seu Livro VII, sobre os materiais, onde utiliza a "física" de Aristóteles para promover um papel novo do desejo na gênese do construído, da mesma forma, em matéria de circulação, o vitalismo de Aristóteles

154. Livro I, Cap. II; Livro VIII, Cap. I, p. 273.

155. Livro I, Cap. VI. Cf. supra, p. 203, n. 58.

156. Livro I, Cap. VI, p. 18; Livro VI, Cap. V e s. (literatura concernente às ordens); Livro VI, Cap. XXX: essa última passagem se mostra particularmente severa para as gerações anteriores à de Vignola e Palladio, autores que, na opinião de Scamozzi, assinalam uma era nova na reflexão teórica.

157. Livro III, Cap. I, p. 220.

158. Cf. infra, Cap. 6.

159. Cf. infra, Cap. 6.

160. Cf. Livro II, Cap. XVIII, n. 159: "As cidades são como corpos humanos"; Livro III, Cap. I, p. 220: "O edifício nada mais é que a construção de um corpo artificial, de forma excelente e que não oferece de nenhuma parte que convém a um corpo perfeito"; Cap. VI, p. 241; Livro VI, Cap. XXX; Livro VIII, Cap. I, p. 272 etc.

160. Livro II, Cap. XX.

161. O vitalismo de Scamozzi opõe-se aqui ao mecanismo de Perault (cf. F. JACOB, *La Logique du vivant*, Paris, Gallimard, 1970) que está na vanguarda do saber contemporâneo, como o mostram seus trabalhos de anatomia.

A POSTERIDADE DOS DOIS PARADIGMAS            227

é posto a serviço de uma concepção contemporânea e inovadora da *commoditas*, do *uso* das construções. Scamozzi deixa de pensar na cidade, ou nos edifícios individuais, em termos estáticos de morfologia, e começa a pensá-los em termos de funcionamento. Isso não quer dizer que Alberti ou Filarefo tenham dissociado o quadro construído de seu uso; eu mesma insisti no "funcionalismo" de Alberti; o autor do *De re aedificatoria* foi o primeiro a afirmar a necessidade de uma adaptação das construções à sua função e propôs por modelo a morfologia do cavalo que traduz a boa adaptação desse animal à corrida. Mas, precisamente, nessas análises, a adaptação harmoniosa pedida às regras da comodidade continua atestada, sobretudo, por critérios visuais, subordinada à satisfação do olho. O uso permanece absorvido em seus signos.

Para Scamozzi, o axioma do edifício-corpo permite transpor a superfície das aparências, designa um dinamismo oculto, um sistema de práticas escondido pelos arquitetos. O emprego da imagem do sistema venoso para explicar as exigências da circulação urbana[162] ou doméstica[163] permite que Scamozzi avance mais na via daquilo que, no século XIX, será a análise das funções urbanas[164].

Essa naturalização sistemática do processo de construção vale à *Idea* um relato de origem particular que ainda participa, ele também, de dois universos mentais, na medida em que remete ao mesmo tempo à história natural da Antiguidade e à obra crítica da modernidade. Para Scamozzi, os princípios fundamentais da prática arquitetônica não constituem mais um dom milagroso dos deuses. Não balizam mais a fronteira intransponível que separa o domínio (construído) dos homens do dos outros seres vivos. Foram buscados pelos primeiros homens junto aos animais construtores, como os pássaros ou as abelhas[165].

162. "As ruas das cidades são semelhantes às veias do corpo humano, é por isso que nelas deve haver reais e principais, grandes, comuns e pequenas, diferindo umas das outras segundo os serviços que são chamadas a prestar."

163. "As escadas são tão necessárias nos edifícios quanto as veias cavas e misseraicas nos corpos humanos: se essas *servem* naturalmente para distribuir o sangue a todas as partes do corpo, as escadas principais e secretas não têm *função* diferente: servem aos edifícios a começar pelas partes mais íntimas" (Livro III, Cap. XX, p. 312); [O *grifo é nosso.*]

164. Cf. Cap. 6.

165. Com efeito, Scamozzi constrói dois relatos, um, relativo às origens da casa, é apresentado como uma hipótese apoiada pelo testemunho de Plínio sobre as construções das abelhas (op. cit., Livro III, Cap. I, p. 221); o outro, concernente às origens da edificação, revoca os relatos de Pausânias e de Pelasgo, e prossegue: "Mas se considerarmos mais atentamente a indústria dos animais, podemos aprender muitas coisas que são outros tantos *documentos sobre a maneira de construir*: como as andorinhas fazem seus ninhos da maneira que vimos todos os dias nas casas particulares de toda a Itália, com aberturas e coberturas de raízes, *os homens dos primeiros tempos pude-*

228 A REGRA E O MODELO

A laicização do relato de origem, como as diversas modulações introduzidas pela posição nova ou mais importante que, na *Idea*, assumem a "antropologia", a história e a naturalização do processo de construção não deixam de marcar, mas não alteram em profundidade, o grande relato histórico que a *Idea* desenvolve. Esta continua um texto de história habitado pelo mesmo autor-herói, história legendária do arquiteto ao mesmo título que o *De re aedificatoria*, mas carregada de uma genealogia mais longa[166] e de um percurso mais sinuoso num campo de competências mais vasto.

Além disso, a utilização das categorias aristotélicas permite que Scamozzi dê uma dimensão suplementar à figura de seu herói. O arquiteto torna-se um rival, quase divino, da natureza[167], *causa formal* do mundo edificado[168]. Seu cliente é relegado, então, à categoria de *causa primária* ou motriz. É possível, pois, que não se trate mais de estabelecer com ele a relação de complementaridade definida por Filareto. Scamozzi inverte a relação que, a partir do século XVI, tende a submeter o arquiteto ao domínio de seu príncipe. A superioridade que lhe conferem seu saber e sua competência vale ao construtor uma autoridade soberana sobre rodos os seus clientes[169]. Seria errôneo imputar esse triunfalismo e a ênfase heroica da *Idea* a um deslocamento epistêmico e a pertinências anacrônicas. Não devemos esquecer, e ele próprio se encarrega de no-lo lembrar ao longo da *Idea*, que Scamozzi trabalha em Veneza, num quadro que continua sendo o de uma Cidade-Estado. Se bem que, já na geração anterior, no mesmo contexto veneziano, Palladio já tenha deslocado quase totalmente o problema teórico da criação arqui-

ram seguir o exemplo desses pássaros para edificar suas cabanas e suas pequenas casas [...]" (Livro viu. Cap. I, p. 271). [O grifo é nosso.]

166. Cf. *proemio* do Livro VI e a ideia, cara a Scamozzi, dos progressos que realizou a teoria do construir no curso do tempo. Cf. também Livro VII, Cap. IV, p. 13; Cap. X, p. 30.

167. Livro VIII, Cap. I, p. 274. Cf. também "Dedicatória ao Leitor": "E se o homem que se coloca a serviço dos outros merece chamar-se Deus..." O privilégio do arquiteto em relação aos outros criadores se exprime tão vigorosamente quanto em Alberti: cf. Livro I, Cap. XVI, p. 53: "Daí se conclui claramente, pois, que a perenidade das obras da arquitetura coloca [os arquitetos] acima de todos os outros homens".

168. "A causa formal, que é o arquiteto, o qual inventa e ordena todas as coisas" (Livro VIII, Cap. I, p. 274).

169. Cf. Livro VIII, Cap. I, p. 273-274: o arquiteto deve correr em auxílio de seu cliente ("como de um fraco de espírito, que compreende pouco das coisas"), submeter-se a seu julgamento que não tem mais sentido que se o médico pedisse ao doente o seu parecer. Daí a qualidade de chefe, de guia, e mesmo uma espécie de realeza, atribuídas ao arquiteto, numa terminologia que, para o leitor do século XX, lembra a de Corbusier (cf. infra). Cf. por exemplo, Livro I, Cap. VI, p. 53: é Impossível aos homens construir "sem os conselhos e a direção, de valor universal, de um excelente arquiteto" ("*senza* l'universal consiglio e commando d'*eccelente Architetto*") que é comparado a um general. [*O grifo é nosso*.]

A POSTERIDADE DOS DOIS PARADIGMAS          229

tetônica para o plano da estética, é sem dúvida esse contexto político e social que, no limiar do século XVII, na Europa dos Estados nacionais, permite a Scamozzi encarar o ato construtor na totalidade de suas dimensões e na plenitude de sua liberdade, assumir-lhe as duas faces, exaltante e perigosa, em suma, escrever ainda um verdadeiro tratado instaurador.

## 2. A RESISTÊNCIA DA FIGURA UTÓPICA

A figura da utopia não é, de seu lado, exposta às mesmas vicissitudes que a do tratado: o projeto utópico não pode ser ameaçado pelas decisões do poder político já que, por natureza, é elaborado contra ele. A permanência da utopia como forma textual se confirma, ao contrário, à medida que se afirmam, na cultura ocidental, a reflexão e a crítica sociais e políticas.

### 2.1. *A Utopia Reduzida de Morelly*

Vimos[170] que, no correr do tempo, o paradigma de Morus igualmente engendrou ou contaminou uma abundante literatura paralela que possui apenas uma parte dos traços discriminatórios da figura da utopia.

Ao lado do conjunto heterogêneo desses textos e das utopias retóricas[171] que possuem os sete traços distintivos do gênero utópico, mas os fazem servir apenas a fins paródicos ou lúdicos, deve-se ainda assinalar uma forma simplificada, que exclui a dimensão narrativa do texto de história em proveito exclusivo do discurso, mas que conserva o espírito do paradigma de Morus.

Tomaremos por exemplo o *Code de la nature* (1755) de Morelly. Esse livro exerceu considerável influência, particularmente sobre a obra de Fourier, em benefício da qual ele é ignorado por nossa época. Além disso, a relação do *Code* com a utopia, a redução que lhe impõe podem ser esclarecidas pela comparação com outro livro utopizante, a *Basiliade* (1753)[172], no qual, ao contrário, Morelly deixa uma parte demasiado grande à ficção.

Foi sem dúvida o desejo de aumentar o número de leitores que inspirou a Morelly as dimensões e a natureza da intriga da *Basiliade*. Todavia, nesse texto, a crítica modelizadora se eclipsa diante da ficção, que multiplica os episódios fabulosos[173] e perde a função de

170. Cap. 1.

171. Cf. supra, p. 44 e s.

172. *Naufrage des iles flottantes ou Basiliade du célèbre Pilpa"*, Paris, 1753.

173. Cf., por exemplo, o relato do cataclismo que isola as "ilhas flutuantes" onde se situa a "utopia" de Morelly: "A tirania desses monstros prova a cólera do céu [...] Ele

230 A REGRA E O MODELO

anteparo, seu papel mediador, para transformar-se em divertimento. A ficção da perspectiva (R[1])[174] é muito elaborada, bem articulada à ficção do motivo (R[2]). Mas essa, centrada na história[175] do reino-modelo, não deixa lugar praticamente à sua descrição. Essa imagem especular ideal de uma sociedade cuja imagem crítica quase não é mais detalhada aparece apenas sub-repticiamente e como que fora do texto, fornecida não diretamente pelo viajante-voyeur-espectro e outro do autor (S[2]), mas por um habitante do reino de Zeinzemein, alojada unicamente no espaço de (R[2]), e comentada em nota[176] por Morelly (S[1]). A intriga pululante e irrealista da Basiliade, onde a crítica modelizante só se introduz por astúcia, não deve ser lida como uma paródia dos anteparos da utopia? Ela não designa esse artifício à crítica das Luzes, preparando assim o leitor para a forma despojada do Code de la nature?

Depois desse aparente divertimento cuja parte narrativa dissimula uma carga social cheia de contraposições, Moreliy efetivamente adotou uma outra forma textual no Code de la nature que enuncia o mesmo propósito sem rodeios, sem a medição de folheados mitizantes. Nessa segunda obra, ele elimina somente (R[1]) e (R[2]) e se contenta em contrapor, numa estrutura de discursos, as duas imagens, positiva e negativa, características da utopia. Nas três primeiras partes, apresenta o quadro da sociedade corrompida do século XVIII europeu e traça o balanço de seus defeitos. Na quarta, a essa imagem contrapõe a de uma sociedade-modelo, de um "modelo de legislação conforme às intenções da natureza", cujos doze tipos de leis correspondem ponto por ponto aos defeitos denunciados e têm por suporte uma organização espacial modelar regularmente ordenada[177]. Enunciadas no futuro, essas "leis" prescritivas não permitem uma aproximação com as regras dos tratados. Trata-se de leis éticas destinadas a garantir a repetição das condutas e duplicação das instituições. Basta colocar o texto no presente para obter

destaca desse vasto continente uma infinidade de ilhas levadas pelas ondas, cheias de homens e de animais que nelas se refugiaram [...] Duas crianças, um irmão e uma irmã, deplorável resto desse povo numeroso [...] se acham separadas dessa multidão por um precipício [...] Encontram um vale encantador" e tornam-se o tronco da sociedade ideal (porque conforme à natureza) com que se maravilhará o porta-voz do autor.

174. Cf. supra, Cap. 3, p. 172 e s.

175. Ou mais precisamente as aventuras políticas ou amorosas de seus chefes, Zeinzemein e seu pai, o Fundador. O papel do tempo e do progresso é aliás particularmente importante na Basiliade, onde é n marca da ideologia das Luzes.

176. Naufrage des iles flottantes ou Basiliade [...], op. cit., Cap. III, p. 9 e s.

177. "Leis edis II": "Em volta de uma grande praça de figura regular serão erigidos, de estrutura uniforme e agradável, os Armazéns públicos de todas as provisões e as salas de assembleia públicas", ou: "No exterior dessa muralha serão alinhados regularmente os bairros da cidade, iguais, de mesma figura, e regularmente divididos por ruas" (Paris, Ed. Chinard, Clavreuil, 1950, III, p. 293-294.

A POSTERIDADE DOS DOIS PARADIGMAS     231

um equivalente da descrição utópica[178]. Assim, a partir da segunda metade do século XVIII, essa forma reduzida e "laicizada" se acrescenta à forma canônica criada por More[179].

## 2.2. *A Utopia Canônica: Sinapia e a Superespacialização*

Quanto às verdadeiras utopias, não cessam de se suceder, afirmando a cada vez sua identidade discursiva através da citação sistemática que os textos mais tardios fazem de seus predecessores na linhagem[180]. E, apesar da transformação das mentalidades e das psicologias de que dependem, apesar da diversidade das sociedades que invocam – virtuosas ou felizes, naturais ou artificiais, apostando na tradição ou no progresso, na religião ou no livre-pensamento – elas conservam e continuam a fazer funcionar a organização textual do arquétipo de More.

Para ilustrar a perenidade desse tipo discursivo através da análise de um exemplo único, nossa escolha não foi fácil. Porque elas estão demasiado próximas do livro de Morus no tempo e por seus temas, porque também seus espaços são desenhados menos firmemente que os de Amaurota e de seu território, renunciamos aqui às utopias religiosas do século XVI e do início do século XVII. Apesar do interesse que teria oferecido a delimitação de suas diferenças, não evocaremos, portanto, nem a circular Eudemona, capital do país de Maçaria, que é para Stiblin o outro da Alemanha[181], nem o outro "comunista" de Florença, a grande cidade de templo

---

178. Cf. "Cada tribo será composta de um número igual de famílias, cada cidade de um número igual de tribos" ("Leis distributivas, II", p. 287).

179. A citação não é necessariamente nominal. No caso de *Sinapia*, estudado abaixo, e que utiliza, por vezes de maneira literal, os textos de Morus, Campanella e Morelly, o autor não menciona nenhuma de suas fontes.

180. Seus empréstimos a Morus, ao nível dos grandes temas (supressão da propriedade privada, erradicação da ociosidade, proibição do luxo vestimentar e cerimonial, eliminação do espetáculo da morte...) como no detalhe, são consideráveis. A título de exemplo reportar-nos-emos à descrição, por Valentin Andreae, das casas de Cristianópolis que tem, como Amaurota, a forma de um quadrado (*figura quadrata*): "As casas não são propriedade de ninguém; são todas atribuídas e concedidas para uso àqueles que as utilizam (*omnes in usura concessae et designatae*) [...] Cada casa dá, na parte traseira, para um jardinzinho mantido com muito cuidado e elegância (*A tergo singulis aedibus hortuli subjacente magna et diligentia culti*)" (op. cit., p. 61 e 24). Cf. com MORUS, op. cit., S., p. 120: "*nihil usquam privati est*" e "*Posterioribus aedium partibus [...] hortus adjacet*" (idem, p. 120).

181. G. Stiblin, *De Eudaemonensium Republica commentariolus*, Basileia, 1555. É permanente a comparação da Maçaria e suas instituições com as da Alemanha, particularmente no capítulo sobre as leis: "*Quid enim corruptius luxu hodie est quam Germania omnis generis voluptatibus addictissima? Ubi leones, beluones, ganeones asylum ac profugium habent*" (op. cit., p. 102). A descrição da capital ocorreu uma primeira vez na chegada do autor a Maçaria, depois no final da obra.

232 A REGRA E O MODELO

central descrita por Doni[182], nem a majestosa Cristianópolis de Valentin Andreae, com sua tripla muralha, suas quatro portas e sua cúria central[183]. Não retomaremos aqui também a análise de utopias célebres que foram objeto de trabalhos aprofundados. Não trataremos da deslumbrante e inquietante *Cidade do Sol*[184] de Campanella nem do popular e muito medíocre *Voyage en Icarie* de Cabet[185]. Limitar-nos-emos ao estudo de um único texto, mas quase desconhecido porque permaneceu inédito até 1976[186], *Sinapia*, "uma utopia espanhola do século das Luzes".

A estrutura discursiva de *Sinapia* é canônica. Resume-se num relato de encenação na primeira pessoa do singular $(R^1 + S^1)$[187] que engloba um relato do motivo $(R^2)$ no qual um texto de história contando uma ação heroica $(R)$ é associado à descrição no presente$(I^2)$ de uma sociedade-modelo, Sinapia. $(R^1)$, $(R^2)$, $(R)$, $(I^2)$ apresentam, com relação a seus homólogos da *Utopia* de Morus, diferenças de apresentação e/ou de conteúdo, em parte devidas à diferença das épocas em que foram escritos os dois textos, mas que não alteram seu idêntico funcionamento, tanto mais interessante de observar.

No que concerne a $(R^1)$, o autor de *Sinapia* não finge mais ter um dia encontrado, por acaso, o *navegador* (imaginário), testemunha de sua Utopia. Afirma ter encontrado por acaso o *manuscrito* (imaginário) no qual um navegador *real*, Abel Tasman[188], relatou sua viagem a Sinapia. O problema que então se coloca é o inverso daquele que Morus enfrentava: não se trata mais de dar uma sonoridade verídica ao testemunho de um protagonista imaginário, mas

---

182. A. F. Doni, *Mondi celesti, terrestri, e infernali degli academia pelligrini*, Veneza, 1552. A cidade-modelo que os dois peregrinos descrevem ao narrador e que viram "*in un mundo* nuovo, diverso, *da questo*" (p. 173) é assinalada ao mesmo tempo por seus costumes ascéticos (a propriedade privada não existe; o luxo é proibido; os funerais são suprimidos, morre-se no hospital, para onde são igualmente recolhidos os anciãos...) e pelo aspecto grandioso do espaço-modelo que se descobre em toda a sua totalidade ("*Veniva a vedere in una sola volta tutta le città*", ibid.) a quem se coloca no centro do templo de cem portas de onde partem cem ruas irradiantes em direção das cem portas da cidade. [O *grifo é nosso.*]

183. V. Andreae, *Rei Publicae Christianopolitanae descriptio*. Strasbourg, 1619.

184. *Civitas solis politica idea republicae philosophie*, Frankfurt, 1623.

185. Rapidamente evocada no Cap. 5, p. 258.

186. Data de sua publicação por Miguel Aviles Fernandez sob o título de *Sinapia, una utopia Espanola del Siglo de las Luces*, com uma introdução crítica (Madrid, Editoria Nacional, 1976). O manuscrito desse texto, que não traz nome de autor, faz parte do "Fondo Documental de Dr. Carmen Dorado y Rodriguez de Campomanes", hoje depositado na Fundação Universitária Espanhola. Certo número de indícios levam M. Aviles Fernandez a presumir que esse texto saiu da mão do Conde de Campomanes, economista e conselheiro do Rei Carlos III e que teria sido escrito durante o último terço do século XVIII.

187. Para esta terminologia e estes símbolos, cf. supra, Cap. 3, particularmente p. 172 e s.

188. O locutor-tradutor apresenta o relato de Tasman como o de Nova Zelândia.

A POSTERIDADE DOS DOIS PARADIGMAS          233

de desfigurar o de uma personagem histórica. A dificuldade é identicamente resolvida através da elaboração de uma estrutura folheada. A função de anteparo, assegurada na *Utopia* pelo relê das palavras, é obtida em *Sinapia* pela conjugação de três meios: a distância temporal[189] em que se situa em Tasman (que viveu século e meio antes do autor do livro), a língua estrangeira em que teria sido escrito seu manuscrito, o estilo indireto[190] no qual o tradutor escolheu fazer o relato em primeira pessoa de Tasman.

Mas esse "relato do motivo" (R²) formulado na terceira pessoa conserva na descrição da república sinapiana (I²) o presente e a presença utópicos graças à intervenção ativa do tradutor (S¹) que, remetendo-a a uma situação de enunciação e marcando-a de *shifters*, penetra no papel de (S²).

Como a de Utopia, a imagem de Sinapia é o inverso especular[191] de um referente real (I¹). Todavia, a descrição da sociedade criticada é menos desenvolvida que no texto de Morus e, com uma ou duas exceções[192], ela procede apenas por denegação. Mais que a desigualdade social, é a forma de ingerência da Igreja na vida dos cidadãos que é visada, os processos da inquisição, o obscurantismo e o despotismo de um clero pletórico e perdulário. A imagem assim descrita em profundidade é a da Espanha. Indiretamente, mas claramente identificável pelo nome próprio[193] (Sinapia Ispania) de seu inverso especular, e através dos detalhes de sua "imagem-retrato": Sinapia é uma península, separada do resto do continente por uma alta cadeia de montanhas; sua situação invertida no hemisfério austral é exatamente aquela que, no hemisfério norte, corresponde à latitude e longitude da Península Ibérica[194]; os vegetais que nela crescem, como os animais que aí se criam, são os mesmos cantados

189. O locutor-tradutor apresenta o relato de Tasman como o de um contemporâneo. Está, pois, subentendido que é um intermediário entre Tasman e o autor real do livro (Campomanes?), que, longe de reivindicar sua identidade como Morus, guardou o anonimato.

190. Depois de haver indicado as razões que o fazem revelar o conteúdo do manuscrito de Tasman, o autor inicia seu segundo capítulo por: "*En aquel largo rodeo con que Abel Tasman dio vuelta a la Nueva Holanda, Tierra de Concordia* [...]" (op. cit., p. 70-71). Tasman não mais reaparecerá pelo nome a não ser em breves ocasiões (cf. p. 114), e a descrição de Sinapia terá prioridade sobre o relato de suas aventuras.

191. P. 72. Essa inversão da imagem especular que, para nós, assinala a utopia, é marcada por M. Aviles Fernandez para quem ela especifica, ao contrário, que *Sinapia* "não é uma utopia, mas antes uma espécie de *antitopia*" (p. 24).

192. Cf. p. 70 onde se evoca o que ocorre "entre nós".

193. Da mesma forma, os vizinhos dos sinapianos são os lagos (galo) " os merganos (germanos). O nome antigo da península era Bireia (Ibéria).

194. P. 71.

234        A REGRA E O MODELO

pelos elogios tradicionais da Espanha[195], e o clima também é "como o da Espanha"[196].

O modelo de Sinapia difere do modelo de Utopia por seu conteúdo, que reflete a problemática das Luzes. Se, como na Utopia, a comunidade dos bens reina em Sinapia e se a família constitui aí igualmente a célula social de base, e mesmo um paradigma para as instituições econômicas e políticas, a religião e com ela o conjunto das práticas sociais que ela tinge mais completamente do que em Utopia[197] são, todavia, profundamente racionalizados e transformados pelo cartesianismo[198] e pela filosofia do século XVIII. Mais, a sociedade sinapiana é aberta aos progressos dos conhecimentos teórico e técnico, e parece, como a da Nova Atlântida de Bacon, acolher a eficácia do tempo. A medicina e as técnicas agrícolas, em particular, são submetidas aos aperfeiçoamentos. Não há inclusive modelo social que se constitua progressivamente[199]. No entanto, uma vez estabelecido[200], ele permanece tão intangível quanto no caso de Utopia, fixado por uma bateria de meios que são, em parte, os mesmos que os imaginados por Morus: *Numerus clausus*[201] limitando a população urbana; controle das viagens[202] e das importações[203], a que o autor acrescenta a proibição dos livros estrangeiros, salvo sob a forma de "traduções para a língua sinapiana por ordem do Senado"[204].

Quanto ao modelo espacial, seu papel pode ser medido pela situação e pelas dimensões de sua descrição. Como na *Utopia*, a descrição do espaço-modelo (I²) precede[205] a das instituições-modelo que nele se alojam e se enraízam, mas é muito mais longa e detalhada. Oriundo de uma concepção da psicologia inspirada pela

195. M. Aviles Fernandez remete às *Laudes hispanides* de São Isidoro e de Afonso X.

196. P. 72.

197. Cf. p. 54, o comentário de M. Aviles Fernandez.

198. P. 128. Descartes é o único autor citado favoravelmente em *Sinapia*.

199. "Na formação dos planos e das leis dessa república, os legisladores foram prudentes, pondo-os em prática não de uma só vez, [...] mas pouco a pouco" (p. 76).

200. A importância que assume a noção de modelo em *Sinapia* pode ser comentada por um incidente acerbo que visa aquilo que é seu inverso, as "fanfarronadas" de Maquiavel (p. 70).

201. P. 84.

202. P. 123.

203. P. 123-124.

204. P. 127. Ideia tirada de Campanella.

205. As divisões territoriais (Cap. VI), a casa familial (Cap. VIII), *obarrio* (Cap. VIII), a vila (Cap. IX), a cidade (Cap. X), a metrópole (Cap. XI) e a capital (Cap. XII) são descritos em suas formas espaciais antes que seja evocada (Cap. XIII) a "forma da república". Não cabe em nosso propósito expor com detalhe o funcionamento dessa "figura piramidal da qual o povo constitui a base, os magistrados o corpo e o príncipe o vértice", sendo a magistratura constituída pelo "conjunto dos pais" de *barrios*, de vilas, cidades e províncias.

A POSTERIDADE DOS DOIS PARADIGMAS · 235

física newtoniana e à qual o final do século XVIII empresta um valor científico[206], elaborado com extrema minúcia, o modelo espacial de Sinapia lembra o de Utopia por alguns de seus traços[207], mas difere dele pela hierarquização sistemática dos espaços e sua rigorosa articulação por meio de unidades modulares.

Apresenta quatro tipos de unidades quadrangulares encaixadas umas nas outras: o país, a província (nove províncias iguais, cada uma com quarenta e nove léguas sinapianas de lado), a região[208] (quarenta e nove regiões de sete léguas de lado por província) e a zona urbana (quarenta e nove unidades de uma légua de lado por região). A cada uma dessas entidades territoriais corresponde um tipo de aglomeração; a capital, a metrópole ou capital provincial, a cidade e a vila[209]. Esta última é que constitui o modelo ou a célula urbana elementar. As outras três diferem dela somente pela escala, ou mais precisamente pelo número de células que compreendem.

A vila é, com efeito, uma entidade funcional de base, que serve para compor, por justaposição, as entidades urbanas dos níveis superiores. Em compensação, os três tipos de elementos – *barrio*, casa dos pais, igreja – que se articulam a fim de compor essa célula não são autônomos e não podem ser dissociados em seu funcionamento. São combinados segundo um esquema quadrangular muito simples. Os *barrios*, "unidades de vizinhança" para dez famílias, estão dispostos na vila em número de oito, quatro nos dois lados opostos do quadrado de base. Os outros dois lados são ocupados por quatro (duas vezes duas) "casas comuns" ou "dos pais da vila", cujos módulos de superfície são o dobro dos de um *barrio*[210]. Finalmente, no

206. Quer se inspire em sua obra ou não, o autor de *Sinapia* pertence à mesma constelação epistêmica que Morelly, para quem, como mais tarde para Fourier, a física newtoniana era o modelo de uma ciência do homem futuro. Cf. *Code*, 3ª parte, "Analogia entre a Ordem Física e a Moral": "Nossa fraqueza está em nós como uma espécie de *inércia*; ela nos predispõe como a dos corpos, a sofrer uma lei geral que liga e encadeia todos os seres morais. A razão, quando nada a ofusca, vem ainda mais aumentar a força dessa espécie de gravitação" (p. 244-245). Cf. também, idem, p. 202-263, "Principal motivo de toda ação humana e princípio de toda harmonia social".

207. Por exemplo, as duas portas das casas e os jardins comuns.

208. Termo nosso. O autor se contenta com o mesmo termo *cuadrados* para designar as diversas escalas de quadrados: "*Cada província se vuelve a dividir* en cuarenta y nueve cuadrados […] *Cada partido se subdivide* en otros cuarenta y nueve cuadrados" (p. 81). [O *grifo é nosso*.]

209. Na terminologia do autor: *corte, metropoli, ciudad, villa*.

210. "Os pais da vila são quatro. Formam um conselho, governam as casas comuns, presidem a jurisdição criminal em primeira instância e castigam os pais de *barrios* […]" (p. 87). Além disso, cada um possui suas funções próprias. "O primeiro que tem por excelência direito ao nome de pai da vila preside o conselho"; além disso, é "encarregado da defesa, das relações públicas, das festas, dos passaportes, da substituição dos cargos vacantes, da educação e dos estudos" (p. 88). Os outros "ministérios" são menos polivalentes, sendo o segundo pai encarregado de todos os problemas de saúde, o terceiro da subsistência da vila (tanto no que diz respeito aos víveres quanto

236          A REGRA E O MODELO

centro, numa praça quadrada, reina, único edifício circular de Sinapia, a igreja, que reúne os lugares do culto e da educação, a residência do clero e o cemitério. O *barrio* apresenta, por sua vez, um plano quadrado que permite a mesma interação dos espaços público e privado: dois lados paralelos são guarnecidos de casas unifamiliais, dispostas em faixa contínua, à razão de seis de um lado, e de apenas quatro do outro onde engastam simetricamente a "casa do pai de *barrio*". Essa é dotada de duplo tamanho modular e de um andar suplementar, que acrescenta ao alojamento pessoal do pai de *barrio* a sala de reunião dos habitantes da ilhota, os armazéns para estocar os víveres e os instrumentos de primeira necessidade, enfim, no flanco da casa, as prisões: trata-se, pois, aí de um centro social elementar, total e totalitário. O meio quadrado é ocupado pelo jardim retangular comum, cujas dimensões são determinadas por um módulo correspondente ao tamanho da casa. Um outro tipo de *barrio*, com dez casas *separadas*, dispostas em torno da casa do pai, caracteriza os quatro quarteirões (*cuarteles*) de um gênero particular que formam o território agrícola suburbano de cada vila.

A cidade é composta de paróquias que são outras tantas vilas. Possui uma igreja central suplementar que, na metrópole, se chamará catedral e abrigará instâncias educativas superiores. Quanto à capital, metrópole e da província central, tem por especificidade abrigar em suas casas comuns a academia, os arquivos e os conselhos da nação. Províncias, regiões e zonas urbanas são limitadas por canais bordejados de árvores e de tamanho proporcional à importância da unidade territorial que delimitam. As diversas entidades urbanas estão ligadas entre si por estradas cuja largura varia de acordo com sua importância e que, nas aglomerações, se transformam em ruas de arcadas[211].

Essa organização complexa é, pois, construída a partir de um número reduzido de unidades cuidadosamente definidas e articuladas segundo regras idênticas. Na base, elementos indivisíveis, o jardim e a casa individual[212]. Eles se combinam para formar, no

na conservação dos edifícios), e o quarto sendo responsável pelo trabalho e pela supervisão ao mesmo tempo dos meios e locais de trabalho, da qualidade dos produtos e do comportamento dos trabalhadores (p. 88-89). As construções que tocam a essas diversas funções comportam todos os mesmos apartamentos privados destinados aos quatro pais. Quanto ao resto, "sua construção e sua distribuição varia [...] segundo o que cabe administrar" (p. 92).

211. "Todas as ruas são retilíneas e bordejadas de pórticos de maneira que em toda a parte se possa caminhar a coberto" (p. 84).

212. "Cada casa possui dois níveis com dezesseis peças e no meio um pequeno pátio com uma fonte ou um poço; duas portas abrem uma para a rua e a outra para o jardim, identicamente bordejados de pórticos com uma galeria [...] Todas as casas particulares são uniformes em toda a península e todas possuem seus quartos de dormir, sua capela, sua oficina, sua cozinha e sua sala comum" (p. 92).

A POSTERIDADE DOS DOIS PARADIGMAS

segundo nível, uma unidade de tipo superior, o *barrio*, homólogo de duas novas unidades, a casa comum e a igreja. No vértice, *barrio*, casa comum e igreja se associam, por sua vez, para constituir a vila, unidade última que não entrará mais em novas composições a não ser por duplicação. Vê-se assim aparecer uma série de protótipos hierarquizados, e o autor, retomando e generalizando a fórmula de Morus, pode afirmar com igual pertinência, acerca da casa, da igreja[213] ou da entidade urbana, que "quem conhece uma as conhece todas[214]. A despeito de uma maior elaboração e de seu caráter modulado, o modelo espacial descrito no presente do indicativo em *Sinapia* exerce, portanto, a mesma função de conversão e de estabilização sociais que o modelo utópico de Morus.

Finalmente, a identidade formal e funcional constatada no nível de $(R^1)$, $(R^2)$ e $(I^2)$ se reencontra para (R), a história lendária narrada no pretérito. "A criação da admirável república de Sinapia" não é mais obra de um protagonista único, "é devida à associação de três heróis"[215]. Dois deles são persas convertidos ao cristianismo[216], o terceiro um filósofo chinês[217]. Sua ação conjugada, que se exerceu sobre uma população que associa aos persas e aos chineses um fundo de malaios e de peruanos, testemunha o valor universal de seu modelo. Os episódios variados de sua história comum[218] refletem o cosmopolitismo das Luzes e particularmente o interesse testemunhado pelo século XVIII à linguística. Mas essa história lendária (R), mais longa e complicada que a de Utopo, e paradoxalmente situada nos tempos históricos, já que ligada ao desenvolvimento do cristianismo, conserva, claramente afirmada, a dimensão mítica que caracteriza (R) na *Utopia* de Morus.

Entre as variações superficiais, imputáveis a mudanças epistêmicas e que, como vimos, não alteram o funcionamento moreano do texto, duas diferenças, entretanto, parecem anunciar uma transformação futura do paradigma.

A primeira, mais formal, diz respeito à importância dada pelo autor de *Sinapia* à descrição do espaço-modelo. Por certo, fizemos

213. Cf. a longa descrição do templo-padrão (p. 94).

214. "Quem viu uma vila, as viu a todas porque todas são iguais e semelhantes. E quem viu essas, viu as cidades, as metrópoles e a própria capital, pois diferem apenas pelo número de seus *barrios*, pela qualidade dos materiais e pelo tamanho dos seus edifícios públicos" (p. 85). Cf. p. 94: "quem viu um templo os viu a todos pois eles diferem apenas pelo volume, pela riqueza dos materiais e pela abundância das pinturas e das esculturas".

215. P. 75.

216. Um príncipe, Sinap, e um patriarca da Igreja, Godabend.

217. Si-ang, cuja cultura que ele simboliza desempenharia em *Sinapia* o mesmo papel que a cultura greco-latina na *Utopia* de Morus. Cf. p. 74, a nota 124 de M. Aviles Fernandez.

218. Essencialmente desenvolvida no Cap. 3.

238    A REGRA E O MODELO

de I$^2$ um traço estrutural da figura da utopia. Mas a diferença de proporção entre os espaços textuais que essas discrições ocupam respectivamente no interior dos dois livros de Morus e do anônimo espanhol designa uma diferença funcional entre os dois textos. Enquanto a *Utopia* de Morus continuava um exercício especulativo, parece que a elaboração abundante e meticulosa do modelo espacial de *Sinapia* seja o indício de um alcance prático, que Sinapia tenha sido destinada a realizar-se. Hipótese confirmada pela identificação do autor com o economista fisiocrata que Carlos III encarregou de um projeto de reestruturação da Andaluzia, o Conde de Compomanes[219].

O que quer que suceda com a personalidade de seu autor, *Sinapia* foi escrita no país que foi o primeiro no Ocidente e o único também sistematicamente a ligar em sua prática colonizadora os conceitos de espaço e de sociedade e o primeiro a impor aos territórios conquistados[220] modelos espaciais específicos, verdadeiros protótipos urbanos.

Essa experiência da colonização, ao mesmo tempo que a numerosa literatura de viagens publicada a partir do século XVI, confrontou o século XVIII com o poder realizador que a utopia detém em potencial. Daí uma evolução da figura textual. Mantém-se a forma original, para a qual não é realizável o advento da sociedade ideal. Mas, paralelamente, uma forma superespacializada exprime uma nova tendência que parte do postulado inverso e privilegia a descrição de um espaço-modelo (I$^2$) que ela planeja realizar efetivamente. Embora não tenha escrito utopia no sentido estrito[221], Morelly revela o espírito da figura original, quando, antes de expor seu "modelo de legislação" e de definir, em onze artigos de algumas linhas cada um, o esquema espacial de sua cidade-modelo, previne o leitor de que apresenta "esse esboço" apenas "em forma de Apêndice como um adendo, já que infelizmente é muito verdadeiro *que seria como que impossível em nossos dias formar uma república semelhante*"[222]. O pretenso Camponanes, por leitor que seja de Morelly[223], escreve com finalidade prática quando ilustra a forma superespacializada da utopia.

219. Cf. o comentário de M. Aviles Fernandez, p. 64.

220. Cf. *Planos de Ciudades iberoamericanas y Filipinas existentes en el archiva de Índias*, introducción por F. C. Goitia e L. Torres Balbás, Instituto de Estudios Administracioni Local, Seminário de Urbanismo, 1951.

221. Cf. supra, p. 229 e s.

222. Op. cit., p. 285. [O *grifo é nosso.*]

223. Ele se inspira diretamente em algumas passagens da *Basiliade* (cf. M. Aviles Fernandez, op. cit., p. 59).

# A POSTERIDADE DOS DOIS PARADIGMAS

Mas essa finalidade prática se exprime também por meio de uma segunda diferença com relação ao paradigma de Morus. Desta vez, não mais se trata da hipertrofia de um traço estrutural utópico, mas da introdução, no *conteúdo* de (I²) de elementos estranhos ao procedimento de Morus e relativos ao papel atribuído em Sinapia à arquitetura e à estética. O autor vai buscar nos tratados de arquitetura a distinção entre *soliditas, commoditas* e *pulchritudo*. Indica que se as casas de morada de Sinapia relacionam-se exclusivamente com o registro da solidez e da comodidade[224] cujas regras ele não evoca aliás, mas está implícito que elas corroboram a concepção de rodos os protótipos de edifícios. O registro da beleza, e portanto da arte[225], é reservado aos edifícios públicos, civis e religiosos. De um lado, seus protótipos são concluídos segundo as leis das proporções (*simmetria*, no sentido vitruviano)[226]. De outro lado, ao mesmo tempo, igrejas e monumentos civis competem pela qualidade dos onramentos que lhes prodigalizam a pintura e a escultura, e todo traço de modelização desaparece então de um procedimento estético dominado pelo individualismo[227].

Hipertrofia do modelo espacial (I²), papel reservado à arte graças à distinção, tirada dos tratados, entre construção e arquitetura, tais são os sinais que, à superfície de *Sinapia*, anunciam a aproximação de um novo destino para o paradigma de Morus.

Meu objetivo era verificar a hipótese segundo a qual as duas organizações textuais arquetípicas teriam engendrado uma posteridade secular. Vimos as reservas que essa proposição evoca. Figura quase mítica concedida à vocação que a cultura ocidental afirma sempre mais, a utopia manifesta sua funcionalidade através de uma produção superabundante que reproduz a estrutura da versão canônica e acrescenta-lhe duas variantes importantes, a utopia reduzida ilustrada pelo *Code de la nature* de Morelly e a utopia superespacializada, ilustrada por *Sinapia*. Figura de caráter mitizante menos afirmado e temperado pelo jogo e pela ironia, figura

---

224. "A arquitetura dos edifícios privados visa somente à comodidade (*comodidad*) e à duração (*duración*, símbolo da solidez)" (p. 130). Cf. também, à p. 92, as casas comuns concebidas "para o uso e não para a ostentação".

225. Um capítulo inteiro (XXXI) é reservado às artes.

226. P. 130.

227. P. 120. O papel do ornato é comparado ao da poesia, e os que praticam as diversas artes admitidas na Sinapia, artes lógica, médica, e artes mecânicas (entre as quais se situa a arquitetura) são considerados inventores. Os templos, que são os edifícios mais abertos à arte, são todavia considerados pelo autor como "idênticos", isto é, dependentes, apesar da diversidade profusa de seus ornatos, de um modelo construtivo único.

perturbada desde o século XVI por uma regressão vitruvizante, o tratado de arquitetura resiste menos ao tempo que a utopia. A partir do exterior, para quem se contentasse com um inventário formal, pela graça dos títulos e pela marcação unificadora do *eu* construtor, pela presença dos relatos de origem e de algumas histórias, o edifício parece intato. Porém, com algumas exceções, que confirmam a degradação geral, subsiste deles apenas a fachada, por trás da qual o texto funciona mal, ou nem mesmo funciona. O jogo das sequências é confuso, o tempo do construir e o do escritor não coincidem mais, os relatos de origem se tornaram inúteis, perderam sua função, desde o instante em que a edificação perdeu sua abertura e não mais exige estar baseada na razão.

# 5. Uma Nova Figura em Preparação: Derivas e Desconstrução

No início dessa obra, aventei a hipótese segundo a qual teria aparecido um novo tipo de texto instaurador, na última metade do século XIX, estabelecendo os fundamentos de uma disciplina nova, o urbanismo. O Capítulo 6 irá mostrar que os escritos do urbanismo integram ao mesmo tempo elementos do tratado e da utopia e que são efetivamente arrimados por uma figura comparável à dos dois paradigmas.

Mas essa figura não surgiu *ex nihilo*. Sua emergência, aparentemente brutal, foi na realidade preparada ao longo de um período de transição e gestação. Período ao qual é necessário reportarmo-nos, mesmo rapidamente, como será aqui o caso, para podermos compreender em seguida a significação do amálgama, à primeira vista desconcertante, realizado pela terceira figura instauradora.

O grande desarranjo, oculto ou manifesto, que já na segunda metade do século XVIII sacudiu as práticas tradicionais das sociedades ocidentais e fez surgir novas relações com o mundo e o saber, repercute igualmente sobre a organização dos paradigmas instauradores. Três fatores, em particular, contribuem para tanto: o desenvolvimento das ciências físicas e de suas aplicações técnicas; a medicalização do conhecimento e das práticas sociais; a formação da "disciplinaridade"[1].

---

1. Cf. infra, p. 253.

242     A REGRA E O MODELO

O amadurecimento da nova figura será revelado através das desconstruções, das derivas, das transformações que os dois paradigmas sofrem então sob esse impulso, em dois conjuntos de obras com formas não canônicas, os "tratados em estilhaços" e as "utopias" do pré-urbanismo,

## 1. A CIÊNCIA E A UTOPIA CONTRA O TRATADO DE ARQUITETURA: O TRATADO EM ESTILHAÇOS DE PATTE

A fachada atrás da qual o tratado de arquitetura esconde sua deterioração interna pôde, em certos casos, graças ao academicismo dos meios profissionais, ser preservada até o pleno século XIX. Em geral, ela se desmorona sob a pressão de fatores externos, e muito particularmente sob o efeito da aplicação das descobertas científicas da época à organização do espaço habitado por novos atores, os cientistas[2] e os engenheiros.

O processo de desconstrução da figura do tratado será ilustrado por uma obra erroneamente negligenciada pelos historiadores, a *Mémoire sur les objets les plus importants de l'architecture*, publicado em 1769 por Pierre Patte, arquiteto do Rei Luís XV[3]. As múltiplas pertinências desse livro, cujo local de inscrição se situa dentro e fora da tradição dos tratados, são decifráveis na escala da obra inteira de Patte, escrita e gravada, que participa ao mesmo tempo da literatura arquitetônica clássica, da literatura científica e da crítica utopista.

Ao contrário dos amadores esclarecidos que, tal como Laugier[4], se aventuravam então em dissertações sobre a arquitetura e o mundo edificado, Patte é um verdadeiro arquiteto, teórico e prático. Pertence à linhagem dos tratadistas: depois da morte de J.-F. Blondel, foi ele que concluiu seu *Cours d'architecture*; além disso, no

2. Cf. *La Politique de l espace parisien*, op. cit., particularmente a contribuição de B. Portier.

3. O nome de Patte tornou-se célebre graças aos *Monuments élevés à la gloire de Louis XV*, Paris, 1765, e essencialmente por causa das gravuras dessa obra. Por outro lado, Patte não tem lugar na historiografia da arte do século XVIII, nem na abundante literatura crítica relativa aos tratados. Uma única monografia lhe é dedicada, *Pierre Patte, sa vie, son oeuvre*, por Mahí; Mathieu, Paris, PUF, 1940. Além disso, essa tese que, à custa de uma pesquisa laboriosa, pode revelar toda a informação de, que se dispunha na atualidade sobre as inúmeras facetas da personagem não tenta situar Palie na problemática de sua época e não propõe nenhum enfoque crítico e teórico.

4. Cf. infra, p. 244, n. 12 o 245, n. 17.

UMA NOVA FIGURA EM PREPARAÇÃO: DERIVAS E DESCONSTRUÇÃO    243

início de sua carreira, escreveu um *Discours sur l'architecture*[5] onde ainda pratica a religião das ordens e sacrifica ao partido estetizante da Academia[6]. Mas Patte é também o grande gravador para quem o desenho, ultrapassando o campo estético, é antes de tudo um instrumento de investigação científica[7], que lhe permite acumular e controlar conhecimentos[8]. Interessa-se diretamente pela química, pela hidrologia, pela geologia, pela higiene, que ele pretende ver atuar na produção do quadro construído[9]. Finalmente, é o autor, quatro anos antes da *Mémoire*, de uma obra insólita consagrada aos *Monuments élevés à la gloire de Louis XV"*[10], cuja parte mais importante diz respeito a projetos não realizados e levanta contra a capital da França um requisitório feroz[11] que antecipa a crítica

5. *Discours sur l'Architecture, ou l'on fait, voir combien il serait important que l'Étude de cet Art fit partie de l'éducation des personnes de naissance; à la suite duquel on propose une manière de l'enseigner en peu de temps*, Paris, 1754. Nesse breve opúsculo, onde ele se submete inteiramente às "regras que um uso racional consagrou e cujo conhecimento o bom senso não pode sugerir, [...] transmitidas pelos Gregos e pelos Romanos" (p. 11), e onde a questão das ordens ocupa um lugar central, Patte no entanto já manifesta tanto o seu interesse pelos problemas urbanos, vistos ainda exclusivamente sob seu ângulo estético (idem, p. 15, 17 e s.), quanto seu gosto da crítica por oposições binárias.

6. O plano de ensino de Patte se divide em três artigos: "No primeiro demonstrar-se-ão as proporções gerais das cinco Ordens, & dos membros de Arquitetura que têm uma relação necessária com elas. No segundo, explicar-se-ão os princípios gerais da Arquitetura. No terceiro, enfim, proceder-se-á à maneira de examinar os Edifícios antigos e modernos" (idem, p. 28).

7. De 1737 a 1759, Patte dirigiu a publicação das pranchas da *Encyclopédie*, que ele abandonou pela das *Arts et Métiers* da Academia, depois de haver denunciado o escândalo do roubo, pelos enciclopedistas, das gravuras de Réaumur. Por outro lado, não cessou de advertir os arquitetos sobre os perigos do uso do desenho em sua prática essencialmente tridimensional. Cf. *Mémoire*, p. 96.

8. Sobre as técnicas; sobre a Antiguidade; sobre as cidades contemporâneas: Patte dirige a ilustração da *Description de la ville de Paris* de Piganiol de la Force (1765).

9. Além das passagens da *Mémoire* que aludem a essas disciplinas, cf. as passagens dos *Monuments* relativas às "artes mecânicas" e, entre as ciências, a geografia, a história natural e a física, a medicina e a química. Devemos nos referir também às brochuras técnicas de Patte: *De la manière la plus avantageuse d'éclairer les rues d'une ville pendant la muit en combinant ensemble la clarté, l'économie et la facilité de service*, 1766; *Observations sur le mauvais état du lit de la Seine* [...], 1779.

10. O termo *Monument* é entendido por Patte no sentido etimológico de obra que deva *permanecer* para a posteridade. Por isso, na primeira parte dessa obra, consagrada às artes, às ciências e à literatura, a arquitetura representa tão somente a primeira das artes liberais, antes das pontes e calçadas, da arquitetura naval, da pintura, da escultura, da gravura, e finalmente da música e da dança. A crítica de Paris se situa, em boa lógica, antes dos projetos de embelezamento que constituem a terceira parte do livro, mas, não sem impertinência, no interior da terceira seção consagrada a um balanço detalhado dos monumentos da arquitetura.

11. Cf., em particular: "[Paris] é um amontoado de casas empilhadas confusamente, onde parece que somente o acaso presidiu. Existem bairros inteiros que quase não têm comunicação entre si; veem-se apenas ruas estreitas, tortuosas, que respiram em toda a parte a sujeira, onde o encontro dos carros põe continuamente em risco a vida dos cidadãos, e causa a todo instante embaraços. A Cidade sobretudo quase não

244 A REGRA E O MODELO

utopizante de Sébastien Mercier[12]. E, trinta e cinco anos depois de
*Mémoire*, publica os *Fragments* de uma utopia[13].

O próprio título da *Mémoire sur les objets les plus importants
de l'architecture* indica uma ruptura: não mais tratado de arquitetura, mas *memória*, que reúne, se for preciso, o heteróclito, para
tomar nota, ata, data, para fins que o superlativo indica polêmicos.
O espírito crítico do autor fá-lo cortar seu texto em "estilhaços",
muito diferentes das partes que Serlio[14] ia buscar na figura tradicional do tratado e justapunha, sem intenção crítica nem desejo de
questionamento.

Isto porque são realmente estilhaços, fragmentos afiados e
cintilantes de um objeto irremediavelmente quebrado, os capítulos
da *Mémoire*: apresentando as dimensões dos "livros" dos tratados
tradicionais, são consagrados sucessivamente à cidade (71 páginas), às ordens (23 páginas), a indicações didáticas sobre a construção (71 páginas), às fundações (50 páginas), aos cais (6 páginas),
às pontes (38 páginas), aos diferentes métodos para "construir as
platibandas e tetos das colunatas" (60 páginas) e à colunata do

mudou nesses três séculos [...] Mas o que surpreende mais nessa Capital é ver em seu
centro e no local mais povoado, a Santa Casa que é o receptáculo de todas as doenças
contagiosas, e que, infectando uma parte da água do rio, exala de todas as partes o ar
mais corrompido e mais malsão [...] Depois do ar ruim que se respira em Paris, a falta
de água é o mais sensível [...] Os romanos [...] pensavam muito diferentemente de nós
a esse respeito [...] Não há cidade mais mal abastecida de água" (segue uma estatística
impressionante), op. cit., p. 212-213.

12. *L'An 2440* aparece em 1770, e a primeira edição de seu *Tableau de Paris* data
de 1781. Os *Monuments* de Patte, em compensação, são posteriores em doze anos ao
*Essai sur l'architecture* de Laugier (1ª edição, Paris, 1753) que, segundo parece, Patte
retomou até nos termos: "Nossas cidades são sempre o que eram, um amontoado de
velhas casas empilhadas confusamente, sem sistema, sem economia, sem desígnio.
Em nenhuma parte essa desordem é mais sensível e mais chocante do que em Paris.
O centro dessa capital quase não mudou nesses trezentos anos: vê-se sempre o mesmo
número de pequenas ruas estreitas, tortuosas, que somente respiram a sujeira e o lixo
e onde o encontro com carros causa a todo instante embaraços. [...] No total, Paris
não é nada menos que uma bela cidade. As avenidas são miseráveis, as ruas mal abertas e demasiado estreitas, as casas [...] trivialmente construídas as praças em pequeno
número [...] os palácios quase todos mal dispostos" (op. cit., 1ª ed., Cap. V, p. 209-210).
Note-se entretanto, que, a despeito de suas invocações à comodidade (essencialmente
reduzida à circulação), a crítica de Laugier, no que diz respeito à cidade, depende ainda
sobretudo da estética, e não é, como a de Patte, inspirada por considerações de higiene.

13. Não no sentido estrito, já que não propôs, em particular, um modelo espacial.
Não obstante, esses *Fragments d'un ouvrage très important qui sera mis sous presse
incessamment, intitulé l'Homme tel qu'il devrait être ou la nécessité de le rendre constitutionnel pour son bonheur* [...] escritos por Patte, em 1804, na idade de vinte e quatro anos, fornecem um indício que confirma nossa análise da *Mémoire*.

14. Cf. supra, p. 207 e s.

UMA NOVA FIGURA EM PREPARAÇÃO: DERIVAS E DESCONSTRUÇÃO   245

Louvre[15] (23 páginas). É quebrada a hierarquia dos níveis albertianos, sendo a necessidade (construção) tratada depois da comodidade (cidade) e da beleza (ordens). O espaço concedido à beleza
é reduzido, sem dúvida por derrisão, a um terço do ocupado pelos
do.is outros níveis. Quanto aos outros capítulos, não estão situados
no mesmo plano semântico que os três primeiros e não apresentam qualquer relação lógica entre si. Sua única ligação reside na
arbitrariedade do *eu* todo-poderoso que os reuniu e que, de acordo
com o uso dos tratadistas, afirma sua presença ao longo do texto
e confirma-a por meio de numerosos *shifters*.

O primeiro capítulo da *Mémoire*, onde se concentra a herança
do paradigma albertiano, servirá para evidenciar com maior precisão a desconstrução que Patte impõe à figura do tratado.

Livro no livro, dividido em "artigos" que são outros tantos capítulos, esse primeiro "capítulo", dedicado à cidade, exprime por sua
situação liminar a vontade que anima Patte de devolver à comodidade, no processo de edificação, um lugar e uma significação cen-
surados pela era clássica[16]. A construção da cidade é abordada
sequencialmente segundo os três níveis albertianos que conferem
sua estrutura ao capítulo-livro, e as regras e princípios utilizados são
avalizados por uma dupla narrativa de origem da arquitetura e das
cidades, colocada como abertura, no limiar do primeiro artigo.

Entretanto, a ordem e o equilíbrio dos níveis albertianos são
mais bem respeitados apenas no conjunto da *Mémoire*. Embora o
nível da beleza conserve seu estatuto e sua especificidade, seu
campo é de tal modo reduzido que Patte não consegue mais, nem
articulá-lo com o da comodidade, nem designar-lhe um lugar próprio no espaço do texto. E é, tal como Laugier, em termos de reco-
mendações negativas, e não de regras positivas que Patte enuncia
sua estética urbana[17].

15. Particularmente engajado, esse último fragmento *memorializa* os conflitos
de Levau, Perrault e Le Bernin, na perspectiva de uma história, a fazer, da arquitetura.

16. Para tanto, a única realização de seu século, em matéria de comodidade, foi
a maneira como se distribuíram os apartamentos privados, inventando o corredor e
especializando as peças (cf. *Monuments*, p. 6: "[Anteriormente] morava-se unicamente
para representar e ignorava-se a arte de habitar comodamente e para si, todas essas
distribuições agradáveis [...] que desobstruem os apartamentos com tanta arte [...] só
foram inventadas em nossos dias").

17. Segundo Patte: "Para a beleza de uma Cidade, não é necessário que seja feita
com a exata simetria das Cidades do Japão ou da China, e que seja sempre uma reunião
de quadrados, ou de paralelogramos [...] Convém evitar sobretudo a monotonia e a
uniformidade demasiado grande na distribuição total de sua planta, mas simular ao
contrário variedade e contraste nas formas, a fim de que todos os diferentes bairros se
assemelhem. O Viajante não deve perceber tudo com um olhar. È preciso que seja incessantemente atraído por espetáculos interessantes, e por uma mistura agradável de
praças, de edifícios públicos e de casas particulares" (*Mémoire*, p. 11). Segundo Laugier: "Temos cidades cujas ruas têm um alinhamento perfeito: [...] reina nelas uma

246 A REGRA E O MODELO

Quanto ao relato de origem, é reduzido a uma paródia que acumula as citações e, em vez do belo encadeamento tradicional, coloca o acaso[18] como princípio gerador do construir. De que maneira melhor do que por meio dessa promoção do acaso, escarnecer o operador que, no tratado, fundamenta as regras da edificação e coloca na história a continuidade de suas operações? Daí por que, embora ele não apoie mais a construção do texto e a ordem de suas sequências, o relato paródico da *Mémoire* não deixa de ter significado. Ele metaforiza a vontade que anima Patte de romper com os antigos procedimentos discursivos da organização espacial de assinalar o advento de uma nova era.

Conserva, pois, no texto de Patte, uma função que, mesmo transviada, o opõe aos relatos inertes e absurdos que ainda se encontram no século XIX em numerosos tratados e manuais. Isto porque esse operador fundamental do paradigma albertiano se revelou, talvez por causa das profundidades onde funcionava, o mais resistente à erosão do tempo, e subsiste em formas textuais onde não mais desempenha qualquer papel: é o caso, por exemplo, das célebres *Leçons d'architecture*[19] onde J.N.L. Durand conservou um relato de origem, embora reduzindo a organização espacial unicamente às dimensões e regras das ciências e das técnicas.

insípida exatidão e uma fria uniformidade que faz lamentar a desordem de nossas cidades [...] Vê-se em toda parte apenas uma tediosa repetição dos mesmos objetos; e todos os quarteirões se assemelham de tal modo que neles a gente se confunde e se perde [...]" (*Essai*, op. cit., p. 223).

18. "A origem da Arquitetura se confunde com a do mundo. Os primeiros habitantes da terra pensaram verossimilmente em boa hora em construir habitações capazes de pô-los ao abrigo do ar. À medida que foram se multiplicando, os filhos ergueram alojamentos ao lado dos pais e os parentes construíram suas moradas na vizinhança das dos parentes. Tal foi a origem dos diferentes povoados que deram nascimento às vilas, às cidades, aos burgos, aos lugares etc. Com o tempo, a população aumentando demais, as famílias foram obrigadas a dispersar-se para encontrar novas terras de cultivo; assim é que todas as partes do mundo foram habitadas sucessivamente [...] Terra gordurosa, troncos, ramos de árvores foram os primeiros materiais. Pouco a pouco, tomou-se cuidado em tornar mais sólidas as casas [...] e finalmente chegou-se a dar-lhes elegância, tornando seu exterior mais agradável e seu seu interior mais cômodo. Sem dúvida, não se atribuiu grande atenção em situar com vantagens as primeiras habitações. É de crer que *foi somente o acaso quem decidiu isso*" (p. 1 e 2). [*O grifo é nosso.*] A contingência está em toda a parte nessa história paródica onde se impõe somente a evidência de um progresso. O acaso, que "não presidiu menos a distribuição geral [das cidades] que sua localização", é invocado de novo no momento em que Patte deixa o relato mítico para a história verdadeira no início do artigo 2.

19. *Précis des leçons d'architecture données à l'École polytechnique*, Paris, t. I, ano X (1802); t. II, ano XIII (1805). O relato de origem dessa obra instaura dois níveis operatórios e avaliza assim dois operadores, um princípio de conveniência, que governa a solidez, a salubridade e a comodidade, e um "princípio de economia" que curiosamente vem substituir os axiomas do prazer de Alberti. Com efeito, Durand afirma em sua introdução que "agradar nunca foi o objetivo da arquitetura".

UMA NOVA FIGURA EM PREPARAÇÃO: DERIVAS E DESCONSTRUÇÃO    247

Sinais de uma vontade de mudança, essas alterações deliberadas da figura do tratado são acompanhadas por transformações
profundas que selam o investimento dessa figura tanto por um
discurso científico quanto pela utopia. Os respectivos papéis desses
dois tipos de texto se confirmam muitas vezes e amiúde são difíceis
de dissociar.

Quando, deliberadamente, Patte abre sua *Mémoire* sobre a cidade, já não se trata para ele apenas de uma reabilitação da comodidade albertiana. O título desse primeiro capítulo o indica sem
ambiguidade: "Considerações sobre a distribuição viciada das Cidades e sobre os meios de consertar os inconvenientes aos quais
estão sujeitas". Eis-nos subitamente frente à oposição entre o bom
e o mau, entre o vício e a virtude, à crítica que sempre acompanha
a utopia e jamais teve lugar em qualquer tratadista, nem mesmo
em Filareto ou Scamozzi, a despeito do papel que atribuíram à
cidade como local privilegiado da expressão da comodidade.

Essa oposição percorre o capítulo inteiro, organizado por uma
estrutura especular sublinhada pelo emprego da terminologia crítica e ética da utopia[20], já contraditada pela medicina[21]. Ao contrário dos procedimentos tratadistas que se manifestam num
campo e num horizonte livres a investir, a postura de Patte é, de
um só golpe reacional, contraproposicional, gerada pela experiência das cidades da época que apresentam "em todas as partes o
domicílio da sujeira, da infecção e do mal-estar"[22]. Cada crítica
remete a uma contraproposição que ela justifica. Entretanto, a crítica de Patte versa sobre os espaços e não sobre a sociedade que os
utiliza. Como veremos mais adiante, é mais utopizante que utopista. Aliás, mesmo que a ideia seja abstratamente sugerida pelo
autor, ela não tem por destino propor um modelo espacial. Por
mais que Patte declare, no limiar de seu segundo artigo, que "apesar da multidão de cidades que foram construídas até agora em
todas as partes do mundo, ainda não existiu uma que se possa
realmente citar como modelo"[23], por mais que se refira muitas vezes à ou a *nossa* "nova cidade"[24], esse recurso à *nova cidade* lhe

20. Que contrapõe o mal (gênio malfazejo, p. 6), o inconveniente (p. 7, 14), o
defeito (p. 17), o vício (p. 28, 60), os abusos (p. 60), os flagelos (p. 61), a desordem (p. 5)
a ordem por meio da prevenção (p. 60), da reforma (p. 63) ou da *retificação* (p. 7, 34,
39, 59. 61, 64, 65, 66).

21. O "remédio" (p. 7) para a má "constituição física" (p. 7) das cidades contemporâneas é assimilado a uma purga (p. 28, 29).

22. P. 6. Cf. também p. 28: as principais cidades do mundo "sempre continuaram
sendo espécies de cloacas".

23. P. 5, [O *grifo é nosso.*]

24. Cf., entre outros: "A multiplicidade das fontes ainda faria um dos ornamentos de *nossa cidade*" (p. 14); "numa *nova cidade*, para eliminar os cruzamentos, e tor-

248 A REGRA E O MODELO

serve apenas para assinalar a necessidade de um corte radical na concepção do mundo edificado que, para ele como para os tratadistas, se baseia sempre em princípios[25] e regras, e não consiste na reprodução de um objeto-modelo.

De fato, a marca sólida da utopia na *Mémoire* é aposta sobre a pessoa do locutor, a propósito do qual tínhamos no entanto evocado o orgulho do sujeito tratadista. Mas, simultaneamente, nesse primeiro capítulo-livro, Patte descamba para o papel do herói utópico, subitamente mundanizado. Apresenta-se, com efeito, como o homem do corte e dos tempos novos[26], que solta o passado da cidade assim como Utopo o continente de Abraxa. Anuncia o reinado da ordem que sucederá ao reinado da desordem e do acaso, um amanhã que negará para sempre o ontem e o hoje. Torna-se, pois, aquele que traz remédio, uma espécie de salvador[27], cuja vontade, expressa por várias vezes, de "fazer a felicidade dos habitantes"[28], traduz uma nova vocação do arquiteto (ainda não urbanista): não mais preocupado em transcrever a demanda dos outros, deixando de suprir um horizonte ilimitado de possíveis, impõe aos habitantes das cidades uma verdade.

Essa verdade, no entanto, não é a da ordem ética que percorre a Utopia. É a da ciência e de suas aplicações técnicas. A "retificação" da cidade do século XVIII que ela inspira a Patte, a despeito de sua sonoridade utopizante[29], depende da atitude que, um século depois,

nar a manobra dos carros mais fácil [...] viria sempre a propósito [...]" (p. 21); "seria interessante, numa *nova cidade*, enfeitar as duas vias [...]" (p. 25); "distribuí *nossa nova cidade* [...] (p. 60); cf. também p. 23. [O grifo é nosso.]

25. Por exemplo: "Pela aplicação dos princípios que tiver estabelecido, provarei que minhas cidades [...] podem em muitos casos ser retificadas" (p. 7); "Julgar-se-á por esse exemplo quão fecundos em aplicações são os princípios que estabeleci" (p. 61). Cf. infra, p. 250 e 251.

26. Cf. a importância dos advérbios "*sempre*", "*jamais*", "*até agora*", a evocação de "nossos descendentes" que acabariam "o que tivermos *começado*" (p. 66), o desprezo que envolve, sem distinção, o conjunto das cidades em desordem.

27. Cf., p. 6: presta "um verdadeiro serviço".

28. Cf. p. 7, 59.

29. A noção de retificação é uma daquelas em que a contribuição da utopia vem, em Patte, confirmar a da ciência. O próprio termo comporta uma nuança moral ausente na palavra regularização. Sobretudo, a retificação das cidades implica para Patte em destruições cuia amplitude tende para a *tabula rasa* dos utopistas. "As casas em cima das pontes seriam suprimidas, assim como tudo o que está mal construído, mal decorado, de uma construção gótica, ou cujas disposições fossem julgadas viciadas com relação aos embelezamentos projetados. Em seguida, far-se-ia gravar o conjunto geral do local de Paris" (*Monuments*, p. 221). Evocam-se as demolições sistemáticas de Haussmann, porém mais ainda o Plan Voisin de Paris da autoria de Le Corbusier. Mas Patte imagina a realização de seu projeto de forma muito menos brutal, sem

UMA NOVA FIGURA EM PREPARAÇÃO: DERIVAS E DESCONSTRUÇÃO 249

comandará a "regularização"[30] de Paris por Haussmann. A analogia dos termos "retificação" e "regularização" designa uma idêntica vontade de otimizar o funcionamento da cidade através da integração dos fins e dos meios postos à sua disposição pelas ciências e pelas técnicas.

Ao contrário dos utopistas, o arquiteto de Luís XV como o prefeito de Napoleão III dão como adquiridos os valores e as instituições da sociedade onde vivem. Sua crítica versa apenas sobre os defeitos de um espaço urbano mal adaptado às *performances* que se lhe atribuem.

As queixas de Patte contra uma "constituição física" que não consegue satisfazer as exigências da sociedade moderna podem ser classificadas sob dois pontos, a desordem e a falta de higiene.

Sua análise, que se exerceu aliás sobre o caso particular de Paris, nos *Monuments*[31], antes de ser transposta para o das cidades em geral, antecipa, por sua vez, a muitos respeitos, a crítica haussmanniana. Se a desordem urbana afeta a visão e impede o prazer estético, no plano da comodidade perturba ainda mais a circulação que constitui uma das preocupações dominantes de Patte. Ás vias de comunicação não formam um conjunto coerente, as ruas não são racionalmente ligadas entre si; sua morfologia é tão pouco adaptada quanto seu revestimento à dupla circulação dos veículos e das pessoas. Quanto à higiene, é abordada ora de maneira pré--científica, quando se pretende denunciar "o germe das doenças e da morte"[32] que as exalações nauseabundas difundem através da cidade, ora de forma científica, quando o arquiteto deplora fracassos, às vezes completos, no que diz respeito à distribuição da água, do ar e da luz. Os problemas da circulação, da adução de água, dos esgotos... são colocados por Patte de forma global e referem-se implicitamente à noção de sistema, embora este vocábulo, que mais tarde foi tão caro a Haussmann, não figure na *Mémoire*.

---

traumatismo para os habitantes, ao sabor de um processo lento e contínuo, realizável pela simples proibição de reparar os edifícios condenados (idem e *Mémoire*, p. 65).

30. Cf. nossa análise desse conceito em *City Planning in the XIXth Century*, citado acima.

31. A *Mémoire* retoma rapidamente o caso de Paris, a título ilustrativo, p. 61-63.

32. "Observareis no centro dos lugares mais frequentados os hospitais e os cemitérios perpetuando as epidemias e exalando nas casas o germe das doenças e da morte" (p. 6); "a corrupção que sai desses locais [hospitais e cemitérios] infecta o ar e as águas" (p. 10); esse ar "infecto e corrompido" dos hospitais se encontra nas salas de espetáculos (p. 40). As "imundícies" que "infectam", "envenenam" ou "corrompem" as águas são também evocadas várias vezes. Essa obsessão se traduz na oposição sistemática de duas séries de conceitos: corrupção, lixo, sujeira, putrefação, de um lado, salubridade (dez casos), limpeza, de outro. Essa terminologia será encontrada, mais ou menos imudada, apesar do advento da era pastoriana, em Le Corbusier para quem o mal urbano será conotado pela podridão e pelo bolor.

250 A REGRA E O MODELO

As soluções são formuladas sob a forma de princípios gerais[33]. "Dizer o que seria conveniente fazer positivamente em particular, isso quase não é possível, dado que as posições das cidades se modificam de infinitas maneiras e o que convém a uma não poderia convir a outra"[34]. Patte reconhece a inelutabilidade da mudança. Suas proposições se resumem em estratégias ou esquemas operatórios, aplicáveis universalmente às cidades antigas como às "novas cidades". Entre os mais gerais, um desses princípios exige a intercomunicação de todos os elementos urbanos. Um outro diz respeito à eliminação obrigatória das nocividades, classificadas, por sua vez, em diversas categorias: regras particulares prescrevem, assim, a exclusão da cidade não só dos canteiros de obras e das indústrias poluidoras, como também dos hospitais e cemitérios, para cuja substituição ele imagina, de passagem, um cenário funerário tão minuciosamente elaborado quanto o proposto por Haussmann em suas *Mémoires*[35]. Os princípios ou as regras mais técnicas são tiradas das pesquisas relativas à geologia, à hidrologia, à resistência dos materiais.

A retificação de Patte não passa, portanto, pelo objeto-modelo. Contudo, seus princípios retificativos[36] reacionais o levam a tratar a cidade como um objeto técnico real, dependente de um novo conhecimento científico. A prova disso ressalta quando, ilustrando seu método pelo caso de Paris, ele coloca esta cidade, pela primeira vez, como um objeto global e preconiza para corrigi-lo o uso de um instrumento preciso, o "plano total" apoiado nas curvas de nível[37], esse "plano geral suficientemente detalhado que reunisse todas as circunstâncias locais"[38], que não verá a luz do dia antes da nomeação de Haussmann para a Prefeitura[39].

Mas essa abordagem do espaço urbano não deixa lugar às contingências da demanda e dos desejos particulares dos habitantes.

33. "Pela aplicação dos *princípios* que tiver estabelecido, provarei que nossas cidades [...] podem a muitos respeitos ser retificadas" (p. 7); "Julgar-se-á por esse exemplo quão fecundos em aplicação são os *princípios que estabeleci*" (p. 61). [O *grifo é nosso*.]

34. P. 63-64. Cf. a mesma ideia na p. 7.

35. *Mémoires*, t. III, Cap. XIII, p. 435 e s.

36. Paralelamente a seus princípios retificativos Patte conserva autênticos princípios e regras albertianos, enunciados quando trata sucessivamente da localização, da área e da divisão da cidade, do ponto de vista da beleza.

37. P. 5 e s.

38. P. 63. Deve integrar identicamente circulações, esgotos, aduções de água (p. 55) e monumentos a conservar (p. 63). A respeito desse "Inventário" *avant la lettre*, cf. *Monuments*, p. 222.

39. Em 1853, oitenta e quatro anos após a publicação da *Mémoire*, Paris ainda não possui plano de conjunto confiável, estabelecido cientificamente. Mandar estabelecer um por triangulação e nele reportar as curvas de nível é a primeira preocupação de Haussmann (cf. *Mémoires*, t. III, Cap I, especialmente p. 13 e s).

UMA NOVA FIGURA EM PREPARAÇÃO: DERIVAS E DESCONSTRUÇÃO     251

Não pode ser situada no segundo nível de Alberti. O que Patte exige sob o nome de comodidade é apenas uma necessidade hipertrofiada. Na *Mémoire*, a cidade em parte, já se transforma em instrumento.

Trabalho ao mesmo tempo de anamnese e memorial, como o revela duplamente seu título, *Mémoire*, o texto em estilhaço de Patte mostra, pois, marcas ou citações de três formas textuais ausentes: o tratado deixa sua impressão no relato paródico de fundação e na descrição – caótica – do processo de produção do espaço por meio de princípios geradores; a utopia apõe sua assinatura embaixo da imagem negativa da cidade contemporânea e sobre a personagem do herói que a denuncia, embora seja impotente para operar o seu recolamento numa imagem-modelo; é, enfim, ao discurso da ciência e da técnica que aludem a análise do objeto urbano contemporâneo e a exposição dos princípios que permitirão retificá-lo. Mas, alusões ou rememorações, citações ou vestígios, esses fragmentos arrancados de figuras ou discursos específicos, esses estilhaços nunca se soldam numa totalidade. Compõem um texto não classificável, inapreensível onde conceitos e estruturas se acavalam, entremeiam-se uns nos outros, onde a figura do urbano como totalidade tende a substituir a edificação como projeto, onde o espaço tende a tomar o lugar da sociedade e a verdade científica o da verdade ética, onde o sujeito arquiteto se torna herói moralizador, onde a comodidade se cristaliza cm necessidade, e onde, enfim, se desenha em filigrana a abordagem instrumental e tecnocrática da cidade que será a de Haussmann.

Outros exemplos poderiam ilustrar, segundo outras modalidades, a desconstrução da figura do tratado. Mencionarei apenas, a título indicativo, os textos dos arquitetos "revolucionários", Ledoux e Boullée. *L'Architecture*[40] de Ledoux, que contém uma forma de projeto social, sofre mais fortemente que a *Mémoire* a influência da figura da utopia e reflete o espírito da "disciplinaridade".

É surpreendente que, trinta anos após os trabalhos pioneiros[41], esta obra continue sem decifração e que nenhum estudo de-

40. C.-N. Ledoux, *L'Architecture considérée sous le rapport de l'art, des moeurs et de la législation*, Paris, 1804.

41. Cf. E. Kaufmann, "Die Stadt des Architekten Ledoux sur Erkenntnis des autonomem Architektur", *Kunstwissenschaftlichen Forschugen*, Berlim, Frankfurter Verlags-Anstalt, t. II, 1933. *Three Revolutionnary Architects*, Filadélfia, The American Philosophical Society, 1952.

252 A REGRA E O MODELO

cisivo[42], até esse dia, tenha sido dedicado a Ledoux escritor. Particularmente, a atenção dos historiadores não parece ter sido atraída pela dupla pertinência da *Architecture* às duas categorias textuais do tratado e da utopia, e pelas perturbações que essa ambivalência acarreta, tanto no plano da lógica e da coerência semântica quando no plano da coerência e da unidade formais. Seria necessário estudar como os enunciados, classicamente tratadistas, sobre o método em arquitetura, e sobre as regras aplicáveis no domínio da estática são cortados, periodicamente, pela fulgurância de uma visão, a descrição de um modelo mostrado no presente do indicativo. A *Architecture* de Ledoux comporta menos estilhaços e facetas que a *Mémoire* de Patte. No limite, poderia ser definida como um ajuntamento de trechos pertencentes a dois livros, um tratado e uma utopia. Mas esses fragmentos, menos heterogêneos, não são mais articulados entre si. Tanto quanto os da *Mémoire* de Patte, não compõem uma figura identificável.

Menos sonora e mais bem mascarada pelo emprego do condicional, a mesma dualidade aparece no *Essai* de Boullée[43] que, tanto quanto a *Architecture*, não foi analisado sob esse ângulo. No entanto, seria esse o meio de dar um sentido ao mesmo tempo mais amplo, mais preciso e menos convencional ao qualificativo revolucionário que, doravante, os historiadores utilizam para designar os dois arquitetos das Luzes, contemporâneos da Revolução Francesa, Ledoux e Boullée.

## 2. O PRÉ-URBANISMO

O conjunto dos textos mais tardios, que em outro local agrupei sob a denominação de pré-urbanismo, apresentam uma organização mais franca. A estrutura da utopia neles é manifesta e legível. Era por isso que, em *Urbanismo, Utopias e Realidades*, eu podia seguir o uso terminológico e os hábitos culturais recebidos, e considerar tais escritos como utopias. Hoje são abordados dentro de outra problemática. Não é mais apenas a presença de traços utópicos que interessa, mas os desvios e as derivas que tais textos apre-

---

42. Esperamos muito do trabalho empreendido há longos anos por A. Vidler, que parece ser o único a captar o paradoxo do lugar destinado à utopia em *L'Architecture*. Não é por acaso que ele julga necessário esclarecer o texto de Ledoux pela obra de Fourier. Cf., para um apanhado dessas teses, *Les Salines de Chaux, dela réforme à l'utopie*, Roma, Edizioni officina, a ser publicado. A. Vidler mostrou igualmente a importância que convém atribuir à franco-maçonaria a fim de compreender a parte utopista do livro de Ledoux (cf. particularmente "The Architecture of the Lodges; Ritual Forms; Associational Life in the Late Enlightmen", *Oppositions*, New York, 1976).

43. *Architecture, Essai sur l'art*, apresentado por J.-M. Perouse de Montclos, Paris, Hermann, 1968.

UMA NOVA FIGURA EM PREPARAÇÃO: DERIVAS E DESCONSTRUÇÃO    253

sentam com relação ao conjunto dos traços discriminativos do paradigma de Morus. Trata-se de definir as perturbações que infligem à forma canônica da utopia e assim fazer que apareçam as diferenças entre as obras do pré-urbanismo, algumas das quais serão excluídas do conjunto.

A despeito dessas diferenças, uma característica comum a todos os textos do pré-urbanismo justifica seu agrupamento. Todos concedem ao modelo especial um lugar muito mais importante do que o atribuído pelo paradigma de Morus. Organizados de modo diferente, conforme os autores atribuam maior eu menor importância às trocas, à educação e à higiene..., espaços coletivos e alojamentos privados são descritos com igual minúcia por Owen, Fourier, Cabet, Richardson: é a *superespacialização* do modelo, já observada na análise de *Sinapia*[44].

Essa hipertrofia do modelo espacial assinala o momento em que a utopia se mobiliza para tentar ultrapassar seu *status* de livro e passar à ação, isto é, à edificação de espaços reais. Sem procurar aprofundar as condições e as razões dessa mudança de projeto, terei necessidade, entretanto, de evocar dois processos, cujo impacto ainda hoje estamos sofrendo. Sua análise esclarece a investigação da utopia pela prática e facilita o ajustamento das perturbações infligidas por esse fato à figura moreana.

O primeiro processo foi posto em evidência e analisado com acuidade por Michel Foucault. É a "extensão progressiva dos dispositivos de disciplina ao longo dos séculos XVII e XVIII, sua multiplicação através de todo o corpo social, a formação do que se poderia chamar a sociedade disciplinar"[45]. O autor de *Surveiller et Punir* mostra como, em cada setor onde ela se exerce, a disciplinaridade se apoia numa organização espacial que é seu suporte inevitável. Para ele a significação dessas operações reside na vontade econômica do poder, na vocação que ele se atribui de realizar uma produtividade máxima, que passa pelo ordenamento das pessoas e das atividades. Poder-se-ia descobrir o paradigma da disciplinaridade nas disposições e dispositivos empregados na Idade Média, quando uma cidade era atingida pela peste[46]. Nesse "espaço fechado, cortado, vigiado em todos os pontos, onde os indivíduos são inseridos num lugar fixo", Foucault vê a "utopia da cidade governada com perfeição".

44. Cf. supra, p. 237.

45. *Surveiller et Punir*, Paris, Gallimard, 1975, p. 211.

46. "A peste como forma ao mesmo tempo real e imaginária da desordem tem como correlativo médico e político a disciplina" (idem, p. 199-200).

254 A REGRA E O MODELO

A imagem da peste é sugestiva. Fala à nossa sensibilidade. Faz compreender os mecanismos e a eficácia da coerção através do espaço. Mas não manifesta uma genealogia. A pesquisa dos alicerces dessa coerção precisa continuar em estratos de significação mais profundos que os da economia, até chegar às próprias fontes de utopia. Porque, longe de engendrar a utopia, a disciplinaridade é produzida por ela. Mais exatamente, em frente da mesma situação histórica, ela procede da mesma atitude mental e da mesma reação de defesa que a *Utopia*.

Não se trata, por isso, de ignorar a importância dos fatores econômicos que contribuíram para a gênese da operação disciplinar. Nós mesmos mostramos, durante a nossa análise da *Utopia*, como o papel que nela representa o espaço, por meio de sua modelização, dá provas de uma vocação nova das sociedades ocidentais e não pode ser concebido nem compreendido fora do horizonte da produtividade. Mas também assinalamos o traumatismo que levou Morus a escrever seu livro. Pareceu-nos então que o dispositivo utópico lhe permitia superar simbolicamente o medo que sentia diante das possibilidades de manifestação da liberdade individual, num mundo que não era governado semente pela lei divina. Vimos que Maquiavel enfrentava os mesmos riscos, mas a peito nu e que sua reação, inversa, confirmava nossa interpretação do modelo de Morus. De qualquer modo, tratava-se então de começos. O horizonte medieval se entreabria para a problemática que iria tornar-se a problemática das sociedades ocidentais. A experiência de um universo aberto de repente à criação, e à mudança, a tomada de consciência de uma vacância parcial da ordem sagrada eram o apanágio de um pequeno grupo de letrados que as assumiam no plano simbólico, na escrita.

No correr dos séculos XVI e XVII, à medida que se afirmava o projeto ocidental, a abertura do sagrado, o abalamento das antigas proibições tácitas, o afluxo das liberdades seriam vividos numa escala societária. Não mais se tratava, então, de substituição simbólica e de jogos de escrita. A solução descrita por Morus seria transposta do plano do livro para o da quotidianidade concreta. Mas a mesma falta e as mesmas vertigens deviam engendrar uma resposta similar: a autoridade da Lei ausente era substituída por aquilo que fora o seu símbolo no espaço social. Dispositivos espaciais serviam para impor uma ordem necessária, mas esvaziada de sua significação transcendente e apropriável para finalidades mundanas e contingentes, tal como a eficiência econômica. A este respeito, a *Utopia* constitui a prefiguração livresca de procedimentos institucionais, próprios das sociedades ocidentais, cujo sentido e funcionamento ela contribui para esclarecer. Uma mais precoce,

UMA NOVA FIGURA EM PREPARAÇÃO: DERIVAS E DESCONSTRUÇÃO   255

literária e elitista, as outras mais tardias, práticas e destinadas à maioria, a utopia e as instituições disciplinares nasceram no mesmo solo cultural. Procedem das mesmas necessidades de identificação e de autoridade, mas se desenvolveram independentemente, antes de interferir no século XVIII.

A interpretação de M. Foucault deve, pois, ser completada pela divulgação de uma dimensão arcaica da disciplinaridade. O enxadrezamento do espaço urbano, destinado a jugular a peste, não passa de um dispositivo temporário, econômico, unidimensional, e quase benigno com relação ao investimento total e definitivo instaurado por Utopo, cujo modelo espacial ordenado permite, *como fazia a lei sagrada* que ele substitui implicitamente, fixar imediatamente cada um em seu lugar, sem réplica e para sempre. Evocar a *Utopia* e a figura utópica a fim de compreender as instituições disciplinares progressivamente atualizadas e legadas à nossa época pelos séculos XVII e XVIII permite reencontrar essa finalidade oculta que, ao contrário dos objetivos econômicos da disciplinaridade, não se inscreve no fio reto da história, mas a contrapelo. Vigiar e punir constitui, tanto quanto a escolha explícita de um poder temporal novo, a sugestão tácita de um poder sagrado, ameaçado de desaparecimento.

O segundo processo, que contribui para explicar os avatares da figura utópica nos textos de pré-urbanismo, é a medicalização de que é objeto a sociedade europeia a partir do final do século XVIII. "O nascimento da clínica"[47] exerce seu impacto em duas direções que nos dizem respeito. De um lado, no plano epistemológico, as "ciências humanas", então em vias de constituição, são marcadas pelo procedimento médico[48] e se apropriam dos conceitos de normal e patológico pelos quais doravante passará a reflexão sobre o "corpo" social. De outro lado, no plano prático da organização do quadro de vida, o espaço urbano em geral é submetido ao olho clínico, "a cidade com suas principais variáveis espaciais aparece como um objeto a medicar"[49], ao passo que o espaço hospitalar, em particular, se torna objeto de reflexões e de estratégias novas.

As abordagens disciplinares e terapêuticas estão associadas em formas discursivas e/ou espaciais que não deixaram de contaminar diretamente as utopias posteriores. São, em primeiro lugar, certos projetos hospitalares elaborados antes da Revolução Francesa, depois os projetos e realizações panópticos que se multiplicaram no

47. M. Foucault, *Naissance de la clinique*, Paris, PUF, 1963.

48. M. Foucault mostra de maneira magistral "a importância da medicina na constituição das ciências do homem" (idem, p. 199).

49. *Les Machines à guérir*, obra coletiva, dossiês e documentos de arquitetura, Paris, Institut de l'environnement, 1976, "La politique de la santé au XVIII siècle", por M. Foucault, p. 17.

256 A REGRA E O MODELO

rastro da obra de J. Bentham. Uns e outros apresentam traços comuns com a utopia, graças às suas origens comuns e, sem dúvida, ao fato de que a literatura utópica já pôde influenciá-la antes de, por sua vez, sofrer-lhes o impacto.

Os projetos hospitalares, com efeito, resultam de uma crítica que os propõe como espaços-modelo. O ponto de partida de todos é uma análise da instituição hospitalar da época, cuja imagem negativa serve para engendrar uma imagem-modelo. Na França, essa abordagem nasce com o incêndio do Hôtel-Dieu em 1772[50]. Sem se satisfazer com inúmeros relatórios sobre as falhas desse estabelecimento, Tenon examina a situação dos hospitais parisienses[51] e empreende uma pesquisa exaustiva sobre o estado dos hospitais europeus[52] antes de elaborar um modelo. "Quando criarmos os hospitais devemos de tal modo encadear a vontade dos homens, tanto na sua construção quanto através de seu mobiliário, que não se deixe lugar aos abusos"[53]: o dispositivo espacial concebido pelo médico, novo avatar do herói utópico, tem como finalidade uma conversão de um gênero novo, a cura. O espaço hospitalar "perfeito"[54], modelizado de uma vez por todas, torna-se um *pharmakon* no sentido médico: a própria expressão "máquina de curar"[55], forjada por Tenon, dá a medida e a particularidade dessa redução.

Ao mesmo tempo, o encargo dado ao médico ou ao cientista de conceber o hospital, em detrimento ou mesmo com exclusão do arquiteto[56], despoja esse edifício de suas dimensões estéticas. Essa "arquitetura normativa, modelo fixo e modelo de Estado ao qual deve curvar-se doravante todo projeto de hospital"[57], é cortada da tradição monumental. É privada de todo acesso ao registro da beleza, quer se trate de satisfazer pela harmonização das partes, o princípio finalista da *concinnitas*, ou a ornamentação[58].

---

50. Cf. a bibliografia de *Machines à guérir*. Não podendo evocar o conjunto desse movimento de modelização hospitalar, escolhemos Tenon como figura exemplar.

51. J. R. Tenon, *Mémoire sur les hôpitaux de Paris*, Paris, 1788.

52. Sobre as viagens de Tenon, cuja relação se encontra em seus *Papiers* inéditos, cf. *Machines à guérir*, "Architecture de l'hôpital", por B. Portier. O autor faz um balanço das pesquisas críticas análogas conduzidas nos outros países da Europa por Howard, Hunczovsky... (op. cit.. p. 72).

53. Citado por B. Fortier, idem, p. 79-80.

54. Idem, p. 76.

55. *Papiers* de Tenon, Bibliothèque Nationale, Nouvelles Acquisitions, 11 357, fol. 129. Sobre esse conceito, nós nos reportaremos à análise de P. Beguin, "La machine à guérir", *art. cit.*

56. Sobre esse desapossamento do arquiteto pelos médicos, físicos e químicos, e sobre a correlativa "desqualificação do conhecimento arquitetônico clássico", cf. B. Fortier, "Architecture de l'hôpital", citado acima, p. 72 e s.

57. Idem, p. 71.

58. Idem, p. 85.

UMA NOVA FIGURA EM PREPARAÇÃO: DERIVAS E DESCONSTRUÇÃO    257

O "panóptico", ao qual J. Bentham deu seu nome[59] e do qual foi o mais fervoroso apóstolo e teórico, generaliza essa noção de edifício-máquina de finalidade normativa. Arremata a sua transparência e, sem mais se especializar, oferece indiferentemente seus serviços a cada um e a todos os setores possíveis da atividade. O próprio Bentham elaborou versões panópticas de prisão, escola, orfanato, fábrica, creche, casa para mães solteiras[60]. É que o esquema panóptico é aplicável "*a* todos os estabelecimentos em que, nos limites de um espaço que não é demasiado extenso, é preciso manter sob vigilância um certo número de pessoas"[61].

A maioria dos seus intérpretes, especialmente franceses, reduziram a disciplinaridade benthamiana a uma aplicação dos ideais econômicos do final do século XVIII. No entanto, esses esgotam menos o sentido do que a medicalização do espaço de que ela depende igualmente. Contentar-se com essas análises é esquecer que os dispositivos setoriais de Bentham se inserem num projeto de sociedade global, e que, antes de ser o inventor da panóptica, Bentham é o pai do utilitarismo. Ora, o utilitarismo é uma filosofia "moral", cuja realização é função precisamente do panoptismo, e da qual ele é o instrumento de propagação. Não tendo a moral utilitária um conteúdo específico comparável ao de um projeto político, o que Bentham procura, para lhe dar sua base, é um instrumento especial sem conteúdo nem destinação particular[62], cujo valor resida unicamente em seu poder (vazio ou indeterminado): "meio de obter o poder, um poder do espírito sobre o espírito, em quantidade até então sem exemplo"[63]. A frase de Bentham é reveladora. O poder

59. *Panopticon*, escrito em 1787, editado em Londres em 1791, ano em que é publicada uma adaptação francesa aos cuidados da Assembleia Nacional, sob o título de *Panoptique, mémoire sur un nouveau principe pour construire des Maisons d'Inspection ou des Maisons de Force*. Para um resumo ilustrado e uma análise crítica do *Panopticon*, cf. em particular o notável artigo de R. Evans, "Bentham's Panopticon, an Incident in the Social History of Architecture", *Riba Journal*, versão inglesa de um artigo publicado em italiano em *Controspazio*, outubro de 1979. Cf. também J.-A. Miller, "Le Panopticon de Bentham", *Ornicar*, 3, Paris, maio de 1975.

60. Manuscrito inédito de J. Benthan, Londres, Universitu College.

61. Citado por M. Foucault in *Surveiller et Punir*, op. cit., p. 207; J. Bentham, *Panopticon* in *Works*, Bowring ed., t. IV, p. 40.

62. R. Evans não vê a dimensão utópica do panoptismo. Não procura também dar um sentido à busca monoidéica, por Bentham, de um modo de coerção espacial. Todavia, descreve com rara perspicácia como Bentham opera por meio de formas *vazias*, dotadas de um poder excepcional: o dispositivo panóptico lhe parece "*a catalytic agent inducing human goodness or reformation as part of a purely mechanical operation*" (op. cit., p. 24). Segundo ele, "*Bentham perceived that an operative set of artifacts, stripped of meaning in the symbolic sense, could nevertheless be transmittors of human intention: could be as essentially meaningful as any more metaphysical system of language*" (idem, p. 35).

63. Citado por R. Evans *in* "Bentham's Panopticon", op. cit., p. 21.

258 A REGRA E O MODELO

do instrumento "mágico"[64] que ele propõe corrobora seu projeto de ser o "Newton da *legislação*"[65]. De maneira geral, a autoridade atribuída a essa forma espacial que designa uma ausência sublinha o parentesco do panoptismo com a utopia. Aliás, já não era panóptico o plano de Utopo, imediatamente revelável ao olhar? A diferença é que o panóptico de Bentham se refere a uma sociedade mais complexa e traz consigo um projeto abstrato (o utilitarismo): não pode mais possuir a globalidade do mundo de Morus e deve necessariamente explodir em dispositivos múltiplos e particulares. Concebidos para fins carcerários, pedagógicos, hospitalares..., os textos panópticos são outras tantas utopias parcelares e monossêmicas, privadas de sua *mise en scène* e de seus interlocutores-testemunhas.

A essa promoção prática dos espaços modelares e corretivos corresponde a superespacialização da figura da utopia, acusada, com ou sem outras perturbações, por todos os textos do pré-urbanismo. Essa superespacialização sozinha não pode ser tida como uma alteração do paradigma de Morus, e uma série de obras pertencentes a esse conjunto conservam, portanto, seu lugar no corpo das utopias.

É o caso da *Voyage en Icarie*[66], cujo desígnio realizador, atestado suficientemente pelas tentativas sucessivas de Cabet a fim de fundar comunidades "icarianas" nos Estados Unidos[67], somente se manifesta através da hipertrofia do modelo espacial. Não será preciso lembrar como o modelo através de cuja duplicação Cabet espera transformar e salvar as sociedades, a metrópole de ícara, alia certos traços da Paris napoleônica a uma padronização radical dos bairros (diferenciados apenas pela cor), do *habitat* e mesmo do mobiliário. Por outro lado, o encaixe de (R¹), (R²) e (R), os diferentes papéis desempenhados por seus três protagonistas (o presumido tradutor Dufruit, substituto de Cabet; a testemunha, Lorde Carisdall, homólogo de Raphael Hythloday; e o herói Icar, homólogo de Utopo), a descrição de Icária no presente do indicativo por Lorde Carisdall e o relato em terceira pessoa das façanhas de Icar são outros tantos traços que dão prova da integridade da figura utópica.

---

64. A dimensão mágica do panóptico aparece já na abertura da obra: "A moral reformada, a saúde conservada, a indústria revigorada, a instrução difundida, os ônus públicos aliviados... tudo isso por uma simples ideia de arquitetura" (citado por R. Evans, idem, p. 24). Cf. também as fórmulas de Fourier, infra, p. 261, e as de Le Corbusier, citadas infra, p. 298.

65. Assim era designado Bentham na época (idem, p. 23). [O grifo é nosso.]

66. E. Cabet, *Voyage et Aventures de Lord William Carisdall en Icarie, traduits de l'anglais de Francis Adams par Th. Dufruit*, Paris, Souverain, 1840.

67. Cf. E. Cabet, *Une colonie icarienne aux Etats-Unis*, Paris, 1856.

UMA NOVA FIGURA EM PREPARAÇÃO: DERIVAS E DESCONSTRUÇÃO    259

Igualmente utopia, no sentido canônico, a *Hygeia*[68] de Richardson, embora tenha perdido a globalidade e a polissemia do projeto social de Morus. Seu único objetivo é proporcionar saúde aos habitantes. A higiene é o valor único que determina a localização e a planta das residências privadas e dos edifícios públicos. *Hygeia* não passa de um projeto panóptico, ampliado até às dimensões de uma cidade-hospital, colocado no presente do indicativo e habitualmente integrado na estrutura folheada da utopia.

*As Notícias de Parte Alguma*[69] de W. Morris também apresentam a organização canônica da utopia. Não obstante, a utilização que faz essa obra da superespacialização chega ao paradoxo que mais tarde o urbanismo culturalista irá encontrar: escapar da utopia através da utopia. Em outras palavras, o poder do dispositivo utopista se impõe àquele mesmo que tenta fugir dele.

O espaço construído, como toda ortodoxia, é a vedete das *Notícias*: o viajante-testemunha-herói é, desde logo, fascinado pela Londres modelar do século XXI, cuja visita lhe permite denunciar as taras da Londres onde viveu. No entanto, ao contrário dos dispositivos utópicos, a nova cidade tem por vocação deixar os habitantes expressarem suas diferenças. O enfoque retoma o de Ruskin[70] que, após haver criticado a sombria padronização dos espaços vitorianos, exclamava: "Desejaria ver, pois, nossas habitações comuns [...] construídas para serem belas [...], gostaria de vê-las com diferenças capazes de convir ao caráter e às ocupações de seus hóspedes, suscetíveis de exprimi-los e de contar-lhes parcialmente a história"[71]. Esse desejo se realiza com a Nowhere de Morris com suas "magníficas construções" onde "um homem pode mostrar tudo o que tem em si, e exprimir seu espírito e sua alma no trabalho de suas mãos"[72].

Não é essa a atitude de um tratadista. Sua crítica lúcida de uma certa forma de modelização espacial não permite aos neogóticos ingleses, nem a Ruskin ou a Morris pensarem a instauração do espaço em termos de projeto aberto. Seu conhecimento dos mecanismos da utopia e dos dispositivos disciplinares ou panópticos lhes revelou o poder de um condicionamento pelo espaço cons-

---

68. *Hygeia, a City of Health*, Londres, Macmillan, 1876.

69. *News from Nowhere*, publicado em folhetim, em 1884, no *Commonweal*, em livro em 1891.

70. *The Poetry of Architecture*, Londres, 1837; *The Seven Lamps of Architecture*, Londres, 1849; *The Stones of Venice*, Londres, 1851-1853; *Lectures on Architecture and Painting, delivered at Edimburgh in November 1853*, Londres, 1854.

71. *The Seven Lamps of Architecture*, trad. fr. por G. Ewall, Paris, Laurens. 1916, n. 250.

72. Trad. fr. por P. G. La Chenais, Paris, Société nouvelle de librairie et d'édition, 1902, p. 244-245.

260 A REGRA E O MODELO

truído, cujas alienações eles denunciam, mas do qual não veem meios de escapar a não ser por um condicionamento inverso.

Isto porque, definitivamente, em Nowhere, o elogio da diferença não deixa aos habitantes maior autonomia do que em Utopia o plano de Utopo. Desde o início, é-lhes imposta uma ordem totalitária: não mais a ordem de um herói e de seu modelo, mas a de uma cultura (imaginária), que substitui a religião como valor transcendente e se fixa em formas (vazias) pertencentes ao passado.

A modelização espacial oriunda do paradigma de Morus exerce, portanto, seus sortilégios a despeito de toda lógica, até sobre as tentativas para derrubá-la. Essas não encontram coerência senão nos defensores do *Gothic Revival*, quando a modelização espacial é preconizada sob a forma do gótico, a fim de operar uma volta à ordem desaparecida da religiosidade medieval. Assim, inverte-se o caminho de Morus que, partindo do sagrado e de sua transcrição no espaço, chegava a dar uma autonomia e um valor próprio a um puro dispositivo espacial.

Em outros casos, a transformação da figura utópica é mais profunda. Tomaremos como exemplo os escritos de um autor que Marx, paradoxalmente, converteu, para a posteridade, num dos arautos do utopismo: Fourier. Por certo, não cabe contestar que sua obra traz a marca viva da utopia. Por isso, a maioria de seus livros, que não constituem nem romances, nem discursos filosóficos, nem textos de história, debuxam duas imagens de duas sociedades, que se colocam em oposição entre si. Com uma ferocidade que fazia o encanto de Marx, Fourier se devota à crítica da sociedade mercantil do início do século XIX. Correlativamente, descreve o que seria o outro em todos os pontos dessa sociedade "às avessas", o "mundo do bom senso" ou "regime de verdade"[73] que é a sociedade harmônica.

Situada não num lugar mas num tempo outro[74], que coincide com uma imobilização da história, a Harmonia é revelada realmente por sua testemunha no presente do indicativo, exatamente como a Utopia de Raphael:

Todas as crianças, ricas ou pobres, *moram* no sótão [...]. As ruas-galerias são um método de comunicação interna que sozinho bastaria para fazer desprezar os palácios e as belas cidades da civilização. Uma Falange que *pode* conter até 1600 ou 1800 pessoas, das quais várias famílias opulentíssimas, é realmente

73. *Nouveau Monde industriel et sociétaire, Oeuvres complètes*, Paris, Bureau de la Phalange, 2ª ed., 1841-1845, t. VI, p. 13 e 14.

74. A partir do momento em que o planeta é quase inteiramente explorado, o tempo substitui o espaço como "não lugar da utopia" da utopia.

UMA NOVA FIGURA EM PREPARAÇÃO: DERIVAS E DESCONSTRUÇÃO 261

uma pequena cidade [...]. A Falange não *tem* rua exterior ou via descoberta exposta aos prejuízos do ar; todos os bairros do edifício nominal *podem* ser percorridos numa ampla galeria, que *reina* no primeiro andar e em todos os corpos do edifício; nas extremidades dessa via, *há* corredores sobre colunas, ou subterrâneos ornamentados, proporcionando em todas as partes e dependências do Palácio uma comunicação abrigada, elegante e temperada em todas as estações por meio dos aquecedores ou dos ventiladores. Essa comunicação abrigada é tanto mais necessária na Harmonia quanto os deslocamentos são muito frequentes, nunca durando as sessões dos grupos mais de uma hora ou duas, de acordo com as leis das 11ª e 12ª paixões. [...] Um harmoniano dos mais miseráveis, um homem que não *tem* tostão, nem real, *sobe* de carro num alpendre bem aquecido e fechado; *comunica-se* do Palácio aos estábulos por subterrâneos adornados e saibrados; *vai* de seu alojamento às salas públicas, e às oficinas, por ruas-galerias que *são* aquecidas no inverno e ventiladas no verão[75].

O modelo espacial ordenado, este "palácio social" que se chama Falanstério mostra assim ser o instrumento necessário, insubstituível, para garantir a conversão ao Harmonismo, em seguida o funcionamento e a difusão desse sistema de "associação composta". O papel-chave que lhe atribui Fourier é claramente afirmado no primeiro jornalzinho que lhe serve para propagar suas ideias: não tem o nome da comunidade, a Falange[76], mas o de seu espaço, o *Falanstério*. Nenhum outro edifício pode substituí-lo[77]. Mas, tão logo é construído, permite "metamorfosear subitamente o mundo social"[78], transformar "todo o gênero humano[79]. O modelo age de maneira quase mágica, como o de Morus. O maravilhamento de Fourier diante da simplicidade[80] e do poder do dispositivo espacial

75. *Théorie de l'unité universelle* (1825), *Oeuvres completes*, t. II-V, reedição, Paris, Bureau de la Phalange, 1841-1845, p. 462 e 464. [*O grifo é nosso.*] O futuro ou o subjuntivo presente, precedido de "convém que" ou ainda o verbo dever associado ao infinitivo substituem muitas vezes o presente do indicativo: "Os alojamentos, plantações e estabelecimentos de uma Sociedade que opera por Séries de grupos, *devem* diferir prodigiosamente de nossas aldeias ou burgos afetados a famílias que não têm qualquer relação societária: em lugar desse caos de casinholas [...] O centro do Palácio ou Falanstério *deve ser* deixado às funções pacíficas, às salas de refeição, de bolsa, de conselho, de biblioteca, de estudo etc. O Falanstério ou Mansão da Falange *deve conter*, além dos apartamentos individuais, muitas salas de relações públicas" (idem, p. 456-458-459). [*O grifo é nosso.*]

76. Este será o nome da segunda folha fourierista, que começará a ser publicada um ano antes da morte de Fourier.

77. A utilização de antigos edifícios convencionais somente pode revelar falta de experiência, cf. particularmente *Nouveau Monde industriel et sociétaire*, *Oeuvres completes*, Bureau de la Phalange, 2ª edição, 1841-1845, t. VI, p. 118, e prefacio da *Théorie de l'unité universelle*, op. cit.

78. *Théorie de l'unité universelle*, *Oeuvres complètes*, t. III, p. 307.

79. *Nouveau Monde*, op. cit., advertência, p. XV.

80. "Uma experiência limitada a uma légua quadrada", idem. Cf. também *Théorie des quatre mouvements*, *Oeuvres complètes*, t. I: o Falanstério é "a invenção que vai livrar o gênero humano do caos civilizado", p. 29, vai "mudar a sorte do gênero humano", p. 12, porque "*é* com um meio tão simples que se pode pôr um termo a todas

262 A REGRA E O MODELO

que permite essa conversão radical à escala do planeta é o mesmo que o de Bentham. Em *Nouveau Monde*, a descrição do modelo chega a se completar com um esquema da mão de Fourier, que transforma em ilha o palácio harmônico e suas dependências. Separado da sociedade pervertida por um riacho ao qual não leva nenhum caminho exterior e que nenhuma ponte atravessa, o Falanstério é assim iconicamente transportado para essa parte alguma consubstancial à utopia onde o autor-testemunha o teria visitado[81].

Mas o desenho desse riacho, sobre o qual o texto nada diz, é o único traço de uma *mise en scène* utópica, totalmente ausente. A apresentação da comunidade ideal não comporta "relato da ficção". No *Nouveau Monde*, como no resto de seus escritos, Fourier suprimiu (R[1]), agora inútil por causa de sua determinação de construir realmente o Falanstério. Em compensação, conserva um relato, que se parece ao mesmo tempo com (R) e (R[2]) e com que o narrador preenche as funções dos três protagonistas da utopia (S[1]), (S[2]) e (S), o autor, a testemunha e o herói. Assim Fourier desempenha ao mesmo tempo os papéis de Morus e de Raphael, como também o de Utopo, cuja pessoa verbal e linguagem ele muda. A testemunha se junta o herói que, para exprimir-se na primeira pessoa, toma o discurso do edificador. Liga sua atividade de construtor à sua biografia e projeta-a no tempo[82]. Em suma, aloja-se no tempo à maneira dos tratadistas, antes de cristalizá-lo à maneira dos utopistas. A figura do tratado penetra assim na da utopia cuja coerência e estabilidade ela golpeia, pretendendo confundir o *eu* do herói construtor com o *ele* do herói mágico.

O pai do Falanstério, que condenava ele mesmo esse "sonho do bem sem meios de execução, sem método eficaz"[83], não escreveu, portanto, utopia. A distorção que ele inflige ao paradigma de Morus depende, em parte, de um conhecimento direto e aprofundado dos tratados de arquitetura. A prática dessa literatura, cuja

as calamidades sociais", p. 9; e *Théorie de l'unité universelle*, que a transforma na "descoberta mais preciosa para a humanidade", argumento do sumário, p. XX.

81. Com a ausência dos caminhos externos, contrasta a importância das circulações internas, cuidadosamente traçadas.

82. Cf., por exemplo: "Como eu não mantinha relação com nenhum partido científico, resolvi aplicar a dúvida às opiniões de uns e de outros [... ] resolvi não me interessar por problemas que não tivessem sido abordados por nenhum deles" (*Oeuvres completes*, t. I, *Théorie des quatre mouvements*, discurso preliminar, p. 5 e 7). Ou ainda: "Não descrevo a ordenação das plantações, que nada têm de semelhante com as nossas; será o tema de um capítulo especial: estamos às voltas apenas com os detalhes do edifício" (*Théorie de l'unité universelle*, p. 461).

83. *Manuscrits de Fourier*, Paris, Librairie phalanstérienne, Ano 1867-1868, p. 356 ("Généralités sur l'équilibre en composé", 1818). Cf. também sua "Revue des utopies", *Le Phalanstère*, 5 de julho de 1832 e dois números seguintes, onde ele 86 opõe às diversas "sociedades utopistas", cristã, franco-maçônica e sansimoniana.

UMA NOVA FIGURA EM PREPARAÇÃO: DERIVAS E DESCONSTRUÇÃO     263

marca se encontra igualmente nas exposições de Fourier sobre a estética arquitetônica, confere um valor particular ao *Nouveau Monde* e à *Théorie de l'unité universelle*, que ilustram de modo mais franco que algumas outras obras – igualmente não canônicas – como as de Owen[84], as possibilidades de desvio oferecidas pelo pré-urbanismo à figura da utopia.

A constância da superespacialização nos textos do pré-urbanismo é significativa: o modelo espacial do paradigma de Morus impõe seu valor operatório e instaurador. Por isso, mesmo quando, como em Fourier, a figura da utopia perde sua integridade e sua identidade, não se pode assimilar esse avatar ao estilhaçamento sofrido pela figura do tratado na época de Patte. No primeiro caso, trata-se de uma movimentação, no segundo de uma desconstrução. A comparação de tais evoluções demonstra, mais uma vez, a grande fragilidade do tratado de arquitetura e deixa pressentir o peso que terá a utopia na constituição de uma nova figura textual instauradora de espaço.

---

84. Cf. *An Address delivered In lhe inhabitants of New Lanark*, Londres, 1816, e *Rapport au comité de l'Association pour le soulagement des classes défavorisées employees dans l'industrie*, 1817, publicado em *A Supplementary Appendix to the first Volume of the Life of Robert Owen, Containing a Series of Reports* [...], Londres, 1857. Como os de Fourier, estes lexlus são assinalados pela ausência da *mise en scène* utópica, o pelo acumulo dos papéis de $(S^1)$, $(S^2)$ e $(S)$ por um interlocutor único, o autor.

# 6. A Teoria de Urbanismo

Nenhum termo específico designa atualmente os escritos de urbanismo que pretendem oferecer uma teoria da organização do espaço[1]. Não estaria essa falha denunciando uma irredutível heterogeneidade? Minha proposta é mostrar que a desconstrução do tratado de arquitetura, assim como a mobilização da utopia pelo pré-urbanismo, ao contrário, levaram à constituição de uma nova figura textual, que subtende igualmente as obras intituladas *Teoria General de la Urbanización*, *Der Städtebau*, *La Cité industrielle*, *La Ville radieuse*, *The Disappearing City*, *Notes on the Synthesis of Form*... Doravante, chamaremos teoria de urbanismo a categoria discursiva habitada por essa figura, até então não reconhecida e não nomeada. Essa denominação, inspirada pelo título da obra inaugural de Cerdà, assinala a pretensão, explícita e nova, de fazer obra científica apropriando-se das metodologias próprias da ciência.

A despeito de suas divergências, os textos pertencentes à categoria da teoria de urbanismo apresentam três conjuntos de traços comuns. Em primeiro lugar, eles se autodenominam discurso científico. Não é mais o caso, como o fora com Patte, de buscar

---

1. Estes textos não elevem ser confundidos com os inúmeros manuais práticos de urbanismo que relacionam problemas e soluções técnicas, produzidas pelos engenheiros desde o último quartel do século XIX, e cujo protótipo é *Der Städtebau*, publicado por J. Stübben em 1890, um ano depois e quase com o mesmo título que *Der Städtebau nach seinen künstlerischen Grundsatzen*, a teoria de urbanismo de Sitte.

266 A REGRA E O MODELO

ajuda junto a certas disciplinas científicas e técnicas, independentes, mas de afirmar a autonomia de um domínio próprio no vasto território, em emergência, das "ciências humanas". Em seguida, tal como a utopia, esses textos opõem duas imagens da cidade, uma negativa que traça o balanço de suas desordens e de seus defeitos, a outra positiva que apresenta um modelo espacial ordenado. Enfim, como o tratado de arquitetura, relatam uma história cujo herói é o construtor.

Tentaremos mostrar como, sem a vontade deliberada de seus autores, sem mesmo terem tido consciência disso, certos elementos das duas estruturas textuais, que vimos aparecerem entre 1452 e 1516, foram conservados, integrados e articulados, num discurso com pretensão científica.

## 1. A *TEORIA* COMO PARADIGMA

Como o fizemos no caso dos tratados de arquitetura e das utopias, a análise da estrutura textual das teorias urbanísticas será praticada numa obra paradigmática, a *Teoria General de la Urbanización*[2]. Essa teoria, publicada em 1867 pelo engenheiro espanhol Ildefonso Cerdà, para fundamentar e justificar as decisões que adotara em Plano de Expansão de Barcelona (1859)[3], é, com efeito, ao mesmo tempo a primeira em data e aquela que tem a forma mais perfeitamente desenvolvida[4]. O próprio Cerdà reivindicou a novidade de sua empresa: "Vou iniciar o leitor no estudo de uma matéria completamente nova, intacta e virgem"[5], previne ele no início de seu livro, algumas páginas antes de propor, para designar essa disciplina nova, um neologismo adotado mais tarde universalmente, "urbanismo", ou antes seu equivalente espanhol, *urbanización*. Depois de justificar a adoção da raiz latina *urbs*[6],

2. Madrid, Imprenta Española, 1867. Essa edição original foi reproduzida em fac-símile e provida de um estudo crítico de F. Estapé, Barcelona, Ediciones Ariel y Editorial Vives, 1968, por ocasião do centenário da *Teoria*. Nas páginas seguintes nossas citações são tiradas da tradução francesa, *La Théorie générale de l'urbanisation*, *présentée et adaptée par A. Lopez de Aberasturi*, Paris, Seuil, 1979, doravante designada *Lop.*, cujas páginas de referência são seguidas das páginas correspondentes da edição Estapé, designada *Est.*

3. Concebido numa escala ainda hoje excepcional, esse plano foi truncado no curso de sua realização. Cf. A. Lopez de Aberasturi, op. cit., primeira parte, apresentação da obra de Cerdà.

4. Não se trata de um acaso. A obra de Cerdà não surgiu *ex nihilo*. Ela assume sentido se for ressituada numa tradição ibérica que, desde a Idade Média, tentou racionalizar a organização do quadro construído. Cf. J. Astorkia, tese de terceiro ciclo em curso no Institut d'urbanisme de Paris VIII.

5. *Lop.*, p. 81; *Est.*, p. 27.

6. *Lop.*, p. 81, 82, 83; *Est.*, p. 29-31.

A TEORIA DE URBANISMO                                           267

Cerdà define "a palavra *urbanização*"[7] que, para ele, designa ao mesmo tempo um fato concreto, o processo que hoje chamamos urbanização, e a disciplina normática que é o urbanismo; em outras palavras, de um lado "um grupo de construções postas em relação e em comunicação tais que os habitantes possam se encontrar, se ajudar, se defender [...]", e de outro, um "conjunto de conhecimentos, de princípios imutáveis e de regras fixas"[8] que permitem organizar cientificamente as construções dos homens.

Todavia, o caráter pioneiro da *Teoria* não foi reconhecido nem ao nível de conteúdo nem ao nível da forma e, ao contrário dos livros de Alberti e de Morus, esse texto não teve posteridade direta. Essa ocultação de uma obra excepcional pode ser atribuída, em parte, ao contexto político e cultural em que foi elaborado o Plano de Barcelona, às polêmicas e às paixões que desencadeou contra seu autor[9]. Deve-se, sem dúvida, principalmente à própria *Teoria*, às redundâncias que tornam fastidiosa sua leitura, a sua extensão (dois volumes de oitocentas páginas cada um) que lhe impediram a difusão e a tradução para outra língua estrangeira[10]. O certo é que a *Teoria* não foi lida pelos historiadores, que, como H. Lavedan, conservaram de Cerdà apenas seu Plano de Barcelona, nem pelos teóricos do urbanismo[11]. Com exceção de seu compatriota A. Soria[12], os teóricos posteriores a Cerdà não lhe devem diretamente nada. Que seus escritos são trabalhados pela mesma figura textual que a *Teoria*, demonstra-o sua comum pertinência a um estrato epistêmico.

O paradoxo desse paradigma sem posteridade direta e a emergência multipolar da nova figura repercutiram sobre a construção desse capítulo. Ao contrário dos capítulos consagrados ao *De re aedificatoria* e à *Utopia*, ele não pôde ser reservado à obra de um único autor. Todavia, demos precedência à *Teoria* cuja análise foi feita em

---

7. Em nossas citações, distinguiremos as duas acepções do termo *urbanização*, seguindo-a da palavra (urbanismo) quando se tratar realmente dessa disciplina.

8. *Lop.*, p. 83; *Est*, p. 31-32.

9. Cf. A. Lopez de Aberasturi, op. cit.

10. A de A. Lopez de Aberasturi é a primeira. Não se trata de uma tradução completa, mas de uma adaptação cuidadosa, que respeita o movimento da *Teoria* e revela seus grandes temas.

11. Em sua *Histoire de l'urbanisme* (t. Ill [*Epoque contemporaine*], Paris, 1952, p. 239), H. Lavedan critica o Plano de Barcelona com argumentos especiosos e dedica à *Teoria* apenas uma nota curta que citamos *in extenso*: "Cerdà publicou mais tarde uma memória em dois volumes para justificar sua obra. O tomo I é uma história muito fantasiosa do urbanismo. O tomo II contém úteis estatísticas".

12. Sua *Ciudad Lineal* (Madrid, Est Tipographico, 1894), em compensação, conheceu uma difusão internacional. Notadamente na França, G. Benoit-Lévy deu grande publicidade a essa obra da qual Le Corbusier, de seu lado, tirou, sem nunca citá-lo, o conceito de cidade linear. Cf. G. R. Collins, "Linear Planning throughout the World", *Journal of the Society of Architectural, Historians*, XVIII, Filadélfia, out. 1959.

268 A REGRA E O MODELO

primeiro lugar, isoladamente. Em seguida, convocamos outros textos a fim de confirmar a identidade da figura que os subtende. A despeito de suas dimensões, a *Teoria*, tal como a *Idea* de Scamozzi, é um texto incompleto. Seus dois volumes compreendem apenas a primeira das quatro partes de um conjunto cujo plano[13] Cerdà nos deixou e cujos painéis faltantes, segundo toda verossimilhança, teriam sido realmente redigidos[14]. A primeira parte pretende ser um estudo sincrônico e diacrônico do fenômeno urbano: conforme a terminologia de Cerdà, apresenta a "urbanização como fato concreto". O primeiro volume mostra uma exposição geral, ilustrada no segundo com dados estatísticos relativos à cidade de Barcelona[15]. Esse trabalho de "dissecação" é, para Cerdà, a condição prévia para a elaboração dos "princípios da ciência urbanizadora"[16], em outros termos, para o estabelecimento da "teoria" que "constitui o objeto da segunda parte"[17] (faltante). Vemos que Cerdà utiliza unicamente o presente do indicativo para descrever as diferentes seções de sua obra, quer tenham sido efetivamente impressas quer não. "A terceira parte (igualmente faltante) trata das aplicações técnicas"[18] e da eventual inflexão dos princípios científicos pela arte, com vistas a elaborar soluções de transição[19] que levem em conta contingências existentes e não traumatizem as populações. A quarta parte, enfim, "ilustra as anteriores com o exemplo concreto de Barcelona"[20]: então não mais se trata do estudo estatístico da cidade, mas das propostas de reestruturação e de ampliação, da "reforma" e do Plano que deram causa ao empreendimento teórico de Cerdà, e não se acham formalmente integrados na *Teoria*.

A primeira parte do projeto de Cerdà, a única publicada, pode ser tratada, portanto, como uma entidade autônoma. Especifica o método da nova disciplina e determina as leis da "urbanização". Pretende fundar uma teoria da construção das cidades, de valor

13. Na advertência (*Lop.*, p. 79, 80; Est, p. 16, 17).

14. Cf. A. Lopez de Aberasturi, op. cit.

15. "[vamos mostrar] com o auxílio de um exemplo concreto e de números indutíveis que tudo o que dissemos em termos abstratos e gerais quanto aos elementos constitutivos das *urbes*, a seu organismo, a seu funcionamento [...] não constitui uma declamação enfática e vã, mas um fato incontestável. Recorremos à estatística no tocante aos dados relativos à *urbe* sobre a qual concentramos nosso estudo [Barcelona]" (*Lop.*, p. 179; *Est.*, p. 815). Segundo a própria confissão de Cerdà, o segundo volume é um "complemento" do primeiro, cujo conteúdo, em condições de menor ignorância, poderia ter sido relegado "ao final da obra, como anexo" (ibid.).

16. *Lop.*, p. 79; *Est*, p. 17.

17. *Lop.*, p. 179; *Est*, p. 814.

18. Ibid.

19. *Lop.*, p. 80; Est, p. 17; bem como *Lop.*, p. 179; *Est*, p. 814.

20. *Lop.*, p. 179; Est, p. 814.

A TEORIA DE URBANISMO                     269

universal, cujo enunciado sistemático está faltando. A terceira e a
quarta partes teriam sido tanto mais dissociáveis da primeira quanto
deviam somente apresentar sua aplicação a casos particulares.

## 1.1. *O Discurso Cientificista e Científico*

Embora a entidade textual que é a *Teoria*, na situação em que
a deixou Cerdà, apresente uma síntese estrutural das figuras do
tratado, da utopia e do discurso científico, como no caso de todas
as outras teorias do urbanismo, esse último só é reconhecido e as-
sumido pelo autor. Já na introdução e no prefácio metodológico,
Cerdà se apresenta como o criador de uma ciência nova, de que
não se encontra vestígio antes da *Teoria*: "Nada, absolutamente
nada, fora escrito sobre um tema de tamanha importância"[21]. Não
cessa de afirmá-lo no decurso da obra: "A urbanização [o urba-
nismo] reúne todas as condições necessárias para ocupar um lugar
distinto entre as ciências que ensinam ao homem o caminho de seu
aperfeiçoamento"[22], ela é "uma verdadeira ciência"[23].

Para o engenheiro espanhol, esta ciência inteira tornou-se possível (nos planos do conhecimento e da técnica) e, ao mesmo tempo,
foi exigida (no plano prático) pela emergência de "uma nova
civilização"[24]. Testemunha e arauto do "mundo novo", apresenta-lhe
"como característica distintiva [...] o movimento e a comunicação"[25],
fruto da revolução científica que, graças à introdução do vapor e da
eletricidade, trouxe uma mudança nos transportes e no modo de
circulação das pessoas, e deu origem às telecomunicações[26]. Como
bom futurólogo, Cerdà anuncia a era da "comunicação universal".

Esta experiência da modernidade e o papel atribuído ao movimento e à comunicação, na urbanização da segunda metade do século XIX, repercutem sobre a definição que Cerdà apresenta do

---

21. *Lop.*, p. 73; *Est*, p. 8.

22. *Lop.*, p. 83; *Est*, p. 31.

23. Prólogo do t. II, *Lop.*, p. 183; *Est*, t. II, p. 1.

24. "Montada no vapor e armada com a eletricidade" (*Lop.*, p. 78; *Est*, p. 15). Sobre essa "nova civilização", cf. particularmente a Advertência ao Leitor e a introdução
em seu conjunto, da qual ela constitui o *leitmotiv*.

25. *Lop.*, p. 73; *Est*, p. 8.

26. "Homens da época da eletricidade e do vapor! Não tenham medo de pro-
clamá-lo: somos uma geração nova, dispomos de novos meios infinitamente mais
poderosos que os das gerações anteriores; levamos uma vida nova [...] construímos
cidades novas adaptadas às nossas necessidades e nossas aspirações" (*Lop.*, p. 164; *Est.*,
p. 686)."A locomoção aperfeiçoada [a vapor] avança [...] com uma rapidez assombrosa.
Aliou-se à eletricidade que, por meio do telégrafo, transmite Instantaneamente a vontade imperativa dos homens [...] Estes transportes rápidos, econômicos, cômodos,
democráticos, abrem uma era nova na marcha progressiva da humanidade" (*Lap,*, p.
176-177; *Est*, p, Mini)

270 A REGRA E O MODELO

objeto da "ciência urbanizadora". Porque, pretendendo ser um cientista consequente, ele começa por determinar o objeto que sua disciplina deverá estudar. Esse momento primeiro fá-lo rejeitar categoricamente a noção de cidade e suas acepções recebidas, particularmente as que se baseiam em critérios numéricos, administrativos ou culturais. A urbanização como fato concreto supera a ideia limitada da cidade tradicional, para englobar todas as aglomerações possíveis, quaisquer que sejam a sua extensão ou sua dispersão. Cerdà apresenta uma sua definição funcional, a primeira do gênero: a urbanização reside tão somente na associação do repouso e do movimento, ou antes nos espaços que servem ao repouso e ao movimento dos seres humanos, isto é, os edifícios e as vias de comunicação[27]. Reduzindo assim o processo de organização do espaço à combinação de abrigos destinados à estada e de vias de comunicações, Cerdà formula pela primeira vez os dois conceitos diretores que, hoje mais do que nunca, continuam sendo os dois polos operacionais do urbanismo, a habitação e a circulação.

Anuncia, pois, e prepara a grande redução que a planificação urbana impõe às sociedades atuais. Mas descobre no movimento uma dimensão do urbano até então ignorada e acerca da qual nossa época mal começa a pressentir que instrumentos conceptuais permitiriam integrá-la numa descrição científica. Cerdà supera o estatismo da apreensão balzaquiana da cidade, apoiada pelos modelos de pensamento de Laplace e de Cuvier. Sua cidade está em movimento: limites flutuantes, que nunca se detêm, população interminavelmente errante. Ele antecipa a intuição, no entanto quase sempre pioneira, dos romancistas de sua época, tal como Zola, mas ainda não pode valer-se do modelo da termodinâmica estatística, cujo interesse caberá mais tarde a Musil pressentir[28]. Além disso, a importância que ele atribui à circulação não o leva a negligenciar a habitação, que para ele não se reduz ao alojamento, como para a maioria dos urbanistas progressistas que lhe sucedem, mas continua sendo a exigência primeira e fundamental, aquela que permite o desenvolvimento da pessoa humana. "O ponto de

27. "Para dar uma ideia da urbanização no domínio da ciência, diremos que seus elementos constitutivos são os abrigos, seu objetivo a reciprocidade dos serviços e seus meios as vias comuns" (*Lop.*, p. 86; *Est.*, p. 44). Cf. também: "A localização, a disposição particular das construções e as formas que assumem as vias de circulação ao se desenvolverem constituem nosso único objeto, a totalidade daquilo de que devemos prestar contas" (*Lop.*, p. 98-99; *Est.*, p. 207); ou ainda essa fórmula lapidar: "Todo espaço deve satisfazer duas necessidades, o movimento e o repouso. Tais necessidades são as mesmas para o indivíduo, a família e as coletividades complexas" (*Lop.*, p. 137; *Est.*, p. 408).

28. Cf. Michel Serres, *Feux et Signaux de brume, Zola*, Paris, Grasset, 1975, e *Hermes V, le passage du Nord-Ouest*, Paris, Ed. de Minuit, 1980, p. 27 e s.

A TEORIA DE URBANISMO                    271

partida como o ponto de chegada de todas as vias é sempre a habitação ou a morada do homem"[29].

Com uma acuidade que inspirará Soria, mas que não mais se
encontrará depois antes de M. Webber[30], ele percebe que as novas
técnicas de comunicação vão transformar completamente as formas
de urbanização, tornar anacrônicas as antigas cidades, permitir modos dispersados de agrupamento, o que ele sugestivamente chama
de urbanização ruralizada[31].

Um termo particular, *urbe*[32], é forjado por Cerdá a fim de designar a aglomeração, quaisquer que sejam suas dimensões e sua
forma. Procedendo como cientista, ele examina e define todas as
noções de que é chamado a se servir. Não teme precisar o conteúdo
de termos aparentemente tão simples quanto os de região, subúrbio,
rua. Além disso, elabora uma metalinguagem[33] para designar um
conjunto de elementos do urbano que a linguagem não soube analisar ou que as designações correntes cobriram de conotações diversas e que se deve encarar com o olho não preconceituoso do cientista.

Apesar das aparências, Cerdà continua fiel a esse rigor lexico-
lógico quando, com um mesmo vocábulo, *urbanización*, designa
duas coisas muito diferentes, o processo de urbanização e o urbanismo, que atualmente distinguimos com cuidado. Isto porque, para
ele, a ciência urbanizadora, o urbanismo, conforme a terminologia
atual, é constituída por um conjunto de proposições científicas deduzidas da análise da urbanização, que as coloca necessariamente
em ação, mas de forma ainda não combinada e "caótica", devido à
inércia que a história lhe opõe. A urbanização "teórica" é detida por
fatores múltiplos e imprevisíveis: as noções de fluxo e de inércia já
anunciam, sem que Cerdà tenha consciência disso, os modelos ex-
plicativos da física. A urbanização é um fenômeno específico de-

29. *Lop.*, p. 125; *Est*, p. 335. Cf. também o primeiro capítulo do Livro I, em particular: "[Devemos] considerar o abrigo como um tegumento artificial, um apêndice
indispensável, como o complemento do organismo humano. Por esse fato, a ideia do
homem está constantemente ligada à de seu abrigo que, por este motivo, se designa pelo
termo mais significativo [...] o de habitação (*vivienda*), termo que indica que ela é sua
vida e o complemento de seu ser" (*Lop.*, p. 85; *Est.*, p. 39). Cerdà indica, na sequência
dessa mesma passagem, que, para designar a casa, ele não utilizará precisamente o
termo casa que não denota essa função vital. Cf. ainda: *Lop.*, p. 136; *Est*, p. 405.

30. Cf. "The Urban Place and non Place Urban Realm", *Explorations in Structura*,
Filadélfia, University of Pennsylvania Press, 1964.

31. Cf. especialmente *Lop.*, p. 170; *Est.*, p. 758.

32. "A adoção [da palavra *urbe*] foi necessária porque nossa língua não possui
termo adequado a meu propósito" (*Lop.*, p. 82; *Est.*, p. 30).

33. Além de *urbe* e *urbanização* (com os compostos "urbanizar", "urbanizadora",
"urbanizador"), citemos: *entrevias, vias transcendentes e particulares, sobre-solo*, e
todos os conceitos operatórios de seu volume dedicado à "estatística de Barcelona":
*nós, trechos, malha, nodações*.

272  A REGRA E O MODELO

certo, mas não privilegiado, acessível ao conhecimento como qualquer outro, e portanto submetido a leis, da mesma forma que os outros fenômenos do mundo. Cabe descobrir uma racionalidade sob a diversidade das formações urbanas de onde Cerdà, com notável firmeza, exclui o acaso. "O recurso ao acaso somente se justifica pela preguiça do pesquisador"[34], afirma o engenheiro espanhol que parece visar, antecipadamente, as dissertações de Corbusier sobre o papel do acaso na formação das cidades antigas.

Assim, o urbanismo aplicado é o corolário de uma ciência experimental e teórica cujo caminho Cerdà questionou amplamente[35]. O autor da *Teoria* não se contentou com uma crítica e uma análise de noções. Determinou os métodos de observação e de tratamento mais bem adaptados a seu campo de estudo, as disciplinas às quais podia recorrer na coleta de informação e melhor ainda na determinação das leis que regem esse domínio.

Formalmente, ele trata seu objeto a partir de dois enfoques, quantitativo e estrutural. A quantificação dos dados urbanos, sob a forma de estatística, constitui uma garantia indispensável de cientificidade[36]. Além disso, uma atitude estrutural é ditada de alguma forma a Cerdà pelas duas ciências independentes a que recorre: a história, bem como a anatomia e a fisiologia[37] lhe servem para construir sua teoria da "urbanização".

A seus olhos, a história é a disciplina que permite situar a ciência urbana: nem finalidade em si, nem suplemento de saber, ela já é para Cerdà esse caminho obrigatório que, conforme nossa época descobriu, atravessa todos os domínios da antropologia. Para Cerdà, é impossível compreender a significação e o problema das cidades contemporâneas, sem referência à história de que são o produto: "a história da urbanização é a história do homem"[38]. Mas essa fórmula não remete a uma continuidade do acontecimento. Levado ao mesmo tempo pela ideologia positivista da época e estruturalista *avant la lettre*, o autor da *Teoria* concebe ao contrário

34. *Lop.*, p. 100; *Est*, p. 214. Cf. também "[a urbanização] cuja origem e desenvolvimento se atribuem ao acaso obedece no entanto [...] a esses princípios imutáveis" (*Lop.*, p. 83; *Est.*, p. 32).

35. "À medida que me aprofundava em meus estudos e pesquisas, compreendi [...] a necessidade de me informar, de estabelecer e fixar as bases e princípios sobre os quais se devia construir essa ciência" (Prólogo do t. II, *Lop.*, p. 183; *Est*, t. II, p. 1).

36. "Por esse meio todos os problemas serão postos em termos matemáticos e portanto não mais se poderá evocar contra nós os caprichos da imaginação. Cumpre, então, admitir que todas as estimativas se baseiam na lógica irrecusável dos números" (Prefácio do t. II, *Lop.*, p. 184; *Est*, t. II, p. 3).

37. Igualmente designada por nós como "medicina experimental", segundo a terminologia empregada na época.

38. *Lop.*, p. 87; *Est*, p. 50.

A TEORIA DE URBANISMO                                    273

a história como sucessão descontínua de constelações de práticas sociais; a urbanização simboliza a cada vez estas constelações, cuja face, a identidade mais diretamente perceptível, ela revela de alguma forma. A técnica é o catalisador que determina e acelera a informação e a transformação das outras práticas sociais. O estabelecimento humano evolui, pois, ao sabor das mudanças da técnica. Melhor do que qualquer outro indicador cultural, o meio de locomoção[39] que nele reina (pedestre, equestre, de reboque, de rodas, aperfeiçoada) e, por via de consequência, a estrutura do sistema de circulação permitem determinar uma classificação das cidades. O modo de locomoção dá seu significado ao desenvolvimento da urbanização. Funciona na história cerdiana da mesma maneira que o modo de produção na história marxiana.

A *Teoria* e o *Capital* são publicados no mesmo ano. Num e noutro caso, estamos à frente da mesma ruptura em relação aos processos históricos tradicionais, da mesma historificação de uma "ciência social". Situando a comparação no único plano onde possa ter significação, o de sua relação com o conhecimento, a analogia das duas obras merece ser levantada e desenvolvida. A história marxiana e a história cerdiana valorizam identicamente a *praxis* técnica, dão provas de um mesmo etnocentrismo e são uma e outra orientadas por uma teleologia revolucionária. Como Marx, Cerdà reconhece a diversidade das culturas antigas[40], depois confunde a história universal com a do Ocidente[41]; e, para ele também, a ciência da história integra uma revolução a realizar. Mas uma revolução pacífica, a do quadro construído que será transformado pela aplicação das novas técnicas de transporte e de comunicação.

Depois de Cerdà, a história será convocada pelo discurso veredictório de todas as teorias do urbanismo. Mas ela não mais desempenhará o papel que lhe reservava a *Teoria*, onde, tomando, de passagem, as vias da arqueologia e da etmologia[42], permite ao

39. "A locomoção constituirá, em cada época urbana, o ponto de partida de nossas pesquisas e o meio de controle de nossas observações. A história da locomoção pode ser dividida em cinco períodos distintos [...]" (*Lop.*, p. 164; *Est*, p. 685).

40. Ele conhece e utiliza ao máximo os trabalhos da arqueologia de sua época.

41. Partindo da hipótese segundo a qual, na origem, "reinava uma única urbanização, pois havia um único povo, uma única civilização e uma única humanidade", ele mostra que, com o tempo, "as *urbes* chegaram respectivamente a adquirir uma característica própria e distintiva [... que não permite] mais considerar globalmente a urbanização geral". Mas "com o tempo, as diversas manifestações da urbanização chegaram [...] a se confundir. [...] *Se vimos um grande centro de urbanização de um país qualquer, vimos todos os outros* [...] a civilização é hoje a mesma *em todos os países em que não reina a barbárie*" (*Lop.*, p. 96; *Est*, p. 132. Cf. também *Lop.*, p. 148; *Est*, p. 483). [O grifo é nosso.]

42. "Indicador urbano" (*Lop.*, p. 146 e s.; *Est*, p. 465 e s.). Cerdà dedicou mais de cem páginas a uma análise etimológica dos termos urbanos, que, conforme ele pen-

274 A REGRA E O MODELO

mesmo tempo construir uma nova definição da urbanização e testar a validade de conceitos operatórios tirados das ciências da vida. Isto porque, na *Teoria*, o enfoque histórico se articula sobre o enfoque biológico. Sua perspectivação não impede que o objeto estudado tenha relação com as metodologias próprias aos organismos vivos, a anatomia e a fisiologia. Cerdà apela explicitamente para essas duas disciplinas, seguindo e aperfeiçoando o caminho aberto quarenta anos antes por Balzac, quando ia buscar ensinamento junto a Cuvier e Geoffroy Saint-Hilaire, para aprender a olhar cientificamente as sociedades humanas.

O termo *dissecação*[43] reaparece como uma profissão de fé nos três primeiros livros da *Teoria*. Cerdà pretende ser o "frio anatomista do organismo urbano"[44], do grande "corpo" social, do qual ele corta, em seguida desarticula em subconjuntos os órgãos essenciais, em outras palavras os elementos de base, que encontramos em todas as cidades e que caracterizam a cidade em geral. Assim, é levado a definir o corpo humano pela combinação de dois tipos de elementos irredutíveis, o edifício e a via de circulação, cuja oposição e combinação podem explicar todas as escalas do quadro construído, desde o sistema das cidades ligadas entre si pela "grande viabilidade universal" até a casa, passando pela ilhota. Outrossim, "o que é a *urbe*? Um conjunto de habitações ligadas por um sistema de vias [...] O que é a casa? Nada mais nada menos que um conjunto de vias e de peças de habitação, como a *urbe* [...] A grande *urbe* e a *urbe-casa* diferem apenas pelas dimensões e pelas sociedades que abrigam"[45].

Crer-se-ia ouvir o eco do *De re aedificatoria*. Aqui e lá, o modelo do corpo parece induzir a mesma análise estrutural. No entanto, a metáfora do corpo e a identificação da cidade com a casa não têm o mesmo valor em ambos os textos. Seus significados respectivos são separados por toda a distância criada por enfoques

---

sava, lhe permitiria reconstituir o sentido original dos componentes da cidade. Essa hipótese, fruto de um enfoque encontrado igualmente na mesma época nos trabalhos de Fustel de Coulanges sobre a cidade antiga, não podia todavia fornecer a Cerdà os resultados esperados, tanto devido às insuficiências do conhecimento contemporâneo quanto por causa da sua própria incompetência na matéria. Entre outros exemplos (*civis, villa, burgo*) tão pouco científicos, citemos apenas o caso de *urbes* que Cerdà deriva de *urbum* (relha de charrua). Deve-se observar, todavia, a segurança de intuição com que, através dessa etimologia fantasiosa, Cerdà aponta o caráter originalmente sagrado do ato urbanizador (*Lop.*, p. 81-82; *Est.*, p. 29-30). Depois, os trabalhos de E. BENVÉNISTE sobre *Le Vocabulaire des institutions indo-européennes* (Paris, Editions de Minuit, 1969) mostraram a fecundidade deste caminho.

43. Cf. particularmente a Introdução, onde Cerdà evoca seu "trabalho de dissecação" (*Lop.*, p. 79; *Est.*, p. 17).

44. *Lop.*, p. 149; *Est.*, p. 592.

45. *Lop.*, p. 137; *Est.*, p. 407. Cf. também *Lop.*, p. 114, 129, 132, 134; *Est.*, p. 268, 363-364; 379, 389.

A TEORIA DE URBANISMO

diferentes do corpo. As ciências do ser vivo não existiam na época de Alberti. Elas se constituíram a partir do século XVII[46], já conhecem um grande desenvolvimento e propõem seus métodos e conceitos às ciências humanas no momento em que Cerdà escreve. Este não fala mais como poeta ou como artista, nem somente como anatomista. Passados os três primeiros livros em que se limitou "a inventariar os elementos constitutivos [do organismo urbano] como se se tratasse de corpos inertes", ele chega ao estudo de seu funcionamento, à sua fisiologia, "dá vida a esse corpo inanimado"[47]. O capítulo sobre a "funcionomia urbana" que precede e introduz o Livro IV demonstra como Cerdà se apropria, para o tratamento de seu domínio próprio, dos métodos e de certos conceitos operatórios da biologia. Após as designações gerais de gênero, espécie[48] e organismo, é deliberadamente que utiliza a noção de regulação e apreende-a na análise das funções urbanas de circulação, alimentação, digestão, evacuação[49], que joga com os conceitos de núcleo[50] e de desenvolvimento, que vai buscar na teoria de Lamarck a ideia de adaptação, a qual contribui para dramatizar sua descrição do urbano.

Entretanto, ao mesmo tempo que trata a cidade como organismo vivo, Cerdà não deixa de se referir a ela como a um objeto inanimado, um continente, um instrumento[51]. Contradição não assumida? Inconsequência? Será este efetivamente, mais tarde, o caso de inúmeros teóricos do urbanismo que, sem sentir qualquer embaraço aparente, e sem se explicarem, conferirão alternativamente à cidade o estatuto de ser vivo e de artefato. Assim é Le Corbusier, para quem a cidade é ora um "corpo organizado"[52], suporte de uma "organização

46. Cf. P. Jacob, *La Logique du vivant*, op. cit.

47. *Lop.*, p. 149; *Est*, p. 592. Sobre o vitalismo cerdiano, ver no entanto infra, p. 276.

48. A cidade é uma espécie cujos representantes apresentam, por definição, a mesma organização específica, embora possuindo, como os organismos vivos, suas particularidades individuais. "Cada *urbe*, genericamente idêntica às outras, constitui, na realidade, uma entidade original e particular. A partir desses dois únicos elementos, vias e entrevias, se formam e se formarão um número infinito de *urbes*, cada uma com uma fisionomia particular" (*Lop.*, p. 163; *Est*, p. 681-682).

49. *Lop.*, p. 156; *Est*, p. 645-646. "Os órgãos correspondentes a todas as funções de alimentação, digestão e excreção" da cidade se encontram na casa (*Lop.*, p. 139; *Est*, p. 412).

50. Cf. os capítulos sobre os subúrbios e os núcleos urbanos, em particular: *Lop.*, p. 106; *Est*, p. 241 e s.

51. Por exemplo: "A cidade constitui um todo complexo, um *instrumento*" (*Lop.*, p. 106; *Est*, p. 465). [O *grifo é nosso*.]

52. *La Ville radieuse*, Paris, Vincent-Fréal, 1933, 4ª parte, p. 134. Por simplificação, na sequência desse capítulo, todas as citações de Le Corbusier serão tiradas dessa quarta parte que constitui uma obra autônoma, síntese de todas as ideias, e protótipo, dos livros de Le Corbusier. Cf. também: "A cidade viva, total, funcionante com seus órgãos que são os da sociedade maquinista" (idem, p. 40). A "Cidade Radiosa" está totalmente colocada sob o signo da vida: os termos "vida" e "viver" (sem contar as

276 A REGRA E O MODELO

biológica"[53], ora uma máquina[54], e que, ocasionalmente, não recua nem mesmo diante de formulações antinômicas, das quais uma das mais lapidares é a definição da cidade como "biologia cimentada"[55]. O próprio Cerdà reconhece explicitamente a dupla pertinência do objeto urbano e o problema que ela coloca. Resolve a aparente antinomia do organismo e do artefato por meio de uma concepção ousada do corpo (urbano) como máquina, que se poderia hoje reatualizar com o auxílio dos modelos da biologia celular e molecular: assim, o subsolo da cidade se assemelha "à primeira vista" ao sistema venoso de um ser misterioso"... Mas, na realidade, "esse conjunto de tubos não constitui nada mais que um sistema de aparelhos que mantêm o funcionamento da vida urbana"[56].

A forma como Cerdà recorre aos métodos e às aquisições da história e da biologia deve levar a concluir que ele efetivamente elaborou um discurso científico? Ou apenas ele se contentou em produzir marcas linguísticas, isto é, enunciados sem referência situacional[57], e mesmo essa "denominação" com que E. Benvéniste faz "a operação ao mesmo tempo primeira e última de uma ciência"?[58] Impõe-se imediatamente algumas reservas. Em primeiro lugar, o engenheiro espanhol apela amplamente a um imaginário pré-científico. Por exemplo, sua concepção do corpo urbano não é somente inovadora: ela também remete à "psicologia" aristotélica[59] e à teoria cartesiana dos animais-máquinas. Da mesma forma, longe de acantoná-lo no campo epistemológico traçado por Claude Bernard, Darwin e seus contemporâneos, a analogia organicista às

formas verbais não infinitivas desse verbo e os adjetivos derivados) aparecem 65 vezes nas 83 páginas do texto, cujas fórmulas do tipo "viver, habitar!", "viver, respirar!" ou "viver, rir!" constituem o destaque retórico.

53. Idem, p. 139.

54. "A casa do homem moderno (e a cidade), máquina magnificamente disciplinada, trará a liberdade individual", *La Ville radieuse* (p. 143); ou ainda, p. 130, a cidade "máquina de circular". (*Parenthèses de Le Corbusier*.)

55. Idem, p. 111. Entre muitas outras fórmulas do mesmo tipo, citemos apenas para lembrar as "fatalidades biológicas" e a "biologia mortal" que pesam sobre os "traçados errôneos" do passado (p. 138-139), ou ainda a "célula humana de 14 m² por habitante", "biologicamente boa em si (conforme ao ser) e suscetível de multiplicação ao infinito (de acordo com os recursos fornecidos pelas técnicas modernas)" [p. 143. *Parenthèses de Le* Corbusier].

56. *Lop.*, p. 119; *Est.*, p. 306.

57. Cf. J. Simonin-Grumbach, op. cit., p. 110 e s. Cf. infra, p. 138, n. 194, e p. 147, n. 226.

58. *Problèmes de linguistique générale* II, p. 247. Para a denominação na *Teoria*, cf. supra, p. 271-272.

59. "Até agora nossa análise se prendeu exclusivamente à parte material que conforma de algum modo o corpo da cidade, fazendo quase silêncio sobre sua parte humana que constitui a alma e a vida da cidade, isto é, sua população, ao passo que na realidade, a primeira é apenas o instrumento posto a serviço da segunda" (*Lop.*, p. 183; *Est.*, t. II, p. 2).

A TEORIA DE URBANISMO

vezes conduz Cerdà a reencontrar diante do ser urbano certas formas arcaicas do vitalismo ou do animismo antigos e renascentes[60],
cuja sobrevivência trai a carga de mistério, quando não o peso mágico ou religioso, com que a cidade continua lastreada no correr
do tempo, e fala bastante da dificuldade de seu enfoque objetivo.
Depois, a intenção normativa que anima a *Teoria* faz desviar, como
veremos adiante, os enunciados de fato para uma axiologia.

Feitas estas reservas, a *Teoria* nos coloca na presença de uma
série de enunciados científicos e de uma teoria que os integra? No
que diz respeito ao primeiro ponto, e embora seus empréstimos às
ciências da vida tenham por vezes levado Cerdà a desconhecer a
especificidade de seu objeto próprio, o pensamento de Darwin lhe
permitiu melhor cercar a evolução do estabelecimento humano, que
ele descreveu como pioneiro da geografia urbana. No que concerne
ao segundo ponto, em compensação, a utilização da palavra não
deve iludir. A *Teoria* não satisfaz uma série de exigências atualmente
características de uma teoria científica: a capacidade explicativa, a
capacidade de previsão, a transitividade e sobretudo a refutabili-
dade[61]. Quer ela se apoie sobre a história e sobre o papel que nela
representa a técnica, quer vá buscar na biologia a metáfora organicista, a construção de Cerdà se situa num nível de generalidade que
faz lhe faltar a complexidade dos fenômenos de cultura. Sua margem
de adesão aos fatos é limitada. As mesmas razões, às quais devemos
acrescentar sua dimensão normativa, privam-na de valor de previsão. Enfim, a "teoria" de Cerdà é apresentada como uma verdade
fixa e imutável, em termos que podemos imputar a um cientificismo,
mas que dependem bem mais de um enfoque utopista.

A parte dada pela *Teoria* a um verdadeiro discurso científico
parece, pois, afinal, muito real, mas limitada: redução sublinhada,
por sua vez, pela precariedade dos enunciados não situacionais,
permanentemente ameaçados pela intervenção em primeira pessoa
do enunciador.

## 1.2. *Medicalização e Utopia*

A redução do urbano ao biológico tem como correlativo sua
medicalização. Pode-se até mesmo pensar que constitui a preocupação primeira de terapia que levou Cerdà a tratar a cidade segundo procedimentos tirados das ciências do ser vivo. De qualquer

---

60. Cf., por exemplo, a passagem onde Cerdà assimila os balcões e as janelas da
casa a "órgãos correspondentes aos olhos e à audição" (*Lop.*, p. 139; *Est*, p. 412).

61. Cf. K. R. Popper, *La Logique de la découvert scientifique*, trad. fr., Paris, Payot, 1978, p. 36 e s.

278 A REGRA E O MODELO

modo, a medicina clínica é para ele a finalidade da medicina experimental e o urbanista é assimilado ao mesmo tempo ao fisiologista e ao médico. Com Cerdà o urbanista veste, para não mais abandoná-lo, o casaco branco do terapeuta. A cidade está doente. Cabe ao prático procurar as causas da doença, fazer-lhe o diagnóstico, aplicar remédios. A terminologia médica funciona de uma extremidade à outra da *Teoria*[62]. Assim, segundo o mesmo enfoque que dera origem ao panoptismo e já marcara uma parte dos textos do pré-urbanismo. Cerdà transporta, sem inquietude metodológica, as noções de normal e de patológico para o campo do social, oculta a diferença das normatividades em ação na medicina e na antropologia, ignora que a organização do espaço humano depende das normas da cultura e da ética. Em suma, por meio da analogia médica, ele desdobra o objeto inicial da ciência urbanizadora, que se transforma em dois objetos segundo o enfoque da utopia.

A abordagem científica e cientificista do mundo construído pela teoria do urbanismo se presta a um investimento pela utopia na mesma medida em que uma e outra forma textual colocam desde logo a cidade como objeto. O organicismo dos tratadistas oferece a prova *a contrario*. Se Filareto[63] e Scamozzi empregaram amplamente a metáfora do corpo, e mesmo a metáfora médica, sem nunca descambar para a utopia, é que se situavam numa lógica do projeto: o urbano era para eles um processo a instaurar, em nenhum momento um dado a partir do qual reagir. É somente fazendo da cidade um objeto de conhecimento científico que se deve correlativamente convertê-la em objeto utópico. Mas nos expomos efetivamente a isso quando a ciência de referência tem aplicações corretivas, quando, particularmente, entra em jogo a medicalização que, como vimos[64], contaminou, desde o início, a maioria das ciências humanas.

Para Cerdà, a articulação de um caminho "científico" com um conjunto de elementos utopistas é tanto mais fácil quanto o engenheiro espanhol não se coloca apenas como prático, mas como pensador social, que aborda os problemas da sociedade ocidental em seu conjunto, e não setorialmente. Por isso, a doença urbana não é para ele, como o será para inúmeros teóricos ulteriores do urbanismo, uma patologia do espaço: ela consiste numa hipertrofia do sistema econômico dominante, isto é, do capitalismo. Em nome de um liberalismo, Cerdà denuncia a exploração[65] da classe operária

---

62. Cf., para as fórmulas mais impressionantes, *Lop.*, p. 75, 78, 79, 152; *Est.*, p. 11, 12, 14, 16, 17, 606.

63. Cf. Filareto, op. cit., p. 60, Livro I, f. 75.

64. Supra, Cap. 5, p. 254 e s.

65. Esse termo, que reaparece frequentemente na *Teoria* (cf. particularmente *Lop.*, p. 143 a 146; *Est.*, p. 456-465), acaba por designar uma classe social: "A exploração considerou a liberdade doméstica como um luxo supérfluo" (*Lop.*, p. 143; *Est*, p. 456).

A TEORIA DE URBANISMO 279

pela classe dominante. Assinala em particular seus dois aspectos estreitamente ligados entre si: a redução dos salários ao simples custo da reprodução da força de trabalho[66] e a especulação fundiária. "O desejo imoderado de especulação dos proprietários fundiários urbanos", a maneira sistemática como esses exploram o espaço para "socorrer as necessidades do mercado com frenesi" são descritos em páginas notáveis[67].

Nesse quadro clínico geral, o mau funcionamento do espaço urbano constitui não só o sintoma mais visível da doença social, como também seu agente[68]. Mais exatamente, o espaço urbano é o suporte de todos os cacifes sociais. É através dele que se joga o destino da sociedade. É o *pharmakon* platônico cuja face venenosa ou, no caso, doente nunca foi descrita, antes da *Teoria*, com igual espírito de sistema. Novo Raphael Hythloday, cujo papel de viajante e de voyeur-testemunha, Cerdà, o "observador-filósofo", arrasta seu leitor para uma "visita imaginária" graças à qual ele pintará o quadro dos traços patológicos da cidade contemporânea. A cidade doente é apreendida primeiramente de modo global, numa espécie de visão longínqua e panorâmica, que revela "um imenso caos"[69], "amálgamas ridículos"[70] e, de cambulhada, aberrações, contradições, danos de uma urbanização "viciosa, corruptora, antipolítica, imoral e anacrônica"[71]. Em seguida, a crítica detalha uma série de *close-up* sucessivos sobre o conjunto dos elementos constitutivos do urbano[72]: desde os arrabaldes e as muralhas "irracionais, funestas, tirânicas [que], depois de haver comprimido as forças urbanizadoras do núcleo urbano, converteram em deserto uma grande extensão de terrenos que poderia ter sido urbanizada com vantagens para a

66. O argumento é resumido no começo da *Monografia Estatística da Classe Operária em Barcelona, hop.* p. 198-199; *Est,* t. II, p. 560: "A moradia constitui a primeira necessidade do homem social, qualquer que seja a classe a que ele pertença; se a satisfação dessa necessidade absorve o essencial de seus recursos, como poderia fazer frente às outras necessidades, físicas e morais, da existência?"

67. Em particular: *Lop.,* p. 133 a 146; Est, p. 388 a 464.

68. "Vi clara e distintamente que esse organismo [a cidade] com os defeitos essenciais de que ele sofre, incompleto em seus meios, mesquinho em suas formas, sempre constrangedor e sufocante, aprisiona e mantém sob constante tortura toda a humanidade que [...] luta sem cessar para romper definitivamente a tirânica casca de pedra que a aprisiona" (*Lop.,* p. 76; *Est,* p. 12-13). Compreendendo esse papel da cidade, Cerdà julga ter "surpreendido *in fragranti* a causa primordial desse mal-estar profundo que as sociedades modernas sentem em seu seio, e que ameaça sua existência" (*Lop.,* p. 76; *Est,* p. 12).

69. *Est.,* p. 267 (não traduzido).

70. *Lop.,* p. 169; *Est,* p. 741.

71. *Lop.,* p. 141; *Est.,* p. 446.

72. Cada um sofre a focalização crítica em duas vezes, quando do exame anatômico, e depois por ocasião do exame fisiológico tratado sob a designação de "funcionomia".

280          A REGRA E O MODELO

grande massa das populações que sofrem a dura lei do monopólio fundiário"[73], até as casas, que a "lógica da exploração" transformou em "tugúrios repugnantes e malsãos"[74], passando pelas vias que obstaculizam a "comunicabilidade" através de seus traçados, suas dimensões, seus revestimentos, e a higiene por sua estreiteza e pela altura dos imóveis que as bordejam, sem omitir as ilhotas retalhadas, superdensificadas pela especulação e privadas de sol.

Assim, Cerdà foi o primeiro a inserir no balanço da patologia urbana a rua-corredor e o pátio-poço[75], futuros cavalos-de-batalha dos Congressos de Habitação Higiênica, de Tony Garnier e dos CIAM. Mas nossas poucas citações mostram bem que esse quadro clínico, traçado de maneira tão pouco serena, é na realidade um quadro crítico e que, longe de traduzir, como o quereria e o pretende Cerdà, a impassibilidade do científico, trai o juízo do valor reformador. De fato, o quadro clínico da cidade moderna resulta *ao mesmo tempo* de um discurso fatual e de um discurso engajado. É enquadrado e organizado pela crítica corretiva[76], característica da utopia, que engendra a imagem positiva, oposta termo a termo à do objeto posto em causa.

A imagem positiva da cidade sadia e adaptada a suas funções não deveria ter lugar nos dois volumes publicados da *Teoria*, que são explicitamente consagrados à "urbanização como fato concreto". Logicamente, essa imagem de uma cidade que não tem realidade, e acerca da qual o próprio Cerdà diz que ainda não tem existência[77], somente deveria aparecer na segunda parte (fartante), dedicada à "teoria". No entanto, ela está presente, dita no presente do indicativo, de parte a parte do texto publicado. Cerdà não pode impedir-se de captá-la, antes do tempo, no espelho da crítica, de invocá-la em seu detalhe à medida que se precisa o quadro clínico da qual ela é a outra e a verdade. Verdade ao mesmo tempo da norma médica e do ideal utópico: esse deslizamento que permite a superposição e a coin-

73. *Lop.*, p. III; Est, p. 259.

74. *Lap.*, p. 141; *Est*, p. 446. As "carências e misérias da casa atual" que, "tratada como um artigo de comércio qualquer", "deixou [de ser] o símbolo da morada do homem" e "mais do que a uma habitação se assemelha ao antro de bestas feras" (*Lop.*, p. 144 e 140; Est, p. 459 e 422) sito denunciadas com violência, tanto do ponto de vista de seus efeitos (alojamentos como "lugares de promiscuidade e de conflitos", *Lop.*, p. 136; Est, p. 406), quanto de seus caracteres espaciais e físicos: exiguidade, plantas ruins, ausência de sol, ausência de isolamento. Note-se a semelhança das duas primeiras fórmulas gerais com as de Marx nos *Manuscritos de 1844*, trad. E. Botigelli, Paris, 1957, Editions sociales p. 101, 102.

75. Cf., entre outras passagens, no caso da rua, *Lop.*, p. 128-129; Est., p. 355-356; para o pátio, *Lop.*, p. 143; Est, p. 454 ("esses pátios se assemelham a poços profundos e sem luz onde se acumulam todas as espécies de imundícies [...]").

76. *Lop.*, p. 162; Est, p. 678.

77. *Lop.*, p. 169; Est, p. 741: "Infelizmente nenhuma *urbe* existente reúne todas essas condições".

A TEORIA DE URBANISMO                    281

cidência dos dois gêneros textuais faz com que a abstração constituída pelo organismo urbano teórico se beneficie do mesmo estatuto
de existente que a cidade real. Em outras palavras, a cidade ideal,
normal e normativa, de que Cerdà não conhece exemplo, segundo
ele próprio reconhece incidentalmente, é entretanto evocada com a
mesma intensidade, os mesmos meios linguísticos que a cidade atual.

A descrição no presente do indicativo da cidade contemporânea
doente é reforçada por numerosos *shifters* e pelo testemunho em
primeira pessoa do autor. Que, ocasionalmente, ela deva ser completada por uma descrição de cidades antigas, o presente do indicativo logo se apodera dessa, relegando os tempos do passado que a
teriam transformado em relato e teriam situado essas cidades numa
história[78]. De fato, a apresentação dos tipos urbanos do passado se
superpõe, na *Teoria*, a uma história, propriamente dita, do estabelecimento humano. A primeira serve para precisar e embelezar a imagem da cidade-modelo, a segunda para enegrecer a da cidade real.

Não ocorre o mesmo com o léxico de Cerdà que não serve para
a articulação e o deslizamento uma pela outra das duas figuras do
discurso científico e da utopia. Sem ter consciência disso, o autor
da *Teoria* utiliza um vocabulário que lhe permite tão bem jogar nos
dois quadros que o leitor já não sabe em que lugar textual se encontra. Efetivamente, como extraviá-lo melhor senão desviando certos
vocábulos de seu uso, por exemplo aplicando o conceito de verdade
aos componentes ideais da cidade, e o de perfeição a uma norma
urbana julgada positiva? Quando se refere a uma "urbanização
perfeita"[79] e invoca a "verdade" de um alojamento típico, Cerdà joga
pela primeira vez um jogo de associação e de embaralhamento de
que se apropriarão todos os teóricos do urbanismo e no qual Le
Corbusier será mestre quando emprestar à sua cidade radiosa organizações "perfeitas"[80] e um plano "justo, verdadeiro e exato"[81].

Nesse movimento de vaivém que confunde o enunciado científico e a descrição utópica, a verdade da ciência é transformada
em solução salvadora radical[82], em modelo. Cerdà condena as soluções de compromisso[83]. Ele considera medidas de transição so-

78. A mesma superposição de duas cidades antigas, uma paradigmática, descrita
no presente, a outra, histórica, descrita no passado, se encontra em Sitte (cf. infra, p.
300).

79. *Lop.*, p. 80 e p. 97; *Est*, p. 17 e 199.

80. *La Ville radieuse*, p. 146. Cf. também os cruzamentos nas encruzilhadas *perfeitas*, p. 123.

81. Idem, p. 154. Cf. também p. 149 e 153.

82. "Destinada a regenerar a urbanização e por conseguinte a sociedade" (*Lop.*,
p. 137; *Est*, p. 407).

83. As quais ele opõe e solução que "consiste em entregar-se inteiramente às
mãos da ciência, em obedecer-lhe cegamente, *fazendo abstração de tudo o que existe*,

282 A REGRA E O MODELO

mente a título diplomático e provisório, essencialmente no caso de aglomerações preexistentes. Reconhece-se aí a intransigência maniqueísta da utopia, segura agora do aval da ciência que doravante torna inútil a personagem do herói, inventor do modelo, e o substitui pela do cientista[84].

### 1.3. *Dominância da Figura de Morus: Os Falsos Traços Albertianos*

Mas trata-se realmente de um modelo utópico? Cerdà evoca realmente uma "cidade-modelo"[85]. No entanto, a noção de modelo urbano não é unívoca na *Teoria*: por vezes ela designa um objeto, em outros casos, refere-se a um método e a um sistema de regras. Ora, conforme as exigências do paradigma moreano, Cerdà descreve os constituintes-modelo (normais e sãos) de uma cidade (ou organismo, normal e são) ponto por ponto oponível às aglomerações da sociedade industrial; e a cada um dos elementos criticados da "urbanização contemporânea", ele contrapõe elementos-modelo, vias, entrevias e alojamentos, verdadeiros objetos cuja morfologia e, se for o caso, cujas dimensões ele especifica. Ora, ao contrário, parece olhar para o paradigma albertiano: a cidade-modelo não tem nome próprio, sua imagem permanece delicada; a despeito da clareza com que são revelados seus componentes, ela é encarada como um problema metodológico. Correlativamente, a investida contra o espaço pelo construir assume em Cerdà, o mesmo valor que entre os tratadistas. A cidade deve se espalhar: "Vemos com repugnância tudo o que limita e opõe obstáculos ao desenvolvimento de uma cidade"[86]. Acontece o mesmo com o alojamento individual cuja "extraordinária extensão"[87] desde os inícios da urbanização a *Teoria* evoca maravilhada. Atitude inversa do caminho utopista, que Le Corbusier poderia ilustrar quando denuncia "a própria desnaturalização do fenômeno urbano" pela "expansão desmedida das superfícies ocupadas" e se atribui o objetivo de "amontoar a cidade sobre si mesma"[88], de "anular a distância"[89].

Qual é o significado dessa ambivalência? Quando Cerdà anuncia a seus leitores que "a cidade-modelo será construída de acordo

---

para submeter as realizações a seus princípios incontestes" (*Lop.*, p. 178; *Est*, p. 814). [O *grifo é* nosso.]

84. Cf. infra, p. 284, 287 e 303.

85. *Lop.*, p. 153; *Est.*, p. 610.

86. *Lop.*, p. 108; *Est.*, p. 251.

87. *Lop.*, p. 94; *Est*, p. 114.

88. *La Ville radieuse*, p. 107.

89. Idem, p. 142. Na Cidade Radiosa, "tudo é concentração, nada é dispersão" (idem., p. 136). Inversamente, a cidade atual é estigmatizada porque é "aberta, espalhada, ramificada até os longínquos horizontes" (idem, p. 91).

A TEORIA DE URBANISMO

com os princípios [do Tratado teórico[90]]", põe em ação juntamente dois sistemas normativos incompatíveis, os da regra e do modelo, tirados respectivamente dos dois paradigmas instaurados? De fato, aqui não se trata de regras, mas de leis, e o uso, comum a Alberti e Cerdà, do termo "princípio" deixa apenas pressentir algumas analogias entre seus caminhos[91]. No entanto, quaisquer que sejam a natureza e a importância dessas analogias, o conjunto dos princípios e das leis cerdianas, parte integrante de um método de concepção, não têm, na *Teoria*, senão um valor semântico e não semiótico. Ao contrário dos princípios e das regras albertianos, não só não detêm o privilégio exclusivo de comandar a edificação, mas também e sobretudo não têm qualquer efeito sobre a morfologia do texto. A arquitetura textual da *Teoria* é totalmente subtendida e organizada pela relação dual, própria da utopia, entre uma crítica da má cidade existente e um modelo da boa cidade destinada a substituí-la.

Todavia, podemos nos perguntar se um relato de origem de tipo tratadista, situado na primeira parte da *Teoria*, não trabalha efetivamente o texto e não permite que Cerdà opere uma sutura, desta vez, funcional da figura do tratado com a da utopia. Com efeito, Cerdà apresenta, acima de seu próprio modelo espacial engendrado por uma crítica sistemática da cidade contemporânea, uma espécie de arquimodelo, a *urbanização ruralizada*, que teria tido uma existência real, mas num tempo a-histórico. O relato, cujos dois painéis ocupam respectivamente, na primeira parte da *Teoria*, todo o primeiro livro e um espaço importante do segundo, teria a função de fundar esse arquimodelo.

No primeiro painel, Cerdà indica desde logo que a origem da urbanização não deve ser buscada na história das nações nem na de um povo qualquer, porque "a urbanização existia antes que esse povo existisse". Vamos encontrá-la "na história da humanidade [...] não nessa história como foi escrita [mas] na *história do homem primitivo, do homem natural, pois o primeiro homem deve ter possuído necessariamente um abrigo, um refúgio*"[92]. Nessas bases, Cerdà reconstitui um cenário original, tão pouco obstruído com floreados ou com psicologia quanto o do *De re aedificatoria*. "A primeira tarefa [do primeiro homem...] foi procurar um abrigo. Depois, uma necessidade inata o levou a procurar a ajuda e a companhia de seus

---

90. Designação da terceira parte, faltante, da *Teoria* (*Lop.*, p. 153; *Est*, p. 610). [O grifo é nosso.]

91. Cf. infra, p. 310 e s.

92. *Lop.*, p. 84; *Est*, p. 35. [O grifo ê nosso.]

284  A REGRA E O MODELO

semelhantes; os abrigos foram postos em comunicação, e é esse processo que constitui a urbanização"[93]. Por mais simplista e rudimentar que seja esse esquema dualista, Cerdà lhe atribui um valor capital, e para nós significativo: "[...] origem insignificante [...] origem da mais alta importância para a filosofia, origem que convém à humanidade buscar e conhecer porque a partir daí é que foram formados os princípios essenciais da ciência urbanizadora"[94].

Por isso, a despeito de uma menor complexidade, esse primeiro painel narrativo da *Teoria*[95] é comparável aos relatos de origem albertianos, a uma espécie de síntese entre o primeiro relato do Prólogo e o segundo relato do Livro I, Cap. II. O episódio cerdiano está situado na mesma temporalidade a-histórica cuja reconstituição é igualmente reivindicada pelo autor; ocupa a mesma situação liminar na soleira de uma obra cuja organização ele contribui para enformar, fornecendo os dois polos – repouso e movimento, alojamento e circulação, pela primeira vez destinados a uma atenção exclusiva – em torno dos quais, de capítulo em capítulo, sistematicamente, gravitam a história, a anatomia e a fisiologia da cidade. Enfim, lendo, nas primeiras linhas, a celebração da urbanização[96], vendo ser essa tratada como causa e não como consequência da civilização e do desenvolvimento da humanidade[97], sente-se que a urbanização aqui simplesmente substitui a edificação, num relato que teria o mesmo funcionamento que o de Alberti. Entretanto, cabe observar que, ao contrário dos axiomas e dos princípios do *De re aedificatoria*, os princípios cerdianos supostamente não têm necessidade de fundação. São diretamente avalizados pela ciência e não desempenham qualquer papel na estruturação do texto. O primeiro painel não pode, pois, ter função real ou declarada no paradigma cerdiano onde se pode lê-lo como um anacronismo ou como um ato falho.

Quanto ao segundo painel, sequência do primeiro, ele se inscreve, não sem dificuldades, e a despeito do plano e dos títulos explícitos de Cerdà, na primeira parte do Livro II, que supostamente traça o "desenvolvimento da urbanização" nos tempos pré-históricos

93. *Est.*, p. 41 (não traduzido).

94. *Lop*, p, 84; *Est*, p. 35.

95. No registro da necessidade, ele serve para fundamentar os seis princípios básicos da edificação, ao passo que o primeiro painel da *Teoria* só diz respeito aos dois princípios gerais (repouso e movimento) da urbanização.

96. "À urbanização que nasceu com ele e se desenvolveu com ele o homem deve tudo o que ele é, tudo o que ele pode ser nesse mundo" (*Lop.*, p. 86; *Est.*, p. 41).

97. "A urbanização conduziu [o homem] ao estado de sociedade, ensinou-lhe a cultura. Ela o civilizou" (ibid.). Cf. também: "Veremos como os elementos essenciais [da urbanização] caminham no mesmo passo que a civilização, ou melhor, como a urbanização precede-a e prepara o caminho que em seguida ela terá de seguir" (*Lop.*, p. 87; *Est.*, p. 50).

A TEORIA DE URBANISMO     285

e históricos. Com efeito, uma vez munido de seus dois princípios de repouso e movimento, e depois de ter afirmado que "a história da urbanização é a história do homem"[98], Cerdà adia ainda mais a entrada na história (deve-se "renunciar à ajuda da história se se quiser descrever desde suas origens o desenvolvimento da urbanização"[99]), para mergulhar no intermédio de um tempo imaginário, que novamente ele reconstitui, a partir da noção de natureza humana. "Quem nos fornecerá as informações necessárias [sobre esse tempo do qual não subsistem testemunhas]? Resposta: o homem, sua natureza, seus instintos inatos, seus desejos"[100].

A análise do que é próprio do homem permite então a Cerdà elaborar três novas sequências correspondentes ao aparecimento de três novas formas de urbanização. É, primeiramente, no mesmo tempo imaginário que no Livro I, a "urbanização elementar primitiva"[101] das sociedades que têm uma única atividade. Em seguida, no tempo, que se chama ao mesmo tempo histórico e inocente, em que os humanos saem de sua floresta original, ocorre a "urbanização combinada simples"[102]. Finalmente, emerge o arquimodelo, a *urbanização ruralizada*. Então, não se trata mais, para Cerdà, de definir como no Livro I, gestos primordiais, mas antes um verdadeiro objeto-modelo: consistindo de uma casa unifamilial, cercada de uma rede de veredas ou de vias públicas, e indefinidamente multiplicável, esse modelo revela ser efeito e causa de progresso, mas também ponto de partida de uma queda, origem do processo de degradação que não cessa, depois, de atingir nosso ambiente construído.

A articulação das três sequências do segundo painel do esquema de origem entre elas e com o primeiro painel não deixa de apresentar dificuldades devidas à imprecisão e à heterogeneidade das cronias em que se desenvolve o relato. Não está clara a fronteira que separa um primeiro tempo, mítico ou imaginário, de um tempo secundário, real e no entanto ainda inocente. A urbanização ruralizada, por sua vez, é atribuída primeiramente às tribos "imaginárias" entre as quais "a *urbe* é todo o campo de estabelecimento dos agricultores"[103]. Em seguida, "essa obra-prima da urbanização, a mais adequada, a mais digna, a mais perfeita que a sabedoria hu-

98. *Lop.*, p. 87; *Est.*, p. 50.

99. *Est.*, p, 56 (não traduzido).

100. *Est*, p. 57 (não traduzido).

101. Livro II, Cap. I. Ela compreende três fases: troglodita, ciclópica e tugúrica (em cabanas).

102. Livro II, Cap. II.

103. *Lop.*, p. 90; *Est*, p. 96.

286 A REGRA E O MODELO

mana produziu"[104], é apresentada, sob uma forma mais elaborada, como a obra de uma sociedade "verdadeiramente histórica", que soube combinar diversas atividades, e cujos vestígios Cerdà localiza em torno de Babilônia[105]. Mas não situa com clareza o momento em que se rompe a bela ingenuidade original. Limita-se a indicar que o processo de degradação começa quando os povos passam a crescer e multiplicar-se. Ele não especifica se se deve atribuí-lo à diferenciação das culturas ou a uma perversão do instinto humano que, sob a pressão do espírito de lucro e de competição, faria aglomerar as cidades sobre si mesmas e construir em altura. Uma explicação através do crescimento demográfico teria sido compatível com o positivismo de Cerdà. Esse não a tenta jamais. Mais, esse progressista militante, esse campeão da industrialização, não hesita, sem o cuidado de se contradizer, em descrever o destino do ambiente construído como discípulo de Rousseau[106].

O segundo painel do "relato de origem" cerdiano parece, efetivamente, funcionar como garante de um modelo espacial, reacional e artificial, cuja forma arquetípica e "natural" ele apresenta. Afasta-se, pois, do esquema canônico de Alberti. Embora carregado de reminiscências tratadistas, não consegue manter-se na continuidade de um tempo abstrato. Não pode avalizar um modelo, e portanto uma escolha axiológica, a não ser introduzindo um tempo real e contando a história de uma queda. O relato fundador é substituído por um relato escatológico.

É contra a corrente dessa escatologia, definitivamente tão pouco funcional quanto o primeiro painel do relato, que se deve ir buscar o garante efetivo do modelo: a noção de natureza humana. É essa noção cheia de conotações cientificistas, carregada também de uma herança rousseauísta, que articula os dois painéis do relato cerdiano, explica a atividade original descrita no primeiro e legitima o modelo apresentado pelo segundo. Por sua ambivalência, permite a passagem do plano dos fatos para o plano dos valores, a confusão e a assimilação do enunciado e da norma.

A natureza humana, tal como Cerdà pensa ser ela dependente de um caminho "científico", é entendida em termos substancialistas, mais bem afinados e articuláveis a um texto utópico do que a um

104. *Lop.*, p. 96; *Est*, p. 122.

105. *Lop.*, p. 94; *Est*, p. 114. Embora a cidade que ele acaba de descrever possa "parecer uma entidade puramente ideal", Cerdà afirma, no entanto, que as descobertas arqueológicas confirmam sua hipótese.

106. "A cada progresso da humanidade, a urbanização ruralizada, que é a única verdadeiramente natural e adaptada ao homem, [...] sempre perdeu algo de precioso." A despeito da coerência de seu próprio pensamento, Cerdà acrescenta: "Sua sorte *é* a da liberdade individual que, à medida que progrediam a cultura e a civilização, sofria constantemente novas reduções" (*Lop.*, p. 170; *Est*, p. 758).

A TEORIA DE URBANISMO

tratado. Que se reporte à descrição da edificação que faz Alberti em seu relato de origem do Livro I do *De re aedificatoria*. Colocada como uma sequência de operações, ela constitui o que chamaríamos hoje um invariante cultural universal, imputável à natureza humana. Naturalmente, essa noção não aparece no tratado de Alberti. Todavia, o intérprete atual tem razão em ver na atividade edificadora, assim apreendida em seu surgimento, uma competência cujo conteúdo é indeterminado. Cabe precisamente a (a natureza de) o homem preenchê-lo, ao sabor do que lhe é mais consubstanciai, sua demanda e seu desejo, quer esse se manifeste no plano da comodidade ou do prazer. O que faz as vezes, assim, de natureza humana no *De re aedificatoria* poderia ser definido como um potencial de desempenhos possíveis numa multiplicidade de campos, tais como os do construir ou da linguagem. Na *Teoria*, em compensação, a atividade original da edificação leva, desde logo, a um dado objetivo, o corpo humano: o homem repousa e o homem mexe-se. A natureza humana é uma substância que coloca sua marca no texto, assinalando aí as zonas proibidas à penetração tratadista.

Uma vez mais, impõe-se a comparação com Le Corbusier. A natureza humana que este vai buscar "no mais profundo"[107], sob os estratos de artifícios em que a enterramos, o "homem de sempre", o "homem-padrão", essa "natureza eterna", essa "constante [...] que praticamente não muda"[108], é sem hesitação[109] definida como um corpo e dotada de um estatuto ontológico que o próprio Rousseau nunca atribuiu a seu "homem da natureza". E com respeito exclusivo a essa entidade corporal é que o arquiteto empreende um drástico inventário das necessidades humanas de base[110].

Quanto a Cerdà, menos unidimensional[111], procura compatibilizar a desnaturalização que o tratadista reclama nele, com o *ha-*

107. Op. cit., p. 92.

108. Idem, p. 93, 142, 97, 126.

109. "Qual é o homem moderno? É uma entidade imutável (o corpo), munida de uma consciência nova" (idem, p. 92). Em "Le Corbusier's Concept of Human Nature" (*Critique*, III, The Cooper Union School of Art and Architecture, New York, 1974), mostramos como Le Corbusier, no curso de sua definição progressiva do homem moderno, chega a eludir completamente a definição da "consciência moderna", finalmente esvaziada de todo conteúdo.

110. "Retornemos ao próprio fundo da natureza. Inventariar suas necessidades. Conclusão: satisfazer a elas e somente a elas" (LE CORBUSIER, idem, p. 151).

111. Em "Le Corbusier's Concept of Human Nature", p. 150, pusemos em evidência, no entanto, uma rápida e estranha passagem que se assemelha a um ato falho, onde Le Corbusier se entrega à fascinação da desnaturalização e do artifício, para exaltar "cidades onde nada mais existe do que era normal: o meio natural, mas onde reina uma outra norma, sedutora, utópica, sem limite, profundamente humana-, o espírito" (op. cit., p. 52). Curiosamente, a palavra "utópica" é usada aí numa das raras passagens do livro que não tem a marca da utodia.

*bitat* natural que o rousseauísta e o utopista exigem. Recusa inserir a natureza humana num corpo desenhado com demasiada precisão. Todavia, a despeito dessa engomadura, a natureza humana continua sendo, na *Teoria*, o acontecimento e o dado originais que, ao mesmo tempo, esclarecem a história e avaliam o modelo, articulando um conjunto de traços utopistas e um enunciado que pretende ser científico. O trabalho dessa noção suprime a função de um relato de origem. Reduzido a uma enganosa aparência, lembrança inassimilável de uma tradição textual bem conhecida de Cerdà, o pseudo-relato de origem da *Teoria* revela-se tão inútil quanto o teria sido um relato heroico (ficção do motivo) que Cerdà não escreveu: primeiramente porque ele não assumia a dimensão utópica da *Teoria*, em seguida porque, a seus olhos, é à ciência que cabe fundamentar o modelo espacial.

### 1.4. *O Trabalho do* Eu *Tratadista*

Toda forma narrativa funcional não é, entretanto, excluída da *Teoria*. As sequências descritivas e os "discursos", como as reconstituições históricas que os sustem, são englobados num grande relato que começa na primeira linha do livro para terminar na última. Relato formulado na primeira pessoa do singular, levado ao pretérito, pontilhado de *shifters* múltiplos que, como no *De re aedificatoria*, imprimem a marca do narrador sobre todas as enunciações da obra: trata-se, enfim, de uma forma tratadista autêntica que trabalha no texto e que, por sua vez, neutraliza e converte em citações as tomadas de palavra do eu utopista. Isto porque, outrossim, a primeira pessoa utopista da ficção da perspectiva perdeu sua função ao mesmo tempo que desaparecia a ficção do motivo que lhe cabe engastar.

A articulação dos elementos da figura tratadista com os das duas outras figuras postas em jogo na *Teoria* encontra seu lugar no relato do sujeito-herói de Cerdà, o construtor-escritor, autor do livro. Sujeito capaz de assumir e fazer sua a palavra veredictória da ciência, e ao mesmo tempo de absorver as duas personagens da ficção utopista, a do escritor-voyeur e a do herói-realizador de cuja vocação mítica e salvadora ele se apropria.

Por intermédio desse relato tratadista e dos deslizamentos permitidos pela sua articulação com um conjunto de traços tirados da figura da utopia, a *Teoria* trai, com muito maior clareza que qualquer outro tratado, aquilo cuja existência ele se arroga a missão explícita de negar: a dimensão sagrada e o peso das proibições tradicionais que pesam sobre a edificação.

A TEORIA DE URBANISMO     289

De um lado, com efeito, Cerdà inicia seu livro com uma advertência ao leitor, seguida de uma apresentação, depois de um prefácio à primeira parte, no curso dos quais, exatamente como Alberti no Prólogo do *De re aedificatoria*, traça sua história intelectual nas relações que ela mantém com seu livro. O choque provocado pela descoberta das aplicações práticas do vapor[112], a tomada de consciência do caráter anacrônico das cidades com relação aos progressos da técnica, o atestado da dupla carência do conhecimento e do poder diante do problema urbano, a decisão consecutiva de se consagrar ao estudo do "urbanismo", é que são sucessivamente as etapas dessa pesquisa pessoal, que dão seu plano ao livro. E se, ocasionalmente, a biografia pareça inclinar-se para a contingência e, diferentemente da de Alberti, ceder lugar ao detalhe concreto, ao quotidiano, sempre se trata de melhor esclarecer a história intelectual do autor, permitindo especificar, pela data de seu nascimento, o contexto histórico de sua problemática e, pela natureza de seus estudos, o campo de suas competências. Ulteriormente, na sequência do livro, Cerdà sublinha as dificuldades suscitadas por seu projeto e a imensidade da tarefa a cumprir, interrompe uma descrição para comentá-la, colocá-la em perspectiva do ponto de vista da situação de enunciação[113]. Ele realiza, nesse ponto, uma homologia entre o *De re aedificatoria* e a *Teoria* que fazem igualmente coincidir as sequências da descoberta pessoal com as do método proposto e com a marcação do livro.

De outro lado, não somente o grande ordenador do urbano se apresenta como o herói-salvador que detém *uma* solução, até então procurada em vão, para o problema da cidade, mas também introduz em sua Advertência um tema estranho aos tratados, o do "sacrifício". A constituição da ciência urbanizadora e as consequências que daí pode tirar a humanidade somente se tornaram possíveis porque o autor resolveu pagá-las ao preço de sua carreira, de seu repouso, de sua vida particular, de sua fortuna. O fato de que, em menos de uma página, o termo reapareça quatro vezes[114] não deixa

112. "Ainda me lembro da profunda impressão que senti quando, muito jovem ainda, vi pela primeira vez em Barcelona, a aplicação do vapor à máquinas industriais [...] Pouco tempo depois [...] no sul da França [...] descobri a aplicação do vapor à locomoção terrestre, e senti de novo a mesma impressão. [...] Era preciso encontrar o verdadeiro objeto [...] de minha surpresa [...]. O que atingira minha imaginação, era a visão desses longos comboios carregando, nos dois sentidos [...] populações inteiras [...]" ("Ao Leitor", *Lop.*, p. 71; *Est*, p. 5-6).

113. "Examinei então os catálogos de todas as bibliotecas nacionais e estrangeiras, decidido a reunir uma coleção de todos os livros que tratassem desse assunto. Mas qual não foi minha surpresa quando constatei que nada, absolutamente nada, fora escrito sobre um tema de tamanha importância" (idem, *Lop.*, p. 73; *Est.*, p. 8).

114. "Assim [em 1849] tomei a decisão de fazer esse *sacrifício* em homenagem à ideia urbanizadora [...]. Confesso que o *sacrifício* que me pareceu o mais difícil de

290 A REGRA E O MODELO

de ser significativo e traduz outra coisa que não os estados d'alma de um burguês do século XIX frente às perspectivas que lhe oferece a era da técnica. O sacrifício do herói lhe é imposto pela gravidade das transgressões a que convida seus leitores, serve para conjurar a violência feita à terra, que a *Teoria* axiomatiza.

Na história dos textos instauradores, Cerdà é o primeiro a pronunciar esse termo, para nós esclarecedor atualmente[115]: sacrifício que não realizaram abertamente nem o arquiteto-herói Alberti, nem o herói lendário Utopo, sacrifício que proclama o que as palavras calavam mas que dizia a estrutura mitizante dos dois paradigmas, a violência da edificação.

## 2. OUTRAS TEORIAS: DE SITTE A ALEXANDER

A análise precedente nos autoriza a falar de uma nova figura textual? A organização que vimos desenhar-se não apresenta mais a mesma clareza que as do tratado e da utopia. No entanto, o paradigma cerdiano nos parece merecer esse nome na medida em que expõe um projeto instaurador e o exprime numa forma original: pois, outrossim, ele trunca o funcionamento de um enunciado de intenção científica, encaixando nele dois conjuntos articulados de traços, tirados das duas configurações instauradoras.

Mas essa figura, descoberta num texto sem posteridade direta, somente assumirá significado se conseguir organizar igualmente as outras teorias do urbanismo. Não podendo produzir a prova individual e detalhada para a totalidade destas, tomei a decisão de me ater a uma amostragem restrita de textos significativos e de convocá-los a todos, para neles verificar a presença e a articulação de traços pertencentes respectivamente a cada um dos três conjuntos discriminativos que atuam na *Teoria*. Para melhor descobrir desvios ou variações, escolhi de bom grado obras escalonadas no tempo, muito diferentes, e retive apenas uma por autor.

Com algumas exceções, minha demonstração utiliza apenas Camillo Sitte, Le Corbusier e C. Alexander. O primeiro se impunha porque seu *Städtebau*[116] é a primeira teoria de urbanismo significativa publicada depois da *Teoria*, à qual se opunha ao mesmo tempo peja repercussão considerável que conheceu ainda em vida de seu autor e por seu enfoque, que afasta os problemas da como-

todos [...] foi o de minha carreira adquirida à custa de tantos esforços e onde eu havia depositado tantas esperanças. No entanto, *sacrifiquei-a* sem hesitar [...] todos esses *sacrifícios* me parecem bem pequenos em comparação com a grandeza do objetivo [...]" (*Lop.*, p. 73-74; *Est*, p. 9-10).

115. Cf. R. Girard, *La Violence et le Sacré*, Paris, Grasset, 1972.

116. *Der Städtebau nach seinen künstlerischen Grundsätse*, Viena, 1889.

A TEORIA DE URBANISMO     291

didade para situar-se unicamente ao nível da beleza. Le Corbusier, representado por *La Ville radieuse*[117], me parece dever ser incluído, em primeiro lugar, porque ilustra a tendência oposta à de Sitte, em seguida porque, embora não tenha tido qualquer papel inaugural e se tenha inserido numa corrente (progressista) já constituída[118], sua obra escrita – a mais abundante, a mais difundida, a mais lida da literatura urbanística – tornou-se uma espécie de símbolo. Alexander, com uma de suas últimas obras, *Une expérience d'urbanisme démocratique*[119], representa tendências novas: manifesta uma vontade de ruptura para com seus predecessores e reivindica uma diferença acerca da qual é importante saber se permanece ou não cativa de uma figura comum às teorias de urbanismo.

### 2.1. *O Discurso Científico*: *Simulações e Realidades*

Todos os autores de teorias urbanísticas, com exceção de Sitte, se valem, como Cerdà, de um discurso científico. Mas, na quase totalidade dos casos, limitam-se a afirmar de maneira encantatória e sem prova a cientificidade do urbanismo em geral, e de suas próprias propostas em particular, e a produzir somente os indícios linguísticos do que seria um discurso científico. Não é, pois, de surpreender que esses textos miméticos não contenham qualquer autocrítica, não sejam objeto de qualquer questionamento epistemológico. Le Corbusier maneja de forma exemplar esse terrorismo verbal: "Já se esboça uma doutrina arquitetônica, internacional, fundada na ciência e na técnica. [...] As provas de laboratório existem"[120]. "Tudo é experimentado pelas ciências. Em todo o mundo há cálculos, traçados, gráficos, amostragens, provas"[121].

Com respeito a estas afirmações tão peremptórias quanto gratuitas, a maneira com que Sitte, quase um século antes, mantém seu *Städtebau o* mais perto possível de um discurso científico, parece tanto mais notável quanto, paradoxalmente, em nenhum momento, ele invoca, de forma explícita, o aval da ciência. Mas o rigor

117. Cf. supra, p. 275, n. 52.

118. Da qual fazem parte a *Ciudad Lineal*, citada acima; *Die Stadt der Zukunjt*, de T. Fritsch, Leipzig, 1896; *To Morrow, a Peaceful Path to social Reform*, de E. Howard, Londres, Swan, Sonnenschein & Co., 1896; *Une cité industrielle* de Tony Garnier, Paris, Vincent, 1917.

119. Op. cit., supra, p. 117, n. 132.

120. Op. cit., p. 93.

121. Idem, p. 105. Cf. também as p. 130-131, típicas para a invocação da fórmula cifrada e da experiência de laboratório, e sobretudo a breve introdução às ilustrações de *La Ville radieuse* (idem, p. 156), apresentadas como "produtos teóricos [que] permitiram fixar' o próprio princípio das coisas", e "sair do quadro da utopia", graças à "teoria".

292      A REGRA E O MODELO

de seu enfoque não atraiu a atenção dos historiadores e dos críticos, aos olhos dos quais ele no máximo pode passar por um esteta dotado de bom senso e que integrou algumas verdades primeiras num método de concepção do ambiente em escala reduzida[122].

É certo que as aparências enganam e que, ao contrário dos outros teóricos do urbanismo, Sitte trata a cidade apenas numa perspectiva estética, "do puro ponto de vista da técnica artística"[123], que passa por ser subjetiva. Opção deliberada: arquiteto formado na tradição dos tratados, ele assinala que o urbanismo nascente somente se interessa pelo segundo nível albertiano, o da comodidade onde, como vimos, se insere efetivamente toda a obra de Cerdà. Sitte reconhece a importância desse nível e saúda, de passagem, a contribuição dos engenheiros e de seus métodos[124], notadamente no domínio da higiene. Considera mesmo a possibilidade de abordar, em livro ulterior[125], os problemas da *commoditas*, acerca da qual algumas rápidas observações[126] do *Städtebau* mostram que estava perfeitamente informado. Mas a primeira urgência, a seus olhos, é fazer que a nova disciplina integre o registro supremo do prazer e da beleza, que ela não soube reconhecer.

O *Städtebau* arroga-se, portanto, o objetivo de descobrir as leis da construção do belo objeto urbano. Para Sitte, a questão é definir as estruturas específicas que conferem a uma paisagem construída tridimensional suas qualidades visuais e cenestésicas. A diacronia é a dimensão obrigatória da análise: somente comparando siste-

122. G. R. e C. Collins, volume de notas críticas que acompanha sua tradução do *Städtebau*, *City Planning according to Artistic Principles*, New York, 1965, e G. R. Collins, "Camillo Sitte reappraised", comunicação inédita à *First International Conference on the History of Urban Planning*, Londres, 1977.

123. *S.*, p. 2; *W.*, p. 4-5. Nossas referências e citações remetem de um lado à décima-segunda edição em língua alemã (Viena, 1972), publicada pelo Institut für Städtebau, Raumplanung und Raumordnung, Technische Hoschschule, sob a direção do professor R. Wurzer. Acompanhada de uma introdução de R. Wurzer, essa edição retoma em fac-símile a terceira edição revista por Sitte (1903) e oferece igualmente o fac-símile de seu manuscrito original. De outro lado, à recente e excelente tradução publicada com o título de *L'Art de batir les villes*, *L'Urbanisme et ses fondements artistiques* (Paris, L'Equerre et Vincent, 1980), por D. Wieczorek. Os dois textos são designados, respectivamente, pelas letras *S* e *W*. Aproveitamos o ensejo para agradecer a D. Wieczorek a contribuição que deu à nossa interpretação do enfoque de Sitte durante nossas discussões sobre sua tese de terceiro ciclo, C. *Sitte et les Débuts de l'urbanisme moderne* (inédito).

124. "Seria preciso estar na mais completa cegueira para não reconhecer as conquistas grandiosas do urbanismo moderno no campo da higiene. Aí nossos engenheiros realizaram verdadeiros milagres [...]" (*S.*, p. 117; *W.*, p. 119; cf. também *S.*, p. 2, 83, 90; *W.*, p. 2, 22, 85).

125. Sitte projetava uma segunda parte de sua obra, à qual teria dado o título de *Der Städtebau nach seinen wirtschaftlichen und sozialen Grundsätze* (O Urbanismo e seus fundamentos econômicos e sociais).

126. Particularmente, sobre a questão da habitação (*S.*, 108; *W.*, 109) e sobre o problema fundiário (*S.*, 110, 114, 135-139; *W.*, 111, 117, 139-143).

A TEORIA DE URBANISMO

maticamente conjuntos urbanos de épocas diferentes é que será possível fazer surgir constantes e variáveis.

A história é tão consubstancial para o *Städtebau* quanto o era para a *Teoria*. Sob a espécie de uma história morfológica da arte urbana, ela permite primeiramente, como na *Teoria*, assinalar a diferença estrutural e o corte irremediável que separam as cidades do presente das do passado. O que as opõe é detalhado com método e objetividade. Porque, contrariamente ao que pretendeu a interpretação simplista dessa obra por S. Giedion e Le Corbusier, o contraste sublinhado pelo arquiteto vienense não deve ser imputado unicamente à conta de uma atitude nostálgica. Sitte recusa-se a consumir-se em lamentações estéreis. "Nada podemos mudar aí"[127] é o *leitmotiv* que, ao longo do Cap. X do *Städtebau*, acompanha a descrição da cidade contemporânea. Suas diferenças, com respeito às cidades do passado, se devem a uma mudança de cultura[128], a uma transformação irreversível das mentalidades.

Ademais, somente a história permite dar sentido, e sobretudo um fundamento objetivo, aos diferentes princípios de organização em ação nas dezenas de conjuntos urbanos que Sitte analisa e cujas plantas e efeitos em perspectiva ele compara.

Duas tendências, às vezes contraditórias, orientam sua pesquisa. De um lado, ele insiste em precisar a especificidade respectiva dos espaços antigo, medieval, renascente, barroco e contemporâneo. E, a fim de designar o que faz a originalidade de cada uma dessas estruturas espaciais, utiliza o conceito de *künstlerische Grundidee*[129] ("ideia artística de base"). De outro lado, sob a sucessão dos diferentes tipos de paisagens urbanas (*Stadtbilde*) que balizam a história estética das cidades, ele procura, além disso, descobrir estruturas constantes. O invariante, que deve permitir a formulação dos princípios e de leis universais utilizáveis para a elaboração do construído, situa-se então no domínio da psicologia. Assim, o "senso artístico não consciente e natural"[130] que, desde o início dos tempos históricos, organizou os espaços urbanos, é para Sitte, determinado ao mesmo tempo pelas normas cambiantes das culturas históricas e por uma organização psíquica estável. Sensível à crise dos valores estéticos da sociedade industrial, ele a constata e a analisa, sem cair na armadilha que levou os neogoticistas ingleses a querer fazer re-

---

127. "*Wir konnen es nicht andern*" (S., p. 12; W., p. 14). Sitte indica que "se deve aceitar essas transformações como *forças dadas* e [que] o urbanista deverá levá-las em conta, assim como o arquiteto leva em conta a *resistência dos materiais*" (S., p. 114; W., p. 116). [O *grifo é nosso*.]

128. S., p. 118. W., p. 120.

129. S., p. 118; W., p. 118.

130. S., p. 22; W., p. 23.

294     A REGRA E O MODELO

viver mentalidades e formas doravante privadas de significado. Mas essa constatação não leva Sitte, por isso, a dar prioridade às leis da percepção estética que descobre em ação, permanentemente, sob a diversidade das estruturas culturais específicas. *Städtebau* deve ser recolocado nesse contexto vienense onde, pela primeira vez, no curso do último quartel do século XIX, foi formulada a hipótese de uma ciência da arte (*Kunstwissenschaft*). A "ideia artística de base" de Sitte participa da mesma problemática que o *Kunstwollen* de Riegl[131]. Quanto a suas organizações espaciais invariantes, elas remetem às pesquisas de Fechner[132], e sobretudo aos trabalhos de Ehrenfels[133] e à psicologia da forma, então em gestação.

É permitido pensar que, explorando ao mesmo tempo esses dois caminhos, Sitte designa dois eixos complementares, até então geralmente dissociados em proveito exclusivo um do outro, que toda ciência da arte futura deverá investir e apropriar-se paralelamente. Assim, não só Sitte se comporta como científico, mas também, em seu domínio próprio, o da arte urbana, ele dá sua participação a uma disciplina em curso de elaboração, a ciência da arte.

Três quartos de século mais tarde, C. Alexander pretende ser o epistemólogo do urbanismo. Censurando seus predecessores por terem deixado sua crítica derivar inteiramente para o espaço urbano, em detrimento das diligências que presidem sua edificação, ele tenta peneirar seus métodos de concepção e de produção do quadro construído. Inaugurada pelas *Notas sobre a Síntese da Forma*, essa crítica, continuada em *Uma Experiência de Urbanismo Democrático*, é, para Alexander, a condição prévia para a formulação de toda a teoria. A sua é construída, em seguida, com a ajuda de métodos e de conceitos tirados essencialmente de duas disciplinas, a história e a biologia, que, desde Cerdà, continuaram a reinar, de maneira mais ou menos superficial e/ou formal, sobre o discurso veredictório das teorias de urbanismo.

Com efeito, seria preferível falar de dimensão histórica, em vez de história, para qualificar essa intervenção necessária e muitas vezes derrisória da temporalidade que, conforme seja convocada

---

131. Cf. E. Panofsky, *La Perspective comme forme symbolique*, "o conceito de Kunstwollen", p. 197 e s., e A. Riegl, *Grammaire historique des arts plastiques* (tradução de E. Kaufholz do texto *Historische Grammatik des bildenden Künste*); Paris, Klincksieck, 1978.

132. G. T. Fechner, *Vorschule der Aesthetik*, Leipzig, Breitkopf une! Härtel, 1876.

133. Cf. Von Ehrenfels, "Über Gestaltqualitäten", *Vierteljahressehrift für wissenschaftliche Philosophie*, XIV, 3, 1890. Sobre as relações do *Städtebau* com essas obras e as de outros autores como Fiedler e Wölfflin, cf. D. Wieczorek, *Sitte et les Débuts de l'urbanisme moderne*, Cap. II, *excursus*.

A TEORIA DE URBANISMO 295

por uma biologia progressista ou culturalista, incide sobre o presente e o passado imediato ou sobre o passado pré-industrial. No primeiro caso, em que se trata de fazer surgirem as carências do presente e a necessidade de uma transformação radical do quadro construído contemporâneo, não só o passado é tratado com desenvoltura, como uma totalidade homogênea, mas também o próprio presente não pode, por isso mesmo, ser apreendido em sua espessura: ele somente é captado através de seus aspectos mais superficiais. No segundo caso, entre os teóricos culturalistas, apegados à tradição, é, ao contrário, a especificidade das problemáticas contemporâneas que é ignorada.

Alexander não evita esse último erro ao qual, no entanto, não estão condenados os culturalistas: sem retornar ao enfoque de Sitte, pode-se mencionar o uso que faz P. Geddes[134] de uma história dos acontecimentos, localizada, que permite ao urbanista compreender a especificidade de cada caso estudado, reviver e, em termos bergsonianos, prolongar o impulso criador que moldou em cada cidade uma face igual a nenhuma outra. Alexander, ao contrário, pede à história que lhe revele leis gerais, aplicáveis a todos os casos e referentes essencialmente às relações entre os realizadores e os usuários do espaço edificado. Mas, em lugar de se servir dessa estrutura para marcar a história da urbanização em fases originais e irredutíveis, apagando suas modulações assim como as diferenças culturais e epistêmicas correlativas, ele a utiliza para contrapor brutalmente dois procedimentos: o do diálogo (participação), desenvolvido há milênios[135], e o do monólogo tecnocrático, característico da sociedade industrial.

Quanto às leis relativas à produção do objeto urbano (e não mais a seus produtores), Alexander pretende descobri-las com o auxílio de instrumentos tirados das ciências da vida. Ao contrário de autores como Le Corbusier, ele tomou cuidado de informar-se sobre as pesquisas contemporâneas em matéria de biologia. Vê-se assim dotado de um conhecimento muito mais elaborado que aquele que a ciência de sua época oferecia a Cerdà. Conhece a cibernética, é informado do andamento da biologia molecular e das contribuições que lhe trouxe a linguística estrutural. Utiliza as noções de sistema (vivo), de crescimento, de controle e as transpõe para o objeto urbano cujos princípios de "desenvolvimento orgânico", de "crescimento fragmentado" ele anuncia. Entretanto, Ale-

---

134. *Cities in Evolution*, Londres, Williams and Norgate, 1915.

135. "A história recente da arquitetura e da organização urbana engendrou a falsa impressão de que somente os arquitetos e os urbanistas são capazes de organizar o espaço construído. O testemunho de dois ou três milênios prova exatamente o contrário". (*Une expérience d'urbanisme démocratique*, p. 51; cf. também p. 147).

296      A REGRA E O MODELO

xander continua a atacar o problema da cidade-artefato. Trata o urbano alternativamente como um organismo[136] e como uma linguagem, e essa atitude ambivalente o impede de empregar com rigor qualquer uma dessas duas analogias[137], inspira-lhe o uso da metáfora médica e o leva finalmente a deslizar dos enunciados de fatos para proposições terapêuticas.

## 2.2. Predominância das Marcas da Utopia

De fato, como veremos, nenhuma teoria de urbanismo escapa a esse deslizamento que, graças a analogias médicas, e pela anexação de valores duais de normal e patológico, de saúde e doença, articula um discurso de intenção científica, e às vezes mesmo verdadeiros enunciados científicos, com um conjunto de traços utopistas.

A utilização utopista da metáfora médica é tanto mais frequente e insistente quanto o autor está mais afastado de um verdadeiro caminho científico. Le Corbusier denuncia um "mundo doente", "uma cidade [Paris] crispada que se torna impotente... [sem] cirurgião para operar. Nem mesmo diagnóstico"; afirma: "Todas as cidades do mundo estão doentes", e no entanto "é possível um diagnóstico: sabe-se onde, como, com que se deve agir"[138]. Essa imagística, no entanto, não é apanágio dos urbanistas progressistas: F. L. Wright, cujo organicismo leva em primeiro lugar ao mundo da cultura[139] e a uma filosofia naturalista muito mais que à patologia, compara as cidades contemporâneas a uma tumefação cancerosa que deve curar progressivamente, e afirma que "toda seção de qualquer plano de grande cidade" evoca "o corte de um tumor canceroso"[140].

A força de atração da figura utópica é tal que, apesar das precauções epistemológicas e da extensão de seus conhecimentos cien-

136. Idem, p. 138 e 139. A propósito da transferência para o campo urbano da noção de controle, que especifica os seres vivos, indica Alexander: "Trata-se de adotar uma solução quase perfeitamente idêntica à que adota a natureza no caso dos organismos vivos".

137. Cf. especialmente as dificuldades que encontra para proporcionar um *status* linguístico a seus *patterns*. Sobre as antinomias que enfrenta o analogismo vitalista, cf. também, por exemplo, o texto produzido por ocasião da concepção da cidade nova do Vaudreuil (*Cahiers de l'IAURP, numéro spéciel sur Le Vaudreuil*, primavera de 1971). Seus redatores uitlizam ao mesmo tempo a noção de germe de cidade, de conotação embriológica, e os métodos de produções ótimas de um objeto técnico, tirados da teoria do *design*.

138. *La Ville radieuse*, p. 99, 101, 102.

139. Seu conceito-chave de arquitetura e de ambiente *orgânicos* provem diretamente do pensamento de Carlyle e dos historiadores românticos. Além de seu valor ético, o orgânico em Wright é, desde logo, estético.

140. *The Living City*, New York, Horizon Press, 1958, p. 61 e 31.

A TEORIA DE URBANISMO                                         297

tíficos, Alexander é levado[141], como vimos, às mesmas transposições. Colocar-se como libertador dos usuários graças a princípios (*patterns*) que têm por objeto permitir-lhes exprimir seus desejos no processo de elaboração do quadro construído não o impede de impor a esses desejos certas normas de salubridade. Daí, é apenas um passo, transposto facilmente, para transferir o conceito de saúde ao próprio ambiente. O autor fala de espaços vivos ou mortos, sadios ou não[142] e exige que o espaço construído seja submetido, em intervalos regulares, a um *diagnóstico*, devidamente formalizado.

O fato de ter limitado seu propósito ao nível da estética ajudou Sitte a não cair diretamente nas armadilhas da medicalização, mas nem por isso o garantiu contra uma deriva para o normativo e a axiologia dualista que leva à imagem especular utopiana. Porque, no mesmo tempo em que o arquiteto vienense descreve as regras de criação do belo objeto urbano, não pode conter-se em apreciá-lo: a norma gnoseológica da *Kunstwissenschaft* é então confundida com a norma axiológica da estética. Assiste-se à mesma confusão das relações que na *Teoria*. Mas, no *Städtebau*, é o artista e não o médico que substitui o homem de ciência, a cidade feia e a bela cidade é que substituem a cidade doente e a cidade sadia. Todavia, o olho médico se introduz sub-repticiamente no texto por intermédio da psicologia que, em Sitte, desempenha o papel que tem a biologia nos outros teóricos e sobre a qual repousa a parte naturalista ou "gestaltista" de sua estética. Sitte atribui a "boa forma", isto é, a beleza natural das cidades antigas, a um instinto de arte (*Kunsttrieb*[143]) cuja degradação ou mesmo desaparecimento é revelado pela morfologia das cidades modernas: em tais condições, a beleza (urbana) se torna uma forma natural, e sua ausência uma anomalia, o efeito de uma perversão, de uma doença mental[144].

Vemos que, quaisquer que sejam a forma, o teor e a importância do discurso científico efetivamente emitido pelo autor de uma teoria de urbanismo, a articulação desse discurso com uma figura utópica sempre e operada pelo encaixe de um enunciado de fatos num juízo de valor; ela passa a cada vez pelo local em que uma crítica utópica pode introduzir-se no lugar de uma certidão objetiva e gerar a estrutura especular da utopia. E é então, a cada vez, a oposição irredutível de duas imagens antagônicas, encadeadas pela mesma relação que, para o urbanista, exclui a possibilidade de so-

141. Op. cit., p. 98.
142. Idem, p. 102, 144, e ss
143. S., p. 23; W., p. 25.
144. "É uma doença *formal* em moda esta mania de liberar tudo" (S., p. 34; W., p. 32). [O *grifo é* nosso.]

298     A REGRA E O MODELO

luções intermediárias. L. Corbusier exige que se faça a "toalha branca"[145], e F. L. Wright pede a "eliminação radical"[146] do quadro construído atual. Alexander, que no entanto denuncia com pertinência a ideologia da edificação *ex nihilo* e da *tabula rasa*, coloca contudo seu leitor frente a uma escolha sem alternativa entre uma solução verdadeira e uma solução falsa, entre seu sistema de *patterns* e o uso convencional de esquemas diretivos[147].

Esses traços comuns não significam que se precise negar os desvios que separam as diferentes teorias urbanísticas. Conforme os autores, vemos variarem consideravelmente as proporções relativas da descrição "científica" e da crítica, a riqueza e a precisão do modelo espacial, o papel desempenhado pelo operador mitizante.

Le Corbusier é, sem dúvida, o autor em quem a figura da utopia encontrou sua ancoragem mais sólida. A imagem clínica, sistemática e complacente, revelada por fotografias ou desenhos, diz respeito essencialmente aos traços físicos da cidade contemporânea. Apesar de certas fórmulas enfáticas, procura-se em vão, na *Ville radieuse* (ou alguma outra obra do mesmo arquiteto), uma visão global da sociedade[148]. Correlativamente, o modelo espacial absorve a imagem-modelo. Elaborada minuciosamente, ilustrada por esquemas, ela usa, como Amaurota, um nome próprio, Cidade Radiosa. Essa é dotada da mesma presença que a cidade de Morus: "Na cidade, o pedestre jamais *encontra* um veículo [...], o solo inteiro *pertence* ao pedestre. [...] O esporte, múltiplo, *está* ao pé das casas, no meio dos parques. [...] A cidade *é* inteiramente verde. [...] Nenhum quarto de habitação *é* sem sol"[149], "os caminhões pesados *rodam* nas autoestradas[150]. A Cidade Radiosa é de súbito mais real que Paris de quem é a imagem invertida[151]. Melhor ainda, tem, como Amaurota, um estatuto de *pharmakon*. Le Corbusier acusa essa característica

145. Op. cit., p. 97.

146. Idem, p. 221.

147. Idem, p. 16.

148. Aliás, por isso é que Le Corbusier pôde propor suas soluções de salvamento aos soviéticos nos anos trinta, ao Marechal Pétain depois do armistício de 1940, e ao governo do General de Gaulle depois da Libertação.

149. Op. cit., p. 93-94; cf. também o mesmo tema do pedestre, p. 103: "*Nunca* o pedestre *encontra* um carro, *nunca*". [O grifo é nosso.]

150. Idem, p. 133. Cf. também p. 113: "O habitante que *possui* um automóvel *encontra-o* estacionado ao pé de seu elevador. Aquele que *deseja* um táxi nunca *percorre* mais de cem metros [...] as ruas da cidade *são* reduzidas de uma maneira surpreendente [...] Pela porta de uma casa *entram* 2.700 pessoas [...]" etc., até às p. 117, 124-126, 131-132. [O grifo é nosso.]

151. "Vocês estão no jardim de Luxembourg: na rue d'Assas passam caminhões [...] Isso não os incomoda [...] O solo inteiro da Cidade Radiosa é como esse jardim

A TEORIA DE URBANISMO

sobrenatural quando declara que, com seus "arranjos algo mágicos e milagrosos", ele apresenta "uma rede mágica"[152].

Encontram-se os mesmos traços, mais ou menos acentuados, tanto entre os urbanistas progressistas, como entre os culturalistas. De um lado e de outro, constata-se a mesma indigência quanto a uma crítica multidimensional e a um projeto correlativo de sociedade: apesar das ligações que Tony Garnier mantinha com a multiplicidade radical de Lyon, sua Cidade Industrial corrige defeitos essencialmente físicos e só responde a alguns objetivos elementares relativos à higiene e ao rendimento dos agentes sociais. Caso excepcional, explicável por um engajamento político anterior, Ebenezer Howard é um dos únicos teóricos do urbanismo cujo modelo espacial se destina a instaurar, difundir e fazer funcionar um verdadeiro modelo de sociedade. Quanto ao resto, enquanto modelo social, Garden-City é comparável à Cidade Industrial, como à Broadacre-City de F, L. Wright ou à Mesa-City de P. Soleri[153]. A exemplo da Cidade Radiosa, todos esses estabelecimentos são objeto de descrições meticulosas, cifradas, ainda mais acreditáveis pela ilustração figurada[154] e trabalhadas pelo presente da utopia acompanhado de seus *shifters*: na Broadacre-City, circula-se "em zonas cultivadas ou habitadas que se tornaram encantadoras com um tratamento paisagístico, liberadas dos horríveis postes telefônicos ou telegráficos, como fios elétricos, desembaraçadas dos painéis publicitários muito vivos [...], [onde] as rodas-gigantes *são agora* grande arquitetura, [onde] as estações-serviço *não são mais* ofensas para os olhos e *propõem* ao viajante todas as espécies de mercadorias [...], [onde se sucedem] sem fim, séries de unidades diversificadas, fazendas, mercados de estrada, escolas-jardins [...] cada uma em seu próprio terreno [. . ,]"[155].

Em Sitte, esses traços utópicos têm uma presença mais discreta. Por certo, ele fala, com toda ingenuidade, da natureza utópica de

de Luxembourg. Os caminhões pesados rodam, pois, sob as autoestradas [...]" (ibid., p. 125).

152. Op. cit., p. 143 e 153.

153. *Archeology*, Cambridge, Mas., MIT Press, 1969.

154. Broadacre-City é desenhada em plano e em elevação, com escalas variadas. Wright mandou construir uma *maquette* gigante de 12x12 pés.

155. *The Living City*, p. 116-118. [O *grifo é nosso*.] Em sua descrição de Broadacre, Wright não sucumbe totalmente, entretanto, à miragem do presente utópico. Emprega muitas vezes o condicional ou o futuro, restabelece por vezes a distância da ficção mediante o imperativo "imaginem", ou ainda faz preceder o quadro de um "vejo".

300 A REGRA E O MODELO

sua crítica quando sublinha seu valor positivo[156] e indica que sua finalidade é "a versão de todas as nossas normas [de organização] em seu *contrário exato*" (*um "die Verkerung aller gegenwärtig üblichen Normen in ihr* gerades Gegentheil"[157]). Entretanto, embora a cidade do passado seja contraposta à cidade moderna, como seu outro e como um modelo, ela não é apreendida enquanto objeto único e totalitário. Mais exatamente, a primeira metade do livro apresenta apenas cidades ou conjuntos antigos a que Sitte opõe *a* cidade moderna. *A* cidade antiga, como entidade, somente aparece na segunda parte, onde Sitte procede a uma crítica aprofundada da cidade moderna que, por sua vez, rebenta em casos diversos e fragmentos urbanos. Assim, a cidade-modelo utópica é uma abstração de contornos relativamente esmaecidos, ao passo que a diversidade dos conjuntos urbanos antigos analisados e o cuidado com que Sitte estabelece seus levantamentos, no mais das vezes *in situ*, assinalam um enfoque científico, animado pela vontade de provar a coincidência dos fatos e da teoria.

Essa discrição dos traços utópicos no *Städtebau* tem como correlativo a supressão de algumas marcas linguísticas: com exceção de alguns pronomes (primeira pessoa do plural) e alguns *shifters*, o enunciador está quase ausente da descrição da cidade-modelo; essa não possui nome próprio; o presente do indicativo que a revela[158] não é unívoco e serve mais frequentemente à análise morfológica do teórico da arte urbana do que garante o testemunho do viajante utopista.

## 2.3. *De Falsos Traços Albertianos*

Sitte não só reabilitou o registro da beleza que os tratadistas convertiam no fim e no coroamento da edificação. Sua análise científica dos belos conjuntos urbanos do passado tem por objeto extrair os princípios instauradores utilizados. Ao contrário de um W. Morris, por exemplo, ele propõe efetivamente verdadeiras regras relativas ao fechamento, à diversificação, à ornamentação dos espaços urbanos. No entanto, essas regras, muito mais precisas que as de Cerdà, não servem mais para estruturar o texto. Como na

156. "Não temos a intenção [...] de entoar mais uma vez lamentações sobre o tédio, já proverbial, das cidades modernas [...] Um tal enfoque, *puramente negativo*, deve ser abandonado a essas críticas que não se satisfazem com nada" (S., p. 2; W., p. 4). [O *grifo é nosso.*]

157. S., p. 145; W., p. 147. Na mesma página, Sitte especifica ainda que o "bloco moderno" oferece o "contrário exato" do que exige a perspectiva natural.

158. A cidade do passado, às vezes, é simplesmente colocada em situação histórica. Então, é evocada, com os tempos do distante.

A TEORIA DE URBANISMO

*Teoria*, elas são tomadas na grande estrutura binaria da utopia: às boas regras que o estudo do passado permite descobrir opõem-se as más regras atualmente em vigor.

Embora afirme combater a modelização em sua crítica aos esquemas diretores e outros procedimentos do urbanismo reinante; embora pretenda substituir este enfoque "totalitarista" por um "processo" baseado num sistema de *patterns*, definidos como as regras de uma espécie de linguagem, Alexander, muito mais do que Sitte, sofre a influência insidiosa da figura da utopia. Seus *patterns* se apresentam como "contrarregras", são deduzidos, por inversão, de práticas metodológicas errôneas. Ademais, eles não têm todos o mesmo estatuto operatório e se revelam ora verdadeiras regras, ora modelos autênticos, ilustrando assim a ambiguidade semântica de sua designação[159]. A influência da estrutura utópica sobre os *patterns* de Alexander, além disso, é marcada por sua formulação no presente do indicativo: presente utópico agressivo, que não pretende deixar dúvidas nem sobre sua "verdade" nem sobre a realidade de seu funcionamento.

O fato de ter exigido um apoio mais considerável à tradição dos tratados de arquitetura não permitiu nem a Sitte nem a Alexander que fizessem, mais que Cerdà, atuar princípios na construção de seus textos respectivos. Princípios de edificação, que procuraríamos em vão nas teorias progressistas de urbanismo[160], são realmente formulados nas duas obras, mas não têm aí qualquer função, sua localização e sua ordem são comandadas pela oposição especular que estrutura de igual maneira os dois textos.

Já vimos que Cerdà, na *Teoria*, construiu um relato de origem que não mais funciona. Com o tempo, esse elemento fundamental da figura dos tratados, muito frequentemente, foi esquecido pelos autores de teorias de urbanismo. No entanto, merecem ser citados dois relatos de alcance diferente. Um deles se assemelha a uma paródia. Acolhendo sem evasivas a lógica da utopia, ele revela uma espécie de épura do esquema cerdiano. Em compensação, o outro constitui uma transformação do paradigma de Alberti e torna-se um operador original do texto.

159. *Une expérience* [...], p. 14, nota do tradutor, e p. 97. A modelização dos princípios, em Alexander, surge de maneira particularmente clara na contribuição que deu a uma pesquisa realizada por nós mesmos sobre a produção de habitação social. No capítulo que redigiu, Alexander coloca em evidência dezessete "princípios errôneos" que, no seu entender, revestem atualmente a produção da morada social na França. A esses ele opõe dezessete princípios "verdadeiros", que são os únicos a poder operar uma conversão (*Logement social et Modélisation, de la politique des modèles à la participation*, citado acima, Cap. 1).

160. Sobre Le Corbusier e a tradição tratadista, cf. acima, p. 987, n. 111.

302      A REGRA E O MODELO

O primeiro relato é encontrado no início de *The Living City*[161]. Para Wright, a origem da edificação é dual. Deve ser atribuída aos dois ramos de uma pré-humanidade ainda simiesca, das quais uma, sedentária, se abrigava em buracos, e a outra, nômade, vivia nas árvores. A primeira deu origem aos homens das cavernas que criaram seus filhos "na sombra do muro" (*"in the shadow of the wall"*). Devem-se-lhes todas as formas de conservantismo, e particularmente a urbanização que desembocou nas cidades do século XX, afogadas na sombra dos arranha-céus. Do segundo ramo provieram aventureiros que viveram em tendas e criaram seus filhos "sob a abóbada das estrelas": foram os primeiros pioneiros da democracia, os ancestrais da primitiva Usônia que prefigura e anuncia Broadacre-City. Se o modelo da Usônia requer uma comparação com a "urbanização ruralizada" de Cerdà, a duplicidade do esquema primitivo de Wright o opõe, com maior evidência do que o de Cerdà, ao esquema tratadista. Desde logo, o relato poético de Wright é colocado sob o signo de uma axiologia que revela sua não pertinência à figura de uma tratado: desde a noite dos tempos existem a boa e a má edificação, ainda hoje imputáveis a um instinto natural ou à sua perversão.

O segundo relato se encontra, muito bem dissimulado, no *Städtebau*. Destina-se a fundamentar a noção de cidade natural e o arquimodelo que dele propõe Sitte. Porque, para Sitte, as cidades antigas, sejam elas consideradas no singular enquanto tipo ideal ou no plural enquanto casos particulares, são cidades naturais[162], conforme às exigências da natureza humana. Ele define seu arquimodelo, comparável ao mesmo tempo à "urbanização ruralizada" de Cerdà e à legendária Usônia de Wright. Por metonímia, concluindo da parte para o todo, é o fórum romano[163] que ele designa assim como a estrutura original sobre a qual se baseia o modelo – as regras estéticas de edificação – não só da praça (medieval, renascentista ou barroca), bem como da cidade antiga. Pois, mesmo que o fórum pertença a tempos menos longínquos que a pré-história onde se situa o "urbanismo ruralizado", sua escolha é ditada pela mesma busca de pureza. É privilegiado, entre as formas urbanas históricas conhecidas do autor[164], porque é a mais longínqua,

---

161. Cf. p. 21 e s.

162. Sobre a "cidade natural" em Marx, cf. acima, Cap. 1, p. 71.

163. "O fórum é para a cidade o que é o átrio para a casa: a peça principal ordenada com cuidado e mobiliada ricamente." (S., p. 10; W., p. 6). Pode-se pensar que a metáfora do coração e as homologias cidade-casa, fórum-átrio são uma lembrança do *De re aedificatoria* (cf. infra, p. 102).

164. Sitte, logicamente, deveria ter tomado como paradigmas tipos de praças anteriores ao do fórum, mesmo que fosse a agora que ele também descreve. A preferência que concede ao fórum se explica por seu conhecimento direto dos lugares ro-

A TEORIA DE URBANISMO

303

e portanto a que, com relação ao primeiro modelo fornecido pela natureza, menos alteração e perversões apresentará.

No entanto, ao contrário de Cerdà e de Wright, Sitte não procurou relacionar esse arquimodelo histórico à atividade dos primeiros homens. Não tentou reconstituir seus primeiros gestos edificadores ou seus primeiros estabelecimentos. Deixando de lado as reminiscências tratadistas e renunciando aos relatos de origem sem função, é à psicologia infantil que ele pede que revele a estrutura de uma edificação não original mas natural. Em uma página antecipadora[165], ignorada por seus historiógrafos e seus críticos, ele descreve a atividade das crianças que, no inverno, para erguer seus bonecos de neve na praça central de sua cidade ou aldeia, adotam exatamente a mesma disposição lateral que os romanos da Antiguidade ou os artistas medievais para situar as esculturas ou monumentos diversos com que ornavam seus fóruns e suas praças.

Trata-se realmente de um relato, introduzido brutalmente por um pretérito: "Como *foi* adotada essa implantação?" O presente que se segue é um presente narrativo. A criança construtora que encarna a humanidade em sua virgindade, totalmente entregue a seu instinto de arte, associa com seu comportamento um jogo e um arranjo artístico. A estrutura que ela põe em ação permite dar fundamento natural[166] a duas disciplinas em instauração, uma ciência da arte como forma cultural simbólica e uma psicologia da forma. Assim, o relato de Sitte antecipa uma transformação futura do antigo relato de origem tratadista e sua apropriação pelo discurso científico que, não mais se aquartelando no nível da estética, exuma, dos mais antigos sítios pré-históricos, a casa e o estabelecimento dos primeiros hominídeos. Ademais, apelando a um herói-

---

manos (ele só visitou a Grécia depois da publicação de *Der Städtebau*) e por influência do *De architectura*.

165. "É digno de nota que, quando brincam, as crianças dão livre curso a seus instintos artísticos inatos, em seus desenhos e modelagens, o que produzem sempre se assemelha à arte ainda rude dos povos primitivos. A mesma observação se impõe quanto à maneira de dispor monumentos. A brincadeira, tão apreciada no inverno, dos bonecos de neve permite traçar esse paralelo. Os bonecos se erguem em locais precisos, onde, em outras circunstâncias, o método dos antigos deixaria esperar monumentos e fontes. Como essa implantação *foi adotada* (*Wie* kam *nun die Aufstellung zustande*)? Muito simples: imagine-se a praça desimpedida de uma aldeia provinciana, coberta de neve espessa e, aqui e ali, os diferentes caminhos que traçaram transeuntes e veículos. São essas as vias de comunicação naturais criadas pelo tráfego, e entre as quais subsistem partes irregularmente distribuídas e não perturbadas polo tráfico. É nesses locais que se *erguem* nossos bonecos de neve, porque somente aí se encontrou a indispensável neve virgem" (S., p. 23-24; W., p. 22-23). [O *grifo é nosso*.] No que diz respeito à frase citada em alemão, modificamos a tradução de D. Wieczorek ("como explicar essa implantação") que não explica o pretérito.

166. Sobre a problemática da natureza humana, cf. *L'Unité de l'homme, invariants biologiques et universaux culturels*, Paris, Seuil, 1974.

304 A REGRA E O MODELO

-criança, induz uma moralização de seu relato que pode tornar-se um operador do *Städtebau* e contribuir para aí articular discurso científico e traços utópicos.

## 2.4. *Variantes do Eu Tratadista*

O próprio Sitte, que poderíamos julgar o herdeiro dos autores de tratados de arquitetura, não foi mais adiante que Cerdà na apropriação dos traços do paradigma albertiano. A tomada de palavra pelo herói construtor continua sendo o único elemento da figura do tratado que tem função nas teorias de urbanismo. Mas, ainda uma vez, segundo modalidades variáveis.

Sitte se caracteriza por sua discrição. Nunca emprega a primeira pessoa do singular. De uma ponta à outra do *Städtebau*, o emprego dos pronomes se assemelha ao de um discurso teórico. De fato, o arquiteto-herói se abriga atrás da primeira pessoa do plural[167] ou mesmo atrás do pronome "ele" e do pronome indefinido. Percebe-se isso já na primeira página da introdução, na passagem sobre Pompeia. Sob a aparência de uma constatação, de uma observação de alcance geral, se dissimula a relação de uma experiência na qual se pode ler a origem do livro de Sitte[168]. Outros autores, ao contrário, têm um *eu* importuno. Tal como Le Corbusier que multiplica os *shifters* a cada página de *La Ville radieuse*. Alguns (Sitte, Alexander) relatam sobretudo sua experiência intelectual, refazem sua caminhada mental, outros se pintam de filantropos (Howard) ou de "videntes" (Wright[169]), outros ainda (Le Corbusier[170]) apelam aos acontecimentos de sua vida de práticos.

167. Em *Der Städtebau*, às vezes "nós" é usado também no lugar da segunda pessoa.

168. "As recordações de viagem oferecem à *nossa* fantasia a matéria mais agradável. Se apenas *nós* pudéssemos retornar com mais frequência a esses lugares que não *se* cansa de contemplar [...]. *Quem quer* que apreciou, ele mesmo, em sua plenitude a beleza de uma cidade antiga dificilmente contestará a poderosa influência que exerce o quadro exterior sobre a sensibilidade dos homens. As ruínas de Pompeia dão-nos sem dúvida a melhor prova disso. *Quem* (*der*), na caída da noite, atravessa, depois de uma dia de trabalho fatigante, o espaço desimpedido do fórum, se sente atraído irresistivelmente para os degraus do Templo de Júpiter, para contemplar, ainda uma vez, do alto da plataforma, a esplêndida disposição de onde ascende até *ele* uma onda de harmonias [...]" (S., p. 1; *W.*, p. 3). [O *grifo é nosso.*] A precisão dos detalhes, particularmente cronológicos, assinala aqui a lembrança pessoal.

169. As ocorrências da primeira pessoa em *The Living City* são pouco numerosas e ligadas à função de vidência do arquiteto (cf. op. cit., p. 22, 125 e s., 206). Em compensação, o leitor é constantemente tomado à parte, seja por apóstrofes, seja pelo emprego da primeira pessoa do plural, completada pelo de *shifters* que remetem à dimensão ético-política da situação de enunciação.

170. As indicações biográficas recheiam a *Ville radieuse* em toda a sua extensão, mas sem o rigor cronológico que surge no *De re aedificatoria*. O autor não deixa de

A TEORIA DE URBANISMO 305

Sob estas diversas modalidades, modesto ou triunfante, o *eu* do autor-construtor afirma nas entrelinhas que a ciência não é a única que se acha em questão nestes textos. Ele assinala a angústia ancestral que nasce do ato instaurador de espaço, que somente o duplo heroísmo do inventor e do salvador[171] pode superar. Herói tratadista do espírito e herói utopista do poder, o sujeito das teorias de urbanismo desempenha ao mesmo tempo esses dois papéis. A despeito de sua reserva, Sitte aparece como o arqueólogo de uma arte perdida cuja descoberta permite operar um salvamento parcial da cidade moderna. Wright se apresenta ao mesmo tempo como a encarnação do arquiteto-artista-criador e como o anunciador e o mediador de uma nova democracia, seu "intérprete profético"[172]. Le Corbusier, novo Utopo, antes de tudo guia, pastor e pai[173], não exalta menos sua própria criatividade[174].

Deliberadamente esporádicas, tais análises confirmam ao mesmo tempo a autonomia e ambivalência da figura das teorias de urbanismo: figura que confunde visão crítica e abordagem clínica, normas biológicas e normas éticas, sujeito tratadista e herói utópico, e cujas regras generativas se cristalizam em modelos, os modelos se dissolvem em processos, em normas, ou em exemplos. Pouco importa que Cerdà esteja mais próximo dos autores de tratados de arquitetura pelo aval que ele exige da história, pelo valor

começar por revelar a origem contingente de seu livro: "Um questionário me fora enviado pelas autoridades de Moscou. [...] Depois de haver ditado minha resposta [...], empreendi a execução de umas vinte pranchas" (op. cit., p. 90); depois é o encaminhamento mental que se seguiu à primeira reação: "Virando e revirando em meu laboratório os elementos fundamentais constitutivos de uma cidade moderna, eu tocava em realidades presentes que não são mais russas que francesas ou americanas [...] eu continuava minha marcha na [...] floresta virgem [...] abria novas picadas, descobria verdades [...] fundamentais. [...] Mas, um belo dia, esse título *Réponse à Moscou* é afundado por alguma coisa [...] mais profunda [...] se intitula então *La Ville radieuse*" (idem, p. 90-91).

171. As fórmulas de Le Corbusier são reveladoras. O herói do livro trava a luta contra o demônio (idem, p. 122): "A rua transformou-se num demônio desencadeado". Cf. igualmente, p. 120, a curiosa passagem em que Le Corbusier projeta (sem o menor humor) um monumento dedicado aos três "heróis" e "super-homens" do urbanismo, Luís XIV, Napoleão I e Napoleão III. "Por trás, em meias-tintas, Colbert e Hausmann se estendem igualmente a mão, sorriem com aquele sorriso da satisfação da tarefa cumprida." Essa visão surpreendente constitui o melhor comentário das citações tiradas de Pétain (idem, p. 154) e da autoprojeção do urbanista como *chefe* militar.

172. *The Living City*, p. 77. Cf. também p. 87 e 131, onde o arquiteto aparece como "o guia e o conselheiro da grande família americana e ao mesmo tempo o guardião das colheitas e dos rebanhos".

173. Idem, pp, 138, 145, 146, 152, 154.

174. Idem, por exemplo, p. 100, 102, 103, assim como o comentário das pranchas ilustrativas.

que atribui a uma temporalidade criadora, pela confiança que tem na espacialização. Pouco importa que, cinquenta anos mais tarde, Le Corbusier esteja mais próximo dos autores de utopias por sua desconfiança com relação à expansão espacial, pelo emprego exclusivo da modelização e pelo soberbo desdém pela temporalidade. Em ambos os casos, como nas outras teorias de urbanismo, está em ação uma mesma estrutura textual. À revelia dos interessados, ela dá provas de uma mesma impotência para assumir a situação que eles exigem e de uma mesma angústia que será conjurada por uma abordagem que alia, inverossimilmente, as velhas armas dos primeiros livros instauradores de espaços e as armas novas da ciência moderna.

# Abertura: das Palavras às Coisas

Da leitura do que precede se extraem resultados paradoxais.

Em primeiro lugar, essa leitura, que recusava os quadros da história, se presta a uma operação histórica[1] e abre caminho a uma nova estruturação da história da teoria da edificação. O conceito de texto instaurador permitiu transformar a paisagem tradicional que a análise dos conteúdos e o postulado continuísta das filiações haviam fixado, determinar nela novas unidades territoriais, mareá-la com uma nova hierarquia de monumentos, substituindo os antigos referenciais.

Assim, o *De re aedificatoria* adquiriu dimensões que jamais lhe haviam sido reconhecidas. Doravante, ele assinala um corte decisivo e um momento inaugural a partir do qual uma improvável e nova exigência de racionalidade pôde dar origem ao projeto instaurador e inscrevê-lo em três conjuntos textuais descontínuos dos tratados de arquitetura, das utopias e das teorias de urbanismo.

O *De architectura*, que os historiadores costumam situar na origem do enfoque tratadista ocidental, foi deslocado a montante do corte albertiano, restabelecido em seu lugar próprio e original, de onde, indicador de distância, ele continua entretanto a nos criar signo. Na medida em que constitui a tentativa mais perfeita que foi realizada antes do *De re aedificatoria* com vistas a reunir e ordenar

---

1. M. de Cebteau, "L'opération historique" in *Faire de l'histoire*, obra coletiva sob a direção de J. le Goff e P. Nora, t. I, Paris, Gallimard, 1974.

# A REGRA E O MODELO

um conhecimento, a obra de Vitrúvio permite avaliar a diferença que separa o tratado de Alberti de toda a literatura anterior consagrada ao ato de edificar. E, na medida em que fascinou Serlio, Palladio, du Cerceau, os Blondel... que lhe pediam um aval arqueológico e nele descobriam as bases de uma estilística universal, o *De re architectura* testemunha a deriva e a regressão desses autores com respeito ao alcance instaurador de Alberti.

Por conseguinte, no horizonte monótono dos tratados vitruvizantes, se destacam obras negligenciadas. A *Idea* de Scamozzi, desfigurada pela leitura redutora que dela fez o século XVII, assume pela primeira vez seu valor de tratado canônico; o *Abrégé* de Perrault vê restituídos uma vontade de subversão e um poder liberatório que seu *status* de réplica e comentário escondia; o *Discours* de Patte é chamado a limitar o precário destino dos tratados de arquitetura e torna-se o anunciador das transformações que desembocarão na emergência das teorias de urbanismo.

No campo fechado dos textos instauradores, a *Utopia* de Tomás Morus, devolvida à sua ambivalência e à sua ambivalente vocação simbólica e realizadora, assinala, ela também, um começo. Reina sobre um território bem circunscrito, do qual foram eliminadas as anexações abusivas devidas às modas de nossa época. No exterior de suas fronteiras, mas na vizinhança imediata, localizam-se agora tanto os escritos panópticos, cujo parentesco com os escritos utópicos não fora considerado, quanto a obra de Fourier, que, ao contrário, foi, sem reservas, classificada muito depressa entre eles.

Da mesma forma, enquanto a *Teoria* de Cerdá, tirada do esquecimento, constitui doravante a certidão de nascimento e o arquétipo das teorias de urbanismo, os textos produzidos no quadro do movimento internacional da década de 1920, particularmente as obras de Le Corbusier, perdem o significado inaugural que seus historiógrafos lhes haviam concedido com unanimidade. Mostram pertencer à figura discursiva elaborada durante o século XIX, à qual não trazem qualquer inovação estrutural. Em compensação, o *Städtebau* de Sitte, que os CIAM desqualificaram aos olhos de duas gerações, tachando-o de passadista e de pusilânime, aparece como o texto, ainda hoje, mais próximo de um questionamento dessa figura das teorias de urbanismo à qual ele também se filia.

De maneira mais geral, conforme a nova narração histórica proposta, as teorias do urbanismo atuais não mais poderiam ser entendidas sem referência a Alberti e a Morus, cujas obras inaugurais as determinam, a montante da figura cuja primeira versão Cerdà produziu. E a proliferação de versões ulteriores e independentes da *Teoría* constitui um indício suplementar da natureza mitizante da "teoria" de urbanismo.

ABERTURA: DAS PALAVRAS ÀS COISAS

Em seguida, minha leitura semiológica, que deliberadamente havia se libertado de toda e qualquer pertinência à epistemiologia, abre caminho, no entanto, a uma crítica dos textos instauradores. Revela o seu verdadeiro estatuto discursivo e permite precisar as relações que, presumivelmente, eles mantêm com as ciências da natureza e do homem.

Em primeiro lugar, mostrei com efeito que todos os textos instauradores são estruturados por uma figura mitizante – poder-se-ia dizer metamítica – que serve para resolver simbolicamente os problemas teóricos, mas também práticos, colocados pela emancipação do ato de edificar. Ainda em função nas teorias de urbanismo atuais, essa figura mitizante não poderia ter sido decifrada sem o estudo prévio do *De re aedificatoria* e da *Utopia*. Coloquei-a em evidência nessas duas obras paradigmáticas, sob duas formas que não se podem confundir e cuja diferença esclarece, ao contrário, o destino diferente que a história reservou ao tratado de arquitetura e à utopia. O relato encantatório que, no *De re aedificatoria*, parodia um mito de fundação, conserva um caráter lúdico. À maneira de uma situação, ele lembra a transgressão realizada pela arquitetura e produz nas memórias fracas seu esquecimento impossível. Mas não a conjura de verdade. Deixa a empresa albertiana exposta, sem anteparos nem mediações, às exigências de sua própria audácia e às ameaças da derrelição: mostrei a precariedade da forma textual criada por Alberti. A *Utopia*, ao contrário, é organizada em torno de um núcleo mítico próprio; funciona sem distanciamento e manifesta, através de suas versões sucessivas, uma produtividade comparável à dos mitos. A teoria de urbanismo aliou essas duas formas. Não contente em fazer que fale na primeira pessoa o arquiteto-herói de Alberti, ao qual ele empresta agora a autoridade do científico, ela confere a esse sujeito os poderes do herói-arquiteto de Morus. Assim, os urbanistas, e todos aqueles que hoje pretendem organizar cientificamente o espaço construído, não só estão empacados no cientificismo, às voltas com as dificuldades de um conhecimento não constituído, como também seduzidos pela miragem de poderes simbólicos, esses mesmos poderes míticos com que Morus dotara Utopo.

Em segundo lugar, mostrei que cada uma das figuras instauradoras se caracteriza fundamentalmente por uma escolha concernente ao valor do espaço edificado e a seu modo de engendramento. O tratado de arquitetura exalta a construção e uma investida contra o espaço que permita aos homens realizar-se consumindo o mundo; para isso ele formula regras que acolhem o desejo e a busca do prazer. A utopia, ao contrário, vê na disseminação dos edifícios uma causa de desordem. Para ela o espaço construído só vale se for controlado e, mais ainda, controlador. O procedimento totalitário do modelo, estranho tanto ao desejo quanto ao prazer, constitui então, com respeito a sociedades consideradas pervertidas e doentes, um instrumento, indefinidamente reprodutível, de conversão e de cura: instrumento destinado a solucionar as contradições sociais através de um simples jogo de espaço, e que traz em si, portanto, a dissolução do político. Enfim, a teoria de urbanismo, em parte, anexou os valores da utopia com que ela pretende realizar o sonho de normalização e de medicalização sob a autoridade inapelável de leis científicas.

O enfoque inicial do *De re aedificatoria* nos propõe, ainda hoje, o melhor fio condutor para traçar um balanço das certezas a que pode pretender uma disciplina específica da edificação. O gênio de Alberti consiste em ter cruzado os princípios, postulados e regras do nível da necessidade com a demanda dos interlocutores do arquiteto. Fez assim de seu tratado uma matriz de dupla entrada que dá à edificação um fundamento rigoroso, abrindo-a ao mesmo tempo à imprevisibilidade da imaginação e do desejo dos homens. Desde logo, é deixado e designado, portanto, um lugar às escolhas e aos valores. É evitada a armadilha, que denunciei muitas vezes alhures para não ter de voltar aqui, e na qual caíram todos os teóricos do urbanismo, de acreditar na possibilidade de uma ciência normativa da edificação. Quanto aos elementos fixos da sua matriz, sem poder dispor dos conhecimentos e dos conceitos que nos permitem hoje apreendê-los, Alberti, mais uma vez, os distribuiu magistralmente com relação aos campos do conhecimento que o ato de construir põe em jogo.

Com efeito, seus princípios, condição de todo construir possível, constituem aquilo que podemos hoje denominar as regras generativas do construído: regras nunca mais evocadas por qualquer teórico e cujo estudo mereceria, entretanto, ser aprofundado pela pesquisa contemporânea. Todavia, se utilizo intencionalmente o qualificativo de generativo para comparar implicitamente o projeto de Alberti com aquele que N. Chomsky elaborou para a linguagem, o interesse dessa aproximação não deve esconder a diferença dos dois casos. Competência linguística e competência de edificar não permitem desempenhos de mesmo tipo. Particularmente, o ato de edificar é solitário de um material e de um meio cuja resistência e opacidade são regulados por leis próprias, tão constrangedoras mas de forma diferente quanto as da substância fônica, esse meio aéreo que a palavra deixa irrealizado. Além disso, tendo outros fins além da comunicação, o ato de construir deve levar em conta um certo número de exigências práticas.

Alberti reconhece bem a carga dessas coações que pesam sobre a edificação. Ele as distribuía em três categorias de regras fixas relativas aos materiais, às necessidades humanas de base e à beleza: três domínios que ele atribuía a uma ciência em devir e que esta, mais tarde, realmente atacou com maior ou menor sucesso. Nos

ABERTURA: DAS PALAVRAS ÀS COISAS

dois primeiros casos, ao lhes atribuir o nível da necessidade, marcava a inelutabilidade dessas regras que hoje chamamos leis. Denominação legítima no caso da mecânica e da física dos materiais que, sucedendo-se ao conhecimento albertiano empírico e fortemente tingido de aristotelismo, se tornaram disciplinas científicas. Denominação hipotética no que diz respeito às necessidades elementares do homem, cuja dialética que as liga à demanda e ao desejo e torna tão complexa a tarefa de discerni-las Alberti descobria muito antes da ciência moderna. Se, atualmente, a ecologia, a etologia, a paleobiologia e a bioquímica são, ao mesmo tempo que a termodinâmica, usadas para tentar descobrir algumas dessas leis elementares de agrupamento e de organização espacial das sociedades humanas, cuja existência o autor do *De re aedificatoria* foi o primeiro a postular, essas leis continuam indeterminadas: com respeito às intuições de Alberti, o que conseguimos essencialmente foi ter reconhecido o problema da complexidade, saber que a natureza humana, cuja definição parecia tão simples aos utopistas e, depois, deles, aos teóricos do urbanismo, é quase inapreensível entre as malhas encavaladas do inato e do adquirido, na dialética do natural e do cultural através da qual ela se constitui.

No último caso, enfim, o da beleza, se Alberti não mais evoca a noção de necessidade, é que não dispõe do conceito científico de lei: correlativamente, não pode atribuir a um mesmo tipo de legislação e subsumir sob uma mesma designação regras igualmente rigorosas, mas cuja aplicação é, para o construtor, necessária num caso como o da física dos materiais, e não necessária em outro caso, o da beleza. Não deixa de precisar que, a fim de poder proporcionar o prazer estético, o mundo edificado deve obedecer a um conjunto de regras fixas, que, já sublinhei, têm parentesco com, as da "necessidade", e são impostas pelo corpo humano. Aqui ainda, e apesar dos deslizamentos que assinalei, Alberti antecipa O caminho de uma ciência da arte cujo projeto foi formulado no século XIX pelos teóricos vienenses e começou a set desenvolvido, no que diz respeito ao mundo edificado, por C. Sitte. Atualmente, nem sempre se faz a divisão entre as leis da boa forma e as normas culturais, e ainda continua sem solução a dificuldade que levava Alberti a atribuir um valor absoluto ao sistema de proporções elaborado pelos arquitetos da Antiguidade.

Último paradoxo, o preconceito das palavras, que desvenda uma visão nova das coisas, não concerne apenas ao mundo protegido do conhecimento. Essa leitura de textos, na maioria com vários séculos de distância entre si, coloca questões ardentes que, por menos que o leitor o deseje, provocam a ação.

312 A REGRA E O MODELO

Com efeito, desde que se descobriu a impostura da construção metamítica em que a teoria do urbanismo se encerrou à sua revelia; desde que se avaliaram os limites das certezas científicas a que ela pode pretender, o que nos resta, para edificar nossos espaços, da fabulosa herança teórica dos textos instauradores? Essencialmente, os dois procedimentos antitéticos da regra e do modelo, que impõem uma escolha temerosa entre duas concepções da edificação, uma hedonista, egótica, permissiva, a outra corretiva, disciplinar, médica.

Por enquanto, o urbanismo progressista dominante parece preconizar ou impor, em quase toda a parte, o procedimento do modelo. Vimo-lo integrar os planos de organização dos territórios, desnaturando e desumanizando ao mesmo tempo o espaço do planeta mediante a projeção abstrata do mesmo construído. Ele se encontra na base de nossa política de habitação em nossas cidades como em nossos antigos campos, doravante pontilhados de objetos demasiado reais e irreais, arbitrariamente implantados em menoscabo dos sítios e dos lugares. Depois de haver escorado a política colonialista do Ocidente desde o século XVI, ela dá hoje a base para a nova colonização do mundo não europeu, cuja industrialização passa pela modelização de seus espaços. Já expliquei bastante o por quê deste favor e desta resistência ao desgaste do tempo; já mostrei bastante o para-choque que é o modelo e a dupla segurança que ele garante no uso da liberdade moderna, permitindo uma reificação narcísica dos grupos sociais cuja identidade é ameaçada, fazendo-os reencontrar – vazio de conteúdo – o conforto do processo de duplicação do espaço próprio às sociedades tradicionais. Também sublinhei o valor terapêutico atribuído, desde o século XVIII, com uma insistência crescente, a este *pharmakon* que é o espaço.

Este procedimento privilegiado pela teoria do urbanismo, a conjuntura atual poderia muito bem torná-lo inelutável. Não oferece a modelização, no que diz respeito ao domínio construído, o único meio de abordar os problemas habitacionais nos países de rápido crescimento demográfico, a única resposta à mundialização do "desenvolvimento" e da urbanização? Não recebera ela como uma de suas finalidades obstaculizar uma expansão desenfreada do construir? E não chega ela no momento preciso a assegurar o condicionamento das condutas em sociedades onde o sagrado perdeu seu poder e as instituições sociais sua autoridade tradicional, onde todas as ordens subitamente se tornam possíveis e convocáveis para o arbitrário do indivíduo; controlar o desabrochar de uma liberdade cujas exigências nenhum poder transcendente não mais pode moderar, diante de um horizonte infinito de possíveis? Não é a modelização espacial um remédio para as crises presentes, não dá ela o meio de curar sociedades doentes ou que se julgam doentes? O melhor indício poderia ser a admiração de que são objeto a

ABERTURA: DAS PALAVRAS ÀS COISAS

utopia e as utopias: redescoberta inconsciente do laço que une o projeto ocidental, portador de venenos cujos efeitos começamos a sentir, e a utopia, seu antídoto falacioso.

Além disso, na medida em que, para as sociedades ocidentalizadas, o espaço construído perdeu seu "valor simbólico"[2] e não pôde conservar, espaços sempre já controladores das sociedades tradicionais, senão a função de controle, na medida em que a única significação que doravante parece poder alojar-se aí é a de instrumentos a produzir, a explorar, a consumir e em que, como se divertia com isso sem humor Le Corbusier, nossas construções se tornam máquinas, a lógica dessa tendência não exige os procedimentos de modelização?

No entanto, a análise do paradigma de Morus onde a teoria do urbanismo foi buscar seus procedimentos terá medido o preço pago por essas seguranças e esses remédios; condicionamento totalitário das condutas públicas e privadas em detrimento da *polis* e do político, estereotipia dos ambientes, destruição dos lugares, esse tributo não compromete o benefício de uma modelização acerca da qual não é impossível demonstrar que, apesar das aparências, ela está longe de satisfazer a lógica da eficiência e do rendimento? Pertinente no que diz respeito à economia de tempo e à padronização dos comportamentos de produção e de consumo, ela é finalmente onerosa em espaço, em energia e financeiramente. Mas ainda é no plano humano que ela se revela a mais dispendiosa. Mostrei o sentido e o papel que teve, no desenvolvimento das sociedades ocidentais, esse "estágio da utopia" que poderia também ser denominado estágio da modelização espacial. Mas com o estágio do espelho para a gênese do eu, seu próprio nome indica uma função transitória. Útil, talvez mesmo necessário, aos tempos matinais de crise e de transformação, esse estágio, tão logo se eterniza, engendra a repetição e acaba por inibir o poder de criação cujo desenvolvimento ele devia melhor promover, tanto na escala da coletividade como na do indivíduo. Uma vez que também a medicalização do e pelo espaço, caso particular da medicalização geral do campo social, é um dos mecanismos por meio dos quais se constitui progressivamente sob nossos olhos essa "sociedade sem pai"[3] que toma a seu cargo os indivíduos, os materna e os confina em comportamentos reduzidos e normalizados. Todavia, esse preço desmedido, igualmente consentido hoje em todos os regimes que optaram pelo desenvolvimento, a leitura de Morus, além disso, nos terá ensinado que teria sido mais elevado ainda na hipótese de uma aplicação integral, e não mais apenas par-

2. J. Baudrillard, *L'Economie politique du signe*, Paris, Gallimard, 1972.
3. Cf. A. Mitscherlich in *Vers la société sans père*, Paris. Gallimard, 1969.

314 A REGRA E O MODELO

cial, da utopia, que a ignorância ou a inconsciência de alguns apresentou por vezes como a única solução para as crises atuais.

Significa isso que se deva voltar aos modos de engendramento do espaço construído propostos por Alberti, a essa concepção e esses procedimentos aos quais a história reservou um destino frágil e cujo impacto sobre o mundo edificado se limitou, até esse dia, a casos privilegiados? Não mostrou o Cap. 2, em particular, que o caminho albertiano leva em conta três variáveis que Morus ignora e que a teoria do urbanismo também não reconhece: a realidade dos locais, a demanda dos usuários e sua sensibilidade estética? Vimos com que amorosa preocupação as regras do *De re aedificatoria* esposam as exigências do terreno em desprezo das quais se coloca a grade dos espaços-modelo. Verificou-se que o segundo nível desse tratado é totalmente consagrado à demanda e ao desejo do usuário: Filareto apresentou uma formulação magistral e lírica desse reconhecimento que, há alguns anos, os críticos da teoria do urbanismo acreditam redescobrir sob o nome de participação. Finalmente, vimos que a grande desprezada, cujo nome não mais é pronunciado nas escolas e se torna sinônimo de escândalo aos ouvidos dos especialistas, a beleza, com o prazer que ela proporciona e sua maneira de implicar o corpo inteiro, é julgada como fim supremo da edificação.

Entretanto, o respeito ao sítio representa apenas um aspecto esporádico do *De re aedificatoria*. E a exaltação do construir como processo criador tanto quanto a acolhida da demanda e do desejo humanos, que, frente ao triunfo da modelização espacial, simbolizam hoje a capacidade contestatória do sistema albertiano como simbolizaram outrora sua força revolucionária frente à tradição, não podem ser admitidas e aplicadas sem condição. Em seu rigor, o caminho albertiano não comporta menos perigos que as atitudes e os procedimentos legados à teoria urbanística pelo paradigma de Morus.

Tais perigos – eventualmente mortais – são diferentes e mais bem perceptíveis em nossa época do que na de Alberti. Uns são inerentes ao pesadume construído enquanto substância semiológica. A proliferação incontrolada do mundo edificado tem por horizonte a supressão letal do espaço natural. Por outro lado, a aceleração da história sempre faz caducar mais depressa a informação transmitida pelo sistema construído. Não só não nos encontramos mais na situação de abundância do século XV onde parecia inesgotável o espaço virgem que se oferecia às experiências; do construtor, como também, uma vez atingido pela obsolescência, o próprio construído tende a não passar de obstrução inútil. Passaram-se os tempos em que Alberti podia pensar que o construtor age acumulando para as sociedades um tesouro indefinidamente aumentável sobre o qual irá ancorar sua memória e que ele sempre encontrará espaços onde in-

ABERTURA: DAS PALAVRAS ÀS COISAS

serir demandas e desejos novos. Assumindo dimensões planetárias, o mundo edificado deixa de servir à memória. Mesmo na melhor hipótese de uma edificação exemplar que respeitasse as regras dos três albertianos, ele ameaça atravancá-la. Torna-se um obstáculo à expressão de demandas novas e a uma abertura para o presente e o futuro que somente uma demolição sistemática do construído caduco permitiria. Mas essa demolição, organizada pela lei no caso privilegiado de certos setores do grandes cidades dos Estados Unidos, geralmente é proibida por motivos econômicos. É surpreendente que a ficção científica e a futurologia, tão férteis em imagens de cidades resplandecentes, impecavelmente aferradas – para a salvação ou a danação de seus habitantes – ao progresso da técnica, não tenha desenvolvido a visão, de outro modo dramática e mais verossímil, de um mundo inteiramente invadido por uma lepra urbana e transformado numa, formidável lixeira de construções obsoletas e de detritos de cimento-armado.

Um outro perigo provém do fato de que a introdução livre e sem reservas da demanda na matriz do sistema da edificação tende a produzir-lhe desordem, no sentido clássico da termodinâmica. No espírito de Alberti, a consideração desse parâmetro permitia promover o que consideraríamos hoje como uma desordem positiva, geradora de ordem[4]: integrar no processo de edificação a demanda e o desejo imprevisíveis dos usuários era o meio de desarticular ordens anacrônicas e esclerosantes em proveito de uma aparente confusão, prenhe de estruturas novas e não ainda perceptíveis. É muito provável também que Alberti temperasse inconscientemente a liberdade ou o arbitrário da demanda pelo reconhecimento tácito de um fundo de instituições e de valores cuja autoridade e poder de controle ele não precisava contestar. Todavia, a lógica que erige em lei a demanda e o desejo não sofre esse tipo de restrições e conduz inelutavelmente à produção de espaços não ordenados. Em termos econômicos de demanda solvível, o procedimento albertiano parece especificamente afinado com a expressão do capitalismo num campo cuja lei econômica acaba sendo o único, e paradoxal, regulador. Em termos de linguística, cada indivíduo ou grupo de indivíduo se exprime num idioleto, ininteligível aos outros e pouco a pouco o significado do texto do construído se confunde. Em outros termos ainda, a informação que podia deixar brotar a desordem se dissolve numa pura cacofonia. A dimensão egótica do sistema albertiano ameaça uma das funções essenciais do construído, a que contribui para a estabilização e a estruturação das sociedades. É realmente contra essa exposição do mundo edificado à desestruturação e ao ruído que reage a teoria de urbanismo, impondo ao construir uma ordem cuja rigi-

4. Cf. I. Prigogine.

316     A REGRA E O MODELO

dez, como vimos, é tão perigosa na medida em que bloqueia a informação e inibe a criação.

Querer integrar na edificação a demanda da beleza, onde hoje ela ainda pode ser entendida e tomada em consideração, expõe aos mesmos perigos. De que beleza se trata, com efeito, em nossas sociedades aculturadas, rebentadas, que não dispõem de qualquer linguagem ou cabedal estético de base que lhes possa servir de referência? No *Quattrocento*, quando começava a operar-se a divisão iníqua, a "troca desigual" dos valores estéticos que fez da arte ocidental uma arte sábia, os Médicis e Alberti, o príncipe de Sforzinda e seu arquiteto, estavam ligados por um sistema de valores estéticos comuns, falavam a mesma linguagem formal. E, entre esses interlocutores privilegiados, o "terceiro nível" vinha realmente regular a expressão da demanda de comodidade. Mas, desde a revolução industrial, quando o construir assumiu uma dimensão societária, e na ausência de uma ciência da arte, sempre por vir, que pudesse ao menos revelar alguns princípios básicos, o terceiro nível não pode mais ser regido senão pela arbitrariedade individual: ideologias, gostos e prazer particulares das administrações, dos urbanistas, dos arquitetos "artistas" e, às vezes, de certos usuários. Daí a coexistência, na concepção estética do atual quadro construído, de tendências futuristas ou surrealistas com tendências dominantes ao "retro", pilhando, com astúcia ou ingenuidade, sob a forma de citações ou ao sabor de uma apropriação selvagem, todos os estilos do passado, até os mais recentes maneirismos, bebendo igualmente nas fontes sábias ou vernáculas, urbanas ou rurais, internacionais ou locais. Daí o duplo terrorismo de estereótipos destinados a lisonjear o gosto "popular"[5] e de uma pseudocultura dos arquitetos, associados para a produção de feiura fabulosa e única na história.

Seja na urbanização de um território ou na construção de residências, seja na comodidade ou na beleza, acolher livremente a demanda e o desejo dos usuários, quando esses não dispõem de uma linguagem comum com o construtor, nem de um fundo ou de um sistema fixo de valores reguladores, só pode desaguar no absurdo. Por isso é que a famosa participação, atualmente, não pode ser mais que um logro, ou, no máximo, um jogo, uma simulação que se apoia em convenções passadas ou caducas.

A delimitação desses escolhos, parte dos quais são inerentes ao destino histórico da cultura ocidental, tenderia a deixar crer que a edificação aberta, tal como a teorizava Alberti numa ética da criação, não é mais encarável na escala da sociedade. Conforme o in-

---

5. Cf. S. Ostrowetski, S. Bordeuil, Y. Ronchi, *La Reproduction des styles régionaux en architecture*, Département d'ethnologie et de sociologie, Université d'Aix-en--Provence, CORDA, 1978.

ABERTURA: DAS PALAVRAS ÀS COISAS

dividualismo que a inspirou, ela doravante não poderia ser senão o apanágio de indivíduos. Ser-lhe-ia preciso então sofrer a prova da miniaturização e realizar-se na intimidade dos espaços privados, por meio da *bricolage*, da escultura, da jardinagem.

Teria eu errado então em afirmar que minha leitura pode incitar à ação? Afinal, não faria ela senão instalar a desesperança chocando-se contra uma alternativa cujas duas saídas são, uma e outra, inaceitáveis? Penso, ao contrário, que entre estas duas grandes vias, entre os procedimentos permissivos que desposam n desejo e servem ao prazer, mas que conduzem ao atravancamento e ao caos, e os procedimentos corretivos e medicalizantes que promovem uma ordem rígida e totalitária, ela abre outros caminhos.

Sejamos precisos. Não estou preconizando aqui nem a nostalgia, nem o cinismo. Não é o caso de querer fazer com que se volte aos procedimentos silenciosos ou concertantes que foram o privilégio das belas totalidades urbanas de um passado já esquecido. Não é caso tampouco de avalizar a urbanização selvagem, sob a diversidade das formas que ela assume, desde a posse, pela economia dominante, dos melhores terrenos urbanos ou das praias ainda desertas, até a "favelização" tal como alguns teóricos ocidentais a transformaram em modelo[6].

Os modestos caminhos que, segundo imagino, poderiam ser abertos deveriam ceder lugar a duas exigências, aparentemente contraditórias: promover um certo planejamento do espaço que, conforme vimos, é hoje uma condição de sobrevivência das sociedades; tornar a edificação novamente portadora de imprevisibilidade e de prazer. Fora das vias reais ou totalitárias que passam pela aplicação de regras ou pela reprodução de modelos; fora das vias marginais da nostalgia ou da selva do *laisser-faire*, esses humildes caminhos poderiam conduzir a outras metodologias, algures.

Um algures para o qual começa a orientar-se a descoberta da forma metamítica dos textos instauradores. Decerto, numa perspectiva crítica, traços mitizantes não são compatíveis com uma teoria racional da concepção do espaço construído. Tão logo são detectados, convém pois eliminá-los, mas sem por isso ceder a um positivismo ou mesmo a um racionalismo esclarecido que, limitados a uma simples recusa e não aceitando reconhecer sua função e sua significação, se exporiam a ignorar-lhes os ensinamentos e se privariam de uma informação capital. Com efeito, a presença, na base das teorias de urbanismo, dessa estrutura não arranhada pelo

---

6. Cf. J. Turner, *Report to the United Nations on Housing in Developing Countries*, New York, 1967.

318 A REGRA E O MODELO

transcurso dos séculos vem nos lembrar, ou antes, já que não mais temos a lembrança dela, vem nos falar da gravidade do ato edificador ancestralmente realizado sob a dupla tutela dos deuses e da comunidade social. À sua maneira, mas de forma tão certa quanto a palavra filosófica, ela visa o privilégio ontológico do construir enunciado por Heidegger[7]. E, ao mesmo tempo, solicita a reflexão de retornar às consequências do corte operado por Alberti. Sua referência a condutas esquecidas ou escondidas deve ser interpretada como uma advertência a nos lembrar que a dedicação da sociedade europeia à eficácia e sua vocação por nina história quente passam por essa relação singular com o espaço, que contribuiu para a morte dos deuses e para o advento de uma liberdade que não cansamos de denunciar as ameaças que pesam sobre ela, mas da qual esquecemos a enormidade dos poderes que nos transmite, tais como os de investir e desnaturalizar o espaço natural ou destruir os espaços culturais.

Escutar a palavra mitizante dos textos instauradores poderia, pois, incitar a devolver à edificação a seriedade e o peso de suas origens. A refazer com ela um ato não banal, um privilégio patrimonial. A consagrar-lhe, qualquer que seja a escala em que ela se desenvolve, a atenção e o cuidado exigidos por uma total consciência do poder ambivalente do mundo construído. Mundo cujo peso, real e simbólico, não deve impedir que se leve em conta a mobilidade dos homens, cujo valor Cerdà demonstrou de maneira decisiva, nem esta leveza e esta precariedade da arquitetura são as únicas, hoje, a testemunhar uma nova relação com a morte.

Mas esta vigilância nova não pode se exercer sem o suporte explícito da linguagem e da reflexão. É este o preço da transgressão perpetrada por Alberti. Por isso, o hino à criação do *De re aedificatoria* anuncia a espontaneidade no domínio da edificação. Houve um tempo em que o ato de construir era realizado pelos homens com a mesma competência espontânea[8] que o ato de falar. Mas, nas sociedades urbanas contemporâneas, a prática dessa atividade deixou de ser fundamental, seus procedimentos se nos tornaram estranhos, ininteligíveis, por falta de experiência e devido aos anteparos culturais montados pelos especialistas. Ora, tal como os extraiu a leitura do *De re aedificatoria*, os operadores albertianos permitem reencontrar os fundamentos e a dinâmica da edificação. Dão aos eruditos como aos profanos as chaves para a compreensão do mundo edificado, simultaneamente aberto à fruição e a uma crítica pertinente. Outrossim, esses operadores constituem o paradigma de uma necessária metalinguagem e fornecem a base de um

7. *Essais et Conférences*, Paris, Gallimard, 1958.
8. Sob reserva das aprendizagens que ela implica num caso e no outro.

ABERTURA: DAS PALAVRAS ÀS COISAS

método de concepção. Base que exige, todavia, novas investigações, uma reelaboração e deveria ser provisória.

Com efeito, o *De re aedificatoria* comporta uma parte de relatividade. Diz respeito a um espaço construído organizado por convenções estabelecidas no Renascimento. Ora, convém não esquecer que sempre estamos imersos nesse espaço, cujo imperialismo a teoria do urbanismo só veio confirmar[9]. As ciências históricas e antropológicas como a arte contemporânea nos permitem hoje tomar certa distância desse espaço perspectivo que dá forma à nossa percepção e a nossas construções. Conhecemos o trabalho de abstração e de sistematicão do qual ele é o resultado. Sabemos, em particular, o privilégio que ele concede à visão em detrimento dos outros sentidos. Parece indicar-se a tarefa atual de desconstruir o meio elaborado no *Quattrocento*. Em contrapartida, caberia a nós então desenvolver uma apropriação corporal[10] e uma "experiência emocional do espaço"[11] que passam também, sem dúvida, por uma reapropriação emocional do tempo. Somente a esse preço é que será dado talvez um conteúdo, depois um referente, aos conceitos de lugar, paisagem, patrimônio, conceitos usados de que a moda se apropriou e que manipula em vão sem se aperceber de sua presente vacuidade.

Mas se importa libertar-se das estruturas espaciais do, Renascimento das quais Alberti contribuiu para estabelecer a teoria e afirmar a influência, não importa menos libertar-se do primado do espaço reinante desde então, isto é, aprender a pensar de outro modo o valor e o poder que lhe atribuímos. Mudar o estatuto do espaço construído exige então uma série de reavalizações e de reajustes locais. O passo para um espaço diferente – emblema de uma sociedade diferente – requer a integração laboriosa e subversiva de parâmetros que se chamam, particularmente, o corpo, a natureza, a técnica: corpo a reapropriar e a reintegrar no espaço de seus percursos; natureza a reinvestir e a reaprender, através do corpo precisamente; técnica a desmistificar, a libertar das ideologias que a incensam ou a condenam sem nuança nem alternativa, ao passo que, instrumento fundamental de um novo construído, suas inovações devem ser ex-

9. A. Chassel fala de "soberania do espaço" renascente, *Le Mythe de la Renaissance*, op. cit.. p. 71. Cf. idem, p. 7, 8, 72.

10. Corta página de Freud pode sugerir-lhe a importância. Ele mesmo não indica que "na origem [...] a casa de habitação [era] o substituto do corpo materno, esta morada primeira cuja nostalgia persiste provavelmente sempre, onde se estava em segurança e onde se sentia bem", *Malaise dans la civilisation*, Paris, PUF, 1971, p. 39.

11. P. Kauffmann, *L'Expérience émotionelle de l'espace*, Paris, Vrin, 1907: com mais de dez anos de antecedência, esse livro filosófico abria caminho para aqueles que hoje procuram alternativas para os métodos e teorias do planejamento urbano e da urbanização dirigida.

320  A REGRA E O MODELO

postas a todas as modulações e, particularmente, abertas às aquisições da tradição como ao trabalho prospectivo da ciência.

Revocar o antigo primado do espaço não seria, portanto, desconhecer a complexidade do construir que deve continuar a figurar, a fim de que a ideia não possa apagar-se de nossas memórias, a imagem redescoberta e poderosamente utilizada por Filareto para escandir a ilustração de seu tratado[12], a imagem do labirinto, símbolo da complexidade particular que o ato de edificar tem o privilégio de realizar.

Os caminhos que a decifração dos textos instauradores tiver assim indicado não são nem retilíneos, nem simples, nem destacados do passado. Enveredar por eles poderia ter como resultado uma edificação jamais realizada, desmistificada e que escapa doravante à hegemonia da regra como ao totalitarismo do modelo. Assim estaria assegurada a substituição legítima dos antigos mitos de fundação.

---

12. F. Choay, comunicação inédita ao seminário de R. Barthes, sobre o labirinto, Collège de France, março de 1979.

# Bibliografia

A bibliografia está dividida em duas seções.

A primeira apresenta o corpo dos textos instauradores. Os títulos são precedidos de siglas com a seguinte significação: T = tratado; U =. utopia; Th = teoria de urbanismo. * designa as obras analisadas no texto.

Para todas as obras figuram: a primeira edição; a edição utilizada quando não é a primeira; sendo o caso, para as obras em latim ou em língua estrangeira, a primeira tradução francesa e a edição crítica recente quando difere da edição utilizada. Para os tratados do século XV, indicamos, além disso, a data aproximada de circulação da versão manuscrita e, no caso dos textos de Filareto e Francesco di Giorgio Martini que não foram editados, em fragmentos, senão no século XIX, apenas as edições críticas recentes.

Por falta de espaço, tivemos de renunciar a relacionar os diferentes manuscritos dos tratados do *Quattrocento*. Também não nos foi possível dar a lista exaustiva das diversas edições e traduções do De re aedificatoria e de *Utopia*, que no entanto fazem parte da história desses textos. Para as referências de arquivos e dessas bibliografias, remetemos às edições críticas (citadas infra) dos tratados de Alberti, Filareto, Francesco di Giorgio Martini e da *Utopia* de Tomás Morus.

A segunda seção reúne todas as outras obras citadas. Não oferece num bibliografia sistemática dos autores e dos problemas tratados mas remete apenas ao enfoque metodológico e às teses desenvolvidas nesse livro No que diz, respeito à literatura crítica, não se surpreendam, pois, com a ausência de cortas obras básicas das quais não nos servimos em nosso trabalho, Por outro lado, assinalamos com siglas as obras que não figuram no *corpus*, mas no entanto estão próximas dos textos instauradores, falsos tratados (t), falsas utopias (u), escritos do pré-urbanismo (p).

322 A REGRA E O MODELO

## I.  *CORPUS* DOS TEXTOS INSTAURADORES

*Século XV*

T*  ALBERTI, L. B. *De re aedificatoria*. Roma, 1452; 1ª edição, Florença, 1485;
edição crítica e tradução em italiano por G. Orlandi, com introdução e notas
de P. Portoghesi. Milão, Il Polifilo, 1966; *L'Architecture et Art de bien bastir* [...]
*divisée en dix livres, traducts de latin en françois par deffunct, Jan Martin*, Paris,
1553 (primeira e única tradução francesa).

T*  AVERLINO, A. di P., chamado PILARETO. *Tratato d'architettura*, Milão, entre
1451 e 1465; fac-símile do manuscrito, tradução inglesa e notas por J. Spencer,
Yale University Press, 1965; fac-símile e tradução em italiano, com introdução
e notas por A. M. Pinole e L. Grassi, Milão, II Polifilo, 1972.

T*  GIORGIO, Martini P. di. *Trattato d'architettura civile e militare*. Entre 1481 e
1492; t. II de *Trattati di architettura ingegneria e militare*, edição com introdução e notas por C. e L. Maltese, Milão, Il Polifilo, 1967.

*Século XVI*

T*  ANDROUET DU CERCEAU, J. *Livre d'architecture de Jacques Androuet du
Cerceau, auquel sont contenues diverses ordonnances de plants et élévations de
bastimens pour seigneurs, gentilhommes et autres qui voudront bastir aux
champs*. Paris, 1559.

T  CAETANEO, P. *I Quattro primi libri di architettura*. Veneza, 1554.

U*  DONI, A. P. *Mondi celesti, terrestri, e infernali degli academici pelligrini*. Veneza,
1552.

T*  DE L'ORME, P. *Premier Tome de l'Architecture*. Paris, 1568.

U*  MORUS, T. *Libellas vere aureus nec minus salutaris quam festivus de optima
reip. statu deque nova insula Utopia*. Louvain, 1516; T. STURTZ e J. HEXTER
(ed.), *Complete Works*, t. IV, New Haven-Londres, Yale University Press, 1965;
*La Description de l'Isle d'Utopie où est comprins le miroer des republicques du
monde* [...], tradução por J. Leblond, Paris, 1550; tradução por Marie Delcourt,
Paris, Renaissance du Livre, 1936.

T*  PALLADIO, A. *I Quattro Libri dell'architettura*. Veneza, 1570.

T  SAGREDO, D. de. *Medidas del Romano*. Toledo, 1526.

T*  SERLIO, S. *Regole générale di architettura sopra la cinque manière degli edifici*
[...]. Livro IV, Veneza, 1537; Livro III, Veneza, 1540. *Reigles générales de
l'architecture, sur les cinq manières d'édifices*, Antuérpia, 1542.

*Il primo libro d'architettura*. Livros I e II, Paris, 1545.

*Il quinto libro d'architettura*. Paris, 1547.

*Il settimo libro d'architettura*. Frankfurt am Main, 1575.

Primeira edição reunida dos *Libri*, Veneza, 1566.

Tradução dos Livros I e II. *L'Architecture de M. S.* [...] *traictant de l'art de bien
raisonnablement bastir aussi de la géométrie perspective* [...] *mise en françois
par Jean Martin*. Paris, 1587.

U  STIBLIN, G. *De Eudaemonensium Republica commentariolus*. Basileia, 1555.

*Século XVII*

U*  ANDREADE, V. *Rei Publicae Christianopolitanae descriptis*. Strasbourg, 1619.

T*  BLONDEL, F. *Cours d'architecture enseigné dans l'académie royale d'architecture*.
Paris, 1675-1683.

U  CAMPANELLA, T. *Civitas solis, idea platonicae reipublicae philosophicae* in
*Realis philosophiae epilogisticae quatuor partes*. Frankfurt, 1623, p. 417-560; A

BIBLIOGRAFIA 323

*Cité du soleil*, trad. fr. por Villegardelle, Paris, 1854; idem com introd. e notas de L. Firpo, trad. fr. por A. Tripet, Genebra-Paris, Droz, 1972.

T  FRAY LORENZO DE SAN NICOLAS. *Arte y uso de arcquitectura*. Universidade de Alcade, 1664.

T*  PERRAULT, C. *Abrégé des Dix Livres d'architecture de Vitruve*. Paris, 1674.

T  RUSCONI, G. A. *Dell'architettura*. Veneza, 1660.

T*  SCAMOZZI, V. *Idea dell'architettura universale*. Veneza, 1615; trad. francesa, *Oeuvres d'architecture*, Leyde, 1713.

T  WOTTON, H. *The Elements of Architecture* [...] *from the best authors and examples*. Londres, 1624.


## Século XVIII

T*  BLONDEL, J.-F. *Cours d'architecture ou traité de la décoration, distribution et construction des bâtiments, contenant les leçons données en 1750 et les années suivantes*. Paris, 1771-1777.

T  CORDEMOY, J.-L. de. *Nouveau Traité de toute l'architecture*. Paris, 1706.

U*  CAMPOMANES, Conde de (autor presumido). *Sinapia, una Utopia española del Siglo de las Luces*. Manuscrito do terço do século XVIII, edição apresentada por M. Aviles Fernandez, Madrid, Editora Nacional, 1976.

T  VALZANIA, F. *Instituciones de architectura*. Valladolid, 1792.

T  WARE, I. *A Complete Body of Architecture, adorned with plans and elevations from original designs*. Londres, 1767-1769.


## Século XIX

U  BELLAMY, E. *Looking bockward (2000-1887), or Life in the Year 2000*. Ticknor & Cⁿ, Boston, 1888. trad. fr., *Cent. ans après l'an 2000*, Paris, E. Dentu, 1891.

U  BUCKINGHAM, J. S. *National and Practical Remedies, With the Plan of a Model Town*. Londres, Peter Jackson, 1849.

U  CABET, E. *Voyages et aventures de Lord William Carisdall en Icarie*. Paris, H. Souverain, 1840.

Th*  CERDA, I. *Teoría general de la urbanización*. Madrid, Imprensa Espanola, 1867; fac-símile da edição original, publicado com um estudo crítico de F. Estapé, Barcelona, Ediciones Ariel y Editorial Vives, 1968; trad. fr. parcial, *La Théorie générale de l'urbanisation*, apresentada e adaptada por A. Lopez de Aberasturi, Paris, Seuil, 1979.

Th.  FRITSCH, T. *Die Stadt der Zukunft*. Leipzig, 1896.

Th*  HOWARD, E. *To Morrow, a Peaceful Path to social Reform*. Londres, Swan, Sonnenschein et Co, 1898.

U  MORRIS, W. *News from Nowhere*. Londres, 1891; *Collected Works*, t. XVI, Londres,-Longmans, Green and Co., 1912; *Nouvelles de Nulle Part*, tradução de P. G. La Chesnais, Paris, 1902.

U  RICHARDSON, B. W. *Hygeia, a City of Health*. Londres, Macmillan, 1876.

Th  SORIA Y MATTA, A. *La Ciudad Lineal*. Madrid, Est. Tipographico, 1894.

Th*  SITTE, C. *Der Städtebau nach seinen Künstlerischen Grundsatzen*. Viena, Carl Graeser, 1889; fac-símile da 3ª ed. de 1901 e do manuscrito original com uma introdução de R. Wurzer, Viena, Institut für Städtebau, Technische Hoschschule, 1972; *L'Art de bâtir les villes*, trad. fr. por C. Martin; *L'Urbanisme et ses Fondements artistiques*, nova tradução de D. Wieczorek, Paris, Vincent, 1979.

324 A REGRA E O MODELO

*Século XX*

Th* ALEXANDER, C. *The Oregon Experiment*. The Center for Environmental Structure, Berkeley, 1975; trad. fr. *Une expérience d'urbanisme démocratique*, Paris, Seuil, 1976.

Th ALEXANDER, C. *Notes on the Synthesis of Form*. Cambridge, Mas., Harvard University Press, 1964 (trad. fr., Paris, Dunod, 1971).

Th GARNIER, T. *Une cité industrielle, étude pour la construction des villes*. Paris, Vincent, 1917.

Th* LE CORBUSIER. *La Ville radieuse*. Paris, Vincent-Préal, 1933, reeditado em 1967.

Th SOLERI, P. *Archology*. Cambridge, Mas., MIT Press, 1969.

Th* WRIGHT, F. L. *The Living City*. New York, Horizon Press, 1958.


II. OBRAS CITADAS FORA DO *CORPUS*

ACHARYA, P. K. *Indian Architecture according to Manasara*. Londres, Oxford University Press, 1928.

ACHARYA, P. K. *The Architecture of Manasara*. Londres, Oxford University Press, 1933.

ACOSTA, J. *Historia natural de las Indias*. 1590; trad. fr. *Histoire naturelle et morale des Indes*, Paris, 1598.

AGOSTINHO (Santo). *La Cité de Dieu, Oeuvres de saint Augustin*, t. XXXVI e XXXVII, Desclée de Brouwer, Paris, 1960, tradução francesa por G. Combès.

(u) AGOSTINI, L. *L'Infinito* ou *Republica Immaginaria*. Edição crítica par L. Firpo, Turim, Ramella, 1937.

ALBERTI, L. B., *Descriptio Urbis Romae*. In *Opera Inedita*, H. Mancini (ed.), Florença, Sansoni, 1890.

ALBERTI, L. B. *Della Famiglia, Opera Volgari*. Edição crítica por C. Grayson, Bari, G. Laterza, 1960.

ALBERTI, L. B. *Della Pittura*. Edição crítica por L. Malle, Florença, Sansoni, 1950.

ALBERTI, L. B. *Momus o del Principe*. Edição crítica com texto e trad. it. por G. Martini, Bolonha, Zanichelli, 1942.

ALBERTI, L. B. *De equo animante* [...] *libellus*. Basileia, 1558.

ALEBRTI, L. B. *De iciarchia, opere vulgari*. Grayson (ed.), t. II, Bari, Laterza, 1966.

(u) ALFARABI. *Idée des hommes de la cité vertueuse*. Tradução francesa por R. P. Jaussen, J. Karam, J. Chlala, Le Caire, Institut français d'archéologie, 1949.

(u) AMMANATI, B. *La città, appunti per un trattato*. Roma, Officina Edizioni, 1970.

ARCINIEGAS, G. *Amerigo and the New World*. New York, Knopf, 1955, tradução americana por H. de Onis.

ARIÈS, P. *Essais sur l'histoire de la mort en Occident*. Paris, Seuil, 1975.

ARISTÓTELES. *Politique*. Texto estabelecido e traduzido por J. Aubonnet, Paris, Les Belles Lettres, 1960.

ATKINSON, G. *Littérature géographique française de la Renaissance*. Paris, Picard, 1927.

AXELOS, K. *Marx penseur de la technique*. Paris, Éditions de Minuit, 1961.

BACHMANN, F. *Die alten Städtebilder*. Leipzig, K. W. Hiersemann, 1939.

(u) BACON, F. *Nova Atlantis*. 1ª edição in *Sylva Sylvarum*, Londres, 1627; *The Works of Francis Bacon, Nova Atlantis*, t. III, Londres, A. Millar, 1740.

BIBLIOGRAFIA                                           325

BAKHTIN, M. *L'Oeuvre de François Rabelais et la Culture populaire, au Moyen Age et sous la Renaissance.* Paris, Gallimard, 1970.

BALESTRACCI, D., PICCINI, G. *Siena nel Trecento, assetto urbano e struttura edilizie.* Siena, CLUSP, 1977.

BALZAC, H. de. *Un début dans la vie.* In *Oeuvres complètes*, t. I, Paris, Gallimard, "Bibl. de la Pleiade", 1962.

BALZAC, H. de. *Beatrix.* In *Oeuvres complètes*, t. II, Paris, Gallimard, "Bibl. de la Pleiade", 1962.

BARBIERI, P. *Vicenzo Scamozzi.* La Cassa di Risparmio di Verona, Vicenza, Belluno, 1952. BARBIERI, P., cf. V. SCAMOZZI.

BARON, H. *From Petrarch to Leonardo Bruni, Studies in Humanistic and Political Literature.* University of Chicago Press, 1968.

(t)  BARROZIO OU BAROZZI DA VIGNOLA, J. *Regole delle cinque ordini d'architettura.* Veneza, 1562; *Règles de cinq ordres d'architecture de Vignolle. Revues, augmentées et réduites de grand en petit par Le Muet.* Paris, 1632.

BAUDRILLARD, J. *Pour une critique de l'économie politique du signe.* Paris, Gallimard, 1969.

BEAUJOUAN, G. "L'interdépendance entre la science scolastique et les techniques utilitaires (XIIe, XIIIe, XIVe siècle)". *Conférences du Palais de la Découverte*, Paris, 5 jan. 1957, nº 46.

(u)  BENTHAM, J. *Panopticum.* Londres, 1791: trad. fr. *Panoptique, mémoire sur un nouveau principe pour construire des Maisons d'Inspection ou des Maisons de Force.* Paris, 1791.

BENVÉNISTE, E, *Problèmes de linguistique générale, I.* Paris, Gallimard, 1968.

BENVÉNISTE, E. *Vocabulaire des institutions indo-européennes.* Paris, Editions de Minuit, 1969.

BENVÉNISTE, E. *Problèmes de linguistique générale*, II. Paris, Gallimard, 1974.

BERGER, L. "Thomas More und Plato: ein Beitrag zur Geschichte des Humanismus". *Zeitschrift für die Gesammte Staatswissenschaft*, n." 35, Tubingen, 1879.

(u)  BÉTHUNE, Cavaleiro de. *La Relation du Monde de Mercure.* Genebra, 1750.

(t)  BOPPRAND, G. *De Architectura liber* [...] *Livre d'architecture concernant les principes généraux de cet art, et les plans* [...] *ouvrage françois et latin.* 1745.

BORDEUIL, S. cf. OSTROWETSKI, S.

BORSI, P. *Leon Battista Alberti.* Milão, Electra Editrice, 1975.

BOUDON, F. "Tissu urbain et architecture". *Annales*, jul-ago. 1976.

BOUDON, F., CHASTEL, A., COUZY, H. & HAMON, F. *Système de l'architecture urbaine.* Paris, Éditions du CNRS, 1977.

(t)  BOULLÉE. *Architecture, Essai sur l'art.* Apresentado por J.-M. Pérouse de Montelos, Paris, Hermann, 1938.

BRISEUX, C. E. *L'Architecture moderne, ou l'art de bien bâtir pour toutes sortes de personnes.* 1728.

BRUNI, L. *Laudatio florentinae urbis.* 1403, editado por G. de Toffol, Florença, la Nuova Italia Editrice, 1974.

(u)  BRUNNER, J. *La Ville est un échiquier* (*The Squares of the City*, 1964). Paris, Calmann-Lévy, 1973.

BKUNSCHVICG, R. "Urbanisme médiéval et droit musulman". *Revue des études islamiques*, 1947.

BRUYNE, E. de. *Études d'esthétique médiévale.* Bruges, "De Tempel", 1946.

(u)  BUCKINGHAM, J. S. *National and Practical Remedies. With the Plan of the Modal Town.* Londres, Peter Jackson, 1848.

BUFFIER, R. P. *Cours de Sciences sur des principes nouveaux et simples pour former le langage, l'esprit et le cœur, dans l'usage ordinaire de la vie.* Paris, 1732.

(t)  BULLANT, J. *Reigle générale d'architecture des cinq manières de colonnes.* Paris, 1564.

326 A REGRA E O MODELO

(t)   BULLET, P. *L'Architecture pratique*. 1691.
(u)   BUTLER, S. *Erewhon*. Londres, Trübner, 1872; trad. fr. por Valéry Larbaud, Paris, Gallimard, 1920.

CABET, E. *Une colonie icarienne aux États-Unis*. Paris, 1856.

*Cahiers de l'IAURP*, especial sobre Le Vaudreuil, nº 30, Paris, 1973.

CAILLOIS, R. "Balzac et le Mythe de Paris". Acompanhando *Père Gariot*, Paris, Club français du Livre, 1962.

(t)   CARAMUEL DE LOBKOWITZ, J. *Architectura civil recta y obliqua, considerada y dibuxada en el Temple de Jerusalem* [...] Vigevano, 1678.

CASSIRER, E. *Das Problem Jean-Jacques Rousseau*. Trad. ing. *The question of Jean-Jacques Rousseau*. Indiana University Press, 1963.

CERTEAU, M. de. "L'opération historique". In *Faire de l'histoire*, t. I, *Nouveaux Problèmes*, obra coletiva publicada sob a direção de J. Le Goff e P. Nora, Paris, Gallimard, 1974.

CERTEAU, M. de. "Une culture très ordinaire". *Esprit*, out. 1978.

CERTEAU, M. de. L'opération historique". In *Faire de l'histoire* t. *Magnifique*. Paris, PUF, 1959; 2ª ed., 1961.

CHASTEL, A. *Le Mythe de la Renaissance*. Genebra, Skira, 1969.

CHEVALLIER, D. *et alii*. *L'Espace social de la ville arabe*. Paris, Maisonneuve et Larose, 1979.

CHINARD, G. *L'Exotisme américain dans la littérature française au XVe siècle*. Paris, Hachette, 1911.

CHINARD, G. *L'Amérique et le Rêve exotique dans la literature française au XVIIe et au XVIIIe siècle*. Paris, Hachette, 1913.

CHOAY, F. *L'Urbanisme, utopies et réalités*. Paris, Seuil, 1965.

CHOAY, F. *City Planning in the XIXth Century*. New York, Braziller, 1970.

CHOAY, F. "Urbanisme, théories et réalisations". *Encyclopedia Universalis*, Paris, 1973.

CHOAY, F. "Figures d'un discours méconnu". *Critique*, abr. 1973.

CHOAY, F. "Le Corbusier's Concept of Human nature". *Critique*, III, New York, The Cooper Union School of art and Architecture, 1974.

CHOAY, F. "Haussmann et le système des espaces verts parisiens". *La Revue de l'art*, nº 29, Paris, Éditions du CNRS, 1975.

CHOAY, F. "Le Corbusier". *Encyclopedia Britannica*.

CHOAY, F. *et alii*. *La Politique des modèles*. Pesquisa mimeografada. Paris, 1975.

CHUECA GOITIA, F. & TORRES BALBAS, L. *Planos de Ciudades ibero-americanas y filipinas existentes en el archivo de Indias*. Instituto de Estúdios Administracioni Local, Seminário de Urbanismo, 1951.

COLLINS C. e G. R., volume de notas críticas que acompanha sua tradução do *Stadtebau, City Planning according to Artistic Principles*, New York, 1965.

COLLINS, G. R. "Planning throughout the World". *Journal of the Society of Architectural Historians*, Filadélfia, 1959.

CORROZET, G. *Les Antiquités, histoires et singularités de la ville de Paris*. 1ª. ed., Paris, 1532; 2ª. ed., 1550.

CURCIO, C. *Utopisti a riformatori sociali del Cinquecento*. Bolonha, Zanichelli, 1941.

(u)   CYRANO DE BERGERAC. *Histoire comique des États et Empires de la Lune et du Soleil*. Paris, 1657.

DAINVILLE, F. de *La Géographie des humanistes*. Paris, Beauchesne, 1940.

DAVILER, A. C. (ou D'AVILER). *Cours d'architecture qui comprend les ordres de Vignole, avec des commentaires*. Paris, 1641.

## BIBLIOGRAFIA

DELUMEAU, J. (Sob direção de). *La Mort des pays de Cocagne*. Comportamentos coletivos da Renascença na Idade Clássica, Publication de la Sorbonne, Paris, 1976.

DERRIDA, J. *La Dissémination*. Paris, Seuil, 1972.

(t) DESGODETS, M. *Lois des bâtiments suivant la coutume de Paris* Paris, 1748.

DUMÉZIL, G. *La Naissance de Rome*. Paris, Gallimard, 1944.

DUMÉZIL, G. *Mythe et Épopée*. Paris, Gallimard, t. I, 1968.

(t) DUPUIS, C. *Nouveau Traité d'architecture*. Paris, 1762.

(t) DURAND, J. N. L. *Précis des leçons d'architecture données à l'Écol Polytechnique*. Paris, ano X-XIII (1802-1805).

(u) DURER, A. *Etliche underricht zu Befestigung der Stett, Schloss une Flecker*. Nuremberg, 1527; trad. fr. por A. Ratheau, *Instruction pou la fortification des villes, bourgs et chateaux, avec introduction historique et critique*, Paris, Tanera, 1870.

ECO, U. *La Structure absente*, Paris, Mercure de France, 1972. [Trad. bras.: *A Estrutura Ausente*. São Paulo, Perspectiva, 1976].

EDEN, W. A. "St Thomas Aquinas and Vitruvius". In *Mediaeval and Renaissance Studies*, Warburg Institute, University of London, vol. I 1950.

EHRENFELS, C. von. "Über Gestaltqüalitaten". *Vierteljahresschrift fur wissenschaftliche Philosophie*, XIV, 3, 1890.

ENGELS, F. La *Situation de la classe laborieuse en Angleterre*. Paris, Éditions sociales, 1960.

ENGELS, F. *La Question du logement*. Paris, Éditions sociales, 1947.

ENGELS, F. & MARX, K. *L'Idéologie allemande*. Paris, A. Costes, 1937.

ENGELS, F. *& MARX, K. Manifeste du parti communiste*. Paris, Éditions sociales, 1947.

EVANS, R. "Bentham's Panopticon, an Incident in the social History of Architecture". *Riba Journal*.

FALKE, R. "Versuch einer Bibliographie der Utopien". *Romanistisches Jahrbuch*, VI (1953-1954).

FECHNER, G. T. *Vorschule der Aesthetik*. Leipzig, Breitkopf und Hartel, 1876.

(u) FÉNELON. *Les Aventures de Télémaque*. Apresentado por J.-L. Goré, Garnier--Flammarion, Paris, 1968.

FINLEY, M. "Technical Innovation and Economic Progress in the Ancient World". *Economic History Review*, nº 18, 2º semestre, 1965.

FINLEY, M. *L'Économie antique*. Trad. fr. por M. P. Higgs, Paris, Éditions de Minuit, 1973.

FIRPO, L. *Prime Relationi di navigatori italiani sulla scoperta dell'America*. Turim, Unione tipográfico éditrice Torinese, 1966.

FIRPO, L. "La Città ideale del Filarete". In *Studii in memoria di Gioele Solari*, Turim, 1954.

(u) FOIGNY G. de. Cf. SADEUR.

FONTENELLE, B. de. *République des Philosophes ou Histoire des Ajaoiens*, Genebra, 1778.

(t.) forest DE BELIDOR, B. *Sommaire d'un cours d'architecture militaire, civile, hydraulique* [...], Paris, 1720.

FORTIER B. *et alli. La Politique de l'espace parisien*. Paris, CORDA, L978.

FORTIER, B. *et alli. Les Machines à guérir*. Paris, Institut de l'environnement, 1976.

FOUCAULT, M. *Naissance de la clinique*. Paris, PUF, 1963.

FOUCAULT, M. *Les Mots et les Choses*. Paris, Gallimard, 1966.

FOUCAULT, M. *Surveiller et Punir*. Paris, Gallimard, 1975.

328 A REGRA E O MODELO

(u) FOURIER, C. *Théorie de l'unité universelle* (1825). In *Œuvres complètes*, t. II-V, 2ª ed., Paris, Bureau de la Phalange, 1841-1845.

(u) FOURIER, C. *Nouveau Monde indstriel et sociétaire*. In *Œuvres complètes*, t. VI.

(u) FOURIER, C. *Théorie des quatre mouvements*. In *Œuvres complètes*, t. I.

FOURIER, C. *Manuscrits de Fourier*. Paris, Librairie phalanstérienne, anos 1857-1858.

(t) FRÉART DE CHAMBRAY, P. *Parallèle de l'architecture ancienne et de la moderne*. Paris, 1650

FREUD, S. *Trois Essais sur la théorie de la sexualité*. Paris, Gallimard, 1962.

FREUD, S. *Malaise dans la civilisation*. Paris, PUF, 1971.

FRONTIN. *Sur les aqueducs de la ville de Rome*. Paris, Les Belles Lettres, 1944.

GAIGNEBET, C. *Carnaval*. Paris, Payot, 1974.

(u) GARCILASO DE LA VEGA. *Commentaires royaux*. Trad. fr., Paris, 1633.

GARDET, L. *La Cité musulmane, vie sociale et politique*. Paris, Vrin, 1954.

GARIN, E. *Sciensa e vita civile nel rinascimento italiano*. Bari, Laterza, 1965.

GARIN, E. *L'Education de l'homme moderne*. Paris, Fayard, 1968.

GARIN, E. *Moyen Age et Renaissance*. Paris, Gallimard, 1969.

GARIN, E. "La città in Leonardo". *Lettura Vinciana XI*, Florença, G. Barbera, 1973.

(th) GEDDES, P. *Cities in Evolution*. Londres, Williams and Norgate, 1915.

GERBER, R. "The English Island Myth: remarks on the Englishness of Utopian Fiction". *Critical Quarterly I*, 1954.

GIEDION, S. *Space, Time, Architecture*. Cambridge, Mas., Harvard University Press, 1959.

GIEDION, S. *Naissance de l'architecture*. Bruxelas, La Connaissance, 1966.

(u) GILBERT, C. *Histoire de Calevaja*. 1700 (sem local de publicação).

GILSON, E. *Les Métamorphoses de la Cité de Dieu*. Louvain, Imprimerie universitaire, Paris, Vrin, 1952.

(t) GIORGIO MARTINI, F. di. *Trattati di architettura ingegneria e militare*. Edição crítica por C. e L. Maltese, Il Polifilo, Milão, 1967.

GIRARD, R. *La Violence et le Sacré*. Paris, Grasset, 1972.

GLUCKSMANN, A. *Les Maitres penseurs*. Paris, Grasset, 1977.

(u) GODWIN, S. *The Man in the Moone, or a Discourse of a Voyage thither*. Londres, 1648.

GOITIA, F. C. e TORRES BALBAS, L. *Planos de Ciudades ibero-americanas y filipinas existentes en el archiva de índias*. Instituto de Estúdios Administracioni Local, Seminário de Urbanismo, 1951.

GOLDSCHMIDT, V. *La Religion de Platon*. Paris, PUF, 1949; republicado in *Platonisme et Pensée contemporaine*, Paris, Aubier, 1970.

GRANET, M. *La Pensée chinoise*. Paris, Albin Michel, 1934.

GRAYSON, C, cf. ALBERTI, L. B. *Delia famiglia*.

HABERMANN, C. G. *The Cosmographiae Introductio of Martin Waldseemüller, in fac simile, followed by the Four Voyages of A. Vespuce with their translation into English*. New York, The United States Catholic Historical Society, 1907.

(u) HALL, J. *Mundus alter et idem Sive Terra australis antehac semper incognita* [...]. Hanover, 1607.

(u) HARRINGTON, J. *The Commonwealth of Oceana*. Londres, 1656.

HAUSSMANN, G. *Mémoires*. Paris, Harvard, 1890-1893.

HEGEL, G. W. P. *Esthétique*. Trad. fr., Paris, Aubier, 1944.

HEIDEGGER, M. *Essais et Conférences*. Paris, Gallimard, 1958.

HEINIMANN, F. *Nomos und Physis*. Basileia, F. Reinhardt, 1945.

HERRMANN, W. *The Theory of Claude Perrault*. Londres, A. Zwemmer, 1973.

BIBLIOGRAFIA 329

HEXTER, J. *More's Utopia. The Biography of an Idea*. Princeton, Princeton Univesrity Press, 1952.

HIPOCRATES. (*Œuvres complètes*. Editado e traduzido por E. Littrés, Paris, 1839-1861.

(u)  HOLBERG, L. *Nicolai Klimii iter subterraneum*. Copenhague, 1741.

HOMO, L. *Rome impériale et l'Urbanisme dans l'Antiquité*. Paris, Albin Michel, 1951.

HUMBOLDT, A. *Examen critique de l'histoire et de la géographie du nouveau continent*. Paris, de Gide, 1839.

(u)  HUXLEY, A. *Brave New World*. Londres. Chatto & Windus, 1923.

JACOB, F. *La Logique du vivant. Paris*, Gallimard, 1970.

JOÃO EVANGELISTA (São). *Apocalypse*. Edição crítica Osty, Paris, Éditions Siloe, 1961.

(t)  JOUSSE, M. *Le Secret d'architecture découvrant fidèlement les traits géométriques, couppes et dérobemens nécessaires dans les bastimens*. La Flèche, 1642.

KAUFMANN, E, "*Die Stadt des Architekten Ledoux sur Erkenntnis des autonomen Architektur*", *Kunstwissenschaftlichen Forschungen*. Berlim, Frankfürter Verlags'Anstalt, 1933.

KAUFMANN, E. *Three Revolutionnary Architects*. Filadélfia, The American Philosophical Society, 1952.

KAUFMANN, P. *L'expérience émotionnelle de l'espace*. Paris, Vrin, 1967.

KHALDUN, I. *The Mugaddimah*. Londres, Routledge & Kegan Paul, 1958, tradução por E. Rosenthal.

KLEIN, M. *Essais de psychanalyse (1921-1924)*. Paris, Payot, 1967, trad. francesa por M. Derrida.

KLEIN, R. "L'urbanisme utopique de Filarète à Valentin Andreae". *Les Utopies à la Renaissance*, Paris, PUF, 1963.

KLEIN, R. *La Forme et l'Intelligible*. Paris, Gallimard, 1970.

KOYRÉ, A. "Du monde de l'à-peu-près à l'univers de la précision", *Critique*, Paris, 1948.

KRAUTHEIMER, R. e HESS-KRAUTHEIMER, T. *Lorenzo Ghiberti* Princeton, Princeton University Press, 1956.

KRAUTHEIMER, R. "Alberti and Vitrivius". *The Renaissance and Mannerism, Studies in Western Art, Acts of the twentieth International Congress of History of Art*. Princeton, Princeton University Press, 1963.

KRINSKY. "Seventy-eight Vitrivius Manuscripts". *Jarbuch für Wirtschafsgeschichte*, Berlim, 1967.

KUHN, T. S. *La Structure des révolutions scientifiques*. Trad. fr., Paris, Flammarion, 1972.

LACAN, J. *Ecrits*. Paris, Seuil, 1965.

LAFITAU, R. P. *Mœurs des sauvages américains comparées aux moeurs de notre temps*. Paris, 1724.

LAMARE, E. N. de. *Traité de la Police*. Paris, 1705-1738.

LANG, S. "De Lineamentis". *Journal of the Warburg Institute*, t. XXVIII, 1965.

(t)  LANTERI G. *Due Dialoghi* […] *del modo di designare le plante* delis *forteresse secando Euclide*. Veneza, 1557.

LAPOUGE, G. *Utopies et Civilisations*. Paris, Weber, 1973.

LASSUS, J. B. A. cf. VILLARD DE HONNECOURT.

(t)  LAUGIER, Abade. *Essai sur l'architecture*. Paris, 1753.

LAVEDAN, P. *Histoire de l'urbanisme*. Paris, Laurens, 1952, t. III.

LAVEDAN, P. *Qu'est-ce que l'urbanisme?* Paris, Laurens, 1926.

(t)  LECLERC, S. *Traité d'architecture*. Paris, 1714.

330 A REGRA E O MODELO

(u) LECSINSKY, S. *Entretien d'un European avec un insulaire du Royaume de Du-mocala*. 1754 (sem local de publicação).

LEDOUX, C. N. *L'Architecture considérée sous le rapport de l'art, des mœurs et de la législation*. Paris, 1804.

LEFEBVRE, H. *Le Droit à la ville*. Paris, Anthropos, 1968.

LEFORT, C. *Le Travail de l'œuvre. Machiavel*. Paris, Gallimard, 1972.

LEJEUNE. *Relation de ce qui s'est passé en la Nouvelle France en l'année 1634, envoyée au père provincial de la Compagnie de Jésus en la Province de France*. Paris, 1635.

(t) LE MUET, P. *Manière de bastir pour toutes sortes de personnes*. Paris, 1623.

LEROUX DE LINCY. *Paris et ses Historiens au XIVe et au XVe siècle, documents écrits et originaux, recueillis et commentés*. Paris, 1867.

LÉVÊQUE, P. e VIDAL-NAQUET, P. *Clisthène l'Athénien*. Paris, Les Belles Lettres, 1964.

LÉVI-STRAUSS, C. *Anthropologie structurale*, I. Paris, Pion, 1958.

LÉVI-STRAUSS, C. *Anthropologie structurale*, II. Paris, Pion, 1973.

LÉVI-STRAUSS, C. *Le Cru et le Cuit*. Paris, Pion, 1964.

(u) LISTONAI, M. de. *Le Vayageur philosophe*. Amsterdam, 1761.

LLINARES, A. *Raymond Lulle philosophe de l'action*. Paris, PUF, 1963.

LOTMAN, I. *La Structure du texte artistique*. Paris, Gallimard, 1973.

LÜCKE, H. K. *Alberti Index*. Munique, Prestei Verlag, t. I e II, 1975-1976.

(u) LULLE, R. *Libre de Blanquerna*. In *Obras originals del Iluminat Doctor Mestre Ramon Lull*, t. IX, Palma de Mallorca, Commissio editora lulliana, 1914.

MANNHEIM, K. *Idéologie et Utopie*. Paris, Marcel Rivière, 1956, trad. fr. por P. Rollet.

(u) MANTEGAZA, P. *L'anno 3000*. Milão, Fratelli Treves, 1897.

MARIN, L. *Utopiques Jeux d'espace*. Paris, Editions de Minuit, 1973.

MARTIN, R. *L'Urbanisme dans la Grèce antique*. Paris, Picard, 1956.

MARX, K. *Le Capital*. Paris, Gallimard, "Bibl. de la Pleiade", 1963.

MARX, K. *La Guerre civile en France*. Paris, Éditions Sociales, 1968.

MARX, K. *Economie politique et Philosophie*. Paris, Alfred Costes, 1937.

MASSIGNON, M. *La Passion d'al-Hallàj*. Paris, Geuthner, 1922.

MATHIEU, M. *Pierre Patte, sa vie, son œuvre. Paris*, PUF, 1940.

(u) MERCIER, S. *L'An 2440*. Paris, 1770.

MERCIER, S. *Tableau de Paris*, Paris, 1781.

MERLIN, V. *Méthodes quantitatives et Espace urbain*. Paris, Masson, 1973.

MICHEL, P. H. *La Pensée de L. B. Alberti*. Paris, Les Belles Lettres, 1930.

MILANESI, G. *Documenti per la Storia dell'arte Senese*. Siena, 1854.

MILLER, J. A. "*Le Panoptique de Bentham*". Ornicar nº 3, Paris maio 1975.

MITSCHERLICH, A. *Vers une société sans père*. Paris, Gallimard, 1969.

MONETARIUS. *Description des villes de Flandre*. 1495.

(u) MORELLY. *Le Code de la nature*. 1755, edição com introdução e notas de G. Chinard, Paris, Clavreuil, 1950.

(u) MORELLY. *Naufrage des iles flottantes ou Basiliade du célèbre Pilpoi*. Publicado sem nome do autor, Paris, 1753.

MORTON, D. *The English Utopia*. Londres, Lawrence & Wishart, 1952; trad. fr., *L'Utopie anglaise*, Paris, Maspero, 1964.

MUNSTER, S. *Cosmographiae universalis*. Livro VI, 2ª ed., Basileia, 1550; trad. fr., 1556.

MURATORI, L. A. *Rerum italicarum Scriptores*. Milão, 1723-1751.

(t) NATIVELLE, P. *Traité d'architecture contenant les cinq ordres* [...]. Paris, 1729.

BIBLIOGRAFIA 331

NEEDHAM, J. "Building Science in Chinese Literature". *Scierace and Civilisation in China*, Cambridge, 1971, vol. IV, cap. XXVIII.

ONG, W. "System, space and intellect in Renaissance symbolism". *Bibliothèque d'humanisme et Renaissance*, 1956.

ONIANS, J. "Alberti and Filarete, a study in their sources". *Journal of the Warburg and Courtault Institute*, t. XXIV, Londres, 1971.

OSTROWETSKI, S., BORDEUIL, S. & RONCHI, Y. *La Reproduction des styles régionaux en architecture*. Département d'Ethnologie et de Sociologie, Université d'Aix-en-Provence, CORDA, 1978.

OTTOKAR, N., Verbete "Comuni". In *Encyclopedia Italiana*, vol. XI.

(u)  OWEN, R. *An Address delivered to the Inhabitants of New Lanark*, Londres, 1816.

(u)  OWEN, R. *A Supplementary Appendix to the first Volume of the Lipe of Robert Owen, containing a Series of Reports* [...]. Londres, 1857.

PALLADIO, A. *L'antichità di Roma*. Roma, 1575.

PANOFSKY, E. *La Perspective comme forme symbolique*. Paris, Éditions de Minuit, 1975.

PANOFSKY, E. *La Renaissance et ses avant-courriers*. Paris, Flammarion, 1976.

PANOFSKY, E. *L'œuvre d'art et ses significations*. Paris, Gallimard, 1969, trad. fr. por M, e B. Teyssèdre.

(u)  PATRIZI, F. *La città felice*. Veneza, 1553.

PATTE, P. *De la translation des cimetières hors de Paris avec le moyen de l'effectuer de façon à relever l'honneur de la sépulture et à rendre ces établissements une source abondante de secours pours les pauvres et les malheureux.* 1799.

PATTE, P. *Monuments élevés à la gloire de Louis XV*. Paris, 1765.

PATTE, P. *Observations sur le mauvais état du lit de la Seine*. Paris, 1779.

(t)  PATTE, P. *Discurs sur l'Architecture, où l'on fait voir combien il serait important que l'Étude de cet Art fit partie de l'éducation des personnes de naissance; à la suite duquel on propose une manière de l'enseigner en peu de temps*. Paris, 1754.

(t)  PATTE, P. *Mémoires sur les objets les plus importants de l'architecture*. Paris, 1769.

PATTE, P. *De la manière la plus avantageuse d'éclairer les rues d'une ville pendant la nuit en combinant ensemble la clarté, l'économie et la facilité de service.* Paris, 1766.

PATTE, P. *Fragment d'un ouvrage très important qui sera mis sous presse incessamment, intitulé l'Home tel qu'il devrait étre ou la nécessité de le rendre constitutionnel pour son bonheur*. Paris, 1804.

(t)  PERRAULT, C. *Ordonnace des cinq espèces de colonnes*. Paris, 1963.

(t)  PERRAULT, C. *Les Dix Livres d'Architecture de Vitruve, corrigés et traduits en François avec des notes et des figures*. Paris, 1684.

PEETERS, F. Le "Codex bruxellensis" 5253 (b) de Vitrúvo e a tradição manuscrita do *De architectura*, *Mélanges F. Grat*, t. II, Paris, 1949).

PLATÃO. *La République*. In *Oeuvres complètes*, t. I, Paris, Gallimard, "Bibl, de La Pleiade", 1940.

PLATÃO. *Critias, Lois, Timée*. In (*Euvres complètes*, t. II, Paris, Gallimard, "Bibl. de la Pleiade", 1942.

PIANIOL DE LA FORCE, J.-A. *Description de Paris, de Versailles, de Marly*. Paris, 1742.

POGGIO BRACCIOLINI. *Ruinarum Romae descriptio, de fortunae varietate urbis Romae et de ruiva ejusdem descriptio.* 1513.

POPPER, K. R. *La Logique de la découverte scientifique*. Paris, Payot, 1978.

PRADO, J. cf. VILLALPANDA, J. B.

332  A REGRA E O MODELO

PRIGOGINE, I. "La thermodynamique de la vie". In *La Recherche en biologie moléculaire*, Paris, Seuil, 1675.

PROPP, V. *Morphologie du conte*. Seuil, Paris, 1965.

PUPPI, L. *Andrea Palladio*. Londres, Plaidon, 1975.

RABELAIS, P. *Gargantua*. In *Œuvres complètes*. Paris, Seuil, 1973.

RABELAIS, F. *Pantagruel*. In *Œuvres complètes*, Paris, Seuil, 1973.

(u) RÉTIF DE LA BRETONNE, N. E. *L'Andrographe*. Haia, Paris, 1782.

(u) RÉTIF DE LA BRETONNE, N. E. *La Découverte australe par un homme volant*. Paris, 1781.

RICHÉ, P. *Education et Culture dans l'Occident barbare*. Paris, Seuil, 1962.

RIEGL, A. *Grammaire historique des arts plastiques*. Paris, Klincksieck, 1978.

RIO, Y. *Science-fiction et Urbanisme*. Tese de doutorado, 3º ciclo, EPHE, 1978, inédito.

RITTER, *The Corrupting Influence of Power*. Essex, Hadleigh, 1952, trad. inglesa por R. W. Rick.

ROMILLY, J. de. *Problèmes de la démocratie grecque*. Paris, Hermann, 1975.

RONCHI, Y. cf. OSTROWETSKI.

ROUSSEAU, J.-J. *Emile*. Edição E. e P Richard, Paris, Gamier, 1961.

ROUSSEAU, J.-J. *La Nouvelle Heloise*. Paris, 1761.

ROUSSEAU, J.-J. *Les Confessions*. Paris, Garnier-Flammarion, 1967.

RUSKIN, J. *The Poetry of Architecture*. Londres, 1837.

RUSKIN, J. *The Seven Lamps of Architecture*. Londres, 1849.

RUSKIN, J. *The Stones of Venice*. Londres, 1851-1853.

RUSKIN, J. *Lectures on Architecture and Painting, delivered at Edimburgh in November 1853*. Londres, 1854.

RYKWERT, J. *La Maison d'Adam au Paradis*. Paris, Seuil, 1976.

(u) SADEUR, G. *La Terre australe connue, v'est-à-dire la description de ce pays inconnu jusqu'ici, de ses moeur et de ses coutumes*. Vannes, 1676.

SAINT-VALÉRY SEHEULT, A. *Le Génie et les Grands Secrets de l'architecture historique*. Paris, 1813.

SAULNIÉR, V. L. "L'Utopie en France: Morus et Rabelais". In *Les Utopies à la Renaissance*, Coll. Internationale de l'Universitié libre de Bruxelles, 1961; Paris, PUF, 1963.

SCAMOZZI, V. *Taccuino di viaggio da Parigi a Venesia* (14 marzo 11 maggio 1600), editado e comentado por F. Barbieri, Veneza-Roma. Istituto per la collaborazione culturale, 1959.

SCHEDEL, H. *Liber chronicarum*. Nuremberg, 1493.

SCHNORE, L. F. (ed.). *The New Urban History, quantitative explorations American Historians*. Princeton, Princeton University Press 1873.

SCHUHL, P. M. *Machinisme et Philosophie*. Paris, PUF, 1947.

SERRES, M. "Discours et parcours". In *L'Identité*, seminário dirigido por C. Lévi-Strauss, Paris, Grasset, 1977.

SERRES, M. *Feux et Signaux de brume*. Paris, Grasset, 1975.

SFEZ, L. *Critique de la décision*. Paris, Bibliothèque de l'Institut des sciences politiques, 1973.

SIMONIN-GRUMBACH, J. "Four une typologie du discours". In *langue, Discours, Société*, obra coletiva publicada por Emile Benvéniste, Paris, Senti, 1975

SPENGLER, O. *Le Déclin de l'Occident*. Paris, Gallimard, 1948.

STAROBINSKI, J. *La Transparence et l'Obstacle*. Paris, Pion, 1967.

STÜBBEN, J. *Der Städtebau*. Darmstadt, Bergstrasser, 1890.

TEMANZA, T. *Vita di Vicenzo Scamozzi*. Veneza, 1770.

TENON, J. R. *Mémoire sur les hôpitaux de Paris*. Paris, 1788.

TORRES BALBAS, L. cf. GOITIA, C.

## BIBLIOGRAFIA

*L'UNITÉ de l'homme, invariants biologiques et universaux culturels*. Colóquio organizado pelo Centre de Royaumont pour une Science de l'homme, Paris, Seuil, 1974.

TRACY, T. *Physiological Theory and the Doctrine of the Mean in Plato and Aristole*. Haia-Paris, Mouton, 1969.

(t) VASARI, G. o jovem. *La Città idéale*. Roma, Officino Edizioni, 1970.

(t) VAUBAN. *De l'attaque et de la défense des places*. Haia, 1737-1742.

(u) VEGA, G. de la. *Primera Parte de los Commentarios reales* [...]. Madrid, 1608; trad. francesa, *Les Commentaires royaux*, Paris, 1633.

VERNANT, J.-P. *Mythe et Pensée chez les Grecs*. Paris, Maspero, 1965.

VESPUCE, A. *Lettre Mondus Novas à L. di Pier Francesco di Medici*. Florença, 1503; Veneza, 1504; cf. L. Firpo.

VIDAL-NAQUET, P. cf. LÉVÊQUE, P.

VIDLER, A. "The Architecture of the Lodges [...]", *Oppositions*, New York, 1976.

VIGNOLE, cf. BARROZIO, J.

(t) VILLALPANDA, J. B. e PRADO, J. [...] *In Ezechielen explanationes et apparatus urbis ac templi hierosolymitani. Commentants et imaginions illustratus* [...]. Roma, 1596-1604.

(t) VILLARD DE HONNECOURT. *Album de Villard de Honnecourt, architecte da XIIIe siècle*. Manuscrito e publicado em fac-similé, anotado por J. R. A. Lassus. Paris, Laget, 1868.

(t) VITRÚVIO. *De architectura*. Texto e tradução de A. Choisy. Paris, de Nobèle, reedição, 1971.

VITRÚVIO, cf. PERRAULT.

WALDSEEMULLER, M. *Cosmographiae introductio*. 1507, cf. G. HABBERMANN.

WALEY, D. *Les Républiques médiévales italiennes*. Paris, Hachette, 1969.

WALEY, D. *Studi communali e florentini*. Florença, 1948.

WALEY, D. *Mediaeval Orvieto*. Cambridge, Cambridge University Press, 1952.

WEBBER, M. "The Urban Place and non Place Urban Realm". *Explorations in Urban Structure*, Filadélfia, University of Pennsylvania Pres. 1964.

WHEATLY, P. *The Pivot of the Four Quarters*. Edimburgh University Press, 1971.

WHITE, H. B. *Peace amonn the Willows, the Political Philosophy of F. Bacon*. Haia, Martinus Nighoff, 1968.

WIECZOREK, D. C. *Sitte et les Débuts de l'urbanisme moderne*. Tese de 3º ciclo, inédita. Paris, 1979.

WILLIAMS, R. *The Country and the City*. Chatto & Windus, Londres, 1973.

WITTKOWER, R. *Architectural Principles in the Age of Humanism*. Londres, Tiranti, 1962.

YETTS, P. W. "A Chinese Treatise of Architecture". *In Bulletin of the School of Oriental Studies*, vol. IV, 3ª parte, Londres, 1928.

(t) ZANCHI, G. de *Del modo di Fortificar le città*. Veneza, 1554.

ZUBOV, A. V. "Leon Battista Alberti et les auteurs du Moyen Age". In *Mediaeval and Renaissance Studies*, Londres, Warburg Institute, 1958.

## ARQUITETURA NA PERSPECTIVA

*Quadro da Arquitetura no Brasil*
Nestor Goulart Reis Filho (D018)
*Bauhaus: Novarquitetura*
Walter Gropius (D047)
*Morada Paulista*
Luís Saia (D063)
*A Arte na Era da Máquina*
Maxwell Fry (D071)
*Cozinhas, Etc.*
Carlos A. C. Lemos (D094)
*Vila Rica*
Sylvio de Vasconcellos (D100)
*Território da Arquitetura*
Vittorio Gregotti (D111)
*Teoria e Projeto na Primeira Era da Máquina*
Reyner Banham (D113)
*Arquitetura, Industrialização e Desenvolvimento*
Paulo J. V. Bruna (D135)
*A Construção do Sentido na Arquitetura*
J. Teixeira Coelho Netto (D144)
*Arquitetura Italiana em São Paulo*
Anita Salmoni e Emma Debenedetti (D173)
*A Cidade e o Arquiteto*
Leonardo Benevolo (D190)
*Conversas com Gaudí*
Cesar Martinell Brunet (D307)
*Por Uma Arquitetura*
Le Corbusier (E027)
*Espaço da Arquitetura*
Evaldo Coutinho (E059)

*Arquitetura Pós-Industrial*
Raffaele Raja (E118)
*A Casa Subjetiva*
Ludmila de Lima Brandão (E181)
*Arquitetura e Judaísmo: Mendelsohn*
Bruno Zevi (E187)
*A Casa de Adão no Paraíso*
Joseph Rykwert (E189)
*Pós-Brasília: Rumos da Arquitetura Brasileira*
Maria Alice J. Bastos (E190)
*A Idéia de Cidade*
Joseph Rykwert (E234)
*Interior da História*
Marina Waisman (E308)
*O Culto Moderno dos Monumentos*
Alois Riegl (EL64)
*Espaço (Meta)Vernacular na Cidade Contemporânea*
Marisa Barda (K26)
*Arquitetura Contemporânea no Brasil*
Yves Bruand (LSC)
*Brasil: Arquiteturas Após 1950*
Maria Alice Junqueira Bastos e Ruth Verde Zein (LSC)
*A Coluna Dançante: Sobre a Ordem na Arquitetura*
Joseph Rykwert (LSC)
*História da Arquitetura Moderna*
Leonardo Benevolo (LSC)

## URBANISMO NA PERSPECTIVA

*Planejamento Urbano*
Le Corbusier (D037)
*Os Três Estabelecimentos Humanos*
Le Corbusier (D096)
*Cidades: O Substantivo e o Adjetivo*
Jorge Wilheim (D114)
*Escritura Urbana*
Eduardo de Oliveira Elias (D225)
*Crise das Matrizes Espaciais*
Fábio Duarte (D287)
*Primeira Lição de Urbanismo*
Bernardo Secchi (D306)
*A (Des)Construção do Caos*
Sergio Kon e Fábio Duarte (orgs.) (D311)
*A Cidade do Primeiro Renascimento*
Donatella Calabi (D316)
*A Cidade do Século Vinte*
Bernardo Secchi (D318)
*A Cidade do Século XIX*
Guido Zucconi (D319)

*O Urbanismo*
Françoise Choay (E067)
*Regra e o Modelo*
Françoise Choay (E088)
*Cidades do Amanhã*
Peter Hall (E123)
*Metrópole: Abstração*
Ricardo Marques de Azevedo (E224)
*História do Urbanismo Europeu*
Donatella Calabi (E295)
*Área da Luz*
R. de Cerqueira Cesar, Paulo J. V. Bruna, Luiz R. C. Franco (LSC)
*Cidades Para Pessoas*
Jan Ghel (LSC)
*Cidade Caminhável*
Jeff Speck (A&U)

Este livro foi impresso na cidade de Cotia,
nas oficinas da Meta Brasil, em 2018,
para a Editora Perspectiva.